# 다차원적·
# 통합적
# 협상모델

'사회적 합의 방법론과
적용'을 중심으로

조주은

박영사

본 연구서는 조주은의 법학박사 학위논문 "규범과 공감에 기반한 경제적 상호작용으로서의 통합적 협상모델 수립 - 청년실업과 노인빈곤 문제에 대한 구조적 접근을 중심으로"(2018. 2)를 기반으로 한 것이며, 논문 전반부를 2018. 6. 22. 한국협상학회에서 발표했고, 〈법과사회〉 제58호(2018. 8)에 "다차원적 협상모델링과 합의형성 과정"의 제목으로 수정·보완 후 게재하였음.

# | 추 천 사

세상은 협상의 연속이다. 개인의 삶은 물론이고, 사회나 국가의 차원에서도 협상의 상황은 지속적이고 반복적으로 나타난다. 의사결정의 맥락에서 상대방이 존재하고 이해관계가 완벽하게 일치하지 않는 거의 모든 상황이 협상의 상황이라고 할 수 있다.

사회적인 의사결정의 맥락에서는, 정책적 판단을 하는 것이 쉽지 않은 경우도 있지만, 일반적으로 그보다 훨씬 더 어려운 것은 다양한 사회 구성원 사이의 서로 다른 견해를 적절히 감안하고 이해관계를 조율하는 것이다. 다양한 견해를 감안하고 이해관계를 조율하는 것은 결국 협상의 과정이 된다. 따라서 사회가 더 복잡해지고 이해관계가 첨예하게 얽히는 상황이 늘어날수록 협상은 더욱 중요한 것이 된다.

이 책은 이와 같은 사회적인 의사결정에 있어 협상의 원리가 어떻게 응용이 되고 적용이 될 수 있을지에 관해 저자가 연구하고 고민한 내용을 담고 있다. 특히, 청년실업과 노인빈곤 등 우리 사회가 처한 문제에 관하여 어떻게 사회적인 협상의 틀에서 합의를 만들어 갈 수 있을지에 관해 해답을 모색하고 있다. 저자는 이를 위해 매우 다양한 학문 영역의 관련 문헌을 검토하고 정리하였다. 이에는, 일찍이 아담 스미스가 분석한 사회의 구성원리, 뷰캐넌 등의 공공선택이론, 게임이론, 인지심리학, 마음이론(Theory of Mind) 등 여러 관련 영역의 연구결과가 포함된다. 또한, 서스킨드가 개발한 다자간 협상에 있어서의 합의형성 접근방법(Consensus Building Approach)이 중요한 이론적 프레임을 제공하고 있다. 이와 같은 다양한 연구성과에 대한 정리를 바탕으로, 저자는 우리나라의 사회적인 문제에 대한 현실적인 협상 이론체계를 개발하여 제시하고 있다.

　사회적인 논의를 통해 합의를 만든 경험이 매우 적은 한편 다양한 이해관계자 사이의 복잡한 이해상충의 상황은 갈수록 늘어만 가는 우리나라에서는, 다자간 사회적 협상의 이론 프레임의 유용성과 중요성은 계속해서 더욱 증대할 수밖에 없다. 저자의 노력이 우리 사회에서 이해관계가 엇갈리는 다양한 상황에서 합리적 논의를 가능하도록 하고 이를 통해 합의를 이끌어 낼 수 있는 협상 프레임워크를 제공하는 데에 도움이 되기를 바란다.

서울대학교 법학전문대학원 교수

고학수

# | 서 문

　협상은 두 사람 이상이 존재하는 곳에서는 언제나 일어난다. 혹은 그들이 부지불식간에 이미 이루어진 협상의 결과 가운데 있다. 그 자리에는 조정하고 확대하고 분배해야 할 이해(interest)가 반드시 존재하기 때문이다. 협상은 사회를 구성하는 구조적이고 다층적인 그물망(network)이고 수많은 개별협상의 과정과 결과에서 축적되는 가치의 총합이 사회의 가치가 된다고 할 수 있다. 우리 사회는 시장이라는 이해의 교환에 의해 이루어지는 시스템에 의해 작동된다. '이해의 교환'이 협상이다. 따라서 '어떤 사람들이 어떤 이해에 대해 어떠한 방식으로 교환하느냐'에 의해 협상가치가 달라지고 이러한 협상들에 의해 작동되는 시장 시스템과 사회에 축적되는 가치가 달라지게 된다. 이 책은 이에 대한 관점과 방법론을 제공하는 것이 목적이다.

　첫째 '협상에 임하는 사람들'에 대한 관점을 제공한다. 이를 위해 시장 시스템의 창안자인 애덤 스미스를 다시 탐색한다. 스미스의 '보이지 않는 손'이 '자기 이익을 극대화하려는 사람들의 이기심(selfishness)이 사회 전체의 이익을 극대화'하는 기제라는 것은 오랫동안 시장에서 협상에 임하는 사람들에 대한 당연한 전제였다. 이는 협상에 있어서 '주어진 파이에서 내 몫을 극대화'하는 분배적 협상으로 치닫게 하는 구조적 편향이 되어 왔다. 스미스의 문헌적 탐색 결과 스미스는 〈국부론〉을 비롯한 어떤 저서에서도 이러한 의미의 '보이지 않는 손'을 제시한 적이 없다. 그가 시장의 동력으로 제시한 것은 사람들의 이기심이 아닌 '정의의 법(law of justice)에 기반한 자기 이익(self-interest) 추구'였고 이는 협상에 있어서 '정의의 법'이라는 공통 기반(common ground)을 매개로 '파이를 키우는' 통합적 협상의 기제가 된다.

또한 그가 시장과 사회를 이루는 사람들에 대한 인간관을 보여주는 〈도덕감정론〉에서 제시된 인간에 대한 그의 통찰은 '공감(sympathy)'에 기반해 있고 그가 제시한 인간의 공감에는 타인의 행복, 슬픔, 고통이 반영되어 있다(타인의 '이기심'이 반영되어 있지는 않다). 즉 스미스의 시장은 '정의와 공감에 기반한 자기 이익을 추구하는 인간'에 의한 교환의 장이었다.

둘째 '어떤 이해(interest)'에 대한 교환이냐에 대한 관점을 제공한다. 시장에서의 이해는 인적·물적 자본으로 개념화되는 좁은 의미의 화폐적 이익으로 제시되어 왔다. 그러나 이것이 시장과 사회에서의 인간의 이익을 충분히 반영하는지에 대한 질문이 필요한 시점이다. 우리나라를 비롯한 전 세계가 경험해 오고 있는 후기 자본주의 사회의 구조적 문제들(경제·사회적 양극화, 심각한 환경문제, 경제적 지표에 반영되지 않는 인간의 행복지수와 사회적·정신적 아노미 현상 등)이 그에 대한 답을 제시해준다. '자기 이익'은 화폐적 이익만으로 충족될 수 없는데 너무 오랜 시간 시장을 이루는 그물망과 같은 개별 협상들에서 좁은 의미의 화폐적 이익만이 거래됨으로 인해 인간은 '진정한 자기 이해'에서 시장은 '시장의 본질'에서 멀어지게 되었다는 것을 보여준다. 그렇다면 인간의 '자기 이익'이 과연 어떻게 재구조화 될 수 있는지의 문제로 들어가게 되는데 이에 대해서는 위에서 밝힌 스미스의 '정의의 법과 공감에 기반한 자기 이익'과 연결되는 규범적, 경제적, 심리적 관점을 제시한다. 개인의 이익 추구와 가치의 공유에 의한 '헌법적 선택(Constitutional Choice)', 타인의 이익을 자신의 이익에 반영함으로써 궁극적으로 자신의 이익을 최대화할 수 있는 '협조게임(Cooperative Game)'은 모두 파레토 최적을 지향한다. 또한 자기 이익에 타인의 이익이 반영될 수밖에 없는 구조는 논리적이고 사회화된 기제가 아닌 인간이 태어나는 순간부터 갖고 있는 신경과학적 기제라는 것이 '마음이론(Theory of Mind)'에 의해 제시된다. 이러한 고찰을 기반으로 인적·물적 자본에 사회적 자본이 더해진 유·무형의 가치가 개인과 사회의 이익으로 지속적으로 확대되는 것을 재구조화된 협상의 이해로 정의한다. 이는 시장과 사회가 존재하는 한 협상은 끊임없는 연속선상에 있다는 것을 전제한다.

셋째, '어떠한 방식'으로 이해를 교환하느냐에 대한 방법론을 제공한다. 최근 다양한 사회적 이슈에는 결론적으로 '이에 대한 사회적 합의가 필요하다'라는 말이 따라오는 경우가 많다. 정치, 경제, 사회적인 많은 논란의 결론이 이러한 필요로 귀결되는 경우가 많은데 아직 우리 사회에는 사회적 합의의 방법론뿐 아니라 그 이면에 공유할 수 있는 통합적 관점이 체계적으로 준비되지 않은 것으로 보인다. 즉 사회적 합의의 필요에 대한 인식을 공유할 정도로 사회가 성숙했으나 그것을 뒷받침할 수 있는 본질적인 '소통의 틀과 체계화된 실무적 기반'은 마련되어 있지 않은 것 같다. 여기서는 '합의형성과정(Consensus Building Approach)'의 방법론을 기반으로 '통합적 가치축적을 위한 협상모델'을 제시한다. 협상의 사회적 환경, 다층적 의제, 다층적 당사자 구조, 협상의 가치사슬에 대한 협상의 체계적 이론에 기반해 협상당사자가 공유할 수 있는 '상호작용에 기반한 협상의 가치체계'로서의 '규범적·경제적·심리적 소통의 틀'을 도출한다. 또한 '협상가능영역의 탐색 – 협상가능영역의 확장 – 협상창출가치 분배'라는 협상의 구조적 이론에 기반해 협상당사자의 협상이익을 구조화할 수 있는 '분석식'을 제시한다. 그리고 거시적 소통의 틀과 분석식을 협상의 전 과정에서 실제적으로 적용하기 위해 문서화하여 공유할 수 있는 '프레임워크(framework)'로 제시한다. 이와 같이 도출한 다차원적·통합적 협상모델을 우리 사회의 지속가능성을 위협하는 핵심적인 문제로 분석되는 사회구조적 이슈인 '청년실업과 노인빈곤 문제'에 적용하는 과정을 예시한다. 여기에는 현재 우리 사회에서 여러 이해당사자 사이에서 다루어지고 있는 많은 이슈들이 담겨 있다. 이러한 이슈들이 파편적인 접근(fragmented approach)에서 통합적 접근(integrated approach)으로 협상과정에서 전개되는 것을 '다차원적·통합적 협상모델이 적용된 합의형성과정'을 통해 예시했다.

　　2016년 이후 화두가 되고 있는 4차 산업혁명과 그 기반이 된 3차 산업혁명이 1차, 2차 산업혁명과 근본적으로 다른 것은 사고 및 의사소통의 구조와 체계이다. 즉 수직적 사고와 하향식 의사소통구조에서 수평적 사고와 네트워크식 의사소통구조로의 전환이다. 협상이 시장과 사회의 그물망이고, 협상은 기술이 아니라 강력한 상호작용 하에 있는 사고의 체계라는 관점으로 접근하는 본 연구의 '다차원적·통합적 협상모델과 사회적 합의 방법론'은 이러한 새로운 패러다임 전환을 지지하는 모델이기도 하다. 분배적·경쟁적 이익에서 통합적·협력적 이익으로의 변화는 4차 산업혁명이 다양한 기술 기반의 융합을 통해 궁극적으로 지향하는 비전이기도 하기 때문이다. 다차원적·통합적 협상이익은 협력경제를 통한 혁신의 이익으로 확대될 수 있다. 가장 중요한 혁신은 기술 이전에 그것을 만들고 이용하는 인간의 마음과 이익 추구 과정의 패러다임 전환에서 비롯되기 때문이다.

이 책을 읽은 독자의 '마음' 속에 자신의 이익($u_1$), 타인의 이익($u_2$), 협상의 사회 환경적 이익($u_e$)이라는 세 가지 요소가 남아있다면 그는 이 책에서 얻을 수 있는 핵심적인 것을 취했다고 말할 수 있을 것이다. 그의 삶과 그를 둘러싼 사회를 지속가능하게 발전시킬 수 있는 신뢰지표($\lambda$)의 축적이 이미 시작되었고, 이는 강력한 상호성이라는 인간과 사회 본연의 기제로 인해 그를 둘러싼 모든 사회 관계망에서 다소의 변동을 거치더라도 지속적으로 커지며 자신과 사회의 물적·인적·사회적 자본 축적에 기여할 것이기 때문이다. 이는 협상과정에서 타인의 이익과 사회 환경적 이익을 '배려'하는 것이 아니라 자신의 이익에 이미 반영되어 있는 타인의 이익과 사회 환경적 이익을 '인식'하면서 상호간에 확대하는 것이다.

저자로서는 협상이 어떠한 거래와 교환에서 '어떻게 해서든 내 눈 앞에 보이는 파이 조각을 더 많이 가져 오는 것'이라고, 시장은 '내 이기심에 기반해 나의 이익을 극대화'하는 장이라고, 협상은 통합적인 관점의 방법론적 체계보다는 '기술적 전략과 전술로 접근'하는 것이라고 의식적 혹은 무의식적으로 구조화된 사고를 갖고 있었던 독자가 이 책을 보고 각각에 대해 '재구조화'의 시간을 가져볼 수 있었다면 그것으로 만족할 수 있을 것 같다. 아울러 최근에 많은 필요가 제기되고 있는 여러 가지 이슈에 대한 '사회적 합의'의 기본체계를 수립하는데 조금이나마 도움이 될 수 있다면 더 큰 보람을 느낄 수 있을 듯 하다.

이 기회를 통해, 본 연구의 수행과정에서 가르침과 고견을 주신 서울대학교 법학전문대학원의 고학수 교수님, 이재협 교수님, 김복기 교수님, 허성욱 교수님, 고려대학교 경영대학의 권성우 교수님께 말로 다 표현할 수 없는 감사의 말씀 전하고 싶다. 또한 출판의 기회를 주신 박영사와 시종일관 도움 주신 편집자 이승현 과장님에게도 감사의 마음 전한다. 그리고 출판 작업을 마무리하는 시점에 '최우수논문상'이라는 좋은 소식을 전해주신 한국협상학회에도 깊은 감사의 말씀 드린다.

2018년 12월 27일

조주은

# 제1장 서 론

## 제3장 통합적 가치 축적을 위한 구조적 협상모델 수립

## 제4장 통합적 가치 축적을 위한 협상모델의 적용

## 제5장  결론 및 향후 연구과제  341

# 그림 차례

# ▌표 차례

다차원적·통합적 협상모델 —'사회적 합의 방법론과 적용'을 중심으로

# | 서 론

## 제1절  문제제기 및 연구의 목적

나의 이익과 타인의 이익, 감정과 이성, 개인과 사회 등 한 사람을 이루고 있는 이러한 복합적인 요소들에 대해 이의를 제기하는 사람은 아마 없을 것이다. 예를 들어 '나는 100퍼센트 나의 이익만을 고려하고, 나의 감정의 만족만 얻으며, 홀로 거하는 것으로 최대의 행복을 얻을 수 있는 사람이다'라고 생각하는 사람이 존재할 것 같지는 않다. 사람은 대단히 훌륭한 성인(聖人)의 범주에 속하지 않는다고 할 지라도 나의 이익과 타인의 이익의 조화, 이성으로 동의할 수 있는 감정의 만족을 추구하는 것이 보편적이며, 누구도 홀로 존재할 수 없는 사회적 존재이다. 다만 나의 이익과 타인의 이익, 감정과 이성, 개인의 영역과 사회가 서로 명확한 선으로 가를 수 있는 것이 아니라 이미 서로 씨줄과 날줄처럼 엮여 있기 때문에 명확히 양자를 구분할 수 없는 경우가 많다는 것이 보다 현실적인 이야기가 아닌가 싶다.

그러나 변함없는 인간으로서의 이러한 '존재성'과 무관하게, 우리는 어떠한 현실적 '논리' 하에 있는가? '약육강식(弱肉强食)'과 '적자생존(適者生存)'이 우리가 선택

한 자본주의의 기본원리라는 주장이 '의문의 여지없이' 받아들여지고, 그것을 학습하고 더욱 치열하게 내면화하기 위해 어린 아기의 시절부터 노인에 이르기까지 살아가고 있다고 해도 과언이 아니다. 이는 사실 이미 '일상'의 문제이지만, 불행히도 이것을 극단적으로 드러내주는 사건들이 우리 사회에서 지속적으로 일어나고 있다. 몇 가지 예를 들어보겠다. 사고의 원인과 구조의 과정 모두가 정상적이고 합리적인 사고로 납득할 수 없는 여객선 세월호 침몰 참사에서[1] 꽃과 같은 열아홉 살의 아이들이 죽어가는 과정을 가까운 거리에서 지켜보고, 그 진상규명을 단식으로 요구하는 부모들에게, 상상할 수 없는 모욕과 고통을 더한 일부 사람들의 폭식 퍼포먼스는 차치하고라도, 불과 몇 개월 만에 "이제 지겹다. 그만해라"라고 이야기할 수 있는 사람들의 논리에는 '경제'가 있었다.[2] 생활고를 이기지 못해 자살을 하면서, 밀린 집세를 내지 못한 것에 대한 사과를 한 유서와, 집세와 공과금에 사용하라고 70만원을 남긴 '세 모녀 사건' 이면에는, 죽기 3년 전 복지지원을 요청했으나 대상조건을 충족시키지 못해 수혜자가 되지 못한 저소득층에 대한 '기초생활보장제도'의 모순이 있었다. 당시 해당 구청에서는 "세 모녀가 공과금을 꼬박꼬박 제 때 내왔기 때문에 지원이 필요하다는 것을 인식하지 못했다"고 했다고 한다.[3] 반면, 고소득층의 건강보험료 미납액이 1,359억원에 이른다.[4] 우리나라만이 아니라, 국경을 넘어 세계경제를 위기에 빠지게 한 미국발 2008년 금융위기 후의 책임 있는 금융권 경영진들의 천문학적 보너스 잔치나, 일반 사원의 400배에 이르는 최고경영자의 연봉도 자본주의의 당연한 논리로 귀결된다.[5]

　타인의 극단적 비극 앞에서도, 이른바 내가 먹고 사는 데 도움이 안된다고 여겨진다면 가차없이 매몰차게 가질 수 있는 '마음'의 합리적 근거, 죽기까지 사회의 제도를 성실하게 지키려 했기 때문에 오히려 수혜자가 될 수 없었던 저소득층 지

---

1 2014년 4월 16일 사고 발생 이후, 2017년 10월 23일 현재 사망자 299명 실종자 5명.
2 경향신문, "세월호 참사의 '정치경제학', 정부는 '위기론', 해외는 '차분'", 2014.6.11, http://biz.khan.co.kr/khan_art_view.html?artid=201406110600065&code=920100
3 머니투데이, "사회안전망 구멍 드러낸 송파구 세 모녀의 비극", 2014.2.28, http://news.naver.com/main/read.nhn?mode=LSD&mid=sec&sid1=102&oid=001&aid=0006782313
4 머니투데이, "고소득 전문직, 건보료체납액, 1359억원 특별징수", 2016.4.21, http://news.mt.co.kr/mtview.php?no=2016042110148234889&type=1
5 프레시안, "경영자 생산성 높으니 천문학적 연봉도 당연하다?", 2014.4.22, http://www.Pressian.com/news/article.html?no=116523

원 제도와 고소득층이라도 경우에 따라 의무는 피하고 혜택만 누릴 수 있는 '제도'
들, 시장이 아닌 의사결정구조에 의해서 결정되는 '보수(compensation)'의 극단적 차
이'가 합리화될 수 있는 근거가 바로 우리가 선택한 '자본주의'일까? 이것이 이 논
문의 첫 번째 핵심 질문이다. 우리가 당면하고 있는 일상적이고도, 점차 심각해지
는 사회문제들의 근간에 이 질문이 놓여져 있다고 생각하기 때문이다.

　자본주의의 근간이 되는 시장시스템의 창시자라고 할 수 있는 애덤 스미스
는 시장은 개인과 사회 모두에 이익이 되는 '교환'에 의해 시작되고 지속되며 가
치를 창출할 수 있다고 했다. 분업에 의해 시간과 비용이 절감되고 생산이 크게
증가하게 되면 생산품에 대한 수요자와 공급자가 교환을 하게 되는데 이러한 교
환이 사회 전반에서 이루어지는 지속적인 체계로 형성된 것이 시장시스템이다.
'자본'은 이러한 시장시스템 하에서 이루어지는 교환에 의한 가치의 축적으로 개
념화될 수 있다. 교환의 필요가 시장을 만들었다면 교환이 제도화된 시장시스템
을 유지시킬 수 있는 근간은 '신뢰'이다. 즉 신뢰에 의한 '상호이익의 기대'가 형
성될 수 있을 때 시장경제에서의 거래가 원활하게 이루어질 수 있을 뿐 아니라
지속적으로 성장하고 번영할 수 있다.[6] 그렇다면 위에서 든 예들과 같이, 점차 극
단으로 치닫고 있는 사회 전체의 불신과 사회문화적인 규범의식의 감소, 더 나아
가 인격과 생명의 존중감의 감퇴 현상까지 초래하고 있는 신뢰의 상실은 우리 사
회의 '지속가능성'과 '발전과정'에 어떤 영향을 미치고 있으며 해결을 위한 접근방
법은 무엇인가? 이것이 이 논문의 두 번째 질문이다. 스미스는 〈법학강의〉에서
사람의 교환하려는 성향의 기저에 있는 마음 속의 원리를 탐구하면 다른 사람을
설득하려고 하는 자연발생적 성향이 드러난다고 했다.[7] 설득은 상호간에 이해를
전제로 한다.

　본 연구는 이를 협상의 관점에서 보고자 한다. 시장이 교환에 의해 이루어져
왔다면 교환이 오랜 시간 이루어지면서 거래의 관행을 형성하고, 앞서 제기된 후
기 자본주의 문제는 이러한 거래의 관행의 결과일 수 있다. 본 연구는 이러한 거
래의 관행을 협상의 구조로 고찰한다. 자본주의의 문제가 오랜 시간 시장거래과정

**6** Robert D. Putnam, "The Prosperous Community: Social Capital and Public Life", American Prospect Vol. 4 No. 13, 1993, pp. 36−42.
**7** R. L. 미크 외 저, 서진수 역, 〈애덤 스미스의 법학강의−상〉, 자유기업원, 2002, 639.

에서의 구조적 문제에 기인한다면 재구조화된 소통과 분석의 틀이 상호간에 공유되고 이해됨으로써 구조적 전환이 이루어지고 협상이익이 더 커질 수 있을 것이라는 것이 연구의 전제이다. 그리고 이렇게 재구조화된 협상이익의 축적을 이제까지 자본주의 사회에서 교환을 통해 확대되고 축적되는 가치체계로 인식되어온 '자본'에 더해 '사회적 자본'의 개념이 추가된 개념으로의 '협상의 통합적 가치'로 정의할 것이다.

'협상'이라는 말은 주로 개별적이고 미시적인 개념으로 많이 인식되고 다루어져 왔다. 이는 협상이 주로 특정한 상황에서 개별적 이해관계를 두고 이루어지는 일로 생각되기 때문인 것 같다. 즉 기업이나 개인의 상거래과정 혹은 법적 분쟁의 과정, 더 크게는 국가간의 외교, 경제 문제의 상황에서 상대방과의 이해관계에서 더 많은 이익을 취하기 위한 상당히 정형화된 과정으로 이해되는 경향이 있기 때문이다. 그러나 개별적인 협상들은 사회의 복잡다단하고 개별적인 문제들이 보다 큰 범위의 이해집단에 의해 상당한 시간 동안 형성된 가치의 틀 안에서 이루어진다는 것과 그것이 결국 가장 세부적인 협상에서는 기본적 전제(nonnegotiable premise)'가 되고 따라서 협상 자체에서는 다루어지지 않는 '사전적 결정요인(pre-determinant)'이 된다는 문제인식을 할 수 있다. 이를 '구조적인 문제'로 파악할 수 있을 것이다.

본 연구는 위에서 언급한 후기 자본주의 사회에서 일정한 양상으로 나타나는 사회적인 문제들은 이미 구조화된 경향을 강하게 갖고 있으며 이 부분에 대한 고찰 없는 수 많은 개별적인 협상에 대한 분석만으로는 구조적인 문제의 틀 밖으로 나올 수 없고, 사회 전체가 겪고 있는 문제의 해결방안에서는 점점 멀어지며 오히려 그러한 문제를 강화하는 방향으로 나아갈 수 있다는 문제 인식에서 출발한다. 따라서 본 연구에서 다루어지는 '협상'의 범위는 개별 협상을 넘어선 구조적이고 포괄적 관점에서 다루어지며, 연구의 목적은 사회 구조적인 문제 해결을 위한 거시적 소통과 미시적 분석의 틀을 학제적 연구에 기반해서 제공하는 것이다. 이러한 문제들에 대해, 우리가 당연히 여겨 더 이상 질문하지 않는 전제이자, '사상적 기반'을 탐색하면서 고찰하고, 그와 관련해서 우리가 선택한 '법제도적 기반'이 무엇인지 살펴보고, 해결의 실마리가 될 수 있는 '경제학적 모델'과 우리가 만일 잘못된 전제로 인해 편향된 동기를 갖고 있어서 위에 언급한 것과 같은 '마음의 문제'를 갖고 있다면 그것이 심리학적으로 어떻게 설명되고 달라질 수 있는지를 알아볼 것이다. 이러한 과정을 거쳐 우리가 '후기 자본주의 사회'라는 시대적 맥락과 세계화된 '국가 공동체'라는 공간적 범위에서, '우리가 선택한 시스템의 본질'에서 '상호 작용'할 수 있는 '소통과 가치지향의 틀'로서 '사회 구조적 협상모델'을 제시하고 적용해 보고자 한다.

이러한 접근방법의 협상학의 관점에서의 발전적 가치는 보다 큰 그림(a larger picture)으로서의 협상의 원리(canon of negotiation)를 제시하는 하나의 시도가 될 수 있다는 것이다. 허니만과 슈나이더(Christopher Honeyman & Andrea Kupfer Schneider)는 역량 있는 군대 지휘관을 교육하기 위해서는 매우 다양한 차원의 교육이 필요한 것처럼 한 사람의 협상가를 위해서도 결코 더 좁은 차원의 역량으로는 충분치 않으며 어떠한 종류의 협상에서든 공통의 가치(common core)로 이해될 수 있고 협상의 동력(agent of negotiation)이 될 수 있는 보다 큰 그림이 필요하다고 한다. 이를 위해서는 협상이 단순히 기술(technique)로서가 아니라 여러 분야의 학제간 연구를 통해 본질적인 발전을 이룰 수 있으며 협상을 통해 '인간 상호 간에 관계 맺음의 방식(how human beings relate to each other)'을 통한 사회적 변화를 이룰 수 있다고 한다. 협상은 크고 작은 공동체에서 소통과 갈등을 다루는 보다 발전적인 방식을 제공하고 세상이 어떻게 움직이는지를 이해하는 데 새로운 관점을 제공할 수 있다.[8]

---

[8] Christopher Honeyman & Andrea Kupfer Schneider, "Catching up with the Major General: the Need for a 'Canon of Negotiation'", Marquette Law Review Vol. 87, 2004, pp. 637-640; 협상학이 매우 다양한 학문 영역에서 개별적인 관점으로 연구·교육되어 온 것에서 보다 포괄적이고 보편적이며 본질적인 내용을 담는 학문으로 발전해야 할 필요가 인식됨에 따라 법학, 경제학, 심리학, 인류학, 사회학, 정치학, 정책학, 교육학, 행정학, 윤리학, 공동체 관계학(community relations), 종교학, 공학, 조정 및 중재 등 관련 학문의 학제간 연구 프로젝트를 수행했으며 이를 협상의 '카논 이니셔티브(canon initiative)'라고 했다.

# 제 2 절   연구범위

## I. 통합적 가치체계로서의 협상모델 수립

### 1. 시장 유인체계에 대한 탐색과 협상의 통합적 가치체계로서의 규범적· 경제학적·심리학적 프레임 도출

#### (1) 스미스의 시장 유인체계

우리가 흔히 '자본주의의 아버지'라고 이야기하는 '애덤 스미스'는 사실 '자본 주의'라는 말을 사용하지는 않았다. '자본주의'라는 말은 애덤 스미스 이후 19세기 후반에서야 사용된 용어이다.[9] 그러나 애덤 스미스의 핵심적 사상이 자본주의를 움직이는 메커니즘이 되었음은 분명하다. 그러나 그것은 '자본'이 아닌 '시장'이다. 그리고 시장을 구성하는 것은 '자본'만이 아니라 '사람'과 '제도'라는 것이 이 연구 의 초점이다. 따라서 이 논문에서 협상의 당사자들은 사람의 대표로서의 가계, 자 본의 주체로서의 기업, 그리고 제도의 시행 주체로서의 정부이다. 지금의 자본주 의가 양산하는 문제들은 우리가 그것을 선택한 이유인 자본주의 '시스템'의 장점 이 사라지고 점차 '자본주의'라는 이름만 남아, 자본도 자본을 위해, 사람도 자본 을 위해, 제도도 자본을 위해 존재하고 일하는 것이 당연하게 되어 버렸기 때문이 라는 인식에 기반한다.

이를 탐구하기 위해 먼저, 스미스가 남긴 유산이 과연 위 '문제제기'에서 던진 첫 번째 질문에 대해 '그렇다'고 답해야 하는 자본주의인지 먼저 살펴볼 것이다. 그의 대표적인 저작인 〈국부론〉은 대부분의 사람들에게 그 책의 내용보다는 '보이 지 않는 손(Invisible Hand)'으로 인식된다. 간단히 말해, "내가 나의 이기심에 의한 경제행위를 하면 보이지 않는 손의 작용에 의해 사회 전체의 이익이 된다"는 것이 많은 사람들의 의식 혹은 무의식 구조에 뿌리 내려져 있는 스미스에 의한 자본주 의 시스템일 것이다. 본 연구는 이러한 스미스의 '보이지 않는 손'에 대한 탐구에

---

[9] 김근배, 〈애덤 스미스의 따뜻한 손〉, 중앙books, 2016, 24쪽; '자본주의'라는 용어는1894년 J.A. 홉 슨의 〈근대자본주의 발전〉, 1902년 베르너 좀바르트의 〈근대자본주의〉, 그리고 1904년 막스 베버 의 〈프로테스탄트의 윤리와 자본주의 정신〉 등이 나오면서 확산되었다.

서 시작한다. 스미스의 '보이지 않는 손'에 대한 언급은 〈국부론〉보다 17년 먼저 저술하고 죽기 직전까지 여섯 번에 걸쳐 다듬었다고 하는 〈도덕감정론〉에서도 언급된다. 〈도덕감정론〉은 스미스가 "국부의 성질과 원인(국부론)"에 대해 논하기 앞서 그것을 가능하게 하는 인간에 대해 어떤 생각을 갖고 있었고 인간이 만드는 사회에 대해 어떤 관점을 갖고 있는 지에 대해 매우 구체적으로 보여준다. 그리고 〈국부론〉은 바로 인간과 사회에 대한 스미스의 이러한 관점 위에서 성립된 것임을 알 수 있다. 본 연구는 만일 '자본주의'가 스미스가 원래 이야기 한 〈도덕감정론〉과 〈국부론〉의 시장 인센티브를 기반으로 성장해 왔다면 우리 사회와 세계는 지금과는 상당히 다른 모습을 하고 있었을 지도 모른다는 고찰에서 출발한다. 이것이 부질없는 생각이 아닌 것은 이것이 우리의 과거가 아닌 현재와 미래의 '지속 가능성'을 위해 필요한 논제이기 때문이다.

### (2) 규범적 프레임: 사회계약과 대화의 틀로서의 헌법(Constitutional Choice)

사회계약론은 개인의 자유와 권리를 기초로 민주주의에 정당성을 부여한다. 자유민주주의의 정당성은 그 제도들의 선택이 자유로운 개인들의 합의에 기초한다는 데 있다. 자유로운 개인에게는 그 제도들의 선택을 위한 합의에 참여할 자유도, 참여하지 않을 자유도 있다. 뷰캐넌(James Buchanan)은 합리적인 개인들이 자발적인 교환관계나 합의에 참여하는 까닭은 '개인의 사적 이익의 추구'에 있다고 한다. 이는 앞서 살펴본 스미스의 '자기 이익 추구'를 위한 사회적 합의라고도 볼 수 있을 것이다. 뷰캐넌은 존 롤즈의 '무지의 베일'을 빌려 개인이 공정한 계약에 참여하기 위해 원초적 상태로 돌아가는 방법론을 취한다. 따라서 사람들은 이러한 '불확실성의 베일' 뒤에서 제약받지 않는 행위가 손해를 가져온다는 것이 예측되는 경우, 계약적으로 도출된 법적 규칙들이나 윤리적 규범들의 작동을 통해 타인의 행위에 제한을 가할 방법으로서 '합의'를 선택한다.[10]

그는 제도적 제약이 없는 경우 자신의 효용을 극대화시키려는 개인의 행위가 결과적으로 사회적 상호작용을 통해 서로의 또한 각자의 이익을 최대화시키는 파레토 최적을 이루지 못하지만 불확실성의 베일 뒤에서 '합의'를 이끌어낼 수 있다

---

10 제임스 M. 뷰캐넌 저(1991), 공병호·조창훈 역, 〈헌법적 질서의 경제학과 윤리학〉, 자유기업센터, 1996, 284-285쪽.

면 파레토 최적을 지향하는 선택을 할 수 있다고 본다. 즉 개인들이 자기 이익에 대한 계산에서 공적인 윤리적 제약을 필요로 하고 상호 의존하게 된다는 것이다. 이와 같은 '사회적 계약행위'에 의한 개인들의 합의는 집단적 행동을 통한 공동의 의사결정을 통해 모든 구성원의 준수가 강제되는 사회의 기본규칙이 되며 뷰캐넌은 이를 '헌법'으로 보았다. 그는 시장 및 국가의 오류를 헌법을 통해 규정하여 올바른 공적 제한조건을 만들어야 한다고 주장하며 '헌법정치경제학'이라는 새로운 지평을 열었다.[11]

　　본 연구에서는 뷰캐넌의 사회계약론에 근거한 '공공선택(public choice)' 이론을 바탕으로 우리가 개인과 사회의 이익을 위해 선택한 '합의'로서의 '헌법적 선택'이 무엇인지를 '대한민국 헌법'을 통해서 살펴볼 것이다. 또한 위에서 살펴본 스미스의 〈국부론〉과 〈도덕감정론〉의 관점에서 이를 해석해 볼 것이다. 구체적으로 대한민국 헌법은 재산권, 직업의 자유, 거주이전의 자유 등 다양한 기본권을 규정하면서 경제에 관한 별도의 장을 제9장 제119조에서 제127조까지 두고 있다. 이 중 특히 제119조는 대한민국의 '경제질서'를 '개인과 기업의 경제적 자유와 창의'로 규정하고 국민경제를 균형 있고 안정하게 육성하고 소득을 적정하게 분배하며 경제를 민주화하기 위해 경제 주체들이 시장을 지배하고 경제력을 남용하지 못하도록 그 활동을 규제하고 조정할 수 있는 '국가'의 역할을 규정했다. 성낙인 교수는 최근 몇 년간 헌법 제119조에 대한 사회적, 정치적 관심이 높아진 이유에 대해, 단기간 압축성장을 거친 한국 경제가 만들어낸 산업화의 그늘, 즉 노동자들의 고단한 삶, 산업화의 과실을 나누지 못한 계층과 세대에 닥친 양극화로 인해 대한민국이라는 공동체가 해체될지 모른다는 위기의식에 직면했기 때문이며 경제민주화의 요구는 시장경제의 왜곡에 대한 강력한 경고음이라고 한다.[12]

　　우리나라 국민들의 공공선택에 의한 합의의 결과로서의 헌법은 개인의 이익과 사회의 이익을 최대화 하기 위한 사회계약의 결과이며 시장과 국가의 오류를 바로잡기 위한 공적 제한조건이다. 따라서 여기에서는 우리가 직면하고 있는 여러 사회 경제적인 문제들을 해결하기 위해 구성원들이 협상하고 합의에 이르기 위한

---

11 심현주, "제임스 M. 뷰캐넌의 '헌법경제학'에 대한 카톨릭 사회윤리의 성찰: 경제민주주의 기본
　　가치 확립 및 방향성 정립을 위한 연구", 신학과 철학 제24호, 2014, 259쪽.
12 성낙인, "헌법상 경제질서와 경제민주화", 고시계 2012.12. 5쪽.

기본 틀로서의 헌법을 탐색할 것이다.

### (3) 경제학적 프레임: 협조게임(Cooperative Game Theory)

게임이론의 수학적 관점에서 '우월전략(dominant strategy)'이란 다른 참가자가 어떤 전략을 선택하건 상관없이 해당 참가자가 자신의 다른 전략보다 많은 이익을 갖게 되는 전략이다. 게임의 참가자 모두가 각자 '우월전략'을 선택할 때 달성되는 조합을 '우월전략 균형(dominant strategy equilibrium)'이라고 한다. 그런데 게임의 당사자가 각자 우월전략을 선택하여 우월전략 균형이 이루어진 결과가 사실상 자신에게 있어서나 사회 전체의 관점에서나 최선의 결과가 아닐 때, 즉 우월전략 균형의 결과가 비균형전략을 택할 때보다 나쁜 결과를 초래할 때 이를 '사회적 딜레마(social dilemma)'라고 한다.[13] 즉 위 뷰캐넌의 관점에서 각 당사자가 자기의 비교우위의 이익을 위해 취한 전략적 선택이 결과적으로 자기 자신의 이익과 사회적으로 '파레토 최적'을 이루지 못하는 것이다. 이는 흔히 '죄수의 딜레마'라고 불리는 게임이지만 협상과 같은 매우 넓은 범위에서도 적용된다.

'우월전략'의 선택이 '사회적 딜레마'를 가져오는 경우 이를 '비협조 해'라고 한다. 즉 각 참가자들이 각자의 전략을 조정하여 공통전략을 실행하기로 공약할 수 없는 경우이다. 반면 '협조 해'는 참가들이 '공약(commitment)', 즉 시행가능한 계약에 서명하여 전략의 선택을 조정하기로 함으로써 최선의 결과를 선택하는 것이다. 이를 '협조게임(cooperative game)'이라고 한다.[14] 뷰캐넌의 관점에서는 구성원들이 '제약받지 않는 행위'가 결과적으로 모두에게 손해를 가져온다는 것이 예측될 경우 계약적으로 도출된 법적 규칙들이나 윤리적 규범들의 작동을 위해 체결하는 '사회계약'이다.[15] 뿐만 아니라 '협조게임'을 통해 '신뢰'에 대한 참가자의 기본적 지향을 도출한 실험연구들이 있으며 이는 제로섬(zero-sum)게임과 상대적 우월전략에 익숙한 우리의 사고에 새로운 관점을 제공한다. 본 연구에서는 우리 사회가 겪고 있는 사회적 문제들에 대한 '협조 해'를 도출함으로써 협상의 통합적 가치 축적에 선순환적으로 기여할 수 있는 협상의 개념적 프레임과 과정을 설계하

---

13 로저 A. 매케인 저, 이규억 역, 〈게임이론〉, 시그마프레스, 2011, 40−43쪽.
14 로저 A. 매케인 저, 이규억 역, 위의 책, 293쪽.
15 심현주, 위 논문, 260쪽.

려고 한다.

### (4) 심리학적 프레임: 마음이론(Theory of Mind)

사회적 생활의 가능 기반으로서 타자에 대한 생각과 느낌을 끊임없이 상대의 입장에서 생각할 수 있게 하는 체제를 프레맥·우드루프(Premack & Woodruff, 1978)는 '마음이론(Theory of mind: ToM)'이라 하였고 이러한 능력을 코헨(Baron Cohen, 1995)은 '마음읽기(mind reading)'라 하였다. 이러한 능력이 생득적일 것이라는 생각은 이미 1970년대 많은 연구를 거쳐 제시되었다. 사회인지심리학에서 '마음이론'은 특수한 인지능력이나 특별한 능력이 아닌 보편적인 사람들이 갖고 있다고 상정되는 다른 사람들이 자기 자신과는 다른 신념, 욕망, 의도를 갖고 있음을 이해하는 능력을 의미한다.[16]

그런데 무엇이 초기 신생아들로부터도 발견되는 이러한 능력을 가능하게 하는 지에 대해서는 이탈리아 신경과학자 쟈코모 리쫄라띠(Giacomo Rizzolatti)에 의해 '거울뉴런(Mirror Neuron)'이 발견되기 전까지는 알려진 바가 없었다. '거울뉴런'은 동물이 스스로 어떤 동작을 수행할 때뿐만 아니라 다른 개체의 수행 동작을 관찰할 때도 활동한다고 간주되는 신경세포로서 타자의 행동을 '거울처럼 비춘다'고 하여 이러한 이름이 붙여졌다(1996). 거울뉴런의 발견은 신경과학자뿐 아니라 인문사회 학자들도 흥분시키는 일이었고, 이는 '최근 10년간 신경과학 분야에서 가장 중요한 발견 중 하나'이며 거울뉴런이 심리학에 가지는 중요성을 '생물학에서 DNA의 발견'에 비유하기도 한다.[17] '거울뉴런'의 발견이 신경과학자뿐만 아니라 인문사회 학자들도 흥분시켰던 것은 이것이 인간의 타자에 대한 이해능력과 '모방, 공감, 소통, 언어, 반영' 능력을 설명할 수 있기 때문이다. 즉 사회적 생활의 기반으로서 타자에 대한 생각과 느낌, 상대방의 입장에서 생각할 수 있는 능력으로서의 공감의 신경생리학적 기능을 밝힌 것이다.[18]

이는 스미스가 매우 강조했던 '공정한 관찰자'로서의 공감능력과 일맥상통한

---

16 한일조, "거울뉴런(Mirror Neuron)의 공감과 도덕교육", 교육철학 제41집, 2010, 524쪽.
17 V.S. Ramachandran, "Mirror Neuron and Imitation Learning as the Driving Force Behind the Great Leap Forward in Human Revolution", Edge 69, 2000. https://www.edge.org/conversation/mirror-neurons-and-imitation-learning-as-the-driving-force-behind-the-great-leap-forward-in-human-eVolution
18 한일조, 위 논문, 523쪽.

다. '거울뉴런'은 '공감에 기반한 자기 이익 추구'가 결국 개인과 사회 모두의 이익
에 기여하게 되는 과정인 시장 인센티브가 정상적으로 작동할 수 있는 심리적인
기제를 설명할 수 있는 발견이기도 하다. 또한 뷰캐넌이 이야기한 사회적 계약에
의한 규범의 틀로서의 '헌법' 형성과정에 있어서, 자기의 이익과 타인의 이익의 파
레토 최적을 지향하기 위해 제도적 제약을 만들기 위한 합의의 장에 나오는 '개인'
을 설명할 수 있는 심리적 기제이기도 하다. 개인은 이미 생득적으로 스스로에게
타인을 반영하기 때문이다. 이를 리쫄라띠는 인간이 가진 전-개념적이고 전-언어
적인 형태의 이해라고 한다.[19] 또한 '죄수의 딜레마'를 극복한 '협조게임이론'에서
왜 참가자가 자신의 화폐적 이익에 위배되는 행위를 하며 타인의 행위와 공동체의
이익을 고려하는 행위를 하는지에 대한 인지심리학적 설명이기도 하다. 본 연구에
서는 '거울뉴런'의 모방과 공감에 기반한 '마음이론'을 협상의 심리학적 기반으로
모델링할 것이다.

## 2. 협상모델 구축을 위한 협상학의 이론적 기반

협상은 표면적으로 드러나는 협상의제나 이해관계보다는 훨씬 복합적이고 입
체적인 기반 위에서 이루어지고, 결과보다는 과정의 예술(art)로 접근할 때 그 창출
가치가 훨씬 커진다. 본 연구의 '통합적 가치 축적을 위한 협상모델'은 협상의 모
든 과정에서 축적되는 협상당사자뿐 아니라 관계자들 간의 상호작용에서 만들어
지는 유무형의 자산이 협상이익으로 축적되는 과정을 지향하는 모델이다. 따라서
협상의 개념을 하나의 거래행위가 아닌 모든 과정에서 어떠한 형태의 사회적 자산
을 창출하는 지속적인 사회적 소통과정으로 본다. 새로운 협상 틀의 모델링을 위
한 협상학 연구 기반은 협상의 체계적·구조적 이론과 서스킨드(Lawrence Susskind)
의 '합의형성 접근방식(Consensus Building Approach: CBA)'이다.

협상은 당사자 간의 '상호작용'을 전제로 하는 것이며 협상과정은 당사자 간
의 상호작용을 둘러싼 정치·경제·사회·문화적 맥락과의 상호작용이기도 하다.
협상의 체계적 이론은 이러한 협상의 다층적인 상호작용을 다룬다. 협상은 표면적
인 협상의제뿐 아니라 협상당사자, 협상 참여자, 제3자 모두를 연결시키는 '협상

---

**19** 쟈코모 리쫄라띠·코라도 시니갈이아 저, 이성동·윤송아 역, 〈공감하는 뇌, 거울뉴런과 철학〉,
   UUP(울산대학교 출판부), 2016, 12쪽.

규범(negotiation norms)'에 의해 영향을 받게 되고 또한 협상을 통해 이러한 협상 규범이 창출되기도 하는데 이것이 협상에서의 '행동 규칙과 원리(negotiation rules and principles)'이다. 이러한 협상요소를 둘러싼 협상환경은 당시의 사상적 기조, 시대적 사조, 주도적 사고 경향, 문화, 역사 등이 모두 포함된다. 즉 개별 협상은 협상환경과 지속적으로 상호작용하며 그 과정에서 새로운 협상환경을 조성한다. 본 연구는 이러한 협상과정에서 협상의 구성요소들이 협상의 사회적 환경과 상호작용하며 가치를 창출하고 축적하는 과정에 주목한다. 즉 서두에 제기된 후기 자본주의의 문제는 오랜 시간 동안 구성원들이 체계적·구조적 개념으로서의 수많은 협상을 행해오는 가운데 협상요소들과 상호작용하며 만들어 온 현재 시점의 사회적 환경이라고 보는 것이다.

협상의 구조적 이론은 협상과정에서 이루어지는 '협상가능 영역의 탐색 – 협상가능 영역의 확장(통합적 협상) – 협상가능 영역의 분배(분배적 협상)'의 과정을 말한다. 모든 개별 협상은 이론적으로 이러한 과정을 거치게 되며 이 과정에서 구체적으로 개별 당사자의 이해가 드러나고 협상이익이 창출되며 창출된 협상이익을 분배하는 기준이 도출된다. 본 연구는 학제적 연구에 기반한 미시적 분석틀을 제시함으로써 구조적 맥락의 당사자 및 이해(interest)를 정의하고 통합적·분배적 협상이익을 확장할 수 있는 협상모델을 도출하고자 한다.

또한 '협상의 가치사슬(negotiation value chain)'이라고 할 수 있는 절차적 이론 기반으로서 서스킨드의 '합의형성 접근방식(CBA)'을 제시한다. CBA는 민주주의 사회에서 특정 개인을 넘어선 사회 갈등을 해결하기 위한 방법론으로서 기존의 민주주의가 제도적으로 의존해온 '다수결 원칙'의 한계를 극복할 수 있는 의사결정 메커니즘이다. 물론 다수결의 원칙은 계층화된 구조 속에서 소수의 상위계층의 의사결정을 다수의 하위계층에서 일방적으로 따라야 하는 탑다운(top-down)의사결정의 문제를 해결하는 과정에서 많은 사람들의 피땀 어린 노력으로 이루어진 역사적인 결과이다. 그러나 '민주주의는 곧 다수결의 원칙'으로 오랜 시간 학습된 것 또한 구조화된 문제일 수 있고 그 한계를 극복하고 더 나은 의사결정 메커니즘을 만들어 가는 데 있어서 장애요인이 될 수도 있다. 서스킨드에 의하면 다수결의 원칙 하에서는 극단적으로 51%의 승자와 49%의 패자가 도출될 수 있다.[20] 이것은 결과적으로 민주주의가 지향하는 사회통합이 아닌 극단적인 대립과 갈등을 심화시킬 수 있으며 이 역시 우리나라가 상당 기간 경험하고 있는 바이기도 하다. 즉 다수결의 원칙에 의해 승자집단과 패자집단이 결정되면 그 과정에서 있었던 논의과정과 발전적 가치는 사라지거나 희석되고 제로섬(zero-sum) 구조에서 다시 시작하게 되며 그로 인한 사회적 손실과 발전 기회의 상실은 사회적 관점뿐 아니라 경제적 관점에서도 매우 클 수밖에 없다. 이러한 관점에서 다수결이라는 형식적 결과보다는 논의과정에서 적대적인 접근에서 벗어나 직접적인 이해관계자들의 필요와 공동의 문제해결에 대한 효율적이고 생산적인 문제해결 방식을 지향하는 서스킨드의 '합의형성 접근방식'은 본 연구가 지향하는 사회 구조적 문제에 대한 협상모델의 절차적 이론 기반이 될 것이다.

## Ⅱ. 사회 구조적 맥락에서 청년실업과 노인빈곤문제에 대한 협상모델 적용

본 연구에서 다루려고 하는 문제의 본질은 비단 우리나라뿐 아니라 후기 산업사회에 이른 세계 많은 나라가 지금 여러 양상으로 겪고 있는 바이지만 본 연구의 초점은 한국 사회의 구조적 문제에 맞추려고 한다. 현재 한국 사회의 구조적 문제는 여러 가지 관점에서 해석하고 접근할 수 있겠지만 '사회통합과 발전의 지속가능성'을 그 중심에 두고 분석할 것이다.

세대 간, 계층 간의 차이와 갈등이 극단화 되고 있는 상황은 단지 연령, 경제적 차이의 문제를 넘어서 우리 사회의 현재의 문제일 뿐 아니라 미래의 지속적 발전을 위해 매우 중요한 요소인 '사회적 자본(social capital)'을 상실해가고 있다는 것을 의미한다. 앞서 자본은 시장시스템 하에서 이루어지는 교환에 의한 가치의 축적으로 개념화될 수 있다고 했다. 본 연구에서 재구조화된 협상에 의해 이루어지는 가치의 축적은 기존의 인적·물적 자본에 '사회적 자본'이 더해진 개념으로 정의한다. 사회적 자본은 화폐, 기계, 재산과 같은 물적 자본이나 노동력과 같은 인적 자본과 마찬가지로 사회의 효율성과 생산성을 위해 필수불가결한 요소이며 사회가 발전할수록 더욱 그러하다. 즉 사회적 자본은 물적·인적 자본을 지속적이고

---

**20** Lawrence Susskind, "Deliberative Democracy and Dispute Resolution", Ohio State Journal on Dispute Resolution Vol. 24 No. 3, 2009, pp. 397–398.

발전적으로 견인하는 요소인데 후기 자본주의 사회와 같이 성장이 둔화되고 인구 증가가 정체되는 시점에는 성장과 발전에서 차지하는 비중이 더욱 커진다. 로버트 퍼트넘(Robert Putnam)은 물리적 자본이 대상물을 가리키고 인적 자본이 개인의 속성을 의미한다면 사회적 자본은 개인 간의 연계를 의미하며 이는 사회적 네트워크와 거기에 형성되는 상호주의 규범이라고 했다. 본 연구에서는 '사회통합과 지속가능한 성장'이라는 '구조적 문제' 해결을 위해 물적·인적 자본에 더해 '사회적 자본'을 구축할 수 있는 방안의 설계가 필요하다는 관점에서 협상모델을 설계한다.

통합적 가치 축적을 위한 협상모델의 적용을 위한 의제로 '청년실업 문제와 노인빈곤문제'를 다룰 것이다. 2015년 12월 발간된 한국보건사회연구원의 "사회통합 실태진단 및 대응방안"에 의하면 한국 사회가 상당기간 보였던 높은 사회이동의 경험이 지금 현 세대의 낮은 사회이동과 겹치면서 발생하는 인식상의 불일치가 나타나며 이를 '아노미'라고 한다.[21] 즉 급격한 사회이동을 경험했던 부모 세대와 개인의 노력만으로는 사회이동이 가능하지 않아 보이는 자식 세대의 극심한 인식의 차이가 한국 사회의 아노미 상태의 근간에 놓인 문제로 보인다. 해가 거듭될수록 통계수치보다도 심각하게 인식되고 있는 청년실업의 문제와 OECD 1위로 보고되고 있는 노인빈곤율, 세계 최하위권의 출산율, OECD 평균의 세 배에 이르는 자살률(65세 이상 노인 자살률 1위) 등은 이러한 한국 사회의 '아노미' 상태의 심각성을 보여주는 수치들이다. 본 연구는 이러한 문제의 분석과 함께 이를 해결하기 위한 여러 과제들 중 '청년실업 문제와 노인빈곤문제의 해결'을 세대 간, 계층 간의 갈등 및 자원이동의 문제를 포함하고 있으며, '사회통합 및 지속가능성'을 위한 최소한의 기반을 제공하기 위한 과제로 보고 이에 대해 장기적 관점에서의 사회 구조적 협상모델을 제시하고자 한다.

---

21 한국보건사회연구원 연구보고서, "사회통합실태진단 및 대응방안 연구 ─ 사회통합과 국민행복을 중심으로", 2014, 33쪽, 202쪽.

# 제 3 절　연구방법론

## Ⅰ. 브리콜라주에 기반한 학제적 연구: 협상모델 수립

브리콜라주(bricolage)는 다양한 주변 사물의 특성을 있는 그대로 생동감 있게 사용하는 행위의 과정을 통해 생산물을 구성하거나 창조하는 예술 창작 방식이다. 이 개념은 '손보다, 고치다, DIY(do it yourself)'로 번역되기도 하며 예술뿐 아니라 철학, 교육, 경영 등의 영역에도 활용된다. 이런 관점에서 브리콜라주는 지식생산 과정에 활용하는 방법론으로 정의되기도 한다. 이에 참여하는 자는 활용가능한 모든 도구적 지식을 조합하여 지식생산과정에 참여한다. 이러한 방법은 무분별하게 구성되어 활용되는 것이 아니라 다양하고 특정한 방식의 논리와 사고, 즉 개념화를 통해 특정 의미를 담고 결합된다. 즉 브리콜라주는 작은 방법들이 함께 모이고 이를 특정 논리와 사고의 체계로 개념화하는 방법론이다.[22] 브리콜라주는 역사, 문화, 정치, 경제적 맥락의 쟁점들을 다루고 이러한 과정을 통한 지향점은 보편적이거나 관성적인 사고에 대한 비판적이고 반성적인 태도를 담고 있다. 이러한 브리콜라주의 창작의 태도를 질적 연구자가 갖추어야 하는 근본적 태도로 보기도 한다.[23]

브리콜라주는 비판적 사고(critical thinking)에 기반한다는 점에서 비판적 질적 연구라고도 할 수 있다. 비판적이라는 의미는 정-반-합의 변증법적 사고(dialectical thinking)라고 할 수 있으며 이는 부분과 전체를 오가며 성찰하는 사고이기도 하다. 연구의 이론과 방법론적 배경은 곧 연구자의 시각이며 어떤 시각을 갖고 연구 대상을 접하는 지에 대한 결정은 다른 필요한 요소를 선택하는 데 중요한 역할을 한다.[24] 브리콜라주의 개념을 발전시킨 비판교육학자 킨첼로에(J. Kincheloe)는 브리콜라주는 특정 학문의 논리에 의해 생산되는 지식에 대한 정당성에 의문을 제기하는 것으로 시작하며 이에 대한 분석을 위해 다양한 탐구방법과 이론적, 철학적 개념

---

**22** 김영천·이현철 저, 〈질적 연구: 열다섯 가지 접근〉, 아카데미 프레스, 2017, 383쪽.
**23** 김영천·이현철 저, 위의 책, 398−400쪽; 허창수, "비판적 브리콜라주와 박물관 교육", 김명희 편저, 〈박물관 교육과 질적 연구〉, 아카데미 프레스, 245−247쪽.
**24** 김영천·이현철 저, 위의 책, 384−385쪽.

들을 사용가능하게 해 준다고 제시한다. 또한 지식을 축적하고 살펴보고 해석하는 과정에서 '다중 방법론적 전략(multimethodology)'와 '다중관점(multiperspective)'으로 접근할 것과 특정 학문이 아닌 학제간 연구(inter-disciplinary)에 의한 능동적 접근을 제시한다.[25] 그는 브리콜라주의 엄밀성을 강조하는데 이에 대해 실재는 구조적 질서를 갖고 있으며 내장되어 있는 구조적 질서를 찾아내는 것, 사회적 상황에서 개인과 집단에 의해 개념화되는 실재에 대해 고려해서 보편성에 대한 의문을 제기해야 한다는 것, 인간의 관계와 연계 속에서 존재론적 실존을 이해해야 한다는 것, 실재의 다차원적 이해를 위해 다중적 인식론의 이해에 대한 노력을 해야 한다는 것, 지식 생산에는 특정 방식의 문화가 포함되어 있다는 것 등의 개념적 제시를 한다.[26]

    본 연구는 킨첼로에가 제시하는 브리콜라주에 기반한 방법론을 취한다. 서두에 제기한 바와 같이 제기된 문제의 이면에 있는 구조적 질서로서의 자본주의의 시스템에 대한 보편적인 지식에 의문을 제기하고 이에 대한 해결방안으로 소통의 틀로서의 협상모델을 구축하는 것을 목적으로 한다. 이를 위해 먼저 이론적 기반으로서 협상을 이루는 구조적 맥락의 다의성을 탐구하기 위해 규범적, 경제학적, 심리학적 맥락의 교차성을 이해하는 학제간 연구를 시도한다. 그리고 협상의 체계적·구조적 구성이 되는 인간의 관계와 연계 속에서 존재론적 실존을 탐구하는 방법론적 개인주의를 채택한다. 그리고 그 결과물인 담론의 체계로서 자본주의 시스템의 근간인 시장질서를 이루는 거래의 방식이 되는 '사회 구조적 협상모델'을 수립한다.

## II. 학제적 연구의 적용: 협상모델의 적용

    이러한 과정을 통해 도출된 사회 구조적 협상모델을 문제 제기된 현실에 적용하고자 한다. 글레이저(Barney G. Glaser)와 스트라우스(Anselm L. Strauss)는 사회 안에 살고 있는 인간의 삶의 현장에서 일어나는 현상을 그 구성원이 제공하는 다양

---

25 김영천·이현철 저, 위의 책, 402-403쪽; J.Kincheloe, "On to the Next Level: Continuing the Conceptualization of the Bricolage", Qualitative Inquiry 11(3), 2005, pp. 323-350.

26 J. Kincheloe, "Describing the Bricolage: Conceptualizing New Rigor in Qualitative Research", Qualitative Inquiry 7(6), 2001, pp. 679-692.

한 자료를 통해 이해하고 그 결과물을 지식과 개념 등을 포함한 하나의 이론적 구조로 정리, 제시하고 이렇게 도출된 이론은 다시 삶의 현상을 이해하고 현장의 문제를 해결하는데 적용될 수 있다고 보았고 이것이 실증주의와 상징적 상호작용 이론을 접목시킨 근거이론(grounded theory methodology)의 시작이 되었다.[27] 근거이론은 실증조사에서 이론을 생성하는 실증연구와 질적 연구가 결합된 방식이지만 본 연구에서는 실증조사를 직접 수행하는 대신 제기된 문제에 대한 국내외의 선행자료를 분석하여 협상의제를 도출하는 과정에서 체계화하는 방식을 사용할 것이다. 그러나 근거이론에 의한 질적 연구방법론의 중요한 이론적 기반인 상징적 상호작용론은 본 연구방법론의 철학적 기반이 된다. 미드(George Herbert Mead)는 인간은 어떠한 사건에 반응하기 전에 그 의미가 이미 그 개인의 마음 속에 구축이 된다고 보았고 자신과 관련하여 다른 사람의 태도를 추정하고 예측하는 능력이 있기 때문에 인간의 상호작용을 해석하고 통제하는데 있어 그 개인의 마음이 어떠한 역할을 하는지에 관심을 가져야 한다고 한다.[28] 그의 제자인 블루머(H.Blumer)는 사회에서 일어나는 현상은 개인과 사회 간의 상징적 의사소통을 통해 이해할 수 있다는 것을 기본 전제로 삼았고 사회에서 일어나는 삶은 하나의 과정이고 사건의 연속으로 이해할 수 있기 때문에 인간의 행동에 있어서도 항상 변하는 상황과 과정의 연속을 통해 이해할 수 있다고 한다. 또한 의미도 인간의 상호작용을 통해 일상적으로 재창조되고 새로운 의미와 행위도 과정 속에 나타나기 때문에 그 과정을 이해하는 것이 중요하다고 보았다.[29]

본 연구는 앞서 학제적 연구에 기반해 수립된 사회 구조적 협상모델의 접근 방법을 적용해서 제기된 문제가 어떤 과정을 통해 전개되어 왔는지에 대한 현상과 맥락을 이해하여 협상의제를 도출하고 이에 대한 사람들의 상호작용에 대한 재구조화를 통해 해결방안을 도출한다. 이 과정은 미드가 이야기 한 개인이 현상에 반응하기 전에 마음에 구축된 의미에 영향을 주는 구조적 틀을 협상의 관점에서 재

---

27 김영천·이현철 저, 위의 책, 201쪽; B. Glaser, B & A. Strauss., "The Discovery of Grounded Theory", Aldine, 1967.
28 김영천·이현철 저, 위의 책, 202쪽; G.H. Mead, 〈Mind, Self and Society〉, University of Chicago Press, 1934.
29 김영천·이현철 저, 위의 책, 같은 쪽; H. Blumer, 〈Symbolic Interactionism: Perspective and Method〉, Englewood Cliffs: Prentice Hall, 1969.

해석 하는 것이다. 즉 협상모델에서 사용되는 규범적, 경제학적, 심리학적인 기반을 통해 자신과 관련된 다른 사람의 태도를 추정하고 예측하며 상호작용을 해석하고 통제하는 역할을 하도록 할 것이다. 블루머가 이야기 한 사회에서 일어나는 상징적 의사소통과 그 과정의 연속에 의해 일상적으로 재창조되는 새로운 의미로서 협상의 '재구조화(re-framing)'의 개념이 적용될 것이다.

본 연구의 연구방법론을 도식화 하면 〈그림 1 – 1〉과 같다. 그림에서 보듯이, 다음 장인 제2장에서는 본 연구의 사회 구조적 협상모델의 학제적 기반을 제시할 것이고, 제3장에서는 이러한 학제적 기반 위에 기존의 협상이론을 발전시킨 통합적 협상모델을 수립하며, 제4장은 본 연구의 연구범위에 협상모델을 적용하는 과정을 제시해 보도록 하겠다.

〈그림 1–1〉 연구방법론 도식

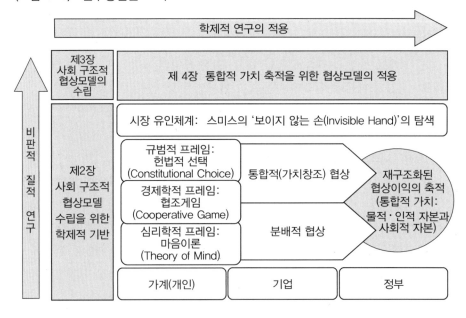

다차원적 · 통합적 협상모델 – '사회적 합의 방법론과 적용'을 중심으로

# 사회 구조적 협상모델 구축을 위한 학제적 기반

## 제1절  스미스의 시장 유인체계

### Ⅰ. 애덤 스미스의 〈국부론〉

#### 1. 〈국부론〉과 '보이지 않는 손(Invisible Hand)'

애덤 스미스나 경제학이라는 말만큼 어쩌면 그보다 더 일반적으로 잘 알려진 말은 '보이지 않는 손'일 것이다. 그 자체가 하나의 상징적인 진리와 같이 시장과 자본주의 사회와 정책결정의 기본 전제가 되어왔다. 더 나아가서 '보이지 않는 손'은, 자본주의 사회에서 이미 '더 이상 의심의 여지가 없는 마지노선'과 같이 사람들의 의식 혹은 무의식의 구조까지도 지배하는 사회적 규범의 자리까지도 차지해 왔다고 해도 과언이 아닌 것 같다. '보이지 않는 손'과 결합되어 있는 메커니즘은 '시장'이다. 즉 시장의 작동원리 그 자체가 '보이지 않는 손'인 것이고 그것은 곧 '방임(laissez-faire)'과 같은 말로 인식되어 왔다.

그러나 '자본주의, 시장, 애덤 스미스, 보이지 않는 손'과 같은 당연한 관련어들은 오늘날 후기 자본주의 사회의 문제들을 해결하는 데 오히려 장애가 될 수 있

다. 무엇보다 애덤 스미스가 이야기한 '보이지 않는 손'이 오늘날 일반적으로 인식되고 있는 '보이지 않는 손'과 같은 것인지를 살펴봄으로써 그가 이야기 한 '시장'의 본질이 자본주의 발전과정에서 많은 문제들을 드러내고 있는 '시장'과 같은 것인지, 그는 이러한 문제들을 예상하지 않았는지, 그가 상정한 '보이지 않는 손에 의해 작동되는 시장'은 이러한 문제들을 어떤 관점에서 포섭하고 있었는지를 다시 확인할 필요가 있는 시점이다.

## 2. '보이지 않는 손'의 문헌적 출처

로스차일드(Emma Rothschild)는 '보이지 않는 손에 대한 우리의 일반적 인식에 대해 다시 생각해 봐야 하는 문헌적 근거를 제시한다. 〈국부론〉에서 '보이지 않는 손'이라는 말은 단 한 번 언급되었고, 애덤 스미스는 그의 모든 저서에서 '보이지 않는 손'이라는 표현을 총 세 번 사용했는데 이 문헌들에서 '보이지 않는 손'은 각기 다양한 맥락에서 사용되었다는 것이다.[1] 케네디(Gavin Kennedy)는 '보이지 않는 손'을 스미스의 '독트린(doctrine)'이 아니며, 스미스는 '보이지 않는 손'을 서로 다른 맥락에서 비유적 표현(metaphor)으로 사용한 것이라고 한다.[2] 로스차일드 역시 '보이지 않는 손'이란 말은 도덕철학을 가르치기 전에 수사학을 가르쳤던 스미스가 셰익스피어의 문학작품의 표현을 차용한 것이라고 한다. 그녀는 더 나아가 '보이지 않는 손'은 스미스가 중요하게 생각한 것이라기 보다는 일종의 반어적 농담(ironic joke)라고 주장한다.[3]

연대기적으로는 스미스의 저서 중 '보이지 않는 손'이라는 표현이 처음 사용된 것은 〈천문학의 역사〉이다.

> 이교도가 지배하던 고대의 초기 시대뿐 아니라 모든 다신교 종교에서, 미개인들 사이에는 자연의 불규칙적 사건만이 신들의 작용과 힘에 기인하는 것으로 인식되었다. 불은 타오르고 물은 새롭게 한다. 그리고 자연의 본질적 필연성에

---

1 Emma Rothchild, "Adam Smith and the Invisible Hand", American Economic Review 84(2), Papers and Proceeding, 1994, pp. 319−322.
2 Galvin Kennedy, "Adam Smith and the Role of Metaphor of an Invisible Hand", Economic Affairs Vol. 31(1), 2011, pp. 53−57.
3 Emma Rothchild, ibid., p. 319.

의해 무거운 물체는 내려가고 가벼운 물체는 올라간다. 이러한 일에는 주피터의 '보이지 않는 손(Invisible Hand)'은 작용하지 않는 것으로 이해된다.[4]

여기서 스미스는 '보이지 않는 손'을 양 손이 잘려 있는 주피터 조각상에서 은유하고 있다. 주피터는 여러 자연현상뿐 아니라 세계 질서와 정의를 유지하는 능력을 소유한 것으로 이야기 되는데, 자연의 '불규칙적'인 사건들이 아닌 자연의 '필연적' 현상은 오히려 그러한 주피터의 '보이지 않는 손'의 작동에 의한 것이 아니라는 의미로 사용됐다. 즉 여기서 '보이지 않는 손'은 필연적 작용이 아닌 주피터의 '세계의 질서와 정의를 유지하는 능력'이 발휘되는 손이다.

두 번째로 '보이지 않는 손'이 등장한 그의 저서는 〈도덕감정론〉이다. 이 책의 제3장에서 부자는 자신의 욕망을 충족하기 위해 열심히 일하지만 자신의 성과물을 가난한 사람과 나누어가지게 되는데 이는 '보이지 않는 손'이 작동하는 결과라고 한다. 관련 부분을 인용하면 다음과 같다.

> 토지의 생산물은 언제나 그것이 먹여 살릴 수 있는 만큼의 주민을 유지할 뿐이다. 부자는 단지 큰 덩어리의 생산물 중에서 가장 값나가고 가장 기분 좋은 것을 선택할 뿐이다. 그들은 가난한 사람보다 별로 많이 소비하지도 못한다. 그리고 그들의 천성의 이기심과 탐욕(selfishness and rapacity)에도 불구하고 비록 그들이 자신만의 편의를 생각한다고 하더라도 또한 그들이 수천 명의 노동자를 고용해서 추구하는 유일한 목적이 그들 자신의 허영심과 만족될 수 없는 욕망의 충족(the gratification of their own vain and insatiable desires)이라고 하더라도, 그들은 자신들의 모든 개량의 성과를 가난한 사람들과 나누어 가진다. 그들은 보이지 않는 손(invisible hand)에 이끌려서 토지가 모든 주민들에게 똑같이 나누어졌을 경우에 있을 수 있는 것과 같은 생활필수품의 분배를 하게 된다. 그리하여 부지불식 중에 사회의 이익(the interest of the society)을 증진시키고 인류 번식의 수단을 제공하게 된다. 신의 섭리(providence)는 대지를 소수의 귀족과 지주들에게 나누어주면서 이 분배에서 제외되었다고 생각되는 사람들을 망각하지도 방기하지도 않았다. 이 사람들도 대지가 산출하는 모

---

[4] 김근배, 〈애덤 스미스의 따뜻한 손〉, 중앙books, 2016, 225쪽; Emma Rothchild, ibid., p. 319; 1750년대 초/중반에 쓰여졌을 것으로 추정되며 사후에 그의 다른 글들과 함께 출판되었다; Adam Smith, 〈Essays on Philosophical Subjects〉(1795), Oxford University Press, 1980, p. 49.

든 것에 대한 그들의 몫을 향유한다. <u>인간생활의 참된 행복을 구성하는 것에 관한 한, 그들은 자신들보다 사회적으로 훨씬 높은 지위에 있다고 생각되는 사람들보다 결코 열등하지 않다.</u>[5]

여기에 등장하는 '보이지 않는 손'은 뒤에 나오는 '신의 섭리'와 무관하게 사용되지 않은 것으로 보인다. 즉 부자인 인간이 '오직 자신의 편의와 허영심, 만족될 수 없는 욕망을 유일한 목적'으로 생산, 고용 등의 경제행위를 한다고 할 지라도 '보이지 않는 손'이 결국 공평한 분배로 이끈다는 것이다. 여기서 '보이지 않는 손'이 '이기심과 탐욕' 혹은 '오직 자신의 편의와 허영심, 만족될 수 없는 욕망'과 동의어로 사용되지 않은 것은 분명하다. 이를 본문의 '신의 섭리'의 은유적 표현으로 보는 견해도 있다.[6]

세 번째로 애덤 스미스가 '보이지 않는 손'을 사용한 것은 〈국부론〉에서이다. 중상주의에 대한 비판을 다룬 제4편 2장에서, 국내에서 생산되는 제품을 보호하기 위해 수입을 규제하는 것이 불합리함을 지적하는 맥락에서 다음과 같이 사용되었다.

한 사회의 연간수입은 그 사회의 노동의 연간 총생산물의 교환가치와 정확히 같다. 또는 오히려 그것의 교환가치와 정확히 동일한 것이다. 따라서 각 개인이 최선을 다해 자기 자본을 본국 노동의 유지에 사용하고 노동생산물이 최대의 가치를 갖도록 노동을 이끈다면 각 개인은 필연적으로 사회의 연간수입이 가능한 최대의 가치를 갖도록 노력하는 것이 된다. 사실 그는 일반적으로 말해서 공공의 이익을 증진시키려고 의도하지도 않고 공공의 이익을 그가 얼마나 촉진하는 지도 모른다. 외국 노동보다 본국 노동의 유지를 선호하는 것은 오직 자신의 안전(his own security)을 위해서고, 노동 생산물이 최대의 가치를 갖도록 그 노동을 이끈 것은 오로지 자신의 이익(his own gains)을 위해서다. 이 경우 그는, 다른 많은 경우에서처럼 <u>보이지 않는 손(invisible hand)</u>'에 이끌려

---

5 애덤 스미스 저, 박세일·민경국 역, 〈도덕감정론〉, 비봉출판사, 2009, 346쪽; Adam Smith, 〈The Theory of Moral Sentiments〉(1759), Prometheus Books, 2000, p. 264; 이하 직접인용할 〈도덕감정론〉과 〈국부론〉은 국내 역서와 원서를 함께 인용하도록 할 것이며 번역은 역서를 기본으로 하겠다.
6 김근배, 위의 책, 2016, 226쪽.

서 전혀 의도하지 않았던 목적을 달성하게 된다. 그가 의도하지 않았던 것이라고 해서 반드시 사회에 좋지 않은 것은 아니다. 그가 자신의 이익을 추구함으로써 흔히, 그 자신이 진실로 사회의 이익을 증진시키려고 의도하는 경우보다 더욱 효과적으로 그것을 증진시킨다.[7]

여기서 스미스는 굳이 국가가 국내 제조업자들을 보호하기 위하여 수입을 규제하지 않아도 이윤이 같은 경우, 외국 무역보다 국내 제조업이 선호된다는 것을 이야기 한다. 즉 각 개인이 자신의 이익과 안전을 위해서 외국무역보다는 국내 제조업을 선호하기 때문에 수입규제가 없어도 이익이 되면 그 방향으로 움직이는 것이고 이것이 '보이지 않는 손'으로 작동하여 사회에도 이익이 된다는 것이다. 즉 여기서 '보이지 않는 손'이 언급된 맥락은 국가의 보호주의에 의한 수입규제를 통해 국내 제조업자에게 독점적 특혜를 주는 중상주의를 비판하기 위한 것이었다.

## 3. '보이지 않는 손'과 자유방임주의 vs. 자연적 자유주의

폴 새뮤얼슨(P.A. Samuelson)은 1948년 초판이 나온 이래 세계 40여 개 이상의 언어로 400만부 이상이 팔린 그의 저서 〈경제학〉 초판에서 '스미스의 보이지 않는 손'을 언급하며 이는 '정부 간섭을 줄이고 시장을 자유롭게 하라는 원칙을 천명한 것'이라고 말하고 있다.[8] 그는 다음과 같이 기술한다.

애덤 스미스는 경제체제의 질서를 인식하고는 너무 전율하여 '보이지 않는 손'이라는 신비한 원칙을 선언했다. 이는 각 개인이 자신의 이기적인 목적만을 추구하는 것이, 마치 보이지 않는 손처럼, 모든 사람에게 최선의 결과로 인도된다는 것이다. 그래서 자유경쟁에 대한 정부의 간섭은 반드시 해로운 결과를 야기한다는 것이다.[9]

---

**7** 애덤 스미스 저, 김수행 역, 〈국부론〉, 비봉출판사, 2007, 552-553쪽; Adam Smith, 〈The Wealth of Nations Books Ⅳ-Ⅴ〉(1776), Penguin Classics, 1999, p. 32.
**8** 김근배, 위의 책, 228-229쪽.
**9** 김근배, 위의 책, 229쪽; P. A. Samuelson, 〈Economics: An Introductory Analysis〉, McGraw-Hill Education, 1955; Gavin Kennedy "Adam Smith and the Invisible Hand: From Metaphor to Myth", Economic Journal Watch Vol. 6(2), 2009, pp. 239-263.

위에서 언급했듯 스미스는 그의 모든 저서에서 각각 다른 맥락에서 '보이지 않는 손'을 세 번, 〈국부론〉에서 자국 산업에 독점적 특혜를 주는 국가규제를 비판하며 단 한 번 언급했다. 즉 스미스는 규제 자체에 반대한 것이 아니라, 전체 국민의 이익보다 특수한 계층의 이익을 추구하는 규제에 반대했다. 즉 정부와 결탁하여 독점을 추구하는 상인과 제조업자에게 반대한 것이다.

따라서 스미스가 전율하여 '보이지 않는 손'이라는 '원칙을 천명했다'는 것은 정확하지 않은 과장이다. 또한 중요한 부분은, 스미스는 〈국부론〉과 〈도덕감정론〉에서 이기적(selfish)이라는 말과 자기 이익(own interest)이라는 말을 구분해서 사용했다는 점이다. 그는 이기적이라는 말은 타인에게 해가 되는 것을 무릅쓰고 사익을 추구하는 탐욕적인 행위로 계속적으로 언급한 반면, 자기 이익 추구는 '정의의 법을 어기지 않는 한(as long as he does not violate the laws of justice)(국부론)',[10] '인간이 사회에 대하여 타고난 애정(natural love of society), 같은 인간에 대한 동류의식(general fellow-feeling which we have with every man, merely because he is our fellow-creature)에 기반한 공감(도덕감정론)'을 전제로[11] 정당한 것으로 보았다. 스미스는 명확하게 이기적인 것은 탐욕(selfishness and rapacity)[12]과 같은 의미로 표현했으며 이와 대조적인 맥락에서, '정의의 법(the law of justice)' 아래서의 자기 이익 추구는 사회를 발전시키는 좋은 것으로 이야기한다. 그런데 새뮤얼슨은 자기 이익(self-interest) 추구에 이기적(selfish)라는 표현을 사용하고 있고 스미스가 정부 간섭에 반대한 것이 당시의 경제적 강자인 상공업자의 독점적 횡포를 없애기 위한 것이라는 사실을 언급하지 않았다.[13]

스미스는 〈국부론〉 제5장에서 '자연적 자유주의'를 이야기하며 특혜와 규제가 철폐되어야 하고 시장 참여자가 정의의 원칙을 지키는 것을 시장의 조건으로 밝혔다. 즉 개인의 경제행위가 정의에 반할 때 정부가 공정한 관찰자의 입장에서 개입하여 정의를 구현해야 한다는 것이다. 관련된 부분은 다음과 같다.

---

10 애덤 스미스 저, 박세일 외 역, 위의 책, 848쪽; Adam Smith, 〈The Wealth of Nations Books Ⅳ – Ⅴ〉, ibid., p. 274.
11 애덤 스미스 저, 김수행 역, 위의 책, 166–169쪽; Adam Smith, 〈The Theory of Moral Sentiments〉, ibid., p. 127, p. 130.
12 Adam Smith, 〈The Theory of Moral Sentiments〉, ibid., p. 264.
13 김근배, 위의 책, 230쪽.

모든 특혜나 억제의 체계가 완전히 사라진다면, 명백하고 단순한 <u>자연적 자유주의 체계</u>(obvious and simple system of natural liberty)가 스스로 확립된다. 이 제도 하에서는 <u>누구든지 정의의 법을 어기지 않는 한</u>(as long as he does not violate the law of justice), 모든 사람은 자기 방식대로 자기의 이익(his own interest)을 추구하고 자신의 노동과 자본을 다른 어떤 사람 또는 어떤 계층의 사람들의 노동과 자본과 경쟁시킬 수 있도록 완전한 자유에 맡겨진다.[14]

본문에서도 보듯 스미스는 '모든 특혜나 억제의 체계가 사라진' 제도 하에서, '누구든지 정의의 법을 어기지 않는 것'을 조건으로 하는 '자연적 자유주의자'였으며, '자유방임주의자'는 아니었다. 여기서 특혜나 독점을 없애고 정의의 법을 어기지 않도록 하는 것은 정부 및 입법과 사법의 역할이 필요한 것이다.

스미스는 국민이 자신이 좋아하는 직업에 종사할 수 있는 것을 그의 '자연적 자유주의'에 포함시킨다. 여기서도 역시 이러한 자연적 자유를 침해하는 배타적 특권과 당시 동업조합의 도제법의 폐지를 주장한다. 또한 노동자의 거주이전의 자유를 통한 직업선택의 자유도 주장한다.

국민들 모두에게 그들이 좋아하는 어떠한 직업에도 종사할 수 있는 자연적 자유를 회복시켜 주어야 한다. 즉, 자연적 자유를 심각하게 침해하는 동업조합의 배타적 특권을 타파하고 도제법을 폐지해야 한다. 그리고 이에 더하여 거주법을 폐지함으로써 가난한 노동자가 어느 직업이나 어느 장소에서 실직하더라도 고발당하거나 이전을 강요당할 근심 없이 다른 직업을 얻거나 다른 장소에서 직업을 얻을 수 있도록 해야 한다.[15]

스미스가 〈국부론〉 전반에서 자유로운 경쟁을 침해하고 그 결과 시장의 정상적 작동을 방해하는 대상으로 이야기한 것은 당시 동업조합인 길드(guild)였다. 당

---

**14** 애덤 스미스 저, 김수행 역, 위의 책, 848쪽; Adam Smith, 〈The Wealth of Nations Books Ⅳ－Ⅴ〉, ibid., p. 274.

**15** 애덤 스미스 저, 김수행 역, 위의 책, 571쪽; Adam Smith, 〈The Wealth of Nations Books Ⅳ－Ⅴ〉, ibid., pp. 47－48.

시 상공업자들의 직업별 조합이었던 길드는 조합원이 되는 자격을 엄격히 규제하면서 시장에서 '독점적 지위'를 유지했다. 동업조합에는 도제제도로 일컬어지는 엄격한 신분제도가 존재했는데 장인(Meister)은 도제를 지도하면서 그들의 노동력을 활용했다. 당시 도제는 최소 7년을 장인 밑에서 일해야 독립하여 사업을 할 수 있었고 마치 노예와 같은 노동착취를 당하는 경우가 많았다. 스미스가 상인의 독점적 지위를 없애는 악법 철폐를 주장한 것은 이러한 당시 상황에서 이해해야 한다. 당시 동업조합은 자신들에게 독점적 지위를 주도록 정부를 부추기는 일이 비일비재했다. 즉 스미스는 상인과 제조업자에게 독점을 주는 정부의 시장개입을 반대한 것이다. 여기서 스미스가 강조한 것은 경제적 약자의 자유이지 경제적 강자를 위한 자유가 아니었다. 새뮤얼슨은 스미스가 정부간섭에 반대한 것이 사회에서 경제적 강자인 상공업자의 독점적 횡포를 없애기 위한 것이라는 중요한 사실을 언급하지 않았다.[16]

스미스가 이야기 한 두 번째 전제조건인 '누구든지 법을 어기지 않는 한'도, 일반적으로 우리의 '보이지 않는 손'의 통념 속에 들어 있지 않다.

> 법률의 규제는 틀림없이 어떤 점에서는 자연적 자유의 침해로 간주될 수 있지만, 사회 전체의 안전을 위협하는 몇몇 개인의 자연적 자유의 행사는, 가장 자유로운 정부이든 가장 전제적인 정부이든, 모든 정부의 법률에 의해 제한되고 있으며 또 제한되어야 한다.[17]

스미스는 이러한 맥락에서 은행업을 규제하는 것에 찬성했고 고리대금업자의 최고이자율을 정해 경제적 약자를 수탈하지 않도록 해야 한다고 했다. 스미스는 정부와 상공업자가 결탁한 독점체제의 철폐를 '자연적 자유주의'의 첫 번째 조건으로 말했고 상공업자가 불공정한 독점으로 이익을 얻는다면 정부가 경제적 약자를 위해 개입할 의무가 있다는 것을 이야기했다.[18] 즉 독점에 의존하는 이기적 이익추구 행위에 대해서는 정부가 개입하여 정의를 실현해야 한다는 것이다.

---

16 김근배, 위의 책, 108–109쪽.
17 애덤 스미스 저, 김수행 역, 위의 책, 397쪽; Adam Smith, 〈The Wealth of Nations Books Ⅰ–Ⅲ〉, ibid., p. 424.
18 김근배, 위의 책, 110쪽.

대런 애쓰모글루(Daron Acemoglu)와 제임스 로빈슨(James A. Robinson)의 말을 빌리면 결국 스미스는 〈국부론〉에서 당시의 '지배층이 경제적 약자에게도 경제행위를 자유롭게 하도록 해 줄 것'을 주장한 것이다. 이들은 이러한 관점에서 스미스의 '자연적 자유주의 체계'를 '포용적 경제제도'라고 한다. 즉 사유재산이 확고히 보장되고 법체제가 공평 무사하게 시행되며 누구나 교환 및 계약이 가능한 공평한 경쟁환경을 보장하는 공공서비스를 제공하며 새로운 기업의 참여를 허용하고 개인에게 직업선택의 자유를 보장하는 것으로 포용적 경제제도를 설명한다.[19]

## 4. '보이지 않는 손'과 균형 vs. 자연가격

캐네스 애로(Kenneth J. Arrow)는 일반균형이론(general equilibrium)을 한 단계 도약시킨 경제학자로 평가받는데, 이는 경쟁적인 시장에서 작동하는 인간의 합리적인 이기심이 경제를 최적 상태로 이끈다는 것이다. 그는 자신이 도출한 수학적 결론을 스미스의 '보이지 않는 손'을 체계화한 것이라고 주장했다.[20] 그는 〈일반경쟁분석〉에서 스미스를 '일반균형이론'의 창시자라고 했고 스미스의 '보이지 않는 손'은 경제적 균형관계의 가장 근원적인 것을 시적으로 표현한 것이라고 했다.[21] 그러나 스미스는 시장에서 상품가격이 결정되는 것을 균형가격이 아닌 '자연가격'으로 설명한다. 스미스는 상품생산에 기여하는 노동, 토지, 자본의 비용인 임금, 지대, 이윤에 의해 상품가격이 형성된다고 보았다. 그는 임금, 이윤, 지대에는 한 나라의 일반적 경제상황에서 결정되는 평균수준이 존재하고 이 평균수준의 임금, 지대, 이윤을 합친 것을 자연가격(natural price)이라고 했다. 그리고 시장가격은 시장에서의 공급량과 유효수요에 의해 결정되는 것이다. 따라서 공급량이 유효수요를 초과할 때는 상품가격은 자연가격 이하로 형성되고 그 반대의 경우 자연가격 이상으로 형성된다. 그는 시장가격은 단기적으로는 유효수요와 공급량에 의해 변하지만 장기적으로는 자연가격에 접근하려는 경향을 갖는다고 했다.[22] 즉 그는 '자연가

**19** 대런 애쓰모글루·제임스 A. 로빈슨 저, 최완규 역, 〈국가는 왜 실패하는가〉, 시공사, 2012, 267−307쪽.
**20** 김근배, 위의 책, 231쪽.
**21** Kenneth J. Arrow & Frank H. Hahn, 〈General Competitive Analysis〉, Holden Day, 1971, pp. 1−2.
**22** 애덤 스미스 저, 김수행 역, 위의 책, 76쪽; Adam Smith, 〈The Wealth of Nations Books Ⅰ− Ⅲ〉, ibid., p. 160.

격이 모든 상품들의 가격이 끌려가는 중심가격'이라고 한다. 신고전주의 경제학자들은 스미스의 자연가격을 '균형가격'으로 재해석했다. 신고전주의 경제학에서 이야기하는 '균형'은 완전경쟁이라는 가정 하에 수요자는 각자의 효용을 극대화하고 공급자도 자신의 이익을 극대화하려 한다는 전제에서 출발한다. 이렇게 출발한 수요곡선과 공급곡선이 만나는 점에서 균형가격이 형성된다.

스미스와 신고전주의 경제학자들의 차이는, 스미스는 시장을 시간과 공간상에 위치한 경험상의 실체로 본 반면, 신고전주의 경제학자들은 수식으로 표현되는 추상적인 시장으로 보았다는 점이다. 스미스는 가격을 이론에서 도출하지 않았고 시장에서 일어나는 거래를 관찰한 후 직관에 의해 자연가격이라는 개념을 도출했다.[23] 이는 애덤 스미스가 위에 언급한대로 시장의 유효수요에 의해서 결정되는 가격이 '자연가격을 향한다'고 함과 동시에 다음과 같이 이야기 한 것을 통해서도 알 수 있다.

> 어떤 구체적인 상품의 시장가격은 이러한 방식으로 자연가격을 향해 끊임없이 끌려가고 있다고 말할 수 있지만, 때로는 어떤 특수한 사건, 때로는 자연적인 원인, 때로는 특수한 행정규제 등 다수의 상품에 대해 그 시장가격을 장기간 자연가격보다 훨씬 높게 유지할 수 있다. (…) 시장가격의 이러한 등귀는 분명히 자연적 원인의 결과인데, <u>그 자연적 원인은 유효수요가 완전히 충족되는 것을 저지하며 따라서 영원히 작용할 수 있다.</u>[24]

이러한 관점에서 스미스는 세계 경제사를 지속적으로 강타했던 인플레이션에 대해 신고전주의 경제학자들과는 다른 처방을 내렸을지도 모른다. 균형이론에 입각한 신고전주의 경제학에서는 경제현상이 단기적으로는 균형을 벗어나도 장기적으로는 변하지 않는 균형점을 향해 간다는 것을 전제로 한다. 따라서 균형이론은 정부든 누구든 시장에 개입하게 되면 자연적으로 이루어질 균형 상태에 도달하는 것이 어려워지므로 '자유방임주의'로 이어진다.

물리학의 '엔트로피 법칙'에 의하면 폐쇄계에서는 균형이라는 것이 작용하지

---

23 김근배, 위의 책, 157쪽.
24 애덤 스미스 저, 김수행 역, 위의 책, 78-80쪽; Adam Smith, 〈The Wealth of Nations Books Ⅰ – Ⅲ〉, ibid., pp. 162-164.

만 개방계는 시간이 지남에 따라 무질서가 증가하는 복잡한 적응시스템이고 불균형 시스템이다. 에릭 바인하커(Eric Beinhocker)는 〈부의 기원〉에서 신고전주의 경제학의 경제시스템은 경제시스템을 암묵적으로 폐쇄계로 가정했다고 한다.[25] 현실에서의 경제시스템은 개방계이고 불균형 시스템이다. 제러미 리프킨(Jeremy Rifkin)은 〈엔트로피〉에서 엔트로피 빕칙이 오랫동안 세상을 지배해 온 세계관을 바꾸고 학문도 큰 변화를 겪을 것이라고 했다.[26] 사회 물리학자인 마크 뷰캐넌(Mark Buchanan)은 2015년 " '보이지 않는 손'이 경제를 언제나 최적의 균형상태로 되돌려 준다는 것은 망상이다"라고 했다.[27]

## 5. '보이지 않는 손'과 인간의 이기심에 기반한 자기 이익 극대화 vs. '정의의 법' 아래서의 자기 이익 추구

'보이지 않는 손'에 대한 일반적인 통념은 인간의 '이기심'에 대한 가정이다. 이에 대한 기반으로 〈국부론〉에서 가장 많이 인용되는 부분은 다음과 같다.

> 우리가 저녁식사를 기대할 수 있는 것은 정육점 주인과 양조장 주인, 그리고 빵집 주인의 자비심(benevolence) 때문이 아니라 그들의 <u>자신의 이익(self-interest)에 대한 그들의 고려</u> 때문이다.[28]

위 본문에서 '자기의 이익(self-interest)'은 오랫동안 이기심(selfishness)으로 번역되어 왔다. 아마티아 센(Amartya Sen)은 〈자유로서의 발전〉에서 '스미스를 이기심의 옹호자로 보는 통속적 설명은 그의 방대한 저작에서 몇몇 문단만을 뽑아낸 결과'라고 말했다. 특히 가장 많이 인용되는 정육점 주인과 빵집 주인의 문단이 주로 발췌되어 스미스를 심각하게 왜곡했다고 이야기 했다. [29]

앞서 살펴보았듯이, 스미스에게 있어 이기심(selfishness)은 탐욕(rapacity)과 같은

**25** 에릭 바인하커, 안현실 외 역, 〈부의 기원〉, 랜덤하우스코리아, 2007.
**26** 제러미 리프킨 저, 이창희 역, 〈엔트로피〉, 세종연구원, 2006, 22쪽.
**27** 김근배, 위의 책, 153-154쪽; "물리학으로 경제를 분석하는 과학자 마크 뷰캐넌", 매일경제, 2015.11.3.
**28** 애덤 스미스 저, 김수행 역, 위의 책, 19쪽; Adam Smith, 〈The Wealth of Nations Books Ⅰ-Ⅲ〉, ibid., p. 119.
**29** 아마티아 센, 김원기 역, 〈자유로서의 발전〉, 갈라파고스, 2013, 386쪽.

맥락에서 사용되었지만 '자기 이익(self-interest)의 추구'는 타인과 공감하면서 이익을 추구하는 행위이며 신중하게 타인에게 피해를 주지 않는 정의로운 방법으로 이익을 추구하는 행위를 말한다. 그는 〈국부론〉에서 다음과 같이 이야기 한다.

> 자신의 처지를 개선하려는 모든 사람들의 공통되고 꾸준한 중단 없는 노력, 즉 개인의 풍요뿐 아니라 사회, 국민의 풍요가 원천적으로 유래하는 이 행동원리는 때때로 매우 강력한 것이어서, 정부의 낭비와 행정의 큰 오류에도 불구하고, 개선을 향한 사물의 자연적 발전을 지속시킨다. 이것은 동물 생명의 알려지지 않는 원리가 질병뿐만 아니라 의사들의 엉터리 처방에도 불구하고 종종 신체에 건강과 활력을 회복시켜주는 것과 마찬가지다.[30]

또한 일반적으로 스미스가 인간의 이기심을 전제로 '교환본성'을 이야기했다고 이야기되는 것과 달리 그는 〈법학강의〉에서 다음과 같이 이야기 한다.

> 만일 우리가 교환하려는 성향이 자리잡고 있는 마음 속의 원리를 탐구하면 그 결과로 모든 사람을 설득하려고 하는 자연발생적인 성향이 분명히 드러난다.[31]

스미스가 이야기하는 교환행위가 근거하는 '마음 속의 원리'는 단지 이기심과 화폐가치에 기한 이익추구가 아니라 타인에 대한 공감과 신뢰를 전제로 하고 있다. '설득'은 이에 기반하기 때문이다. 아마티아 센은 〈자유로서의 발전〉에서 공감이나 이타심의 효용을 각 개인의 효용함수에 하나의 변수로 집어넣는다면 신고전주의 경제학이 주장하는 '인간의 효용을 극대화 하면서 소비를 한다'라는 가정을 유지할 수 있다고 했다. 신고전주의 경제학에서는 효용함수에서 효용을 극대화한다는 조건에 의해 수요함수를 도출하는데 공감에 의해 효용이 달라질 수 있는 것이다.[32]

30 애덤 스미스 저, 김수행 역, 위의 책, 420쪽; Adam Smith, 〈The Wealth of Nations Books Ⅰ– Ⅲ〉, ibid., p. 443.
31 R. L. 미크 외 저, 서진수 역, 위의 책, 639쪽.
32 아마티아 센 저, 김원기 역, 위의 책, 384–385쪽, 493쪽.

이는 이타적이거나 공익적인 행위가 아닐지라도, 오랜 단골집이 약간 비싸더라도 선호하는 경향, 자기가 좋아하는 연예인이 광고하는 상품을 가격이 비싸도 구매하는 행위, 혹은 브랜드와 같은 개인적 혹은 사회적인 가치가 효용에 포함되는 경우에서 쉽게 찾아볼 수 있다. 스미스는 이미 〈국부론〉에서 이와 같은 화폐적 효용의 관점에서는 '비합리적 소비'에 대해 설명했다. '과시적 소비'에 대한 설명인데 주목할 점은 스미스가 이러한 과시적 소비를 '사치품'이 아닌 '필수품'에 대한 설명으로 이야기했다는 것이다.

> 필수품이란, 생활을 유지하기 위해 필수불가결한 상품뿐만 아니라 그 나라의 관습상 점잖은 사람의 체면유지를 위해, 심지어 최하층 계급 사람들의 체면 유지를 위해서도 없어서는 안될 상품들을 가리킨다고 나는 생각한다. (…) 예를 들어 아무리 가난한 사람이라도 체면이 있는 사람이라면 남자건 여자건 가죽신발을 신지 않고 남들 앞에 얼굴을 내밀지는 못할 것이다.[33]

즉 가난한 사람이라도 부유한 사람과 '체면'이라는 정서와 감정을 공유하며, 이는 그에게도 사치가 아닌 '필수품'을 선택하는 효용의 영역에 들어가는 것으로 스미스는 본 것이다.

또 하나의 중요한 부분은, 스미스는 신고전주의 경제학의 기본 가정 중 하나인 이익의 '극대화(maximization)'에 대해 언급하지 않았다는 점이다. 그는 경제 주체들이 자신의 이익을 추구한다고 했으며, 이윤을 극대화한다고 하지는 않았다. 그가 '이윤'에 대해 언급한 부분은 다음과 같다.

> 이윤이 감소할 때 상인들은 사업이 잘 되지 않는다고 불평하기 쉽지만, 이윤의 감소는 상업 번영의 자연적 결과이거나 이전보다 많은 자본이 사업에 투자된 결과이다. (…) 일반적인 이윤율의 최저한도는 자본의 투입으로 노출되는 우연한 손실을 보상하는 데 충분한 것보다 항상 약간 높아야 한다.[34]

---

[33] 애덤 스미스 저, 김수행 역, 위의 책, 1080쪽; Adam Smith, 〈The Wealth of Nations Books Ⅳ – Ⅴ〉, ibid., p. 465.

[34] 애덤 스미스 저, 김수행 역, 위의 책, 120쪽. 125쪽; Adam Smith, 〈The Wealth of Nations Books Ⅰ – Ⅲ〉, ibid., p. 194, p. 199.

> 우리의 상인과 제조업자들은 높은 임금이 상품가격을 인상시켜 국내외의 판매량을 감축시킨다고 여기며 높은 임금의 나쁜 영향에 대해서는 크게 불평하면서도 높은 이윤의 나쁜 영향에 대해서는 아무런 이야기도 하지 않는다. 그들은 자기 자신들의 이윤이 미치는 해로운 영향에 대해서는 입을 다물고 타인들의 이득이 미치는 해로운 영향에 대해서만 불평하고 있다.[35]

'자기의 이익을 추구'하는 것과, '자기의 이익을 극대화'하려고 하는 것은 분명히 개념적·과정적·결과적으로 다르다. 인간은 이기적이면서도 이타적이고 개인적이면서도 집단적이며 합리적이면서도 감정적이다. 스미스는 위에 살펴본 바와 같이 '좁은 의미에서의 인간의 이기심에 근거한 이익의 극대화'를 전제로 그의 논의를 전개시키지 않았으며 인간의 이와 같은 복합적인 측면을 고려한 '자기 이익의 추구'를 전제로 하는 효과적인 분업, 교환활동에 의한 개인적·사회적인 최선의 결과를 논증했다. 심리학의 자기실현적 예언(self-fulfilling prophecy)에 의하면 잘못된 이론을 믿고 실제 그렇게 행동함으로써 그러한 실현을 이루게 된다. 또한 '논리학의 선결문제 오류'는 전제조건을 내세워 그 위에 어떤 주장을 했을 때 그 전제조건을 증명하지 않은 논리적 주장은 오류라는 것이다.[36] 만일 우리가 스미스의 전제와는 본질적으로 다른 이기심에 근거한 자본주의를 당연한 전제로 하지 않고 사람들 간의 신뢰를 기반으로 하는 교환행위, 공감 본성에 근거한 자기 이익 추구를 전제로 했다면, 자본주의는 오늘날과는 다른 모습을 발전해 올 수 있었을 것이다. 즉 '이기심에 근거한 자기 이익의 극대화'가 아닌 '정의의 법과 공감에 기반한 자기 이익 추구'가 자본주의의 규범(norm)이 될 수 없었다는 논리 필연적 이유를 우리는 자본주의의 아버지로 일컬어지는 스미스의 〈국부론〉에서 찾을 수가 없다. 그럼에도 불구하고 '이윤 극대화' 가정은 '당위'처럼 되었고 당연한 전제로 모델링 된다. 이나모리 가즈오(Inamori, Kazuo) 교세라 회장은 미국을 중심으로 한 자본주의 사회에서는 모든 일은 이윤의 관점에서 생각한다고 경계하면서 '적절한 이윤'과 함께 '이타심과 직원의 행복'을 가치로 담은 경영원칙을 강조한다.[37] 기업과 정부,

---

35 애덤 스미스 저, 김수행 역, 위의 책, 127 – 128쪽; Adam Smith, 〈The Wealth of Nations Books Ⅰ – Ⅲ〉, ibid., p. 201.
36 김근배, 위의 책, 170쪽.
37 〈중앙일보〉, "일본 경영의 신, '이윤만 좇다간 위기 다가온다'", 2015.9.24, http://news.joins.com/article/18733987

그리고 가계 모두 '이익 극대화'가 아니라 '지속가능성'을 중심에 놓고 생각할 때 질적으로 전혀 다른 자본주의가 가능할 수도 있었고, 무엇보다 후기 자본주의의 시점을 고려할 때 가치 전환이 필요할 때이다. 또한 이것이 행복의 정도를 높일 수 있다는 것이 실증적으로 드러나고 있다.[38]

전통적으로 인간의 효용, 이익을 이야기할 때 경제적, 화폐적 개념의 효용과 이익을 이야기해 왔다. 그러나 효용과 이익의 개념을 좀 더 정교하게 볼 필요가 있다. 스미스의 관점에서도 인간은 이기적이기만 한 존재가 아니라 이타적이기도 한 존재이다. 또한 개인적이기도 하지만 집단을 떠나 생존할 수 없는 사회적인 존재이기도 하다. 이러한 복합적인 측면이 인간의 '이익'과 무관할 수 없다. 따라서 인간이 이러한 자신의 본성에 비추어 진정으로 만족할 수 있는 '이익'을 추구한다면 인간의 이기적, 이타적, 개인적, 사회적 측면이 모두 고려되어야 한다. 따라서 전통적으로 다루어져 온, 이기적인 인간을 전제로 한 '좁은 의미의 화폐적 이익'과, '이기적·이타적, 또한 개인적·사회적 이익 측면이 고려된 이익'의 개념으로의 경제학을 생각해 볼 필요가 있는 시점이다.

## 6. '보이지 않는 손'과 '보이는 손'

앞서 살펴본 대로, '보이지 않는 손'의 개념은 스미스가 애초에 자신의 저서들에서 사용했던 것과는 본질적으로 다르고(어떤 개입도 배제하고 각 개인의 이기심에 기반해 자신의 이익을 극대화하게 하는 자유방임주의가 아니라 특혜나 억제가 사라지고 정의의 법을 어기지 않는 한도에서 모든 사람들이 자기의 방식대로 자신의 이익을 추구하는 '자연적 자유주의'라는 점에서), 훨씬 과장된 통념으로 사용되어져 왔지만(전체 저서에서 세 번, 〈국부론〉에서 단 한 번 언급된 점에서), '보이지 않는 손'을 시장의 보이지 않는 동력이라고 할 때 이에 대비되어 '보이는 손'으로 '기업의 기능'과 '정부의 기능'을 제시할 수 있다.

1977년 앨프레드 챈들러(Alfred D. Chandler)는 그의 저서, 〈보이는 손〉에서 기업을 '보이는 손'으로 보고 논의를 전개한다. 이는 로널드 코즈(Ronald Coase)가 거래비용의 문제를 해결하기 위해 기업이 탄생했다고 하는 것과 같은 맥락이다. 챈들러는 시장의 '보이지 않는 손'이 기업 내부의 관리적 통합이라는 '보이는 손'에

| **38** 제프리 삭스·존 헬리웰·리쳐드 레이워드 편저, 우성대 역, 〈세계행복지도〉, 2016, 38−39쪽.

의해 대체되었다고 한다. 이에 대해 개별 당사자로서의 기업의 측면과 시장의 측면에서 바라볼 필요가 있다. 먼저 코즈와 챈들러에 의할 때 거래 당사자로서 기업의 측면에서는 기업이라는 조직에 의해 거래비용이 내부화되는 측면이 있다. 즉 시장에서의 수평적인 가치사슬이 기업 내부의 수직적 구조로 통합되면서 외부 가치사슬에 의해 부가되는 비용의 문제가 해결되는 것이다. 그러나 시장의 관점에서는 또 다른 문제가 야기되고 이것이 자본주의가 전개되는 과정에서 나온 구조적 문제들과 관련된다. 즉 거래비용을 내부화해 경영을 효율화한 대기업들이 시장을 독점하게 되고 시장기능이 위축되는 것이다. 대기업의 문어발식 계열사 문제, 이러한 계열사를 앞세워 골목상권까지 침범해서 영세상인들을 몰락하게 하는 과정, 중소기업의 경쟁력 약화, 신생 혁신기업의 진입장벽 등의 문제는 해결점을 찾아가는 방향이 아닌, 소위 자본주의가 성숙될수록 더욱 심각한 수준으로 치달아 왔다. 뿐만 아니라 최근 이른바 '갑을관계'에서의 횡포의 대표적인 예로 수많은 비극적 뉴스를 제공하고 있는 '원청기업의 하청기업에 대한 부당 행위'는 놀랍게도 스미스가 오늘날의 현실을 그대로 보여주듯 〈국부론〉에 제시하고 있다.

> 한 사람의 직조공이 계속 일을 해 나가기 위해서는 적어도 3–4명의 방적공이 필요하다. 다시 말해 아마포의 생산에 필요한 총 노동량의 5분의 4 이상이 아마사의 생산에 의존하고 있다. 그러나 우리나라 방적공은 가난하며, 대개는 여자이고, 전국 각지에 흩어 있어서 아무런 도움이나 보호를 받지 못하고 있다. 더욱이 우리나라의 큰 제조업자들은 이처럼 가난한 방적공이 만들어낸 반제품의 판매에 의해서가 아니라 직조공에 의해 생산된 완제품의 판매에 의해 이윤을 얻는다. 완제품을 가능한 한 비싸게 판매하는 것이 그들의 이익이듯, 가능한 저렴한 가격으로 원료를 사들이는 것 역시 제조업자들의 이익이다. (…) 결국 이들은 방적공의 임금은 물론 자신의 직조공의 임금도 낮게 유지하려는 생각뿐인데, 따라서 이들이 한편으로는 완제품의 가격을 인상하고, 다른 한편으로는 원료가격을 인하하려고 노력하는 것은 모두 결코 노동자들의 이익을 위해서가 아니다. 우리나라 중상주의에 의해 주로 장려되는 것은 부자 권력자를 위한 산업뿐이다. 가난한 사람과 빈궁한 사람의 이익을 위한 산업은 너무 자주 무시되거나 억압을 받고 있다.[39]

---

[39] 애덤 스미스 저, 김수행 역, 위의 책, 793–794쪽; Adam Smith, 〈The Wealth of Nations Books

다만 일부 계층의 이익을 증진시키기 위해 다른 계층의 이익을 어느 정도 해치는 것은 모든 계층의 국민들에 대한 국왕의 의무인 정의와 대우의 평등을 명백히 위반하는 것이다. 그런데 위의 금지조치는 제조업자의 이익을 증진시키기 위해 어느 정도 생산자의 이익을 해치는 것이다.[40]

시장의 세 주체로 이야기 되는 가계, 기업, 정부에서 자본주의가 전개되는 과정에서 가장 큰 이익을 가져간 주체는 기업, 그 중에서도 대기업이라는 것이 여러 자료와 연구에서 나타난다.[41] 일반적으로 자유방임주의적인 시각에서는 이처럼 대기업이 많은 이익을 가져가는 것 또한, 시장에서의 정당하고 자유로운 경쟁에 근거한 보이지 않는 손의 작동 결과라고 생각되고 또한 주장된다. 그러나 위의 인용문에서 보듯, 이들이 일컫는 '보이지 않는 손'의 원조인 스미스는 이것을 거의 정확하게 예측하고 있었을 뿐만 아니라 명백히 잘못되었다고 지적하고 있다.

이처럼 기업의 '보이는 손'이 시장의 '보이지 않는 손'의 순기능을 파괴하는 문제가 발생할 때 시장의 순기능을 회복시키기 위한 '보이는 손'이 정부와 법의 기능이라고 할 수 있는데 스미스는 '자유방임주의'에 대한 우리의 통념과는 달리 이러한 정부와 법의 규제를 필요한 것으로 보았다.

은행가로 하여금 은행권을 발행하지 못하게 하는 것은, 자연적 자유의 분명한 침해인데, 법률의 본래 임무는 그것을 침해하지 않고 지원하는 것이다. 그와 같은 규제는 틀림없이 어떤 점에서는 자연적 자유의 침해로 간주될 수 있지만, 사회 전체의 안전을 위협하는 몇몇 개인의 자연적 자유의 행사는 가장 자유로운 정부이든 가장 전제적인 정부이든, 모든 정부의 법률에 의해 제한되고 있으며 제한되어야만 한다. 불길이 번지는 것을 막기 위해 방화벽을 쌓게 하는 법

Ⅳ − Ⅴ〉, ibid., pp. 228 − 229.

40  애덤 스미스 저, 김수행 역, 위의 책, 806쪽; Adam Smith, 〈The Wealth of Nations Books Ⅳ − Ⅴ〉, ibid., p. 238.

41  OECD, "Income Inequality, The Gap between Rich and Poor", 2015, p. 204; ILO, "Global Wage Report: Wages and Equitable Growth", 2013; 장하성, 〈한국자본주의〉, 헤이북스, 2014, 37쪽; 이병희·홍민기 외, "경제적 불평등과 노동시장 연구", 한국노동연구원 연구보고서 2013 − 1; 장하성, 〈왜 분노해야 하는가〉, 헤이북스, 2016, 74 − 75쪽; 홍장표, "한국의 기능적 소득 분배와 경제성장", 경제발전연구 제20권 제 2호, 한국경제발전학회, 2014, 67 − 97쪽; 국민일보, "이슈분석 − 노동생산성 12퍼센트 늘 때 임금상승은 4퍼센트, 생산량 못 따라간 월급 '임금 없는 성장' 기업에 부메랑", 2015.3.16, http://news.kmib.co.kr/article/view.asp?arcid=0922996168

률은 자연적 자유의 침해지만 여기에서 제안하는 은행업의 규제와 정확히 동일한 종류의 침해이다.[42]

위에서 보듯, 스미스는 공동체에 위해를 줄 수 있는 경제 활동에 대한 규제는 필요한 것으로 보았으며 특히 경제적 강자가 경제적 약자를 수탈하지 않도록 해야 함을 〈국부론〉에서 강조한다. 같은 맥락에서 고리대금업자가 고금리로 시장에서의 정당한 경쟁을 막고, 자본의 효율적 사용을 방해하는 것을 막기 위해 법정 최고 이자율을 제한해야 함을 주장했다.

주의해야 할 것은 법정 이자율이 최저 시장 이자율보다 약간 높아야지 그것보다 훨씬 높아서는 안된다는 점이다. 예를 들어 영국의 법정 이율이 8에서 10퍼센트로 높게 정해진다면 대부되는 화폐의 대부분은 낭비자나 투기사업가에게 대부될 것이고 오직 그들만이 이러한 높은 이자율을 지불하려고 할 것이다. 성실한 사람들은 화폐의 사용에 대해, 그들이 화폐를 사용해서 획득할 수 있는 것의 일부보다 더 많이는 지불하려고 하지는 않을 것이므로 감히 그 경쟁에 뛰어들지 않을 것이다. 그리하여 그 나라의 자본의 대부분은 그것을 가장 수익성 있고 유리하게 사용할 것 같은 사람들로부터 빠져나와 그것을 가장 낭비하고 파괴해 버리기 쉬운 사람들의 손으로 넘어간다.[43]

또한 스미스는 정부의 공적인 의무, 공공재에 대한 의무를 중요하게 생각했다. 즉 그는 시장의 기능과 더불어 구성원들의 사회적 기회와 자유를 보장하는 다른 한 축의 기능으로서의 정부의 기능을 강조했다.

정부의 의무는 첫째, 그 사회를 다른 독립 사회의 폭력, 침략으로부터 보호하는 의무, 둘째, 사회의 구성원을 다른 구성원의 불의, 억압으로부터 가능한 한 보호하는 의무, 즉 엄정한 사법제도를 확립하는 의무, 셋째, 일정한 공공사업, 공공시설을 건설, 유지하는 의무이다. 그런데 이런 공공사업과 공공시설을

---

42 애덤 스미스 저, 김수행 역, 위의 책, 397쪽; Adam Smith, 〈The Wealth of Nations Books Ⅰ–Ⅲ〉, ibid., p. 424.
43 애덤 스미스 저, 김수행 역, 위의 책, 438쪽; Adam Smith, 〈The Wealth of Nations Books Ⅰ–Ⅲ〉, ibid., p. 457.

건설, 유지하는 것은 결코 어떤 개인이나 소수의 개인들의 이익에 적합할 수 없다. 왜냐면 그것의 이득은 사회 전체에 대해서는 그것의 비용을 보상하고도 남는 경우가 있지만 이는 개인이나 소수의 개인들에 대해서는 결코 비용을 보상할 수 없을 것이기 때문이다.[44]

즉 개인의 이익에 부합되지 않더라도 사회 전체에 필요한 정부의 기능이 필요하다고 한 것이다. 그가 중요시했던 상비군 제도나 의무교육 제도도 당시로서는 매우 진보적인 생각이었다.[45]

반면, 스미스가 정부의 규제에 대해 반대를 한 것은 다음과 같은 경우이다.

> 시장을 확대하고 경쟁을 제한하는 것은 항상 상인과 제조업자의 이익이 된다. 시장을 확대하는 것은 흔히 공공의 이익과 충분히 일치할지 모르지만 경쟁을 제한하는 것은 항상 공공의 이익에 반대한다. 왜냐하면 경쟁을 제한하면 상인과 제조업자는 자기자신의 이익을 위해 동료시민에게 불합리한 세금(상품 가격의 인상과 같은)을 부과할 수 있으며, 이에 따라 상인과 제조업자의 이익이 자연적인 수준 이상으로 증가하기 때문이다. 따라서 이들 계층에서 나오는 새로운 사업적 법률이나 규제에 대해서 항상 큰 경계심을 가지고 주목해야 하며, 그것들을 매우 진지하고 주의 깊게 오랫동안 신중히 검토한 뒤가 아니면 결코 채택해서는 안된다. 그 이유는 그 이해가 결코 공공의 이해와 정확하게 일치하지 않는 계급, 그리고 사회를 기만하고 심지어 억압하는 것이 그들의 이익이 되며 따라서 수많은 기회에 사회를 기만하고 억압한 적이 있는 계급에서 나온 제안이기 때문이다.[46]

위에 보는 것처럼 스미스는 전체 국민의 이익보다 특수한 계층, 즉 정부와 결탁하여 독점을 추구하는 상인과 제조업자의 이익을 추구함으로써 시장을 왜곡하고 공공의 이익을 해할 수 있는 규제에 반대했다.

---

44 애덤 스미스 저, 김수행 역, 위의 책, 848쪽; Adam Smith, 〈The Wealth of Nations Books Ⅳ - Ⅴ〉, ibid., p. 274.
45 애덤 스미스 저, 김수행 역, 위의 책, 862-875쪽, 960-966쪽; Adam Smith, 〈The Wealth of Nations Books Ⅳ - Ⅴ〉, ibid., pp. 286-297.
46 애덤 스미스 저, 김수행 역, 위의 책, 323쪽; Adam Smith, 〈The Wealth of Nations Books Ⅰ - Ⅲ〉, ibid., p. 358.

위에서는 스미스의 '보이지 않는 손'에 대비되는 기업의 기능과 정부의 기능을 살펴보았다. 이것은 스미스 이후의 시장의 질서를 바로 잡기 위해 스미스의 '보이지 않는 손'에 대항하는 개념으로 생겨난 것이 아니라, 스미스 자신이 〈국부론〉에서 특정 경제적 계층의 이익을 추구하기 위해 시장에서의 수평적 거래를 내부화하고 수직적 거래를 통한 이익의 착취를 가능하게 하는 구조를 정확하게 예측했고, 당시 동업조합으로 상징되는 제조업자들이 노동자들의 이익을 해하고, 정의와 평등을 명백히 위배하는 것을 강하게 비판했으며 이를 규제하기 위한 정부의 기능이 필요함을 주장했다는 것을 살펴보았다. 스미스는 시장의 정상적 기능과 공동체에 위해를 줄 수 있는 구조적 행위에 대해서는 정부의 규제가 필요함과 특정 개인의 이익에 부합되지 않더라도 사회 전체에 필요한 공공재와 제도 보장을 위한 정부의 기능이 필요하다고 했다. 그러나 동시에 당시의 상인과 제조업자가 자신의 이익을 강화하기 위해 다른 집단을 억압하고 시장과 사회를 기만하기 위해 정부의 규제를 도모하는 것에 대해서는 매우 주의해야 함을 강조한다.

이제까지 1776년 〈국부론〉이 출간된 이래 240여 년 동안 세계 정치경제의 중심적인 사상이자 작동기제로서 믿겨 온 '보이지 않는 손'과 관련해서 스미스가 애초에 생각하고 설계한 시장의 작동기제는 무엇이었는지를 고찰해 보았다. 〈국부론〉의 원제보다, 어쩌면 스미스 자신보다 자본주의의 역사와 시대정신처럼 사람들의 사고체계에 각인되어 온 '보이지 않는 손'은 〈국부론〉에서는 단 한 번, 국가의 보호주의에 기반한 수입규제에 의해 국내 제조업자에게 독점적 특혜를 주는 중상주의를 비판하기 위해 사용되었다. '보이지 않는 손'과 동일시 되는 개념으로 믿겨 온 '자유방임주의'에 대해 스미스는 이야기한 바 없으며, 누구든지 정의의 법을 어기지 않는 한에서 자기의 이익을 추구하는 '자연적 자유주의 체계'를 주장했다. 또한 시장질서의 가장 기본적인 원리로 이해되어 온 수요와 공급의 '균형'에 의한 가격 형성에 대해 스미스는 상품을 생산하기 위한 자원의 비용인 임금, 이윤, 지대의 평균수준을 합한 '자연가격'의 개념을 이야기 했다. 그는 시장에서 수요, 공급에 의해 결정되는 단기적인 시장가격은 장기적으로 자연가격에 접근하려는 경향을 갖지만 시장가격이 유효수요가 충족되는 것을 저지하면서 자연가격에서 영원히 멀어질 수 있음도 이야기한다. '보이지 않는 손'이 자유방임주의 하에서 자기의 이기심을 발휘하여 자기 이익을 극대화할 때 전체의 이익도 가장 커지는 것을 의미한다는 통념과 달리 스미스는 '정의의 법' 아래에서의 자유로운 거래에 대해 이야기했다. 또한 최하층 계급의 사람도 자신의 체면을 유지하기 위한 정서와 감정에 기반한 거래행위를 할 것이라고 했고, 이윤의 극대화가 아닌 '투입된 자본의 손실을 보상하는 데 충분한 것보다 높은 수준'을 이야기했다. 그는 이윤의 감소에 대해 사업번영의 자연적 결과이거나 더 많은 자본이 사업에 투자된 결과라고 한다. 지속적인 이윤의 증가만이 성장으로 간주되는 오늘날의 신념과는 매우 다른 생각이다. 따라서 동업조합으로 대표되는 당시의 제조업자들이 자신들의 경제적 이익을 추구하기 위해 생산과정을 수직화하고 그 과정에서 노동자들을 착취하는 구조를 매우 비판했으며 시장의 기능과 공동체를 억압하고 기만하는 행위에 대한 정부의 규제가 필요함과 개인의 이익추구로는 성립되지 않는 공공재와 제도의 보장을 위한 정부의 기능을 강조했다.

　다음에서 살펴볼 〈국부론〉보다 훨씬 앞서 출간된 〈도덕감정론〉에서는 스미스가 어떠한 인간관 위에서 이와 같은 정치경제 체계를 구상했는지를 보다 명확히 알 수 있다. 정치경제 체계는 결국 인간 사이의 관계를 통해 이루는 것이기 때문에 이에 대해서도 스미스의 보다 본질적인 생각을 알 수 있는 기회가 될 것이다.

## Ⅱ. 애덤 스미스의 〈도덕감정론〉

### 1. '보이지 않는 손'과 '공정한 관찰자(Impartial Spectator)'

　스미스의 묘비명은 '도덕감정론과 국부론의 저자, 여기 잠들다'이다. 그러나 스미스는 죽기 전 자신의 묘비명을 '도덕감정론의 저자, 여기에 잠들다'라고 해 달라고 유언을 남길 정도로 〈도덕감정론(Theory of Moral Sentiment)〉에 대한 애착이 컸다고 한다. 그는 1776년 〈국부론〉을 출간하기 17년 전인 1759년 〈도덕감정론〉을 출간했고 죽기 직전까지 여섯 번에 걸쳐서 개정했다. 그 중 네 번의 개정은 〈국부론〉의 출간 전에, 두 번의 개정은 〈국부론〉의 출간 후에 이루어졌고, 생애 마지막 순간까지 그는 이 책을 다듬었다고 한다.[47] 스미스는 〈도덕감정론〉의 말미에 정치와 경제에 관련된 책을 내겠다고 밝혔고 그것이 바로 우리가 〈국부론〉이라고 일

---

| **47** 김근배, 위의 책, 47쪽.

컫는 〈국부의 성질과 원인에 대한 연구(An Inquiry into the Nature and Causes of the Wealth of Nations)〉이다. 〈국부론〉을 인간의 본성을 다룬 〈도덕감정론〉의 토대 위에 쓰여진 각론으로 봐야 한다는 의견도 있다.[48]

앞서 살펴보았듯이, 스미스는 〈도덕감정론〉에서 토지의 이익, 즉 자본의 이익을 가난한 사람과 나누는 '보이지 않는 손'을, 〈국부론〉에서는 독점적 혜택을 받지 않아도 자기의 안전과 이익을 따라 사업을 하는 상인이 국부도 증진시키는 '보이지 않는 손'을 제시했다. 양자 모두 '자유방임주의'를 의미하지는 않는다. 스미스는 〈국부론〉에서 자기 이익 추구를 "자신의 처지를 부단히 개선하려는 욕망이라고 했고 이는 타고난 본성이며 태어나서 죽을 때까지 간직하는 인간의 자연적 본성"이라고 했다.[49] 하지만 동시에 '모든 사람이 자기 방식대로 자신의 이익을 추구'하는 조건을 '모든 특혜나 억제의 체계가 완전히 사라지고 누구든지 정의의 법을 어기지 않는 한' 주어지는 '자연적 자유주의체계(obvious and simples system of natural liberty)'로 제시했다.[50] 즉 스미스가 말하는 '자유주의'는 자유 '방임주의'가 아니라 이미 그 시스템 안에 '일정한 조건을 갖고 있는 자유주의'이다. 이는 〈도덕감정론〉에서 인간은 자기 행복을 추구하는 과정에서 자기에게 유용한 것을 추구하지만 이는 탐욕에 이르지 않고 타인의 공감을 받는 범위 내에서 행해져야 한다는 것에 부합된다. 그는 인간이 자신의 행복을 추구하기 위해서는 모든 인간이 본성적으로 갖고 있는 '공정한 관찰자'가 시인하는 범위에서 이루어져야 한다는 점을 강조한다.

> 우리 자신의 행복에 방해된다는 이유만으로 다른 사람의 행복을 해치는 행위나, 어떤 것이 우리에게 마찬가지로 유용하거나 그 이상으로 유용하다는 이유만으로 다른 사람들에게 실제로 유용한 것을 빼앗는 행위나 또는 이와 마찬가지 방식으로 타인을 희생시켜가면서 다른 사람의 행복보다 자신의 행복을 중시하는 천성적인 선호에 몰두하는 행위는 공정한 관찰자(impartial spectator)로서는 결코 공감할 수 없는 것이다.[51]

---

**48** 김근배, 위의 책, 48–49쪽.

**49** 애덤 스미스 저, 김수행 역, 위의 책, 418쪽.

**50** 애덤 스미스 저, 김수행 역, 위의 책, 848쪽.

**51** 애덤 스미스 저, 박세일·민경국 역, 위의 책, 156쪽; Adam Smith, 〈The Theory of Moral Sentiments〉, ibid., p. 119; 원문의 "spectator"를 역서에서는 "방관자"라고 번역했으나 본 연구에서는 '관찰자'로 번역하겠다.

또한 스미스는 인간을 사회 속에서 생존할 수 있게 하는 힘을 '정의와 자비
(justice and beneficence)'라는 인간의 '천성구조'에서 찾는다(the utility of the constitution of
Nature)'.[52] 간단히 이야기 하면 정의는 남에게 피해를 끼치지 않는 것이고 자비심
은 자신을 희생해서 남을 돕는 행위이다. 스미스는 이 중 자비심보다 정의가 더
중요하다고 한다.

사회 속에서만 생존할 수 있는 인간은 천성적으로 그가 처한 상황에 적응하
게 된다. 인간사회의 모든 구성원은 서로의 도움을 필요로 하는 동시에 마찬가
지로 서로에게 침해를 줄 가능성도 있다. 필요로 하는 도움이 사랑에서, 감사에
서, 우정과 존경에서 서로 사이에 제공되는 곳, 그러한 사회는 번영하고 행복한
사회이다. 이러한 사회의 모든 구성원들은 사랑과 애정(love and affection)이
란 기분 좋은 끈으로 묶여 있고, 상호 선행이라는 공통의 중심을 향해 이끌려
간다(drawn to one common center of mutual good offices). 그러나 비록 필
요한 도움이 이와 같이 고결하고 이해관계를 초월한 동기에서 제공되지 않더라
도, 그 사회는 비록 덜 행복하고 유쾌할지는 몰라도 반드시 와해되는 것은 아
니다. 사회는 그 구성원들 사이에 서로에 대한 사랑 또는 애정이 없더라도 마
치 서로 다른 상인들 사이에서와 같이, 사회의 효용(utility)에 대한 감각만으로
도 존립할 수 있다. 비록 사회의 어느 누구도 서로에 대한 어떤 의무감이나 감
사의 감정으로 서로 묶여 있지 않다고 하더라도 사회는 합의된 가치평가(agreed
valuation)에 근거하여 경제적인 이익을 목적으로 선행을 교환함으로써 존속될
수 있다. 그러나 사회는 항상 서로에게 상처를 주고 침해를 입히려고 하는 사
람들 사이에서는 존립할 수 없다. (…) 자비는 비유하자면 건물을 지탱하는 기
초가 아니라 건물을 아름답게 꾸미는 장식이므로 그 실천을 권고하는 것으로
충분하고 그것을 강제할 필요는 없지만 정의는 모든 건물을 지탱하는 주요 기
둥으로 만약 그것이 제거되면 위대하고 거대한 인간사회라는 구조물이 한순간
부서지고 말 것이다. (…) 정의의 법들이 상당한 정도 준수되지 않고서는 사회
가 존속할 수 없고, 서로를 해치려는 행위를 자제하지 않는 사람들 사이에서는
어떠한 사회적 교류도 일어날 수 없다. 이러한 필요성에 대한 고려가 바로 우
리가 정의의 법들을 위반한 사람들을 처벌함으로써 정의의 법을 시행하는 것을

| **52** Adam Smith, 〈The Theory of Moral Sentiments〉, ibid., p. 124.

시인하는 근거이다.[53]

이는 〈국부론〉에서 이야기한 '누구든지 정의의 법을 어기지 않는 한' 주어지는 '자연적 자유주의체계(obvious and simple system of natural liberty)'에서의 '완전한 자유'의 조건과 상통한다. 스미스는 정의(justice)와 효용(utility)을 별개의 개념으로 보지 않았다. 즉 효용은 그 안에 정의를 내포하고 있는 것이다. 왜냐면 정의의 기반 없는 인간의 효용 추구는 필연적으로 인간사회의 와해를 초래하기 때문이다.

그러나 스미스는 인간사회의 발전방향 또한 제시한다. 단지 '와해하지 않을 수 있는' 수준은 기본적으로 인간이 앞서 살펴본 본성적으로 갖고 있는 원리들, 즉 타인의 행복에서 즐거움을 찾는 본성에 기반해서 상호 간에 합의된 가치평가에 근거하는 정의와 결부된 효용을 추구하는 수준에서이지만, 이에서 더 나아가 '번영하고 행복한 사회'는 구성원들이 사랑과 애정이라는 기분 좋은 끈으로 묶여 상호 선행이라는 하나의 공동의 중심에 이끌려가는 사회라는 것을 먼저 제시한다. 〈국부론〉에서 제시하는 시장시스템의 유인체계는 〈도덕감정론〉에서 출발하는 그의 인간관과 사회에 대한 더 폭넓고 깊은 관점에 기반한다고 볼 수 있다. '시장'은 '인간'에 의해 '인간사회'에서 구현되는 시스템이기 때문이다.

## 2. '도덕감정(Moral Sense)'의 본질; 공감의 본성

〈도적감정론〉은 본질적인 그의 인간관으로부터 시작하는데 제1편, 제1장은 '공감(sympathy)'에 관한 장으로 다음과 같이 시작한다.

> 인간이 아무리 이기적(selfish)인 존재라 하더라도 본성에는 명백히 몇 가지 원리(principles)가 존재하는데 그것은 그가 다른 사람의 운명에 관심을 갖고, 단지 그것을 바라보는 즐거움 밖에는 아무것도 얻을 수 없더라도 그들의 행복을 그 자신에게 필요로 한다(render their happiness necessary to him)는 것이다. 연민(pity)과 공감(compassion)이 이러한 종류의 본성에 속한다. 이것은 타인의 고통을 보거나 그것을 아주 생생하게 느낄 때 우리가 느끼는 종류의 감정

---

53 애덤 스미스 저, 박세일·민경국 역, 위의 책, 162쪽; Adam Smith, 〈The Theory of Moral Sentiments〉, ibid., pp. 124–127.

이다. 우리가 타인의 슬픔을 보고 흔히 슬픔을 느끼게 되는 것은 그것을 증명하기 위해 예를 들 필요조차 없는 명백한 사실이다. 왜냐하면 이런 감정은 인간의 본성 중의 기타 모든 원시적인 감정들과 마찬가지로, 결코 도덕적이고 인자한 사람에게만 있는 것은 아니기 때문이다.[54]

스미스의 인간관은 증명할 필요도 없이, 또한 매우 도적적이고 특별한 사람만 갖고 있는 것이 아닌, 인간이 본성적으로(in his nature) 갖고 있는 보편적인 원리로서 '공감'을 제시한다. 스미스가 그 이후에 전개하는 인간사회, 그 사회를 움직이는 경제적인 시스템으로서의 시장 또한 기본적으로 이러한 인간관을 전제로 하는 것이다.

플라톤(Platon)의 〈파이드로스〉에 나오는 말과 마부의 이야기는 말을 감정, 이성을 마부에 비유한다. 서양 사상은 마부가 말을 다루듯이 이성이 감정을 통제해야 한다는 전통에 기반한다. 그러나 이와 달리 '도덕이 감정에서 나온다'고 주장하는 영국 스코틀랜드의 계몽주의자들은 이성은 감정이 시키는 대로 따라가는 도구이며 감정이 도덕을 지배한다고 한다. 이러한 사상가의 한 사람이 스미스의 스승인 프랜시스 허치슨(Francis Hutcheson)이었다. 허치슨은 우리가 시각에 의해 색체의 아름다움을 판단하듯이, 인간행위의 옳고 그름을 판단하는 감각기관이 있는데 이것이 바로 '도덕감정'이라고 했다.[55] 스미스는 이와 같이 스승인 허치슨의 이론을 계승, 발전시켜 인간이 선천적으로 타고난 '공감'에 기초한 '도덕감정론'을 주장한다. 스미스는 타인의 슬픔에 대한 '동류의식'을 나타내는 말로 연민(pity)과 동정(compassion)이라는 말도 사용했는데 타인의 모든 종류의 감정에 대한 동류의식을 나타내는 말로 공감(sympathy)을 제시했다.[56] 영어에서 '공감'을 뜻하는 말은 대표적으로 'sympathy'와 'empathy'가 있는데 스미스가 〈도덕감정론〉에서 이야기한 'sympathy'는 아리스토텔레스도 그 단어를 사용할 만큼 오랜 역사를 갖고 있다. 반면 'empathy'는 티슈너(E.B. Tichener)에 의해 1910년 영미권에 처음 소개된 용어

---

54 애덤 스미스 저, 박세일·민경국 역, 위의 책, 3쪽; Adam Smith, 〈The Theory of Moral Sentiments〉, ibid., p. 3.

55 김근배, 위의 책, 50−51쪽.

56 애덤 스미스 저, 박세일·민경국 역, 위의 책, 7쪽; 번역서에서는 sympathy를 '동감'으로 번역했는데 본 연구에서는 '공감'을 주로 사용하고 두 가지를 같은 의미로 사용한다.

이다. sympathy는 다른 사람의 경험을 공유(share)한다는 의미이다. 즉 누군가 고통 혹은 기쁨을 느끼면 그 감정을 함께 느끼는 것이다. 반면 'empathy'는 다른 사람의 상태를 '이해(comprehend)'하는 것이다. sympathy는 이타성을 내포하고 있지만 empathy는 그럴 수도 아닐 수도 있다. empathy는 자기 만족적 목적(narcissistic ends)을 위해서도 가능하다. 이해를 돕기 위한 쉬운 예로 이야기 되는 것은 히틀러가 유대인을 박해하기 위해 유대인에게 감정이입(empathize)했다는 것이다.[57] 스미스는 타인의 고통과 슬픔을 함께 느끼고 아래 인용문에서 보듯이, 자신에 대한 지나친 애정의 편향을 부당하게 인식하는 공정한 관찰자(impartial spectator)로서의 공감의 의미로 sympathy를 사용한 것이다.

스미스가 인간의 본성을 이기적이면서도 이타적인 양면적인 것으로 보았다는 점은 중요하다. 앞서 살펴본 대로 스미스가 인간의 '이기심(selfishness)'을 전제로 그의 사상을 전개해 왔다는 것이 오랜 통념이기 때문이다. 하지만 스미스는 "기쁨이든 고통이든 그것이 자신만을 위하는 마음, 즉 자기 중심적(self-interested) 고려에서 나올 수 없다는 것은 분명한 것 같다"고 한다.[58]

스미스는 〈도덕감정론〉에서 "공감은 인간의 타고난 본성이며 행위의 적정성은 공감에 있다"고 했다. 공감은 '상호 간의 공감'도 있지만 쌍방의 상호작용을 지켜보는 '제3의 관찰자의 입장에서의 공감'도 있다. 쌍방의 관계에서 행위자, 수혜자로서 상대방의 입장에 공감하는 것을 '직접공감', 제3의 관찰자의 입장에서 행위자와 수혜자의 입장에 공감하는 것을 '간접공감'이라고 한다. 그는 어떤 악행에 대해 관찰자 한 사람이 아니라 여러 사람이 분노의 감정을 느끼면 이것이 사회정의의 원천이 된다고 한다.[59]

스미스는 '공감'의 본성에 의해 '공정한 관찰자(impartial spectator)'가 되어 자신의 입장과 타인의 입장을 바라볼 것을 제안한다. 우리 마음 속에 있는 공정한 관찰자가 우리의 행위를 시인하거나 부인하며 공정한 관찰자가 시인하는 행동은 하고 부인하는 행동은 하지 말아야 한다고 한다. 스미스는 이를 통해 행위준칙과 도

---

**57** Allison Barnes & Paul Thagard, "Empathy and Analogy", Dialogue: Canadian Philosophical Review Vol. 36(4), 1997, p. 707.
**58** 애덤 스미스 저, 박세일·민경국 역, 위의 책, 14쪽; Adam Smith, 〈The Theory of Moral Sentiments〉, ibid., p. 10.
**59** 김근배, 위의 책, 57쪽.

덕의 일반준칙이 도출될 수 있다고 본다. 즉 공정한 관찰자가 시인하는 행위를 하면 마음의 평정과 자기만족을 얻고, 부인하는 행위를 하면 수치심과 죄책감을 느낀다는 것이다.

> 공정한 관찰자는 이성, 원칙, 양심, 가슴 속의 동거인, 내부 인간, 우리 행위의 재판관 및 조정자이다. 우리가 다른 사람들의 행복에 영향을 미치려 할 때마다 우리 격정의 가장 몰염치함을 향하여 놀랄 정도의 큰 목소리를 내는 사람은 바로 이 사람이다. 즉 우리는 대중 속의 한 사람에 불과하고, 어떠한 점에 있어서도 그 속의 다른 어떠한 사람보다 나을 것이 없으며 우리가 그처럼 몰염치하고 맹목적으로 다른 사람들보다 자신을 편애한다면 다른 사람들의 분개와 혐오와 저주의 정당한 대상이 될 것이라고. (…) 이 공정한 관찰자의 눈에 의해서만 자기애에 자연히 빠지게 되는 생각을 바로잡을 수 있다.[60]

## 3. 스미스의 '공감'의 원리; 상호적 감정체계

플라톤과 칸트로 대표되는 전통적 서양 사상은 이성을 중요하게 여기는 도덕 합리주의이다. 반면 스미스는 〈도덕감정론〉에서 사람들이 미덕을 갈망하고, 사람들이 악덕을 혐오한다면 이는 이성에 의해서가 아닌 감관(sense)에 의한 것이라고 주장한다. 이성은 우리 마음의 쾌·불쾌를 가져오는 대상을 획득할 수 있는 수단이라는 것이다. 이는 스미스와 친분이 있었던 데이비드 흄(David Hume)이 〈인간본성론〉에서 주장한 것이기도 하다. 스미스는 어떤 행위를 판단할 때 마음의 쾌·불쾌를 가져오는 여러 감정을 도덕감각이라고 했고, 이는 사랑, 증오, 감사, 분노 등과 같은 다양한 감정들을 말하는 것이라고 했고 이러한 감정들의 원인을 '공감'으로 본 것이다.[61] 그는 〈도덕감정론〉에서 다음과 같이 말한다.

> 이상에서 논의한 철학체계에 따르면, 우리가 어떤 성품이나 행동을 시인할 때 느끼는 감정들은 네 가지 근원에서 나온다. 이들은 몇 가지 점에서 서로 다르다. 첫째, 우리는 행위자의 동기에 대해 동감한다. 둘째, 우리는 그의 행위에

---

60 애덤 스미스 저, 박세일·민경국 역, 위의 책, 253–254쪽; Adam Smith, 〈The Theory of Moral Sentiments〉, ibid., p. 194.
61 김근배, 위의 책, 69쪽.

의한 수혜자의 감사하는 마음에 공감한다. 셋째, 우리는 그의 행위가 이상의 두 가지 공감이 그것의 행동근거가 되고 있는 일반 준칙과 일치하는지를 관찰한 다. 마지막으로 그러한 행위가 개인이나 사회의 행복을 촉진시키는 경향을 가 진 행위체계로 간주될 때 그 행위들은 효용(유용성) 때문에 아름답다.[62]

스미스는 각종 행위를 야기하고 또 근본적으로 행위의 선악을 결정하는 마음 의 감정이나 애정을 두 가지 관점에서 제시한다. 첫째는 행위를 야기하는 원인 또 는 행위를 야기하는 동기와의 관계에서이며, 둘째는 행위가 의도하는 목적 또는 그것이 발생시키고자 하는 효과와의 관계에 있어서이다. 그는 감정과 그 감정을 일어나게 한 원인 또는 대상 간에 형성되는 관계가 적절한지, 합당한지의 여부에 따라 그 감정의 결과로서 야기되는 행위가 합당한 것인지 아닌지, 점잖은 것인지 점잖지 못한 것인지의 여부를 구성한다고 한다. 또한 감정이 의도적으로 겨냥하거 나 야기하는 경향이 있는 효과의 유익함 또는 유해함이 그 감정의 결과로 야기된 행위의 잘잘못과 마땅히 받아야 할 보상이나 처벌의 성격을 구성한다고 한다. 그 는 다음과 같이 이야기 한다.

우리가 이런 방식으로 어떤 가정과 그 감정을 불러일으킨 원인이 서로 어울 리는지 어울리지 않는지를 판단하려고 할 때, 우리는 우리 자신의 상응하는 감 정을 사용하지 않고 다른 어떤 척도나 기준을 사용할 수는 없다. 우리 자신을 다른 사람의 입장에 놓고 진지하게 생각해 보았을 때, 만일 그 상황을 불러일 으킨 감정이 우리 자신의 감정과 일치하고 부합하는 것을 발견한다면, 우리는 필연적으로 그러한 감정과 그러한 감정을 불러일으킨 대상이 서로 어울리는 적 합한 것이라고 시인한다. 만약 이와 반대되는 경우에는 우리는 그 과정이 과장 되고 적합하지 못한 것이라고 부인하게 된다.[63]

스미스에 의하면 공감은 그 자체로 기쁨과 고통의 원인이 되는데 이는 자기 중심적 고려에서 나오지 않는다. 또한 우리의 고통이 공감받지 못할 때, 기쁨이 공

---

62 애덤 스미스 저, 박세일·민경국 역, 위의 책, 628−629쪽; Adam Smith, 〈The Theory of Moral Sentiments〉, ibid., pp. 479−480.

63 애덤 스미스 저, 박세일·민경국 역, 위의 책, 24쪽; Adam Smith, 〈The Theory of Moral Sentiments〉, ibid., pp. 17−18.

감받지 못하는 경우보다 더 큰 충격을 받는다. 그는 고통이 공감받지 못할 때의 분노의 정도가 기쁨이 공감받지 못할 때의 분노의 정도보다 배가 넘는다고 말한다. 또한 사람을 유쾌하게 만드는 사랑과 기쁨의 격정은 아무런 부수적 기쁨 없이도 우리의 마음을 만족시켜 주고 지지해줄 수 있으나 슬픔과 분개의 고통스러운 정서는 공감에 의해 위로 받아 치유되어야 할 필요가 더욱 절실하다.[64]

또한 다른 사람의 도덕감정이 단지 우리와 일치하는 것을 넘어서서 우리의 감정을 지도하고 지시할 때, 즉 우리가 모르고 지나쳤던 많은 것들에도 주의를 기울였으며 서로 다른 정황에 근거해서 자신의 감정을 조정했을 때는 그의 감정을 시인할 뿐 아니라 그의 감정의 특이하고 예리하고 종합적인 데 감탄하게 된다. 그리고 이러한 특성들이 가진 유용성(utility)이 우리가 그런 특성들을 환영하도록 만드는 첫째 이유이다.[65]

## 4. 시장 유인체계의 기반으로서의 '공감'

앞서 스미스가 〈국부론〉에서 이야기한 것은 '자기 이익 추구'이지 '이익의 극대화'가 아니라는 것을 다루었다. 그는 〈도덕감정론〉에서는 "부자는 가난한 사람보다 많이 소비하지도 못하고 그들의 천성적 이기심과 탐욕(selfishness and rapacity), 그리고 수천 명의 노동자를 고용해서 추구하는 목적이 그들 자신의 허영심과 만족될 수 없는 욕망의 충족이라고 하더라도, 그들은 '보이지 않는 손'에 이끌려 토지가 모든 사람에게 똑같이 나누어졌을 경우에 있을 수 있는 것과 같은 생활 필수품의 분배를 하게 되며 그리하여 부지불식 중에 사회의 이익을 증진시키고 인류 번식 수단을 제공하게 된다"고 한다.[66] 또한 그는 〈국부론〉에서 "자신의 처지를 개선하려는 모든 사람들의 공통되고 꾸준한 중단 없는 노력에 개인의 풍요뿐 아니라 사회, 국민의 풍요가 원천적으로 유래"한다고 했다.[67]

64 애덤 스미스 저, 박세일·민경국 역, 위의 책, 17−18쪽; Adam Smith, 〈The Theory of Moral Sentiments〉, ibid., pp. 12−13.
65 애덤 스미스 저, 박세일·민경국 역, 위의 책, 26쪽; Adam Smith, 〈The Theory of Moral Sentiments〉, ibid., p. 20.
66 애덤 스미스 저, 박세일민경국 역, 위의 책, 345−346쪽; Adam Smith, 〈The Theory of Moral Sentiments〉, ibid., pp. 264−265.
67 애덤 스미스 저, 김수행 역, 위의 책, 420쪽; Adam Smith, 〈The Wealth of Nations Books Ⅰ −

스미스가 〈국부론〉에서 '자신의 이익 추구'가 개인의 풍요와 사회, 국민의 풍요 모두를 가져 온다고 한 것과 〈도덕감정론〉에서 "부자는 가난한 사람보다 많이 소비하지도 못하고 그들의 허영과 욕망에도 불구하고 가난한 사람과 적절한 분배를 통해 사회의 이익을 증진시키고 인류 번식 수단을 제공한다"고 한 것을 별개의 논리로 볼 수 없다. 즉 애덤 스미스는 '만족될 수 없는' 욕망의 추구를 개인과 사회와 인류의 번영이 유래하는 '이익의 추구'와 동일하게 보지 않았다. 스미스는 일정 수준 이상의 부 이상은 인간의 행복을 증진시켜 주지 않는다는 것을 이야기했다고 볼 수 있다.[68]

또한 스미스가 〈국부론〉에서 '모든 특혜나 억제가 사라진다면 명백하고 단순한 자연적 자유주의 체계(obvious and simple system of natural liberty)'가 스스로 확립되고 이 제도 하에서 '누구든지 정의의 법을 어기지 않는 한' 자기 방식대로 자기의 이익을 추구하고 경쟁할 수 있는 완전한 자유에 맡겨진다고 한 것도 이와 일맥상통한다. 즉 스미스가 상정한 자유경쟁 시장은 무조건적인 자유, 즉 자유방임에 의해 주어지는 유인체계가 아니었다. 그것은 '모든 특혜와 억제가 사라진' 제도 하에서 모든 사람이 예외 없이 '정의의 법'을 지키는 것을 조건으로 운영되는 유인체계이다.

스미스는 공감은 인간의 타고난 본성이고 행위의 적정성이 '공감'에 근거한다고 본다. 그리고 '공감'은 자기 자신이 결부된 상황에서 자신과 상대의 입장에 대한 '공감'도 있지만 '제3의 관찰자의 입장'에서의 공감도 있고 이러한 '객관적 관찰자로서의 공감'이 사회정의의 원천이 된다고 보았다. 그는 이러한 '공정한 관찰자'를 "이성, 원칙, 양심, 가슴 속의 동거인, 내부 인간, 우리 행위의 재판관 및 조정자"라고 했고 우리가 다른 사람들의 행복에 영향을 미치려 할 때마다 우리 격정의 가장 몰염치함을 향하여 큰 목소리를 내는 사람이 바로 이 사람이라고 한다. 그 사람은 각자가 다른 사람보다 나을 것 없는 대중 속의 한 사람에 불과하고, 만약 몰염치하고 맹목적으로 다른 사람들보다 자신을 편애한다면 다른 사람의 분개와 혐오를 받아 마땅하다고 했다. 그는 이처럼 '공정한 관찰자'의 눈에 의해서만 자기애(self-love)에 빠지게 되는 잘못된 생각을 바로 잡을 수 있다고 한다.[69]

---

Ⅲ〉, ibid., p. 443.
68 김근배, 위의 책, 65쪽.

살펴본 바에 의하면, 스미스는 〈도덕감정론〉과 〈국부론〉에서 인간의 '자기애(self-love)'나 '이기심(selfishness)'의 추구를 그가 이야기한 개인과 사회와 인류의 번영에 기여하는 자유로운 시장의 유인체계로 보지 않았다. 그가 말한 시장은 '자연적 자유주의'에 기반한 유인체계이며, 이는 '공정한 관찰자'를 내면의 조정자로 가진 사람들이 '자신의 처지를 개선시키려는 신중과 정의에 바탕을 둔 노력'을 독려하는 체계이다.

본 연구의 '통합적 가치 축적을 위한 협상모델' 구축을 위한 첫 번째 학제적 기반으로 본 절에서 다룬 '스미스의 시장 유인체계'를 앞서 제시한 연구방법론 도식에 기반해서 정리해보면 다음과 같다.

〈그림 2-1〉 스미스의 시장 유인체계

| 제2장<br>사회 구조적<br>협상모델<br>수립을 위한<br>학제적 기반 | **제1절**<br>**스미스의 시장 유인체계: 정의의 법, 공감에 기반한 자기 이익 추구** |
|---|---|
| | 스미스의 문헌적 고찰을 통한 '보이지 않는 손(Invisible Hand)' 재구조화<br>〈국부론〉<br>• 자유방임주의 vs. 자연적 자유주의<br>• 균형가격 vs. 자연가격<br>• 이기심에 기반한 자기 이익 극대화 vs. '정의의 법' 아래서의 자기 이익 추구<br>• 보이지 않는 손 vs. 보이는 손<br>〈도덕감정론〉<br>• '보이지 않는 손(Invisible Hand)' vs. '공정한 관찰자(Impartial Spectator)'<br>• '도덕감정(Moral Sense)'의 본질<br>• '공감 (Sympathy)'의 원리: 상호적 감정체계<br>• 시장 유인체계의 기반으로서의 '공감' |

---

69 애덤 스미스 저, 박세일·민경국 역, 위의 책, 253–254쪽; Adam Smith, 〈The Theory of Moral Sentiments〉, ibid., p. 194.

# 제2절  규범적 프레임: 헌법적 선택
## (Constitutional Choice)

## I. 뷰캐넌의 헌법경제학

### 1. 사회계약(Social Contract)과 사회적 대화(Social Dialogue)를 통한 헌법적 선택

뷰캐넌(James M. Buchanan, 1919–2013)은 시장의 실패와 정부의 실패를 모두 경험한 경제학자로서 자유시장에 공적 질서를 접목시키려는 시도를 했고, 그 결과 '공공선택론(public choice theory)'으로 1986년 노벨경제학상을 수상하게 된다. 이 이론은 그의 '헌법경제학' 안에서 주장되었으며 핵심은 개인들의 공공선택을 통해 개인들 간의 상호작용의 제약조건으로 헌법을 선택할 수 있다는 것이다. 즉 그가 이야기 한 공공선택은 헌법적 선택(constitutional choice)을 의미한다. 이 이론을 통해 그는 자유방임주의에도 정부의 통제에 의한 중앙집권적 계획경제에도 동의하지 않고 자유주의 경제의 전통 안에서 국가 및 시장의 실패에 대응하는 정치적 교정 가능성을 제시한다.[70]

뷰캐넌은 개인의 이익을 최상으로 증진시킬 수 있는 구조의 변화를 '헌법적 선택'[71]이라고 한다. 그는 시장의 실패와 국가의 실패를 교정하는 방법으로 개인들의 합의를 제시하며 이 목적은 사람들 간의 자발적 교환에 대한 자유를 헌법적으로 보호하려는데 있다고 한다. 이와 같은 개인들의 합의 행위에 의한 헌법적 선택은 집단적 행동을 통한 공동의 의사결정인데 이를 '공공선택(public choice)'이라고 한다. '공공선택'을 통해 구성원 모두에게 준수가 강제되는 사회의 기본규칙을 헌법으로 보았고 이는 정부의 권한과 기능 및 개인의 권리에 관한 사회의 기본규칙으로 경제적·정치적 주체인 개인들의 선택과 행동을 제약하는 사회적인 틀이다.[72] 개인들의 상호작용에 의한 구조적 제한으로서의 헌법이 자율적인 개인에 의해 선

---

[70] 제임스 M. 뷰캐넌 저, 위의 책, 71쪽.
[71] 제임스 M. 뷰캐넌 저, 위의 책, 93쪽.
[72] 제임스 M. 뷰캐넌 저, 위의 책, 202쪽.

택된다는 그의 공공선택이론은 '사회계약론'과 '사회적 대화'에 기초하고 있다.[73]

### (1) 사회계약론: 개인의 선호를 결정하는 이익에 대한 합의

뷰캐넌은 민주주의 사회에서 구성원들의 활동을 제한하는 규칙들이 사회의 모든 구성원을 동등하게 제한한다는 의미에서 이를 공공재(public goods)로 정의한다.[74] 그리고 이런 의미의 공공재에 대한 헌법적 선택을 가능하게 하는 '합의'에 있어서, 사회적 계약 개념(Social Contract Notion)과 대화적 개념(Dialogue Notion)의 관계에 초점을 맞추는데 사회적 계약 개념은 존 롤스(John Rawls)로 대표되며 사회적 대화 개념은 위르겐 하버마스(Jürgen Habermas) 등에 의해 제시된 개념이다. 뷰캐넌의 헌법경제학은 사회적 계약과 대화를 통합하는 재해석을 한다. 그는 전통적인 경제학에서 인간의 합리적인 선택의 기반이 되는 선호(preference)의 개념을 상호 보완적인 '이익 요소(interest-component)와' '이론 요소(theory-component)'로 분리하는데 계약주의 합의 개념은 주로 이익 요소로, 대화 개념은 이론 요소와 관련된 것으로 본다.[75] 전통적인 경제학은 개인의 선호와 제약에 의한 효용함수의 극대화를 이론적 기반으로 하는데 뷰캐넌은 선호는 개인의 평가적(evaluative) 요소와 인식적(cognitive) 요소를 혼합한 것이고 평가적 요소는 주로 개인의 이익과 관련된 것으로 인식적 요소는 개인이 갖고 있는 이론에 대한 것으로 해석한다. 이를 '원하는 것'과 '믿는 것'이라고 표현하기도 한다.

사회계약적 합의 개념은 '이익 요소'에 집중하는데 사회계약 이론들은 잠재적으로 서로 다른 헌법적 이익을 가진 사람들 사이에 어떻게 규칙에 대한 합의가 성취될 수 있느냐에 초점을 맞춘다. 사회계약론은 자신의 이익을 추구하는 자유로운 개인들이 자신의 자유를 '제한'하는 '합의의 장'에 나오는 이유를 개인의 사적 이익 추구로 설명한다. 이는 개인의 영역에 속하는 재산, 재능에 대한 소유권과 권리를 전제로 한다. 뷰캐넌은 이처럼 자유로운 개인이 합의에 참여함으로써 자신들의 이익을 추구하는 것을 존 롤스의 '무지의 베일'로 설명한다.[76] 교환에 참여하는 사람들은 자신들이 어떤 상황에 놓여져 있는지, 다른 사람들이 어떤 일을 행할지 알지

---

**73** 제임스 M. 뷰캐넌 저, 위의 책, 150쪽.
**74** 제임스 M. 뷰캐넌 저, 위의 책, 112쪽.
**75** 제임스 M. 뷰캐넌 저, 위의 책, 94–95쪽.
**76** John Rawls, 〈A Theory of Justice〉, Cambridge, Harvard University Press, 1971.

못한다. 이와 같이 '불확실성의 베일' 뒤에 있는 개인들은 자기들의 이익을 추구하기 위해 '공정한 거래'에 대한 합의를 하려고 한다. 즉 제약받지 않는 상황에서 예측할 수 없는 손해를 볼 수 있다는 것을 알기 때문에 계약적으로 법적 규칙들이나 윤리적 규범을 작동하게 해서 타인과 자신의 행위 모두에 제약을 가할 방법을 찾게 된다. 여기서 뷰캐넌은 규칙들의 일반성(generality)과 영속성(durability)이 클수록 즉 규칙이 더 일반적이고 효력이 있을 것으로 기대되는 시간이 길수록 사람들은 더 공평한 관점을 채택하고 더욱 합의에 도달하기 쉽다는 점을 강조한다. 또한 공정성뿐 아니라 안정성에 대한 관심도 이러한 합의에 중요한 동기부여가 되는데 헌법적 합의에서 안정성과 공정성은 상호 관련되어 있고 안정성에 대한 관심은 '무지의 베일의 두께가 얇아진다'고 하더라도, 즉 사람들이 자신이 처한 상황과 개별 이익에 대한 인지가 어느 정도 있는 경우에도 공평한 규칙에 대한 선호를 유발한다고 한다.[77]

뷰캐넌은 이를 '파레토 원칙'을 통해 설명하는데 제도적 제약이 없는 경우 자신의 효용을 극대화 시키려는 행위자들은 결과적으로 자기와 타인 모두에게 최적의 결과를 갖지 못하게 되는 이익분배의 선택을 한다. 즉 아래 보수표에서 자신의 상대적인 우월성만을 가늠해서 a2, b2의 선택을 하여 결과적으로 IV의 결과에 이르게 된다. 또는 강제적인 방법을 동원해서 타인의 이익을 최소화시키고 자기만의 이익을 추구하게 되어 또 다른 부작용을 낳게 된다. 즉 이 경우, II나 III의 결과가 도출되지만 어떤 경우에도 사회 전체적으로는 I에 미치지 못하며 또 다른 사회적 부작용을 낳게 된다.[78] 즉 부당한 힘의 행사가 가능한 사회에서는 내가 4를 차지하게 될지 1을 차지할지 몰라 항상 불안해야 하고 부당한 힘의 행사를 서로 하려고 하다 보면 결국 불필요한 낭비적 비용이 점차 커지게 된다. 그러나 불확실성의 베일 뒤에서 사람들이 동의한다면 모두에게 파레토 최적이 되는 선택을 하고 최선의 이익이 되는 결과를 갖게 될 수 있다. 즉 a와 b의 사전 합의에 의해 I의 결과를 도출하는 선호에 의한 선택을 할 수 있다는 것이다. 그는 개인들이 자기 이익에 대한 계산에서 공적인 윤리적 제약을 필요로 하고 이를 선택함으로써 상호 의존하게 된다고 한다.

---

77 제임스 M. 뷰캐넌 저, 위의 책, 101–102쪽, 193쪽, 202쪽, 302쪽.
78 제임스 M. 뷰캐넌 저, 위의 책, 284–287쪽.

〈표 2-1〉 뷰캐넌의 보수표[79]

|    | b1 | b2 |
|----|----|----|
| a1 | Ⅰ. 3, 3 | Ⅱ. 1, 4 |
| a2 | Ⅲ. 4, 1 | Ⅳ. 2, 2 |

뷰캐넌은 고전적 자유주의가 개인들이 이익 추구를 위해 자발적으로 제약에 합의할 수 있는 가능성을 간과했다고 했다. 즉 제도적 제약을 철폐함으로써 경제적 효율성과 자유를 증대시키려고만 한다면, 개인들의 자유가 충돌해서 부작용들이 도래하며 이 경우 개인들의 자유로운 합의에 의한 제약을 둠으로써 효율성과 자유가 증대될 수 있는 것을 간과했다는 것이다. 그는 시장의 상호작용에 대한 제도들의 철폐보다는 그 제도들의 실패의 원인들을 파악하는 것이 중요하다고 한다. 그는 이러한 제도들을 사회 구성원들 간의 계약으로 보았다. 그는 사회후생함수 (social welfare function)와 같이 극대화할 어떤 가치를 주장하는 것은 특정한 의사결정자들이 해결책을 제시하는 성향, 그들이 일반 사람들보다 더 많은 분석도구를 가졌다고 생각하는 엘리트의식의 오류를 갖고 있다고 한다.[80] 그는 사회계약 개념과 대화 개념 모두 정당성에 대한 절차적(procedural) 기준이 중요함을 제시한다. 즉 두 가지 관점 모두에서 기본적 헌법적 원리의 정당성은 미리 정의된 '이상적 시스템'에 의해서가 아니라 이러한 원리들이 나오게 된 '과정'에 의해 판단된다는 것이다. 즉 규범적 초점이 '선택-결과'라는 특징 자체에 있는 것이 아니라 '헌법적 선택 과정'이라는 특징에 있고 '좋은' 과정, '적합한' 과정은 공정성(fairness)과 공평성 (impartiality)을 보장하는 것으로 정의될 수 있다고 한다.

### (2) 사회적 대화: 개인의 선호를 결정하는 이론에 대한 담론

위에서 보았듯이 뷰캐넌은 사회를 구성하는 개인들이 이해관계 사이의 갈등을 해결하는 과정에서, 협력을 통한 상호 이익을 추구하기 위해 자발적으로 헌법적 선택에 합의한다고 본다. 합의는 자발적 동의를 수반하는 제약으로써 규범적

---

**79** 제임스 M. 뷰캐넌 저, 위의 책, 287쪽.
**80** Buchanan, James, 〈Liberty, Market and State: Political Economy in the 1980s〉, New York University Press, 1986, pp. 261－274.

중요성을 갖는다. 그가 통합적으로 제시한 합의의 사회적 계약개념과 대화의 개념 중 대화 개념에서는 공정성, 즉 모든 사람들에게 인정받을 수 있는 ‘가치’ 개념이 포함되는데[81] 뷰캐넌은 대화를 ‘객관적 선’에 대한 인식요구라고 보았다. 즉 합의의 동기는 이익에 있지만 규칙에 대한 의견교환은 이성적 논의에 의해 실행되어야 한다는 것이다.[82] 즉 앞서 개인의 선호를 구성하는 두 가지 요소로 제시한 ‘이익 요소’와 ‘이론 요소’ 중 이론 요소가 헌법적 선택, 즉 규칙의 선택에 있어 중요하다는 것을 강조하는데 개인의 욕망의 대상에 대한 ‘도구적 재화’(예를 들면 의식주)는 평가의 대상이지만 궁극적으로 그러한 평가는 그것들을 원하도록 요구되는 사회 이론에 의한 ‘궁극적 재화’에 대한 요구(예를 들면 건강과 사회적 존경)에서 비롯된다고 한다.[83] 즉 도구적 재화들이 궁극적 재화에 도움이 된다고 생각하는 이론들은 개인의 선택에 결정적인 영향을 미치며 이것이 그가 바라보는 개인의 선호 안에 내재된 구조적 요소이다. 그리고 이러한 이론들 중 헌법적인 규칙과 체계의 작동 성질에 대한 이론이 그들의 선택행위에 결정적으로 관련된 것으로 보는 것이다. 즉 개인들의 규칙에 대한 선호는 그들이 원하는 것과 이익에 대한 가치평가 외에 그들이 믿는 것, 이론에 의한 혼합물인데 헌법 이론들이 그들의 이론, 즉 믿음체계에 영향을 준다. 즉 개인들의 헌법적 선호는 개인이 자신의 이론, 믿음체계를 구축하는 과정, 즉 대화나 담론에 의해 이루어진다.

　　뷰캐넌의 대화를 통한 객관적 선에 대한 인식요구를 스미스가 〈도덕감정론〉에서 이야기한 자신과 타인의 입장에 대한 ‘객관적 관찰자’의 개념이 적용될 수 있다. 즉 공동체에서 자기의 이익을 추구하기 위한 상호 제약으로서의 ‘사회계약’을 위한 소통을 위해 필요한 ‘객관적 선’은 합의에 참여하는 사람들의 ‘공감에 근거한 객관적 관찰자’로서의 시각과 공유가 필요한 것이다. 뷰캐넌의 관점에서 사회 구성원의 자발적 합의과정의 결과물인 헌법은 이러한 공감에 근거한 객관적 관찰자의 시각을 제공한다고 본다.

81 제임스 M. 뷰캐넌 저, 위의 책, 105–106쪽.
82 심현주, 위 논문, 262쪽.
83 제임스 M. 뷰캐넌 저, 위의 책, 96–97쪽.

## 2. 개인의 이익 추구: 헌법적 선택 범위 안에서의 이익

뷰캐넌은 '좋은 사회'는 개별 구성원들의 이익을 최상으로 증진시키는 사회이며, 정치는 개인들이 개인적으로 성취할 수 없는 목적들을 집단적으로 성취하려고 노력하는 복잡한 교환과정이라고 한다. 개인들은 재화와 용역의 거래를 통해 이익을 창출하기 때문에, 그들은 자신의 이익을 위해 그런 거래를 만드는 조직을 창조하기 위해 교환에 참여하며 결국 사회의 모든 조직은 개인의 이익추구를 위해 만들어지는 것으로 본다. 즉 그는 교환의 구성단위를 조직이나 국가로 삼지 않고 '개인'으로 본다.[84]

뷰캐넌이 취한 방법론적 개인주의는 개인의 교환활동을 시장으로 한정하지 않고 정치영역으로 확장시킨다. 즉 시장의 실패를 시정하는 것을 오직 정부에게 부여한 임무로 보지 않으며 정치인들 또한 자신들의 이익을 추구하는 개인으로 본다. 그는 시장과 정치의 분리를 뛰어넘어 정부의 역할을 시장 밖으로 축소시키지 않는다. 그는 자유주의 경제학이 정부의 역할을 시장의 영역 밖으로 축소시킴으로써 제도를 경제적 분석에서 제외시키는 오류를 범했다고 지적한다.[85]

뷰캐넌은 개인을 자율적 행위자로 합리적인 선택을 추구하는 존재이지만 개인이 선택을 할 때 일정한 사회관계 안에서 구조적 제약 안에 놓여 있음을 강조한다. 그는 개인은 경제구조에 어떤 영향도 발휘할 수 없으며 단지 선택행위를 할 때 공적인 제한조건을 고려할 수 있을 뿐이라고 한다. 즉 자유롭고 합리적인 개인은 구조적이고 제도적인 규범의 제약 하에서 자신의 이익을 최상으로 추구한다고 본 것이다. 그리고 위에서 살펴본 바대로 자신의 이익을 최상으로 추구하는 과정에서 개인은 구조적이고 제도적인 규범에 합의한다. 스미스가 〈국부론〉에서 '정의의 법을 어기지 않는 범위'에서의 자기 이익 추구에 대해 제시한 것과 상통한다고 볼 수 있다.[86]

---

84 제임스 M. 뷰캐넌 저, 위의 책, 257-258쪽.
85 심현주, 위 논문, 258쪽.
86 애덤 스미스 저, 박세일·민경국 역, 위의 책, 848쪽.

## Ⅲ. 협상모델의 소통의 틀과 넛지의 프레임으로서의 헌법

### 1. 헌법적 합의 하에서의 이익 추구에 대한 사회계약과 소통의 기본적 가치체계로서의 헌법

협상은 기본적으로 각자의 이해(利害, interest)와 서로의 이해(利害, interest)에 대한 이해(理解, understanding)를 바탕으로 한 소통과 설득의 과정이다. 스미스가 이야기한 자기 이익의 추구가 '만인에 대한 만인의 투쟁'을 통한 자기 이익의 극대화가 아니라 '누구든지 정의의 법을 어기지 않는 한' 보장이 되는 자기 이익의 추구라면 그 전제가 되는 '정의의 법'이라는 공통된 소통의 틀이 있어야 한다. 이러한 관점에서 본 연구의 '통합적 가치 축적을 위한 협상모델'의 사회 규범적 소통의 틀은 '헌법'이다. 위에서 살펴본 뷰캐넌의 헌법경제학은 제도적 제약이 없는 경우 자신의 효용을 극대화시키려는 개인의 행위가 결과적으로 사회적 사회작용을 통해 서로의, 또한 각자의 이익을 최대화시키는 파레토 최적을 이루지 못하지만 불확실성의 베일 뒤에서 '합의'를 이끌어낼 수 있다면 파레토 최적을 지향하는 선택을 할 수 있다고 본다. 즉 개인들이 자기 이익에 대한 계산에서 공적인 윤리적 제약을 필요로 하고 상호 의존하게 된다는 것이다.[87]

이와 같은 '사회계약 행위'에 의한 개인들의 합의는 집단적 숙의와 행위를 통한 공동의 의사결정을 통해 모든 구성원의 준수가 강제되는 사회의 기본규칙이 되며 뷰캐넌은 이를 '헌법'으로 본 것이다. 이는 정부의 권한과 기능 및 개인의 권리에 관한 사회의 기본규칙으로 경제적·정치적 주체인 개인들의 선택과 행동을 제약하는 사회적인 틀이다. 그가 헌법에 합의하는 과정에서 절차상 도덕규범으로 강조한 합의의 사회적 계약개념과 대화의 개념은 협상의 전제이다. 개인들이 자신의 이익추구의 과정에서 사회적 계약을 하는 과정에서 소통의 도구로서 대화가 필요하며, 대화 개념에서는 공정성, 즉 모든 사람들에게 인정받을 수 있는 '가치' 개념이 포함된다. 즉 뷰캐넌은 대화를 '객관적 선'에 대한 인식요구라고 보았다.[88]

이것은 스미스가 〈도덕감정론〉에서 이야기한 자신과 타인의 입장에 대한 '객

---

87 제임스 M. 뷰캐넌 저, 위의 책, 284 – 287쪽.
88 제임스 M. 뷰캐넌 저, 위의 책, 105 – 106쪽.

관적 관찰자'의 개념이 적용될 수 있다. 즉 공동체에서 자기의 이익을 추구하기 위한 상호 제약으로서의 '사회계약'을 위한 소통을 위해 필요한 '객관적 선'은 공동체 구성원들의 '공감에 근거한 객관적 관찰자'로서의 시각과 공유가 필요한 것이다. 헌법은 국가사회의 구성원들이 '공감에 근거한 객관적 관찰자'로서 이룬 합의의 총체라고 할 수 있을 것이다. 본 연구는 이러한 관점에서 우리의 사회 구조적 문제를 해결하기 위한 소통의 틀로서의 헌법에서 출발한다.

## 2. 헌법경제학의 넛지(Nudge) 기능과 협상의 경제학

뷰캐넌이 개인은 자율적 행위자로 합리적인 선택을 추구하는 존재이지만 개인이 선택을 할 때 일정한 사회 관계 안에서 구조적 제약 안에 놓여 있음을 강조한 것은 본 협상모델의 '구조적 편향'에 대한 인식과 일맥 상통한다. 그는 시장 및 국가의 오류를 헌법을 통해 규정하여 올바른 공적 제한조건을 만들어야 한다고 주장했고 사회 구조적 협상모델은 그러한 헌법에 기반한 소통과 합의과정에서 '편향에 대한 재구조화'가 소통의 기본적인 틀인 헌법가치를 근거로 이루어져야 한다는 전제를 갖는다.

위에서 살펴본 대로 뷰캐넌은 정부의 역할을 시장 밖으로 축소시키는 시장과 정부의 이분법적인 관점을 비판했다. 이와 유사한 논쟁이 헌법에 있어서 경제에 대한 규율, 즉 경제헌법에 대한 관점에도 있어 왔다. 즉 경제가 헌법의 규율대상인가에 대한 논란이다. 국가-사회의 엄격한 이분법적 사고는 경제의 문제는 개인의 삶의 문제이므로 개별 경제주체들의 완전한 자유에 맡겨야 한다는 것이다. 즉 헌법은 국가권력에 대한 시민의 권리와 의무를 규율하는 공법으로 이해되며 경제관계를 배제한 정치적 생활관계를 중심으로 헌법을 이해해야 한다는 관점이다.[89]

반면 현대 민주주의 하에서 국가를 국민의 기본권을 보장하기 위해 존재하는 '하나의 조직체'로 보는 관점이 있다. 국가는 마치 군주와 백성의 관계처럼 사회와 단절된 상태로 자기 목적적으로 존재하는 것이 아니라 헌법상 기본권적 가치의 실현이라는 규범적 목적을 중심으로 다양한 헌법적 현실과 끊임없이 상호

---

[89] 이장희, "경제에 대한 국가의 법적 기본질서로서의 헌법", 공법학연구 14(2), 2013, 298-299쪽; 콘라드 헤세 저, 계희열 역, 〈통일 독일헌법원론〉, 박영사, 2001, 11쪽, 132쪽.

작용하면서 하나의 국가공동체로 변증법적으로 통합되어가는 과정 속에서 발견된다는 것이다. 이러한 시각에서는 국가와 사회의 구별은 단지 상대적으로 이해된다.[90]

민주주의 하에서 정치란 '국민의 기본권 실현을 위한 방법을 모색하고 실현하는 과정'으로 이해되어야 하며 이러한 맥락에서 정치관계는 국가와 헌법을 매개로 하여 경제생활관계를 포함한 다른 생활관계와도 밀접한 관련성을 갖는다. 따라서 경제헌법은 기본권의 보장과 실현을 목적으로 함과 동시에 경제적 생활관계의 특성과 독자적 논리구조를 바탕으로 경제적 생활관계를 규율하는 최고 규범체계가 된다. 따라서 경제헌법은 경제법으로 구체화되고 경제법은 국가의 경제정책으로 이어진다. 경제적 삶의 질서를 스스로 결정하고 정당화할 수 있는 개인이 속한 사회의 기본적 단위를 '경제공동체'라고 한다면 이러한 경제공동체로서의 국가의 경제에 관한 최고법을 '경제헌법(economic constitution)'이라고 부를 수 있다. 경제헌법은 경제적 삶의 중요한 가치를 기본권으로 보장하고 경제적 삶의 질서와 관련된 기본적이고 중요한 사항을 규율하는 법적 기본질서이다. 따라서 대한민국 헌법 제 9장에 명시된 경제관련 조항들은 '명시된 경제헌법'이라고 할 수 있다. 또한 경제헌법에는 민주주의, 법치주의, 사회국가 등 '명시되지 않는 규범'도 포함된다.[91]

뷰캐넌의 '헌법경제학' 이론과 위에서 살펴본 '경제헌법'의 관점은 일맥상통한다. 뷰캐넌은 자율적인 개인이 사회에서의 '상호작용' 속에서 자기의 이익을 추구하기 위해 상호 간에 합의한 공공선택의 결과가 헌법이며 이것이 공동체의 상호제약의 계약임과 동시에 대화의 틀이라고 보았으며 시장과 정치의 분리를 비판했다. '경제헌법'도 오랜 논란이 되어왔던 국가와 사회의 구분, 공법과 경제생활의 규제의 구분에 반대하며 정부도 자신의 역할을 갖고 경제생활에 참여하는 주체로 파악한다. 본 연구에서는 '경제헌법'은 국가를 포함한 경제공동체의 개별적 주체가 자신의 이익을 추구하는 과정에서 합의한 상호 제약과 소통의 틀로 볼 것이다.

---

**90** 이장희, 위 논문, 300쪽; 장영수, 〈헌법학〉, 26쪽, 217쪽; 게오르그 엘리네크 외 저, 김효전 역, 〈독일 기본권이론의 이해〉, 법문사 2004, 87−95쪽.
**91** 이장희, 위 논문, 301−302쪽.

대한민국 헌법 제119조는 다음과 같다.

> 제1항   대한민국의 경제질서는 기본적으로 개인과 기업의 경제적 자유와 창
> 의를 존중한다.
> 제2항   국가는 국민경제를 균형 있고 안정하게 육성하여 소득을 적정하게
> 분배하고, 경제를 민주화하기 위하여 경제주체들이 시장을 지배하고
> 경제력을 남용하지 못하도록 그 활동을 규제하고 조정할 수 있다.

대한민국 공동체의 자율적 개인이 자신의 이익을 추구하기 위한 상호 제약에 합의한 사회계약은 '개인과 기업의 자유와 창의를 존중하는 경제질서'를 기본적인 틀로 제시한다. 또한 국민경제를 '균형 있고 안정하게 육성'하는 것과 '소득의 적정한 분배', '경제민주화를 위한 경제주체들의 시장 지배와 경제력 남용방지'를 위한 '국가의 규제와 조정 역할'을 규정한다.

이장희 교수는 "경제상의 자유와 창의"를 존중하기 위해(제119조 1항) 국가가 "경제 규제와 조정"(제119조 2항)을 할 수 있는 것을 다양한 상황에 상응하는 다양한 유형을 선택할 수 있는 '넛지(nudge)'의 모습으로 제시한다. '넛지'는 세일러와 선스틴(Thaler & Sunstein)이 제시한 개념인데 이장희 교수는 이를 사람들에게 기본적인 선택의 자유가 인정되지만 사람들이 비합리적인 선택을 할 수 있는 가능성을 염두에 두고 국가는 공동체의 구성원의 합의한 '경제질서'의 목적에 맞는 정책을 실현하기 위해 사람들의 선택과 관련된 정황이나 맥락을 조정함으로써 '유인'할 수 있는 것이라고 해석한다.[92]

세일러와 선스틴은 〈넛지〉에서, 사람들이 완전한 자유가 주어졌을 때 행하는 체계적인 오류에 주목한다. 이는 '시장이 지닌 잠재적인 마법에 관한 문제'로 파악하며 자유시장과 공개경쟁이 인간의 약점을 오히려 강화시키는 경향을 의미한다. 따라서 시장이 여러 장점을 갖고 있으나 동시에 기업들에게 인간의 약점을 부추겨 애초에 시장이 의도한 경쟁을 해하는 이익을 취할 수 있는 강력한 인센티브를 제공하는 점을 경고한다. 이를 위해 그들은 '자유주의적 개입주의'가 최선의 대응이라고 제시한다. 다시 말해 유익할 가능성이 가장 높고 해를 입힐 가능성이 가장

---

| **92** 이장희, 위 논문, 306쪽.

낮은 넛지를 제공하라고 한다. 어려운 결정은 즉각적인 피드백을 얻을 수 없고 당면한 상황의 여러 측면들을 쉽게 이해할 수 있는 언어로 전환시키기가 힘들 경우 넛지가 필요하다는 것이다. 그들은 여기서 캐머러(Colin Camerer, 2003)의 '비대칭적 개입주의(asymmetric paternalism)'을 주장하는데 이는 "사회에서 가장 순진하고 고지식한 사람을 돕는 동시에 나머지 모든 사람들에게 돌아가는 해를 최소화하는 조치"를 말한다.[93]

헌법은 뷰캐넌의 관점에서 공동체 구성원들이 최선의 자기 이익 추구를 위해 합의한 상호 제약과 소통의 틀로 형성되며, 일단 형성된 이후에는 '넛지'의 역할, 즉 구성원들이 개별적 약점으로 자신에게 해가 될 수 있는 가능성을 가장 빠른 시간에 (즉각적으로) 최소화할 수 있는 기능을 한다고 할 수 있다. 특히 '사회에서 가장 순진하고 고지식한 사람들' 즉 사회적 취약계층의 입장에서 이것이 더욱 필요하고 이것이 궁극적으로는 사회 전체의 파레토를 지향한다. 이는 개인의 '자기 이익 추구'가 사회와 인류 번영의 유래가 된다고 보았으나 이해관계의 충돌에서는 일관되게 사회적 약자의 열악한 지위의 입장에서 이야기 한 스미스의 이론과도 상통한다. 더글라스 노스(Douglass North)는 사회적 제도는 구성원의 경제적 행위를 결정하는 유인체계를 형성하며 그 안에서 이루어지는 미시적 행위와 그 균형은 규범적 틀 안에서 이루어진다고 했다.[94]

본 연구의 '통합적 가치 축적을 위한 협상모델'은 헌법을 사회 구성원들의 사회적 합의에 의한 소통의 틀이자 구조적 문제를 해결할 수 있는 '넛지'의 역할, 즉 가장 효율적으로 구성원의 합의에 반하는 사회 구조적 문제를 바로잡을 수 있는 '법경제학적 제도의 틀'로 볼 것이다. 이것은 본 협상모델이 접근하고자 하는 후기 자본주의 사회의 '구조적 편향'에 대해 사회 전체 구성원의 사회계약에 기반한 가치체계를 근거로 가장 효율적으로 '재구조화(reframing)'할 수 있는 '협상경제학의 기반'이 된다고도 할 수 있다. 즉 헌법경제학은 대한민국의 협상과 거래, 사회적

---

93 리처드 세일러·캐스 선스틴 저, 안진환 역, 〈넛지 Nudge〉, 리더스북, 2008, 118–119쪽; Colin F. Camerer, 〈Behavioral Game Theory: Experiments in Strategic Interaction〉, Princeton University Press, 2003.

94 홍명수, "헌법상 경제질서와 사회적 시장 경제론의 재고", 서울대학교 법학, 제54권 제1호, 2013, 76쪽; Douglass North, Institution: Institutional Change and Economic Performance, Cambridge University Press, 1990, p. 3.

합의의 과정과 내용이 헌법적 가치에 위배될 때 모든 협상 관계자가 스스로에게, 또한 상호 간에 헌법에 근거한 '넛지'를 통해 협상을 재구조화하는 협상경제학의 효과로 이어질 수 있다. 아래에서는 이 논문의 연구범위와 관련해서 우리의 시장경제질서 하에서 협상을 재구조화할 수 있는 넛지 기능을 할 수 있는 가치체계로서의 헌법적 선택이 무엇인지 고찰해보도록 하겠다.

### (1) 사회경제적 시장질서

우리나라의 헌법은 기본적으로 자본주의 시장경제에 기초하고 있으며 이를 전제로 일정한 수정의 범위와 원리로 이루어져 있다는 최소한의 합의가 주어져 있고 그 과정에서 '사회적 시장경제론'이 논의의 핵심에 있다. 이러한 논의는 독일에서 형성된 사회적 시장경제론에 뿌리를 두고 있다. 인류가 경험한 가장 비극적인 참화였던 제2차 세계대전과 맞물려 오늘날까지 역설적으로 거론되는 독일의 사회적 시장경제론의 시작은 제2차 세계대전 이전 바이마르공화국 헌법 제151조 1항 "경제생활의 질서는 모든 사람에게 인간다운 생활을 보장하여 주기 위하여 정의의 원칙에 적합하지 않으면 안 된다. 이 한계 내에서 개인의 경제적 자유는 보장된다"는 규정에서 시작한다. 그러나 실제 경제운용은 정부의 그러한 원칙과 동떨어진 무원칙하고 비체계적인 개입주의에 의한 것이었고 당시 세계 공황과 맞물려 정부의 조정능력이 상실된 채로 국가사회주의의 지배로 넘어가게 된다. 제2차 세계대전 이후 패전으로 경제 기반이 붕괴되고 인플레이션, 실업, 빈곤 등 극심한 혼란에 처한 독일은 파시즘적 경제질서와 전시수행 체제로 운영된 경제운영을 대신할 새로운 경제질서 구축과제 속에서 정치적 정당성과 현실 경제에서의 경제재건의 성과 모두를 담보하는 헌법적 경제질서의 제시가 필요했다. 이런 상황에서 새로운 경제질서로서 사회적 시장경제의 형성을 주도한 질서자유주의 학파(프라이부르크 학파)는 기본적으로 방법론적 개인주의[95]에 의한 경쟁이 보장되는 시장경제를 유지

---

95 홍명수, 위 논문, 79쪽; 제2차 세계대전 이전 Ludwig von Mises나 Friedrich Hayek로 대표되는 오스트리아 학파의 자유주의적 사고는 특히 경제 분석에 있어서 방법론적 개인주의로 특징지을 수 있는데, 경제적 현상을 개인의 행동에 귀결시키고 이를 분석 대상으로 삼는 것을 경제적 분석의 출발점으로 한다; Steven N. Durlauf & Lawrence E. Blume, 〈The New Palgrave Dictionary of Economics〉, Palgrave Publisher 2008, pp. 315–316. 자유주의적 사고의 사상적 기반이 되었고 사회적 시장경제에 대하여 지속적인 비판의 입장을 견지했던 하이에크 역시 "경제활동의 자유는 법 아래서의 자유를 의미하는 것이지 모든 정부활동의 부재를 상정하는 것은

하되 고전적 방임주의가 보여준 한계를 극복하기 위한 제도적 환경을 만드는 것을 국가의 책무로 인식한다. 즉 이념적 차원과 현실적 필요 모두가 반영된 것이 독일의 사회적 시장경제 질서였다. 이로부터 사회적 시장경제는 시장 영역에서의 경제적 자유의 원칙과 사회 영역에서 사회적 형평의 원칙의 결합으로 정식화 된다. 즉 개인의 자율과 조정에 의해 이루어지는 시장경제와 그러한 시장기능의 실효성과 인간의 존엄성에 기여하는 경제질서 두 가지의 결합으로 이를 가능하게 하는 제도적 기반으로 사적소유, 계약자유, 자기책임 등을 보장함과 동시에 시장의 한계에 대한 국가의 개입을 정당화한다. 특히 두 가지 측면의 시장의 한계가 강조되는데 하나는 시장에서는 노동도 하나의 상품으로 거래되지만 노동력의 주체는 가장 중요한 존엄성을 가진 인간이라는 점, 다른 하나는 시장은 정상적 상황에서는 경쟁에 의한 메커니즘에 의해 조정되지만 이러한 정상적 경쟁이 제거되는 상태, 즉 독점을 스스로 지양하지 못하는 상태에서는 그러한 메커니즘이 제대로 작동하지 못한다는 것이다. 이러한 두 가지 상황 하에서는 '개인의 자유'에서 출발하는 시장의 본질적 기능은 제한될 수밖에 없고 이러한 경우에 정부는 개입해서 시장질서를 다시 회복시켜야 한다는 것이다. 오이켄(W.Eucken)은 이에 대해 개별 경제주체가 일상적 경제과정을 지도하여야 하지만 이들은 경제과정이 이루어지는 구조(framework)를 스스로 결정할 수 없으며 여기에 국가의 과제가 존재한다고 한다.[96] 본 연구의 문제의식과 상통하는 부분이다.

이후 독일의 사회적 시장경제 질서는 1966년 사민당의 대연정(Grand Coalition) 이후 큰 변화를 겪게 되는데 당시 사민당은 마르크스주의와의 결별과 민주적 사회주의 지향을 명확히 한 후 자유경쟁을 사회민주적 경제정책의 본질적 조건으로 이해하고 유효한 경쟁이 이루어지는 자유시장에 우월적 의미를 부여하였으나 조세, 재정, 통화 등의 정책을 통해 국가가 필요한 부분에서 경제에 개입해야 함을 명시하였고 이는 케인즈주의적인 사고에 연결되는 것으로 해석된다. 즉 케인즈의 총수요관리정책과 기존의 질서정책이 통합됨으로써 총량적 거시정책의 정

---

아니다"라고 이야기한 것은 주목할 만하다; Friedrich A. von Hayek, "Economic Policy and the Rule of Law", 〈Standard Texts on the Social Market Economy〉, Derek Rutter (ed.), Fisher, 1982, p. 153.

[96] 홍명수, 위 논문, 77-80쪽; Walter Eucken, "The Social Question", in 〈Standard Texts on the Social Market Economy〉, Horst Friedrich Wünsche (ed.),Gustav Fisher, 1982, pp. 274-275.

당성이 사회적 시장경제 하에서 승인될 수 있는 이론적 기초가 마련되었다. 이에 기반한 법제도로 1967년 기본법 제109조 제2항의 개정에 의해 국가 재정에 있어서 전체 경제 균형의 필요성을 고려하여야 할 의무가 부과되고 이를 구체적으로 실현하기 위한 '안정성장촉진법'의 제정이 이루어졌다. 이후 사회적 지출의 증대로 재정압박이 누적된 상황에서 1980년 기민당 정권의 등장으로 사회적 시장경제의 운용에 있어 시장원칙의 우선성을 인정하는 방향으로 선회되었으나 사회적 경제의 기본 기조나 케인즈주의적인 총량조절 정책은 여전히 유효한 정책수단이 되고 있다.[97]

　　독일의 이론체계를 수용한 한국에서도 사회적 시장경제론은 헌법상 경제질서의 원리로 이해되고 있다. 즉 사유재산제 보장과 자유경쟁을 기본원리로 하는 시장경제질서를 근간으로 하되 사회복지, 사회정의, 경제민주화를 실현하기 위해 정부의 개입을 인정하는 경제질서이다. 우리나라 헌법의 사회적 시장경제질서 조항은 1948년 제헌헌법 당시부터 다양한 헌법조문에 반영되었다. 당시 제헌헌법 제1장 총강에서 "대한민국은 정치, 경제, 사회, 문화의 모든 영역에 있어서 각인의 기회를 균등히 하고 능력을 최고도로 발휘"하도록 한다고 선언했고 "국민생활의 각 영역에서 자유, 평등, 창의"를 존중하고 이를 보호하고 조정함으로써 공공복리를 향상하는 의무를 지닌다는 내용"이 다시 강조되었다. 또한 제헌헌법에서 자유권적 기본권 바로 다음에 "교육의 권리", "혼인에서의 남녀 평등", "근로의 권리와 의무", "여성과 소년 근로의 보호", "노동 3권 및 근로자의 이익 균점권", "생활유지 능력이 없는 자에 대한 국가의 보호" 등이 규정되었다. 그 외에 "대한민국의 경제질서는 모든 국민에게 생활의 기본적 수요를 충족할 수 있게 하는 사회 정의의 실현과 균형 있는 국민경제 발전을 기함을 기본"으로 한다고 선언하는 경제질서를 명시하는 조항도 있었다. 그 이후 1962년 헌법에는 사회적 기본권의 핵심 내용으로 "모든 국민은 인간다운 생활을 할 권리"를 가짐이 천명되었고, 근로의 권리와 관련해서 "고용증진을 할 국가의 의무"가 추가되었으며 "국가의 사회보장 증진 의무"가 새롭게 도입되었다. 그 후 재산권 보장 및 노동권 보장의 약화, 국가주도의 계획경제 성격이 강화되었던 1972년 헌법개정에 이어 1980년

| **97** 홍명수, 위 논문, 81−83쪽.

헌법에서는 "국가의 평생교육 진흥 의무"가 새롭게 도입되었고 근로권과 관련해 "적정임금 보장에 대한 국가의 의무", "근로조건 기준에서 인간의 존엄성 보장" 등이 추가되었다. 국가의 사회보장의무는 "사회보장 및 사회복지 증진의 의무"로 강화되었고 "환경권"을 처음으로 도입하였다. 또한 "독과점의 폐단에 대한 규제 및 조정"에 대한 조항이 신설되어 공정거래법이 제정되는 헌법적 근거가 되었다. 또한 "중소기업의 보호 및 육성, 소비자 운동의 보호, 국가표준제도의 확립"과 같은 내용도 신설된다.[98]

우리나라 현대 정치 최초로 시민에 의한 정치 민주화를 달성한 1987년 제정 헌법은 사회적 기본권 및 경제질서와 관련된 많은 변화를 가져왔는데 그 중 "적정임금의 보장을 위한 최저임금제 도입의 헌법적 근거(제 32조 1항)", "유보 없는 노동 3권의 인정(제 33조 1항)", "노동자의 단체행동권이 인정되지 않는 사업체는 주요 방위산업체에 국한(제 33조 3항)", "노인과 청소년의 복지 향상(제34조 4항)", 등에 대한 국가의 의무조항이 신설되었다. "제9장 경제"의 장의 제119조 2항은 "국가는 국민경제를 균형 있고 안정하게 육성하여 소득을 적정하게 분배하고 경제를 민주화하기 위하여 경제주체들이 시장을 지배하고 경제력을 남용하지 못하도록 그 활동을 규제하고 조정할 수 있다"는 이른바 경제민주화 조항을 마련하여 국가경제의 균형, 안정, 소득의 적정한 분배, 시장 지배와 경제력 남용 방지, 경제 주체들에 대한 규제와 조정에 대한 국가의 포괄적 개입과 그 목적을 제시했다.[99]

이와 같이 우리 헌법은 제정 당시부터 지금까지 경제주체 간의 기본적인 조정 메커니즘이 시장에 의해서 이루어지는 시장경제를 상정하면서도 시장경제의 실패에 대한 헌법적 수정의 기초를 마련했다. 이러한 맥락에서 우리 헌법의 사회적 시장경제질서는 시장경제, 사유재산제, 그리고 사회정의 실현을 위한 국가 개입의 세 가지 요소로 구성된다.[100]

헌법상 경제질서 원리로서의 사회적 시장경제론은 헌법재판소에서도 받아들

---

98 송석윤, "경제민주화와 헌법질서", 서울대학교 법학 제58권 제1호, 2017, 79−90쪽,
99 송석윤, 위 논문, 91−93쪽.
100 홍명수, 위 논문, 81−83쪽; 권영성, 〈헌법학원론〉, 법문사, 2010, 163−167쪽, 271−272쪽; 김철수, 〈헌법학개론〉, 박영사, 2007, 296−298쪽, 300−301쪽; 구병삭, 〈신헌법원론〉, 박영사, 1996, 217쪽; 성낙인, 〈헌법학〉, 법문사, 2013, 270−271쪽; 허영, 〈한국헌법론〉, 박영사, 2012, 168쪽.

여지고 있는데 "재산권 보장에 관한 헌법 제23조, 경제질서에 관한 헌법 제119조의 각 규정에서 볼 때, 우리 헌법의 경제 체제는 사유재산제를 바탕으로 하면서 법치주의에 입각한 재산권의 사회성, 공공성을 강조하는 사회적 시장경제 체제임을 알 수 있다",[101] "우리나라 헌법상의 경제질서는 사유재산제를 바탕으로 하고 자유경쟁을 존중하는 자유시장경제실서를 기본으로 하면서도 이에 수반되는 갖가지 모순을 제거하고 사회복지, 사회정의를 실현하기 위하여 국가적 규제와 조정을 용인하는 사회적 시장경제질서로서의 성격을 띠고 있다"라고 결정문에 제시한 헌재 결정례들이 있다.[102]

### (2) '통합적 가치 축적을 위한 협상모델'에 적용

앞서 본 연구의 사회 구조적 협상모델에서는 헌법을 자신이 이익을 추구하는 개인이 자신과 사회의 이익을 최적화 하기 위한 사회계약으로서의 '소통의 틀'이자 그러한 구성원들의 합의에 반하는 구조적 문제를 해결하는 과정에서의 '효율적인 넛지로서 기능할 수 있는 법경제학적 제도의 틀'로 볼 것이라고 하였다.

위에서는 우리나라의 헌법은 제헌 당시부터 사회적 시장경제를 규범적 경제질서로 상정하고 있음과 이것이 학계와 판례에서 뒷받침되고 있다는 것에 대해 살펴보았다. 여기서는 사회 구조적 문제에 대한 법제도적 틀로서의 헌법이 넛지의 기능을 할 수 있는 규칙에 대해 살펴보도록 하겠다.

### 1) 헌법 제119조 1항 vs. 2항

헌법 제119조 1항은 "대한민국의 경제질서는 기본적으로 개인과 기업의 경제적 자유와 창의"를 존중한다고 규정한다. 위에서 살펴본 사회적 시장경제 질서에서 경제주체인 개인과 기업의 자유와 창의를 바탕으로 한 '시장경제질서'에 대한 원칙을 제시한 것이라고 할 수 있다. 앞서 살펴본 것처럼 시장은 신고전주의 경제학에 있어서는 수요와 공급에 의해 가격이 결정되고 이러한 가격에 의해 거래가 이루어지는 장이라고 할 수 있고 이것이 일반적으로 떠오르는 시장의 추상적 개념이기도 하다. 그러나 앞서 살펴본 바와 같이 스미스의 시장은 사람들의 신뢰를 기

---

**101** 헌법재판소 1991.6.3, 선고 89헌마204 전원재판부 결정.
**102** 헌법재판소 1998.4.25, 선고 92헌바47 전원재판부 결정; 헌법재판소 2001.6.28, 선고 2001헌마132 전원재판부 결정.

반으로 한 교환이 이루어지는 장이었고 수요와 공급이 만나 형성되는 시장가격 이전에 상품을 생산하는 데 필요한 자원, 즉 노동, 자본, 토지의 대가인 임금, 이윤, 지대의 합에 의해 이루어지는 자연가격이 중심가격으로 기능하는 장이었다. 스미스는 유효수요와 공급량에 의한 시장가격의 등락을 이야기하지만 예외적인 상황이 없는 한 시장가격은 자연가격을 향하게 된다고 한다.[103]

헌법은 시장에 대해 정의하고 있지는 않으나 개인의 자유와 창의를 기반으로 하는 경제질서를 전제로 하고 있으며 이는 이익의 실현이 개인에게 유보되고 상충되는 이익의 조정과정이 개인의 자율적 판단에 유보되는 이익 실현의 구체적 장이다.[104] 또한 이는 헌법에 보장된 재산권과 이를 기반으로 한 계약자유의 원칙에 의해 보장된다. 계약 자유가 없이는 시장주체들의 자율적 조정이 가능하지 않고 계약 자유가 국가의 관여를 배제하는 수단으로서 근대 사회의 발전과정에서 확보되어 온 역사적 전개과정을 볼 때 계약 자유는 인간의 존엄을 실현하기 위한 수단으로서의 제도적 보장이다. 이런 관점에서 시장과 계약 자유의 상호 조건적 관계를 생각할 때, 시장도 인간 존엄의 실현을 위한 본질적 조건이라고 할 수 있다.[105] 우리 헌법은 제10조에 "모든 국민은 인간으로서의 존엄과 가치를 가지며, 행복을 추구할 권리를 가진다. 국가는 개인이 가지는 불가침의 기본적 인권을 확인하고 이를 보장할 의무를 진다"고 한다. '인간의 존엄성'은 헌법 가치의 출발로서 인식의 지표이며 행복추구권은 포괄적 기본권으로서의 성격이 인정된다. 또한 기본인권은 헌법에 열거된 기본적 인권과 헌법 제37조 1항 "국가는 헌법에 열거되지 않은 국민의 자유와 권리도 존중한다"에 의한 헌법에 열거되지 않은 기본적 인권을 포함하는 개념으로 이해된다.[106] 따라서 시장이나 계약자유의 원칙에 의해 이루어지는 시장경제질서는 인간의 존엄성, 행복추구권, 기본적 인권을 실현하기 위한 조건이라는 것이 사회계약으로서 헌법이며 당사자인 국민의 '소통의 틀'이 될 수 있을 것이다. 또한 이에 위배되어 인간의 존엄성, 행복추구권, 기본적 인권을 침해하는 경제적 자유와 창의는 허용될 수 없다는 것이 헌법의 '넛지의 기능'이 될 수

---

103 애덤 스미스 저, 김수행 역, 위의 책, 78–80쪽.
104 Karl Polanyi, 〈The Great Transformation〉, Beacon Press, 1964, p. 46.
105 홍명수, 위 논문, 94쪽.
106 표명환, "헌법 제10조 제2문의 불가침의 기본적 인권을 확인하고 보장할 국가의 의무", 토지공법연구 제53집, 한국토지공법학회, 2011, 333–338쪽.

있을 것이다.

헌법 제119조 2항은 "국가는 국민경제를 균형 있고 안정하게 육성하여 소득을 적정하게 분배하고, 경제를 민주화하기 위하여, 경제주체들이 시장을 지배하고 경제력을 남용하지 못하도록, 그 활동을 조정할 수 있다"고 규정한다. 이제까지의 경제 논리는 '성장'을 당연한 전제로서 그 중심 가치로 놓고 이루어져 왔다. 이러한 시장경제에서의 성장 메커니즘이 규범적으로 어떠한 의미를 갖는지에 대한 논의 또한 그 동안 국가–사회의 엄격한 이분법적 사고에 의해 경제는 개별 경제주체들의 자율에 전적으로 맡겨야 하며 경제문제란 국가의 기본법 질서인 헌법의 규율영역 밖에 있는 것으로 여겨진 것과 같은 맥락으로 다루어져 왔다.[107] 그러나 앞서 논의한 바와 같이 우리 헌법은 자유시장경제 질서를 기본으로 하되 시장의 실패에 대한 개입을 인정하는 사회적 시장경제질서를 기반으로 하고 있다. 따라서 지속적인 성장이 헌법적 가치인지에 대한 규범적 논의가 필요하다.

지속적 성장이 헌법상 요구되는 국가적 과제인지는 성장이 국민의 개별적 이익과 어떻게 조화될 수 있는지에 의해 판단되어야 한다. 위에 제시한 대로 제1항의의 자유와 창의에 기반한 시장경제질서도 인간의 존엄성, 행복추구권, 기본적 인권을 실현하기 위한 조건이므로 헌법 제119조 2항은 "국민경제를 균형 있고 안정하게 육성하고 소득을 적정하게 분배"할 것을 요구하고 있다. 즉 오랜 시간 정치적으로는 양립할 수 없는 대립된 개념처럼 논쟁해 왔던 성장이냐 분배냐의 이분법적 개념을 우리나라의 헌법은 제시하지 않는다. 경제의 육성은 그 자체에 균형과 안정을 내포하고 있고 그 성과를 적정하게 분배해야 함을 명시하고 있는 것이다. 이러한 과정을 경제 민주화의 개념으로 제시했고 이를 위해 경제주체들이 시장을 지배하고 남용하지 못하도록 그 활동을 규제하고 조정할 수 있음을 규정했다. 이러한 것이 한시적 불균형까지 제한하는 의미로 해석될 수 없으나 불균형 성장방식도 궁극적으로는 균형 있는 국민경제 성장의 요구에 부합되어야 한다는 것이 국민의 사회계약인 헌법의 명시적 소통의 틀이다.[108] 따라서 헌법 제119조 2항에서 이야기한 '균형과 안정이 내재된 육성'이 아닐 경우, 성장의 결과인 '소득이

---

107 이장희, 위 논문, 293쪽.
108 홍명수, 위 논문 96쪽; 불균형성장 방식은 1960년대 우리나라 경제발전을 추구하면서 정책 기조로 채택되었다.

적정하게 분배'되지 않을 경우, '경제주체들이 시장을 지배하고 남용'할 경우 헌법의 넛지 기능은 발동된다고 할 수 있다.

여기서 "육성과 분배"는 우리에게 익숙한 성장과 분배로 바꾸어 이야기할 수도 있는데, 더욱 성장하여 개인의 몫을 더 많이 분배하는 것은 앞서 제시한 사회 전체의 이익의 확대를 위한 '파레토 개선'으로 이는 모든 협상의 지향하는 바이자, 뷰캐넌의 헌법경제학에서 자유로운 개인들이 헌법이라는 소통과 합의의 장으로 나오는 이유이기도 하다. 그렇다면 개인과 사회의 이익, 바꾸어 말하면 효용을 최대화[109] 하는 것은 사회 전체적인 관점에서 추구해야 할 바이다. 그러나 여기에는 효용에는 개인의 가치판단이 개입하여 모든 사람들의 한계 효용이 균등하지 않고 부에 대한 모든 권리가 탄력적이지 않다는 점이 반영되어야 하고 이런 상황에서는 불균형을 수반하는 정책의 타당성과 관련해서 공동체 전체의 관점에서 개인적 손해를 정당화할 수 있는 헌법적 가치판단이 제시되어야 한다. 이와 관련해서 롤스(Rawls)는 불평등이 최소 수혜자에게도 궁극적으로 이익이 될 수 있어야 하고 불평등한 결과에 이르기 전에 기회가 균등히 부여되어야 한다고 제안한다.[110] 이를 위한 국가의 규제와 조정이 개입해야 하고 이것이 위에서 이야기한 헌법의 '자유주의적 개입주의', 넛지 기능이 될 수 있다.

### 2) 헌법 제34조 1항

앞서 본 헌법 제119조는 자유와 창의, 육성에 내재된 균형과 안정, 성장의 결과인 소득의 적정한 분배, 이러한 경제 민주화를 위한 경제주체들의 시장 지배와 경제력 남용의 규제와 조정을 그 내용으로 하는데 이는 시장의 메커니즘에 대한 명시적인 헌법적 합의라고 할 수 있다. 그러나 이와 별개로 경제질서의 구성 요소로서 자유로운 경제주체들을 상정하는 시장의 기능을 제한하는 의미로서의 사회국가적 이념에서 출발한 사회적 기본권을 우리 헌법은 보장하고 있다.

사회국가적 요구는 헌법 제34조 제1항의 "모든 국민은 인간다운 생활을 할 권리를 가진다"는 규정에 이념적 근거를 두고 있고 '인간다운 생활'의 의미는 경

---

[109] 여기서는 개인이 자유방임에 의한 각자의 이익을 극대화 하는 개념이 아닌 사회 전체의 이익을 최대화 함으로써 그것의 분배 몫으로서의 개인의 이익 또한, 각자의 우월적 이익을 추구하는 비협조 해의 경우보다 커지는 경우를 의미한다.

[110] 홍명수, 위 논문, 96-97쪽.

제적, 물질적 관점에서 이해해야 한다는 견해와 삶을 영위하는 장에 헌법적 가치 판단을 적용하는 과정에서 그 내용이 결정된다는 견해가 있다.[111] 이러한 권리는 1990년대 이후 공적 서비스가 시장에 의해 제공되는 방식으로 전환되면서 중요한 의미를 갖게 되었다. 이와 같은 공적 서비스의 '탈상품화'의 정도로 복지국가의 유형이 구분되기도 한다.[112] 시장을 통해 공적 서비스가 제공되면 수요자는 소비자의 지위에 서게 되고, 사회 국가의 관점에서 제공된다면 이러한 수요는 사회 구성원의 지위에 따른 권리의 향유자가 되게 된다. 이와 관련되어 중요한 부분은 생존 필수적인 서비스 제공이 충분한지의 측면에서의 검토이다. 클라케(John Clarke)는 공적 서비스는 '개별적인 필요로 개인화된 보편적 서비스(personalization to individual need)'를 제공하는 것이어야 한다고 했는데[113] 이는 개인이 영위하는 삶의 수준이 인간다운 생활을 할 수 있는 조건 이상으로 유지될 수 있는지가 그 기준이 되어야 한다는 것이다. 이는 또한 개별 경제주체의 의사가 아닌 공동체의 가치판단에 의해 결정된다는 것이 시장 메커니즘과 구별되는 부분이다. 그러나 시장의 요소와 사회적 요소 모두 사회적 시장경제질서의 구성 요소로서 헌법적으로 승인된 가치와 기본권에 소급하고 이들 간에 규범적 우위를 정할 수 없다.[114] 따라서 '모든 국민이 인간다운 생활을 할 권리'는 경제행위에 대한 헌법적 소통의 틀이자 넛지의 기능이 될 수 있다. 즉 국가 사회를 구성하는 모든 구성원이 삶의 현장에서 인간다운 생활을 할 수 있는 최소한의 수준 이상이 그 내용적 충족을 이룰 수 있는 수준으로 제공되어야 하는 것이 우리의 헌법적 합의인 것이다.

본 절에서 다룬 규범적 소통의 프레임으로서 헌법적 선택에 기반한 헌법경제학을 도식화하여 요약하면 〈그림 2-2〉와 같다.

---

111 홍명수, 위 논문, 98쪽; 정종섭, 〈헌법 기본강의〉, 네오시스, 2011, 560-561쪽.
112 G. 에스핑앤더슨 저, 박시종 역, 〈복지자본주의의 세 가지 세계〉, 성균관대학교 출판부, 2014.
113 John Clarke et al., 〈Creating Citizen-Consumers〉, Sage, 2007, p. 40.
114 홍명수, 위 논문, 98-104쪽; 성낙인, 위의 책, 733쪽; 자유권과 사회권은 모두 인간의 존엄과 가치와 인격의 자유로운 발현에서 연원하는 기본권이며, 양자의 관계를 상호 보완적인 것으로 이해하여야 한다.

〈그림 2-2〉 규범적 프레임: 헌법적 선택

| 제2장<br>사회 구조적<br>협상모델<br>수립을 위한<br>학제적 기반 | 제1절<br>스미스의 시장 유인체계: 정의의 법, 공감에 기반한 자기 이익 추구 | |
| --- | --- | --- |
| | 제2절<br>규범적 프레임: 헌법적 선택<br>(Constitutional Choice) | 사회계약(Social Contract)과 사회적 대화<br>(Social Dialogue) |
| | • 사회의 모든 구성원의 삶을 제한하는 규칙(public goods)에 대한 선택 (pulbic choice)으로서의 헌법적 선택(Constitutional Choice)<br>• 헌법적 선택을 하게 하는 개인의 헌법적 선호(preference)<br>• 헌법적 선호를 결정하는 사회계약과 사회적 대화<br>  ‣ 사회계약: 개인의 선호를 결정하는 '이익'에 대한 합의<br>  ‣ 사회적 대화: 개인의 선호를 결정하는 '이론'에 대한 담론<br>• 개인의 이익 추구; 헌법적 선택의 범위 내에서 자기 이익 추구에 대한 '합의'를 통한 파레토 최적의 지향<br>• 협상에서 소통의 틀로서의 헌법; 헌법경제학의 넛지(Nudge)의 기능을 통한 협상의 경제학 –'자유주의적 개입주의' | |

# 제 3 절 경제학적 프레임: 협조게임(Cooperative Game)

## I. 우월전략과 사회적 딜레마

게임이론은 게임에 참여한 사람들 간의 '상호작용'에 관심을 갖는다. 즉 안정적이고 예측할 수 있는 상호작용의 유형을 도출하고자 한다. 아무런 제약 없는 상황에서 당사자들은 상대방의 선택을 예측하며 상대적으로 자기에게 유리한 선택을 하고자 한다. 즉 상대방이 어떤 선택을 하건 상관없이 내가 선택할 수 있는 전략들 중 더 우월한 선택을 하게 되고 이를 '우월전략(dominant strategy)'이라고 한다. 게임에서 각 당사자가 모두 '우월전략'을 선택하는 조합이 존재할 때 이를 '우월전략 균형'이라고 한다. 수학적 관점에서 이를 '우월전략의 해'라고 하기도 한다.

여기서의 전제는 게임 참가자들이 "어떤 의미에서든 합리적 선택"을 할 때 어떤 전략이 선택될 것이며 그 결과를 알 수 있다는 것에 의미가 있다는 것이다. 그런데 여기서 "어떤 의미에서든 합리적 선택"이 일정한 제약을 갖고 있다. 잘 알려져 있는 "죄수의 딜레마" 게임에서 알 수 있듯이, 두 명의 죄수는 서로 '소통할 수 없는' 다른 죄수가 '자백을 할 것'이고 '그가 자백을 한다면 나도 자백을 하는 것'이 '자백을 하지 않는 것'보다 상대적으로 우월한 전략이기 때문에 '자백을 하는 것'을 선택한다. 적어도 그에게 주어진 상황에서는 이것이 '합리적 선택'이다. 그러나 주지하듯이 그 '결과'는 두 명의 죄수 모두가 '자백을 하지 않는 것'을 선택한 것보다 훨씬 열등한 전략이다. 이처럼 모든 게임 참가자들이 '각자 일정한 합리적 판단' 하에 우월전략을 선택한 균형의 결과가 그들이 비균형전략을 선택할 때보다 나쁜 결과를 가져올 때 이를 '사회적 딜레마(Social Dilemma)'라고 한다.

사회적 딜레마는 비단 '죄수'라고 하는 매우 특수한 상황에 놓여져 있는 사람들에게만 있는 선택의 문제가 아니다. 일상의 많은 선택의 상황에서 이러한 선택과 그로 인한 유사한 결과가 발생한다. 협상에 있어서도 이와 같은 문제를 '협상가의 딜레마'라고 한다. 즉 협상에서는 상호 간의 정보공유를 통해 협상으로 창출될 수 있는 이익을 상호 간에 확대할 수 있음에도, 상대방과 정보공유에 대한 불신의 문제로 정보를 공유하지 않거나 부정확한 정보를 공유함으로써 결국 모두의 협상 이익이 줄어들게 되는 것을 말한다.

이처럼 비협조 해에서의 우월전략과 사회적 딜레마의 문제는 사회 전체적으로 보았을 때 수많은 가치 창조의 잠재성을 떨어뜨리게 된다. 이 경우 공통적인 상황은 당사자 간의 상호작용에 있어서 '협조의 가능성'이 없다는 것이다.

## Ⅱ. 협조게임

이러한 관점에서 "전략의 합리적 선택은 무엇인가?"라는 질문에 대한 유일한 답이 일반적으로 없다고 할 수 있다. 이에 대해 두 종류의 '합리적 선택'이 가능하디고 할 수도 있고, 또한 '합리직 해'의 정의를 다르게 함으로써 두 개 이상의 해가 존재할 수도 있다.[115]

최소한의 두 개의 해에서 하나는 각자가 다른 사람의 결과를 무시하고 자신

---

| **115** 로저 A. 매케인 저, 위의 책, 293쪽.

의 이득을 최대화시키는 선택을 하는 '비협조 해'이고 다른 하나는 전체 집단을 위한 최선의 결과를 달성하기 위해 참가자들의 전략을 조정하는 '협조 해'이다. 여기서도 '최선의 결과'는 하나의 개념이 아닐 수 있기 때문에 각각의 개념에 상응하여 해가 달라진다.[116]

'비협조게임'에서는 참가자들이 자기의 전략을 조정하기로 '공약(commitment)' 할 수 없고, '협조게임'은 참가자들 간에 자기 전략을 조정하기로 공약할 수 있다. 비협조게임에서의 '합리적 선택'은 "다른 참가자들이 나의 전략에 대한 최선의 반응을 하려고 할 때 나의 합리적 선택은 무엇인가?" 질문에 답하는 것이고 '협조게임'에서의 '합리적 선택'은 "우리가 모두 공통의 조정된 전략을 선택한다면 어떤 전략이 최선의 결과를 초래할 것인가?"라는 질문에 답하는 것이다.[117] 이는 앞서 살펴본 스미스의 '공감에 기반한 유인체계', 뷰캐넌의 '합의'의 개념에 부합된다.

## Ⅲ. 협조게임과 이익·효용의 개념의 재설계

'인간의 이기심에 근거한 경제적 이익 극대화'를 '합리적 해'로 보고 경제문제를 해결하는 것은 위에서 살펴본, '사회적 딜레마'를 초래한다. 뿐만 아니라 '경제적 이익'만이 결국 인간에게 만족을 주는 요소라는, 이기적이면서 이타적이고, 감정적이면서 이성적이며, 개인적이면서 사회적인, 인간의 복합적 측면을 고려하지 않은 단편적인 결과를 초래한다.

이에 대한 좋은 예가 될 수 있는 실험 연구들이 있다. 먼저 많이 알려진 게임 이론의 '최후통첩 게임(Ultimate Game)' 좋은 예이다. 두 명의 참가자가 정해진 액수의 돈을 분배하고 첫 번째 참가자가 자신의 몫을 이야기하면 다른 참가자는 이를 받아들이거나 거절할 수 있을 뿐 다른 역제안을 할 수 없는 게임이다. 이론적으로 정해진 액수의 돈이 100원이라면 제안자가 자신의 몫을 99원을 주장해도, 제안을 받는 참가자가 좁은 의미의 화폐적 이익만을 추구하는 참가자라면 자기 몫이 0인 것보다는 1원인 것이 나으므로 이를 받아들여야 한다. 하지만 실험 결과를 보면

---

116 로저 A. 매케인 저, 위의 책, 같은 쪽.
117 로저 A. 매케인 저, 위의 책, 293 – 294쪽.

분배 제안이 7대 3 이하로 내려가면 제안을 받은 참가자의 절반 이상이 이를 거부한다.[118] 이는 좁은 의미의 화폐적 이익뿐 아니라 분배의 과정과 결과가 공정하지 못하다는 것에 대한 '반감' 때문이다. '반감'은 스미스가 이야기 한 '공감'에 반대되는 감정이라고 할 수 있다.

'신뢰게임(Trust Game)'이라고 이름 붙여진 또 다른 실험연구에서는 두 당사자 중 참가자 1이 주어진 돈의 일부 혹은 전부를 참가자 2에게 주거나 주지 않을 수 있는데 줄 경우, 상대방에게 준 돈은 게임의 규칙에 의해 몇 배로 커지는데, 참가자 2는 불어난 돈의 일부 혹은 전부를 참가자 1에게 돌려줄 수도 있고 돌려주지 않을 수도 있는 게임으로 설계되었다. 물론 상호 간의 조정이나 협의는 없었다. '자신의 화폐적 이익의 극대화'를 '합리적'인 기준으로 생각한다면 참가자 1은 참가자 2가 돌려주지 않을 것을 예상하고 자기의 한정된 돈을 주지 않아야 하는데, 실험 결과는 참가자 1은 대부분 참가자 2에게 적어도 일부의 돈을 주었고, 참가자 2도 대부분 그 돈의 적어도 일부를 돌려주었다.[119]

이와 같이 '죄수의 딜레마'와 다른 '신뢰게임' 결과에 대해 페어(Ernst Fehr)는 '사회적 협력이론(Theory of Social Cooperation)'으로 설명했다. 개인은 완전히 이기적이고 기회주의적이어서 다른 사람을 이용하는 경우도 있는 반면, '조건적으로 협력(conditionally cooperative)'할 수도 있다고 설명한다. '조건부 협력'은 '협력과 상호주의'의 사회규범을 기꺼이 따르지만 만약 자신이 이용당하는 것을 알게 되면 협력을 철회하고 이를 체벌하려 한다는 것이다.[120]

이러한 이론은 '공공재 실험(public goods experiments)'이라고 불리는 '다수당사자 실험'에서도 뒷받침되었다. 다수의 게임 참여자들은 자신의 고정된 자금의 일부 혹은 전부를 공동의 계좌에 기부하거나 기부하지 않을 수 있는데, 기부하면 그 액수는 당사자의 수보다는 작은 수의 배수로 늘어나고 기부액과 상관없이 동일하게 각자에게 배당된다. 따라서 다른 사람의 기부액과 상관없이 자신의 기부액보다는

118 Richard H. Thaler, "Anomalies: The Ultimate Game", Journal of Economic Perspectives Vol. 2 No. (4), 1988, pp. 195−206.

119 David F. Sally & Gregory Todd Jones, "Game Theory Behaves", 〈The Negotiator's Fieldbook〉, 2006, pp. 87−94.

120 Ernst Fehr & Herbert Gintis, "Human Motivation and Social Cooperation: Experimental and Analytical Foundation", Annual Review of Sociology Vol.33, 2007, pp. 43−64.

적은 액수가 돌아오게 되고, 기부를 하지 않는 것이 화폐적 이익으로는 자신에게 유리한 것이다. 여러 번 반복한 실험 결과에서 처음에는 많은 사람들이 자금의 전부 혹은 일부를 기부하지만 회가 거듭되면서 다른 사람들이 기부하지 않는 것을 보게 되면 자신도 하지 않게 되었다. 집단의 기회주의적인 성격이 협력을 약화시키는 페어의 이론을 뒷받침하는 결과이다.[121]

하지만 더욱 놀라운 결과는 계속된 두 번째 실험에서였다. '공공재 실험'에서 연속된 두 번째 실험에서는 기회주의적인 참여자들을 체벌하기 위한 비용을 자발적으로 지불하도록 설계되었다. 이 상황에서 많은 참가자들이 기부를 함과 동시에 처벌을 위한 비용을 지불했다. 기회주의적 참여자를 처벌하는 이익이 자신에게 돌아오는지와 상관없이 같은 선택을 했다. 심지어 마지막 라운드에서는 거의 100%가 기회주의적 행태를 버리고 기부와 체벌비용을 지불했다. 이 실험결과는 페어가 이야기한 협력적 조건이 만족되면 기회주의적인 당사자들도 자신이 체벌받는 비용보다 협력적 행위를 하는 비용이 훨씬 적음을 알게 되는 결과이다.[122]

이러한 실험 결과들은 '신뢰'를 제공함으로써 자신을 이용하려고 하는 이기주의자들을 제재하려는 감정적 메커니즘의 존재하며 이를 통해 기회주의적인 행위를 제재하고 '일반적 이익(general advantage)'에 기여하는 동기를 보여준다.[123]

아마티아 센은 〈자유로서의 발전〉에서 동감이나 이타심 그리고 타인의 효용을 각 개인의 효용함수에 하나의 변수로 집어넣는다면 신고전주의 경제학의 '인간이 효용을 극대화하면서 소비를 한다'는 가정을 유지할 수 있다고 했다.[124] 위에서 '신뢰게임' 실험을 했던 샐리(David Sally)는 이와 같은 맥락에서 '내쉬균형식'에 협상에서의 바트나(협상에서의 합의에 대한 최선의 대안)개념을 반영해서 다음과 같이 제시한다.

$$(u_1 + \lambda_{12} u_2 - BATNA_1) * (u_2 + \lambda_{21} u_1 - BATNA_2)$$

**121** Fehr, 위 논문.
**122** Fehr, 위 논문.
**123** Robert H. Frank, 〈Passions within Reason: the Strategic Role of Emotions〉, Norton, 1988, pp. 53−54.
**124** 아마티아 센 저, 김원기 역, 위의 책, 384−385쪽, 493쪽.

$\lambda_{12}$는 참가자 1이 생각하는 참가자 2의 효용의 가중치이다. 즉 참가자 1의 효용은 참가자 1이 생각하는 참가자 2의 효용에 대한 가중치와 참가자 2의 실제 효용의 곱을 더한 후 협상결렬시의 최적대안을 제해서 구해지며, 협상 전체의 효용은 이와 같은 모든 당사자의 효용의 곱으로 구하는 식이다. 그는 이러한 개념이 애덤 스미스와 알프레드 마셜으로부터 유래하는 것이라고 한다.[125] 여기서 중요한 점은 $\lambda_{12}$, 즉 상대방의 효용에 대해 각 당사자가 부여하는 가중치는 상대방도 나의 효용을 고려할 것이라는 '신뢰'인데 이는 상대방의 '의도'에 매우 의존한다는 것이다. 즉 게임이 진행하는 과정에서 상대방의 '선의'가 드러나느냐 '악의'가 드러나느냐에 따라 $\lambda_{12}$의 값이 달라진다. 이러한 의도에 대한 인식은 궁극적으로 주관적이며 사회적 상호작용과 사회규범 및 규칙에 의해 영향을 받는다

$\lambda_{12}$의 값을 높일 수 있는 방법은 크로포드(Vincent Crawford)의 "경제적 관계에서의 소통, 조정, 협력의 게임이론 모델"에서 찾을 수 있다.[126] 그는 게임 참여자가 무한반복을 하는 게임에서 상호작용을 통해 서로간의 신뢰를 확인하는 과정을 가질 수 있으면 죄수의 딜레마의 '부분게임 완전균형(subgame perfect equilibrium)'을 극복하는 결과를 가질 수 있다고 한다. 즉 죄수의 딜레마에서는 한 참가자가 다른 참가자를 배신하는 것이 자신에게는 보다 큰 이익을 주는 결과이지만 당사자 모두에게 더 이익이 되는 것은 두 사람 모두가 배신하지 않는 것이다. 그럼에도 불구하고 한 번의 게임으로 끝날 경우 상대방이 배신을 하지 않을지에 대한 예측을 할 수 없기 때문에 배신을 하게 되는 딜레마에 빠진다. 그러나 '무한반복'이 가정되는 게임에서 게임참여자는 상호 간에 가장 이익이 되는 전략을 선택하는 과정에서 상대방의 행위를 관찰하게 된다. 이 경우 앞으로의 게임, 즉 미래에 대한 가치를 높이 둘 수 있도록 평가율을 높이면,[127] 당사자들 간의 협력에 대한 선호가 높아진

---

125 David Sally, "Game Theory Behaves", Marquette Law Review Vol. 87, 2004, p. 789.
126 Vincent P. Crawford, "New Directions for Modeling Strategic Behavior: Game-Theoretic Models of Communication, Coordination, and Cooperation in Economic Relationships, Journal of Economic Perspectives Vol. 30 No. 4, 2016, pp. 131-150.
127 Vincent P. Crawford, ibid., p. 140; $PV(1+r)^n=FV$의 공식에서 $r$은 미래가치를 현재화하는 관점에서는 할인율이고 현재가치를 미래화하는 관점에서는 일반적으로 이자율이 된다. 인용문에서는 'discount factor'로 되어 번역하면 '할인 요소'이지만 여기서는 문맥상 'discount factor'를 미래에 대한 가치평가율로 번역하였다. 이자율로 번역할 경우 은행이자와 같은 제한된 해석이 될 수 있기 때문이다.

다. 예를 들어 참가자 모두가 상대방이 협력을 할지 배신을 할지에 대한 여부를 알 수 없기 때문에 '상대방이 배신할 때까지 협력한다'라는 전략(trigger strategy)을 세웠다고 가정해보면, 결국 모두가 협력하는 결과를 가져올 수 있는 것이다. 이는 '무한반복'이 아닌 '제한된 반복'의 게임에서는 각자 자기에게 가장 이익을 주는 전략적 선택이 '배신'이기 때문에 결국 모두가 배신을 하게 되는 결과를 도출하는 것과 반대의 결과이다. 위에서 이야기한 '트리거(trigger) 전략'은 일종의 협력에서 이탈한 경우의 처벌기제와 같은 역할을 한다. 또 현재 이득에 대한 향후 이득의 가치를 중요시한다면 무한 반복게임으로 협력관계가 매회 유지되는 내쉬 균형이 존재한다는 것을 나타내고 있다. 즉 참여자 간에 이러한 '협력의 전략'을 사용함으로써 상대방의 협력적 행위를 유도할 수 있는 기회가 '장기적 관계'에서는 가능하다는 것이다. 이는 동일한 참가자들 사이의 게임이 진행되는 과정에서 이러한 협력적 방법에 의해 상호 간에 최선의 방법을 찾는 길로 수렴하는 결과를 보인 실험을 통해서도 증명된다.[128]

그는 이 과정에서 매우 중요한 역할을 하는 것이 '소통'임을 강조한다. 인간의 가장 중요한 특징이 다른 사람과 언어를 통해 소통할 수 있는 것임에도 불구하고 '죄수의 딜레마'를 비롯한 많은 게임 연구에서는 '게임의 구조'를 잘 아는 참가자라고 할지라도 다른 참가자와의 소통이 제한된다는 것을 지적한다. 따라서 소통이 반영된 모델이 필요하다는 것이다. 그는 이렇게 '소통'의 방식을 반영한 실험을 통해 참가자들이 상호 간에 이익이 되는 방법에 대한 메시지를 주고 받을 수 있는 소통이 이루어진다면 '파레토 최적'과 같은 결과를 도출할 수 있다는 것을 발견한다. 심지어 양방향이 아닌 일방향 소통게임에서도 이와 같은 결과가 나왔다. 그는 이와 같이 소통을 통한 조정, 협력적인 관계를 제고할 수 있는 게임이론의 연구가 향후 더욱 필요할 것임을 강조한다.[129]

위에서 제시한 $\lambda_{12}$가 바로 장기적인 관계에서 상호작용과 소통을 통해 상호 간의 신뢰를 높여감으로써 협력적이며 최적의 결과를 도출할 수 있는 지표라고 본다. 이는 앞서 살펴본 스미스의 〈국부론〉에서 개인의 자유로운 경쟁의 한계로 설정한 '정의', 〈도덕감정론〉에서의 '공정한 관찰자로서의 공감', 뷰캐넌의 공공선택

128 Vincent P. Crawford, ibid., pp. 140−142.
129 Vincent P. Crawford, ibid., pp. 143−146.

에 의한 상호 제약의 틀로서의 '헌법'의 '넛지' 기능에 의해 결정되는 '사회적 자본' 의 척도라고 할 수 있을 것이다. 본 연구에서는 이를 협상과정과 개념의 중요한 요소로 활용할 것이다.

## Ⅳ. '통합적 가치 축적을 위한 협상모델'에 적용

본 연구의 협상모델은 크로포드의 장기적이고 지속적인 소통을 기반으로 하 는 협조게임을 협상의 경제학적 프레임으로 사용할 것이다. 본 연구의 문제제기인 후기 자본주의 사회라는 역사적 현실에 처해 있는 대부분의 나라에서 나타나는 문 제는 단기간의 문제가 아니라 지속적으로 축적되어 온 구조적 기반 위에 형성된 문제라는 것을 전제로 한다. 따라서 이 문제를 해결하기 위한 협상의 구조식 또한 '장기적 관계'를 지향해야 하며 또한 협상은 당사자들 간의 '소통'을 통해 이루어지 는 조정의 과정이기 때문에 크로포드의 게임이론이 이에 부합된다.

또한 위에서 살펴본 샐리의 협상식을 구조적 협상식으로 사용할 것이다. 앞서 살펴본 스미스의 '정의의 법과 공감에 기반한 자기 이익추구'의 유인체계는 참여 자의 효용구조(u) 재설계의 이론적 기반이 될 것이고 위에서 다룬 협상당사자 상 호 간의 효용에 대한 가중치는 뷰캐넌의 사회계약과 사회적 대화를 통해 형성된 개인의 선호에 의한 '헌법적 선택'이 협상과정의 넛지로 작동할 때 이를 통해 지속 적으로 제고되는 신뢰기반이라고 볼 수 있다. 협상결렬시의 최적 대안인 바트나 (BATNA) 또한 재구조화된 효용과 제도적 신뢰를 반영하여 협상당사자의 최소한의 사회적 기반 이익 및 협상의 지속가능성을 담보할 수 있는 이익의 수준으로 개념 화할 것이다. 제2장에서 살펴본 연구범위에서 다루었듯이 본 연구의 통합적 가치 축적을 위한 협상모델은 사회통합과 지속가능성을 위한 물적·인적 자본에 더해 사회적 자본 축적을 하는 모델이기 때문이다. 더욱 자세한 것은 제4장의 통합적 가치 축적을 위한 협상모델 수립 단계에서 다루도록 하겠다.

아래 협상모델의 경제학적 프레임으로서의 협조게임을 도식으로 요약하면 〈그림 2-3〉과 같다.

〈그림 2-3〉 경제학적 프레임: 협조게임

| 제2장<br>사회 구조적<br>협상모델<br>수립을 위한<br>학제적 기반 | 제1절<br>스미스의 시장 유인체계: 정의의 법, 공감에 기반한 자기 이익 추구 | |
| --- | --- | --- |
| | 제2절<br>규범적 프레임: 헌법적 선택<br>(Constitutional Choice) | 사회계약(Social Contract)과 사회적 대화<br>(Social Dialogue) |
| | 제3절<br>경제학적 프레임: 협조게임<br>(Cooperative Game) | '장기적 관계'에서의 '소통'을 통한 '협력 전략'; 상대방의 효용을 각 개인의 효용함수에 반영하는 협상식 |
| | • 비협조 해에서 협조 해로의 게임의 관점 전환; '죄수의 딜레마'에 의한 '사회적 딜레마', '협상가의 딜레마'에서 공약(commitment)에 기반한 '협조게임'을 통한 상호 이익 확대<br>• 소통·조정·협력의 게임이론; 장기적인 소통관계를 기반으로 하는 '협력전략'을 통한 파레토 최적의 지향<br>• 타인의 효용을 자신의 효용함수에 반영한 샐리의 협상식<br>→ $(u_1 + \lambda_{12} u_2 - BATNA_1) * (u_2 + \lambda_{21} u_1 - BATNA_2)$ | |

# 제 4 절  심리학적 프레임: 마음이론(Theory of Mind)

## I. 마음이론의 개념

사회적 생활의 가능 기반으로 타자에 대한 생각과 느낌을 끊임없이 타자의 입장에서 생각할 수 있는 체제를 프레맥과 우드루프(Premack & Woodruff, 1978)는 '마음이론'이라고 했다. 발달심리학이나 사회인지심리학에서 '마음이론'은 특별한 이론이나 특수한 인지능력을 의미하기 보다, 다른 사람들이 갖고 있다고 생각되는 자기 자신과는 다른 신념, 욕망, 의도를 이해하는 일반적인 능력을 말한다. 코헨은 이를 '마음읽기(mind reading)'라고 한다.[130]

이러한 능력이 생득적일 것이라는 것은 1970년대 멜조프 및 무어(Meltzoff & Moore)의 신생아들에 대한 아동 발달 연구에서 생후 42분－71시간 사이의 초기 신

---

130 한일조, 위 논문, 524쪽.

생아들이 얼굴을 마주하는 성인의 입술 및 얼굴 표정을 따라할 줄 아는 것으로 확인되었다. 샐리는 '마음이론'은 협상을 비롯한 인간의 모든 사회적 상호작용에 필수적인 것이라고 한다.[131]

## Ⅱ. 마음이론과 거울뉴런

앞서 이야기한 '마음이론'은 1970년대부터 널리 받아들여진 이론이지만 '거울뉴런(Mirror Neuron)'이 발견되기까지는 아무런 경험내용이 없는 신생아들이 '모방행동'을 하는 원인에 대해 알려진 사실이 없었다. '거울뉴런'은 1992년 이탈리아 리쫄라띠에 의해 최초로 발견되었는데 파르마대학의 연구팀은 짧은꼬리원숭이의 복측 전운동 대뇌피질에 전극 설치를 하고 실험을 하던 중 원숭이가 사람이 땅콩을 집어 올리는 것을 보는 것만으로도 자기가 땅콩을 집을 때 하는 것과 같은 반응을 한다는 것을 발견하였다. 본격적인 실험을 통해 원숭이의 전두부 아래쪽 대뇌피질에 있는 신경세포의 대략 10% 정도가 '거울'과 같은 특성을 지니고 있다는 사실을 확인하였고 이를 1996년 발표하게 된다.[132]

인간의 경우 원숭이와 같은 방식으로 실험을 할 수가 없었지만 fMRI를 이용한 뇌 이미지 실험결과 인간 역시 다른 사람이 어떤 행동을 하는 것을 볼 때 자신이 행동할 때와 마찬가지로 전두부 아래쪽 대뇌피질과 두정엽 위쪽에서 활발한 반응이 나타나는 것을 보고 인간에게도 '거울뉴런'이 있다는 것으로 추정되고 있다. 이를 뒷받침하는 후속연구들이 지속적으로 제시되고 있고 인간의 경우 '거울뉴런'의 기능영역이 동작뿐 아니라 언어사용, 의도파악, 정서파악 기능도 한다는 실험결과가 나오고 있다. 이를 '거울뉴런 체제(mirror neuron system)'라고 한다.[133]

'거울뉴런'의 발견이 뇌신경과학자뿐 아니라 인문사회학자들한테도 매우 중요한 발견으로 여겨지는 이유는, 타인의 행동이 인간에게 미치는 영향이 단지 '시각적 영역'에서 끝나는 것이 아니라 '운동영역'에까지 이어져 행위표상이 가능해지고

**131** David Sally, "Social Maneuvers and Theory of Mind", Marquette Law Review, 2004.8, p. 898.

**132** G. Rizzolatti et. al, "Premotor Cortex and the Recognition of Motor Action", Cognitive Brain Research Vol. 3 No 2, 1996, pp. 131−141.

**133** I. Dinstein et al. "Executed and Observed Movements Have Different Distributed Representations in Human IPS", Journal of Neuroscience Vol. 28, 2008.

타인에 대한 공감 형성을 설명할 수 있는 실마리가 되었기 때문이다.[134]

## Ⅲ. 거울뉴런과 '공감'

'마음이론'은 1970년대에, '거울뉴런'은 1990년대에 대두된 이론이었으나, 200여 년 전 스미스는 이러한 이론이 뒷받침할 수 있는 이론을 〈도덕감정론〉에서 다음과 같이 말한다.

> 만약 한 개인이 자기 동류와 어떤 교류도 없이 어떤 고립된 장소에서 성인으로 성장할 수 있다면, 그는 자신의 얼굴의 아름다움과 추함과 마찬가지로 그 자신의 성격에 대해서도 자신의 다양한 감정 및 행위의 부적합성에 대해서도, 그리고 자신의 마음의 아름다움과 추함에 대해서도 생각할 수 없을 것이다. (…) 그러나 이 사람을 일단 사회 속으로 데리고 오면 그는 곧 이전에 가지고 싶어 했던 거울을 제공받게 된다. 그 거울은 그가 함께 살아가는 사람들의 표정과 행동 속에 놓여 있는데 이들이 그의 격정에 언제 공감하고 언제 비난하는지를 항상 기록해 둔다. 그가 처음으로 자기 자신의 여러 가지 격정의 적정성과 부적정성 및 마음의 아름다움과 추함을 인식하는 곳은 바로 여기다.[135]

또한 스미스는 타인에 대한 '공감'을 '상상과 감각'의 개념으로 설명하면서 타인의 감각적 고통을 상상할 수는 있지만 그것은 실제 타인의 고통보다는 언제나 작다고 한다. 이를 도식화시키면 다음과 같이 표현할 수도 있을 것이다.

$$H \rightarrow M_1, M_2, \quad M_1 > M_2$$

  H: 고통유발요인
  $M_1$: 타인의 감각적 고통
  $M_2$: 그것을 상상하는 자신의 고통

공감이 사회적 상호 관계에서 중요한 것은 사람은 공감능력을 통해 '타자가

---

**134** 한일조, 위 논문, 526쪽.
**135** 애덤 스미스 저, 박세일·민경국 역, 위의 책, 210–211쪽.

느끼는 것과 같은 것'을 느낌으로써 타자 행위의 의미와 타자 복지를 위한 이타성을 구현할 수 있기 때문이다. 거울뉴런은 이러한 공감을 가능하게 하는 신경과학적 기반, 즉 인간이 생득적으로 이러한 능력을 갖고 있다는 '마음이론'의 기반이 된다. 골드만(Alvin Goldman)은 '이타성'이라는 윤리적 문제와 '타인 마음의 이해'라는 인식론적 문제를 다루기 위해서는 공감에 대한 심도 있는 이해가 필요하다고 했다.[136] 앞서 스미스가 사용한 공감은 'sympathy'임을 이야기했고 스미스 이후 영미권에 소개된 '감정이입(empathy)'과는 다름을 이야기했다.[137] sympathy는 상대방의 감정상태를 직관적으로 인지하고 함께 경험(awareness and participation)하는 개념이다. 이는 수동적인 감정의 공유(emotional contagion)와 다른 사람의 상태에 대한 직관적 추론을 통한 일체적 경험(emotional identification) 모두를 포함하는 말이다. 두 가지의 차이는 '비자발성과 자발성'의 차이라고 볼 수 있는데 스미스와 거울뉴런에 의해 지지되는 공감능력은 인간이 본인의 의지와 무관하게 전-경험적으로 득하게 되는 타인의 상태에 대한 공유능력이 사회화가 진행되면서 더욱 확장되는 것으로 이해될 수 있을 것이다. 반면 앞서 제시한 바와 같이 '감정이입(empathy)'은 상대방의 상태에 대한 '이해(comprehend)'에 보다 초점이 맞추어져 있다. '감정이입'은 상대방과 나의 상태에 대한 구조적인 유사성과 차이점에 대한 맥락에 대한 유추(analogy)에 기반한다. '공감'은 이타적 지향(altruistic ends)을 갖고 있지만 '감정이입'은 반드시 그렇지 않으며 자기만족적 목적(narcissistic ends)을 지향하기도 한다.[138] 따라서 본 연구에서 스미스가 〈도덕감정론〉에서 제시한 'sympathy'와 거울뉴런에 의해 뒷받침되는 공감능력은 감정이입(empathy)이 아닌 공감(sympathy)을 의미한다. 여기서는 구조적인 유추를 통한 이해보다는 인간이 전-경험적, 전-언어적(논리적) 차원에서 갖고 있는 타인의 상태에 대한 직관적인 감정적 공유로 인한 이타성의 내재화(sharing, feeling with, participation)를 의미하기 때문이다.

우리가 타인과 공감할 수 있는 매개는 행위만이 아니라 정서, 신체의식, 고통감지 등 많은 영역에 해당되는데 이러한 경험들을 아우를 수 있는 개념석인 틀을

---

136 Alvain Goldman, "In Defense of the Simulation Theory",  Mind and Language Vol. 7, 1992, pp. 104－119.
137 sympathy와 empathy 모두 우리말로 '공감'으로 번역될 수 있지만 여기서는 그 의미 차이에 초점을 맞추어 sympathy는 '공감'으로 'empathy'는 '감정이입'으로 번역하겠다.
138 Allison Barnes & Paul Thagard, ibid., pp. 707－708.

갈리스(V. Gallease)는 '공유된 다양체(shared manifold)'란 개념으로 설명한다. 우리가 우리와 다른 인간 존재들을 우리와 유사한 존재로 인식하는 것, 상호 주관적인 의사소통과 마음읽기가 가능한 것은 이로 인한 것이라고 하고 이를 '모방', '공감', '마음읽기'로 분리해서 접근했다.[139] 즉 즉각적인 운동의 반응, 감정적 반응, 사고의 반응(이해)으로 구분한 것으로 보인다.

본 연구에서 이러한 거울뉴런의 중요한 의미는 사람의 상호작용에서 '전-언어적, 전-개념적 성격'의 중요성 때문이다.[140] 즉 공감에 기반한 행위가 의식적 선택이기 이전에 무의식적 영향에 의한 선택이기 때문에 더 강력할 수도 있기 때문이다 이는 앞서 살펴본 스미스의 '공감'뿐 아니라 뷰캐넌이 이야기한 공동체의 공공선택으로서의 '헌법'이 각 개인이 준수해야 할 규범적 틀이 되었을 때 공동체의 구성원들에게 미칠 넛지로서의 즉각적 영향, 또한 '협조게임'에서 보여지는 참가자들이 '자신의 화폐적 이익'으로 설명될 수 없는 선택을 하는 것, 즉 '상호주의 규범이 협력적 조건'으로 주어질 때의 행동패턴 등을 설명할 수 있는 중요한 심리학적 기제이기도 하다. 뿐만 아니라 협상과정에 있어서 당사자들의 상호작용과 소통에 있어서의 신뢰를 통해 $\lambda_{12}$ 값을 결정지어 사회적 자본을 축적할 수 있는 기반 지식이기도 하다. 따라서 본 연구에서는 '마음이론'과 '거울뉴런'을 협상의 심리학적 프레임으로 사용할 것이다.

본 연구의 '통합적 가치 축적을 위한 협상모델'에서는 우리에게 익숙한 '자기이익의 극대화'에 기반한 효용 개념을 자본주의 발전과정에서의 구조적 편향으로 보고 스미스의 효용 개념, 즉 '자신과 타인에 대한 객관적 관찰자로서의 공감과 참된 행복의 추구로서의 효용'의 개념으로 재구조화(reframing)한다는 것을 위에서 제시하였다. 여기에 마음이론을 적용해 보면, 타인과 더불어 살아갈 수밖에 없는 인간이 생득적, 전-언어적, 전-개념적으로 타인의 마음에 대한 이해, 정서, 소통, 공감을 내재화한 존재라면 타인의 행복이 나의 행복과 무관할 수 없다는 것을 알 수 있다. 즉 온통 불행한 인간들 사이에서 나의 만족만이 달성된 한 개인이 행복할 수 있다는 것은 인간의 마음의 구조상 가능하지 않거나 사실상 최적화된 행복일

---

**139** V. Gallease, "The Manifold Nature of Interpersonal Relations: the Quest of a Common Mechanism", Philosophical Transactions of the Royal Society Vol. 358, 2003, pp. 517–528.
**140** 쟈코모 리쫄라띠·코라도 시니갈리아 저, 이성동·윤송아 역, 위의 책, 12쪽.

수 없다는 것이다.

인간은 마음이론과 거울뉴런체계가, 또한 스미스가 이미 보인 바 대로 상상과 감각이라는 공감의 구조를 갖고 있기 때문에 타인의 효용이 나의 효용과 완전히 무관할 수 없다는 것이 본 연구의 협상모델의 전제이다. 즉 '이기심에 근거한 자신의 이익의 극대화'라는 구조적 편향은 결국 타인의 효용뿐 아니라 나의 효용까지도 저해하는 결과를 지속적으로 초래하고 축적해 나갔으며 이것은 인간의 생득적, 전-언어적인 마음의 구조에도 위배된다고 보는 것이다. 협상은 소통과 설득에 기반하고 소통과 설득은 언어에 기반한다. 따라서 이는 전-언어적인 인간의 마음의 구조에 선행할 수 없다. 인간의 보편적 마음의 구조에 기반한 언어적 소통과 이에 기반한 이해와 설득이 결국 모두의 효용이 증진되는, 소위 win-win 협상의 결과를 도출할 수 있다는 것이 본 협상모델에서 마음이론을 적용한 재구조화(reframing)이다. 이는 단지 협상당사자 간의 문제일 뿐만 아니라 '구조적 협상 모델'이 기반하는 개별 협상의 결과가 축적된 사회 전체의 효용과도 관련된다.

## Ⅳ. '통합적 가치 축적을 위한 협상모델'에 적용

위에서 살펴본 스미스의 정의의 법에 기반한 시장 유인체계, 헌법경제학, 협조게임 이론은 자기 이익의 추구와 그것을 추구하는 과정에서 더 나은 결과를 위한 소통의 과정을 통한 합의, 협조에 대한 규범적·경제적 관점에서의 탐구였다.

심리학적 프레임으로서의 마음이론은 스미스의 공감을 뒷받침할 수 있는 심리적·신경과학적 근거가 되는데 여기서 중요한 것은 이것이 사회적 관계를 통해 형성되는 것이 아니라 사회적 경험 이전에, 즉 생득적, 전-언어적으로 이미 형성되어 있는 인간의 기제라는 것이다. 이는 앞서 살펴본 이론들이 기본적으로 소통, 협력, 소성이라는 사회석 상호작용을 통해 형성되는 협력의 과정이라는 점과의 차이이다.

협상의 영역에서 신경과학 이론은 최근에 그 중요성이 부각되어 연구되고 있는 학제적 연구분야이다. 즉 협상에서 '사회적인 행위(social maneuvers)'는 매우 본질적으로 중요한데 이것이 습득되는 과정은 심리학적, 행동과학적, 인지심리학적인 연구대상일 뿐 아니라 뇌신경학의 관점에서도 제시된다. 멜조프(Andrew Melzoff)와 고프닉(Alison Gopnik)은 인간의 뇌는 자신과 타인을 연결하는 '통합된 표상 구조 (cross-modal representation system)'로 되어 있다고 한다. 이는 앞서 밝혀진 거울뉴런의 이론에 기반해 있다.[141]

　　타인에 대한 공감능력이 사회적 과정 이전의 생득적이라는 것은 본 연구모델에서 중요한 의미를 지닌다. 먼저 논문 서두에서 제기된, 나의 이익과 타인의 이익, 감정과 이성, 개인의 영역과 사회가 서로 명확한 선으로 가를 수 없이 씨줄과 날줄처럼 얽혀 있다는 인간의 존재성과, 그에 반하는 논리가 오랜 시간 경제, 사회의 규범(norm)적 지위를 차지하며 인간의 존재방식과 관계에 영향을 미쳐 온 것에 대한 문제제기를 뒷받침한다. 또한 뷰캐넌이 헌법경제학에서 이야기한 개인의 선호에 영향을 미치는 이익의 요소와 이론의 요소가 상호 연결될 수밖에 없는 구조에 대한 설명이기도 하다. 즉 인간이 느끼는 자신의 행복, 이익에 대한 평가 (evaluation)에는 이미 타인의 행복이 반영되어 있고, 이것이 이론의 영역으로 확장되고 소통을 통해 합의되어 다시 선호에 영향을 미치게 된다. 또한 경제학적 관점의 협조게임 이론에서 타인의 효용이 나의 효용에 반영되는 구조는 이론이나 소통을 통한 설득이나 학습의 과정에 의해서가 아니라 이미 인간으로서 존재하게 되는 순간부터 뇌, 마음의 구조에 반영되어 있다는 것을 뒷받침한다. 즉 인간은 태어나는 순간부터 '상호성'의 구조가 내재화 되어 있다는 것이 마음이론을 통해 심리학적으로 거울뉴런을 통해 신경과학적으로 밝혀진 것이다.

　　본 연구의 '통합적 가치 축적을 위한 협상모델'의 심리학적 프레임인 마음이론을 도식으로 요약하면 〈그림 2-4〉와 같다.

---

141 David Sally, "Social Maneuver and Theory of Mind", ibid., pp. 247-248; Alison Gopnik & Andrew N Meltzoff, 〈Words, Thoughts, and Theories〉, MIT Press, 1998; Henry M. Wellman, 〈The Child's Theory of Mind〉, MIT Press, 1990; Andrew N. Melzoff & M. Keith Moore, "Newborn Infants Imitate Adult Facial Gesture", Child Development Vol. 54(3), pp. 702-709, 1983.

〈그림 2-4〉 심리학적 프레임: 마음이론

| | 제1절<br>스미스의 시장 유인체계: 정의의 법, 공감에 기반한 자기 이익 추구 | |
|---|---|---|
| 제2장<br>사회 구조적<br>협상모델<br>수립을 위한<br>학제적 기반 | 제2절<br>규범적 프레임: 헌법적 선택<br>(Constitutional Choice) | 사회계약(Social Contract)과 사회적 대화<br>(Social Dialogue) |
| | 제3절<br>경제학적 프레임: 협조게임<br>(Cooperative Game) | '장기적 관계'에서의 '소통'을 통한 '협력 전략'; 상대방의 효용을 각 개인의 효용함수에 반영하는 협상식 |
| | 제4절<br>심리학적 프레임: 마음이론<br>(Theory of Mind) | 타자의 생각과 느낌을 타자의 입장에서 생각할 수 있는 체계(마음이론)와 이를 뒷받침하는 신경과학적 근거로서의 거울뉴런 |
| | • 마음이론; 자기 자신과는 다른 다른 사람의 신념, 욕망, 의도를 이해하는 일반적인 능력으로 모든 인간의 사회적 상호작용에 필수적인 체계<br>• 거울뉴런; 타인에 대한 공감형성을 생득적으로 설명할 수 있는 신경과학적 기제<br>• 타인과의 공감의 기제; 언어, 행위만이 아니라 정서, 신체의식, 고통 감지 등 포괄적 영역으로서의 '공유된 다양체(shared manifold)'; 타인의 행복이 전-언어적, 전-경험적으로 자신의 행복에 반영될 수밖에 없는 구조 | |

# 제 5 절  사회적 자본(Social Capital)

## Ⅰ. 사회적 자본의 정의

앞서 제시했듯이 본 연구는 협상이익을 물적·인적 자본에 '사회적 자본'이 더해진 개념으로 보았다. 기존의 협상들이 주로 물적·인적 자본을 협상이익으로 생각하고 이루어졌다면 여기에 더해 '사회적 자본'을 협상이익으로 명시적으로 추가함으로써 개별 협상의 통합적 가치(integrative values)뿐 아니라 장기적으로는 물적·인적 자본에 대한 이익의 확대도 가능하게 한다는 관점에 기반한다. 여기서는 '사회적 자본'이 어떻게 이러한 관점을 뒷받침할 수 있는지에 대해 학제적 연구를 통해 알아보도록 하겠다.

로버트 퍼트넘(Robert D. Putnam)은 물리적 자본이 대상물을 가리키고 인적 자본이 개인의 속성을 가리킨다면, 사회적 자본은 '개인 간의 연계'를 가리킨다고 했다. 즉 사회적 네트워크와 거기에서 생성되는 '상호주의 규범'을 의미한다. 그는 '사회적 자본'은 시민의 덕성이 긴밀한 사회적 상호 관계 속에 체화되어 있을 때 강력한 힘을 발휘한다고 한다.[142]

과거에는 사회적 자본의 개념이 분석적 탐구 대상으로 적합하지 않다는 이유로 경제학자들에 의해 받아들여지지 않았던 때가 있었지만 지금은 점차 중요한 개념으로 대두되고 있다. '사회적 자본'이라는 용어를 학술적으로 처음 사용한 시점과 사용한 학자에 대한 의견은 다르지만[143] 그 내용을 처음으로 대두시킨 경제학자를 '알프레드 마샬(Alfred Marshall)'로 보는 의견도 있다. 마샬이 1890년 〈경제학원론〉 초판을 출간 한 이후 이 책은 50여 년 간 경제학의 교본 역할을 했고 그는 '가격기능과 시장청산'을 주장한 고전파 경제학자였고 수요와 공급의 개념을 명확히 정의함으로써 경제학의 기저를 형성하는 다양한 이론들이 성장할 수 있는 기반을 제공한 학자이다.[144]

그러나 마샬은 동시에 애덤 스미스가 최초로 제시한 '도덕의 원리'를 경제학에 다시 정착시키려고 노력했다. 그는 당시의 고전파 경제학자들과는 달리 최저임금법, 공적 지원, 복지정책의 필요성을 인정했고 번영은 일부 계층이 아니라 보통 사람들에게 확산되어야 한다고 믿었다. 그는 '경제적 기사도(Economic Chivalry)'라는 개념을 통해 자본주의의 물질적 부분과 사회적인 부분을 조화시키려 노력했다. 그는 1907년 왕립경제학회에서 행한 '경제적 기사도의 사회적 가능성(Social Possibilities of Economic Chivalry)'이라는 강연에서 아래와 같이 이야기했다.[145]

기사도의 시대는 끝나지 않았다. 풍족한 삶을 영위할 수 있는 능력이 물질적 환경과 도덕적 환경에 얼마나 의존하는지를 우리는 나날이 깨닫고 있다. 비록 강제적 사회주의에 대한 우리의 불신이 아무리 크다 해도, 적절한 수준의 소득

---

142 Robert Putnam, 〈Bowling Alone〉, Simon & Shuster, 2000, p. 19.
143 정성호, "신뢰, 거버넌스와 성장", 한국행정학회 학술대회 발표논문집, 한국행정학회, 2010, 2545–2567쪽.
144 피터 다우어티, 〈세상을 구한 경제학자들〉, 2005, 136–138쪽.
145 피터 다우어티, 위의 책, 139쪽.

이 있으면서도 더 많은 사람들이 '풍족한 삶을 누릴 기회'를 부여받도록 하는 데 시간과 재산을 일부라도 투여하지 않는 사람 중에 편안히 잠자리에 들 수 있는 사람은 아무도 없다는 사실을 우리는 금세 깨달을 수 있다.

'수요공급 이론과 균형에 의한 시장청산이론'을 정립한 고전파 경제학자 마샬의 생각은 '객관적 관찰자로서의 공감의 상호작용'에 기반해서 시장 인센티브를 창안한 애덤 스미스의 생각과 상통한다는 것을 알 수 있다. 마샬은 인간이 풍족한 삶을 누릴 수 있는 능력이 물질적 환경에서만이 아니라 도덕적 환경에도 의존한다는 것을 분명히 했다. 비록 그의 시장청산 이론에 이 점이 반영되어 있지 않지만 그의 사고의 기반에는 도덕감정의 전제가 깔려 있었던 것이다.

또 다른 경제학자 라우리(Glenn Loury)는 사람 사이의 상호작용, 즉 '네트워크' 개념으로 사회적 자본을 설명했고 개인이 소속된 '사회공동체'에서의 상호 간에 공정한 게임의 장을 만들어내는 기회의 중요성을 강조했다. 그는 개인이 자기의 역량을 발휘하고 각자의 능력, 즉 더 열심히 일하는 것, 더 탁월한 것, 더 운이 좋은 것 등에 의해 각자 다른 결과물을 갖게 되는 것이 당연하다는 생각은 틀렸거나 최소한 불충분한 관점이라고 지적한다. 사실상 모든 개인은 매우 복잡한 관계, 네트워크, 만남의 복잡한 망 가운데 속해 있으며 서로 다른 가족, 공동체, 이러 저러한 모임 속에서 수많은 영향을 주고 받는다. 즉 인간은 태어나는 순간부터 이렇게 복잡한 사회 망 속에서 개인이 어떻게 성장하고 무엇이 될 수 있는지에 대해 서로 다른 양분을 공급받게 된다는 것이다. 기회는 이러한 사회적 관계 망의 시냅스를 따라 주어진다고 한다.[146] 이것은 어떤 개인도 본인의 의지와 노력에 의해 미리 선택할 수 없는 것이다.

'사회적 자본'에 대한 논의는 1980년대 이후 부르디외(P. Bourdieu), 콜만(J. S. Coleman), 퍼트넘, 후쿠야마(F. Fukuyama) 등을 중심으로 활발하게 논의되었는데 사회학적으로 체계화된 이후 정치학, 경제학, 경영학, 행정학, 인류학 등 다양한 학문적 관점에서 연구되고 있다. 그 정의에 대해서는 "상호 이해와 협조의 제도적 관계를 증진시키는 네트워크와 같은 사회적 자원의 합계"(Bourdieu, 1980), "공동의

---

[146] Glenn C. Loury, "Who Cares about Racial Inequality?", Journal of Sociology and Social Welfare Vol. 36 No. 1, 2000, p. 141.

목적을 효율적으로 달성하기 위해 구성원들을 함께 움직일 수 있는 신뢰, 규범, 네트워크(Coleman, 1988)", "사회구성원 간의 협력을 창출하는 비공식적 규칙과 공유의 규범"(Fukuhama, 1995) 등 약간은 다르지만 본질적으로 공통된 내용을 포함하고 있다. 여기서는 가장 보편적인 퍼트넘의 '신뢰, 규범, 사회적 네트워크를 통한 공동체의 상호주의 규범'으로 사회적 자본을 정의하도록 하겠다.

## II. 사회적 자본과 물적 · 인적 자본

퍼트넘은 신뢰(trust)가 사회적 자본(social capital)의 핵심이며, 이는 공동체 구성원 사이의 협력을 가능하게 하고 촉진한다고 했다. 공동체 구성원들이 서로 신뢰하면 구성원 사이의 다양한 거래활동에 수반되는 거래비용이 줄어들게 된다. 따라서 사회적 자본이 풍부한 공동체는 물리적 자본이 다소 부족하더라도 공동체 구성원 사이의 원활한 협력으로 성장과 번영을 이룩할 수 있다. 중요한 점은 사회적 자본은 물리적 자본이나 금전적 자본과는 달리 사용할수록 늘어나는 특징을 가지고 있고 그로 인해 풍부한 사회적 자본과 공동체의 성장과 번영 사이의 선순환 구조가 형성된다(Coleman, Fukuyama, Putnam).[147] 반면, 사회적 자본이 부족한 공동체는 구성원 사이의 협력이 제대로 이루어지지 못하기 때문에 성장과 번영에 한계를 안게 된다. 즉 한 공동체 내의 사회적 자본의 침식될 경우 결국 물질적 자본도 쇠퇴의 길을 걷게 되어 상호 간에 악순환 구조가 형성된다(Putnam, 1993).

일반적으로 '신뢰'는 '사회적 자본'의 대표적 요소로 논의되고 있으며 이를 사회구성원 일반에 의한 '일반신뢰', 제도에 대한 '제도신뢰'로 구분해서 이야기하기도 한다.[148] 미시간대학의 사회연구소(The Institute for Social Research)에 의해 수행된 전 세계 70여 개의, 세계 인구 80%를 차지하는 국가들을 대상으로 한 세계가치조사(World Value Survey)에서도 사회활동 패턴을 통한 일반신뢰와 각 국의 사법체계,

---

147 하민철·한석태, "도시지역의 사회적 자본 수준과 정책수용성 연구", 한국자치행정학보 제27권, 2013, 363쪽; John Coleman, "Social Capital in the Creation of Human Capital", American Journal of Sociology Vol. 94, 1988; Robert D. Putnam, "The Prosperous Community: Social Capital and Public Life" ibid., pp. 36−42; Francis Fukuyama, 〈Trust: The Social Virtues and the Creation of Personality〉, Free Press, 1996.
148 하민철·한석태, 위 논문, 364쪽.

정부, 국회, 언론, 노동조합, 치안, 국방 등과 같은 제도신뢰에 대한 조사를 수행했고 이 데이터를 기반으로 많은 후속 연구들이 수행되었다. 프라이탁(Markus Freitag)은 1990년대의 스위스의 세계가치조사 데이터를 기반으로 제도에 대한 신뢰가 사람에 대한 신뢰에 크게 영향을 미치는 것으로 분석했다. 정치·사회 제도, 교육, 문화, 언론 등과 같은 제도에 대한 믿음에 기반한 삶의 만족이 사람의 사회적 신뢰(social trusts)에 결정적인 영향을 끼친다는 것이다.[149] 이병기는 1989년 – 2008년 사이의 64개국의 세계가치조사 자료에 기반해서 사회적 자본의 대표적인 요소인 '신뢰와 경제성장 간의 관계'에 대한 실증적 분석을 하여 양의 상관관계를 도출하였고 고신뢰 사회인 선진국의 신뢰수준에 대한 비교 분석을 통해 사회적 자본 축적을 위해서는 제도적인 기초 정비가 필요하다는 결론을 도출하였다. 즉 부패의 척결, 관료의 질 향상, 법질서 확립, 재산권 보호 및 경제적 자유 증진은 사회적 신뢰를 높이는 제도적 요인으로 나타났다.[150]

표학길 교수는 "한국의 통계자료를 이용한 피케티 가설의 검증"에서 피케티(Thomas Piketty)가 지적한 인구증가율이 0으로 수렴하는 사회에서 생산성 증가만이 자본의 무한축적 과정으로부터의 유일한 출구라면 사회적 자본의 확충만이 유일한 해법이라고 한다. 또한 이런 이유 때문에 피케티가 경제학 연구의 방법을 역사, 정치와 사회현상을 아우르는 정치경제학으로 확대시켜야 한다고 강조한 것이라고 한다. 그는 나디리(M. Ishaq Nadiri, 1972)를 인용하며, 경제발전의 초기 단계에는 요소투입이 압도하는 시기이므로 경제성장에서 요소생산성 증가율이 차지하는 비중이 낮지만 발전단계가 진화할수록 성장률은 둔화되고 생산성 증가율의 비중이 커지게 되는 것을 '사회자본'의 개념이나 '제도' 등과 같은 경제성장의 심오한 결정요인으로서의 '사회적 자본'으로 해석한다.[151]

최근 물적 자본으로만 측정되는 한 나라의 경제성장(GDP) 정의의 한계, 물적 자본과 인적 자본에 이은 제3의 자본으로서의 사회적 자본의 중요성이 점차 중요

---

**149** Markus Freitag, "Beyond Tocqeville: The Origins of Social Capital in Switzerland", European Sociological Review Vol. 19(2), 2003, pp. 217 – 232.
**150** 이병기, "사회적 자본의 축적과 경제성장을 위한 정책과제", 한국경제연구소, 2009, 9 – 13쪽,
**151** 표학길, "한국의 통계자료를 이용한 피케티 가설의 검증", 한국경제포럼, 2015, 78 – 79쪽; Nadiri, M. I., "International Studies of Factor Input and Total Factor Productivity: A Brief Survey", Review of Income and Wealth, 1972.

하게 인식되면서 사회적 자본과 경제 성장의 관계를 이론적, 실증적으로 분석하는 연구가 늘고 있다. 일부 반론을 제기하는 연구들도 있지만 대체로 사회적 자본의 구축이 경제성장에 정의 영향을 끼친다는 것을 많은 연구결과가 보여주고 있다. 콜만은 사회적 자본이 인적 자본 창출에 중요한 요소라고 하였고 라포타 외(La Porta et al.), 퍼트넘은 각각 국가 간 데이터와 미국을 대상으로 한 분석에서 이를 뒷받침하였다.[152] 낵과 키퍼(Knack and Keefer)는 29개국을 대상으로 한 1980–1981년, 1990–1993년 데이터로 성장회귀식을 분석해서 신뢰가 경제성장에 양의 영향을 준다는 실증결과를 도출했고[153] 휘틀리(Whiteley)는 1970–1992년 기간에 1인당 GDP를 종속변수로 하고 34개국의 신뢰지수를 독립변수로 분석한 결과 모든 신뢰지수가 경제성장에 양의 영향을 준다는 결과를 보였다.[154]

　　반면 사회적 자본이 경제성장을 둔화시키는 요인이라는 연구결과는 대체로 사회구성원의 담합을 통한 집단행동(collective actions)이 성장의 걸림돌이라는 점에 초점이 맞추어져 있다.[155] 공적 이익이 아닌 사적 이익이나 특정 집단의 이익을 추구하는 시민 간 연계(civic engagement)의 경우 그 집단에 속한 사람들(membership) 간의 신뢰를 제고할 수 있지만 오히려 사회 전체적인 성과를 저해시킨다는 연구결과들이 있고[156] 이는 퍼트넘에 의해서도 지대추구 행위(rent-seeking)에 대한 경고로 지적된 바 있다.[157]

　　신제도주의 경제학자들은 사회적 자본이 경제성장에 양의 효과를 미치는 근거에 대해 장기간 계속되는 거래를 통해 신뢰가 축적되면 서로의 기회주의적 행동이 억제되어 거래비용이 줄고, 과다한 정보로 인한 불확실성을 극복하기 위한 통

152 J. S. Coleman, ibid., 1988, pp. 95–120; R. La Porta et al, "Trust in Large Organizations", American Economic Review 87, No. 2, 1997, pp. 333–338; Putnam, ibid., 2001.

153 S. Knack & P. Keefer, "Does Social Capital Have an Economic Payoff? A Cross–Country Investigation", Quarterly Journal of Economics 112 No. 4, 1997, pp. 1251–1288.

154 P. F. Whiteley, "Economic Growth and Social Capital", Political Studies 48, No. 3, 2000, pp. 443–466.

155 M. Olson, 〈The Rise and Decline of Nations〉, Yale University Press, 1982.

156 Stephen Knack, "Social Capital and the Quality of Government: Evidence from the States", American Journal of Political Science Vol. 46, No. 4, 2002, pp. 772–285; Tom Rice, "Social Capital and Government Performance in Iowa Communities", Journal of Urban Affairs 23(3–4), 2001, pp. 375–389.

157 An interview with Robert D. Putnam, "Bowling Alone: America's Declining Social Capital", Journal of Democracy, Johns Hopkins University Press, 1995.

합의 기제로서 신뢰가 작동한다고 한다.[158] 또한 신뢰는 교환에 관계하는 파트너들이 다른 사람의 희생을 통해 자신의 이익을 취하지 않는 장기적 과정에 의해서 축적되는데 이러한 노력들이 자발적으로 기울여지고 상호 협력이 수반될 때 가능하며 이기적 행위자가 아닌 파트너십의 작동에 의해 이루어진다고 한다. 특히 우지(Brian Uzzi)는 네트워크형 조직에서 교환에 임하는 파트너들의 행위와 기대를 조정하는 요인으로서의 신뢰와 이러한 과정을 통한 배태성(embeddedness)의 개념을 제시한다.[159] 이는 앞서 살펴본 장기적인 관계에서 서로의 행위를 관찰하고 소통을 통해 신뢰를 구축하며 이에 기반한 협력적 전략을 통해 파레토 최적을 지향하는 협조게임 이론에 의해 지지될 수 있는 이론이다.

넥은 사회적 자본이 정부의 성과에 긍정적인 영향을 끼친다는 것을 실증적으로 보인 연구에서 사회적 자본이 정부가 특정 이익집단의 이해가 아니라 사회 전체 구성원의 이익을 위해 책임을 갖고 정책수립 및 시행을 하게 하고(government accountability), 정치적 선호가 대립되어 있는 상황에서 '합의'를 촉진(facilitate agree-ment)시키는 역할을 하는 것으로 보았다. 사회적 자본을 구축하는 사회적 기제(social mechanism)는 충분히 많은 수의 시민들이 정부를 감시하면서 정부관료가 정부의 자원과 힘을 악용하고 남용해서 특정 집단의 이익을 추구하지 못하도록 한다. 이는 시민들이 '일반화된 상호주의(generalized reciprocity)' 규범을 따르는 경향이 강한 경우에 가능하며 이런 상황에서는 공공의 관심에 기반한 행위가 강화됨으로써(public interested behavior) 사회의 무임승차나 지대추구의 경향이 줄어들게 된다. 그는 상호성의 규범과 신뢰가 강한 사회에서는 서로 다른 입장을 갖고 있는 당사자들도 토론과 합의를 통한 해결방식에 동의하는 경향 또한 강하고 사회적 자본이 정책수립에 있어서 혁신성과 유연성을 높인다는 실증 자료들이 많다는 것을 제시한다. 시민들의 공공의 이익(public interest)에 대한 인식이 낮을수록 정책은 변화에 저항하는 소수의 엘리트에 의해 이루어지고 신뢰가 부재한 사회일수록 정책은 분열되고 양극화되며 새로운 도전, 위기, 혹은 기회에 대한 대응성이 떨어진다. 퍼트넘도 이와 관련해서 시민의 공공이익에 대한 인식이 높은 지역일수록 의료, 가족,

**158** O. E., Williamson, 〈Markets and Hierarchies: Some Elementary Considerations〉, American Economic Review 63(2), 1973, pp. 316-325.
**159** Brian Uzzi, "The Sources and Consequences of Embeddedness for the Economic Performance of Organizations", American Sociological Review 61, 1996, pp. 674-698.

고용, 투자 촉진, 경제발전, 환경기준 설정 등과 같은 새롭게 제기되는 문제에 대한 정책 대응을 성공적으로 수행했다는 실증적인 연구결과를 보였다.[160]

## III. '통합적 가치 축적을 위한 협상모델'에 적용

위에서 살펴본 바와 같이, '사회적 자본'은 애덤 스미스와 알프레드 마샬이 이야기하는 자신과 타인의 이익 모두를 고려하는 '공감'과 '경제적 기사도'의 개념에서 라우리 '인적 네트워크', 퍼트넘의 '신뢰, 규범, 네트워크', 표학길 교수의 '후기 산업화 사회에서의 성장의 지속가능성의 동력'에 이르기까지 사람 간의 '상호작용'에 기반한다. 퍼트넘이 제시한 사회적 자본의 구성 요소인 구성원들 사이의 신뢰 (Trust), 상호 호혜적 규범들(Norms), 네트워크(Network)는 앞서 살펴본, 본 연구의 학제적 기반인 스미스의 정의의 법, 정의의 법과 공감에 기반한 자기 이익 추구, 뷰캐넌의 합의를 통한 헌법적 선택에 기반한 자유주의적 개입주의, 협조게임 이론에 의한 장기간의 소통을 통한 협력적 전략, 마음이론에서 제시하는 상호 연계된 마음 구조와 관련되어 있다. 앞서 많은 연구들이 제시한 바와 같이 사회적 자본은 제도에 의해 뒷받침된다는 점에 있어서도 그러하다. 즉 제도를 통해 신뢰를 구축하고, 상호 호혜적 규범을 강화하며, 물적·인적 네트워크를 확대한다. 따라서 본 연구에서는 구조적 협상모델이 사회적 자본의 구성 요소인 신뢰, 규범, 네트워크를 상호 연결하여 축적할 수 있는 제도적 틀의 역할을 할 수 있는 사회적 소통의 기제로서 제시될 것이다.

'통합적 가치 축적을 위한 협상모델'은 기존에 자본주의 거래의 핵심 창출 가치인 '인적·물적 자본'에 '사회적 자본'을 더한 개념을 협상이익으로 지향한다. 위에서 살펴본 바대로 사회적 자본은 경제성장, 정부 정책 수행의 성과에 대해 많은 연구에서 이론적·실증적으로 증명된 양의 기여를 한다. 뿐만 아니라, 지속가능한 성장이 의문시되는 후기 자본주의 사회에 지속가능성을 담보하며 축적되고 재생산되는 자본일 뿐만 아니라 신뢰, 규범, 네트워크를 통한 물적·인적 자본의 확대와 발전에도 기여한다. 본 절에서 다룬 '사회적 자본'이 사회 구조적 협상모델에

---

**160** S. Knack, ibid., 2002, pp. 772-775; R. Putnam et al. 〈Making Democracy Work: Civic Traditions in Modern Italy〉, Princeton University Press, 1993.

적용될 내용을 도식으로 요약하면 〈그림 2−5〉와 같다.

〈그림 2−5〉 통합적 가치의 개념 요소로서의 사회적 자본

| 제2장 사회 구조적 협상모델 수립을 위한 학제적 기반 | 제1절 스미스의 시장 유인체계: 정의의 법, 공감에 기반한 자기 이익 추구 | | | |
|---|---|---|---|---|
| | 제2절 규범적 프레임: 헌법적 선택 (Constitutional Choice) | • 사회계약(Social Contract); 이익에 기반한 선호 <br> • 사회적 대화(Social Dalogue); 가치 공유에 기반한 선호 | 통합적 가치 | 제5절 재구조화된 협상이익의 통합적 가치의 개념요소로서의 사회적 자본 |
| | 제3절 경제학적 프레임: 협조게임 (Cooperative Game) | • '장기적 관계'에서의 '소통'을 통한 '협력 전략' <br> • 상대방의 효용을 각 개인의 효용함수에 반영하는 협상식 | | • 물적 자본과 인적 자본에 외에 개인 간의 연계로서의 제3의 자본 <br> • 신뢰, 상호주의 규범, 인적 네트워크 <br> • 지속가능한 사회 발전 및 경제성장과 양의 상관관계 <br> • 공공의 이익에 대한 시민의 관심이 정부의 정책성과와 합의 형성에 긍정적 영향을 미침 <br> • 신뢰, 규범, 인적 네트워크에 영향을 미치는 제도적 기반 중요 <br> →인적·물적 자본과 사회적 자본의 선순환을 통한 '통합적 협상가치'의 확장 |
| | 제4절 심리학적 프레임: 마음이론 (Theory of Mind) | • 마음이론; 생득적으로 타자의 생각과 느낌을 타자의 입장에서 이해 공감할 수 있는 체계 <br> • 거울뉴런: 마음이론을 뒷받침하는 신경과학적 근거 | | |

# 제3장

다차원적·통합적 협상모델 – '사회적 합의 방법론과 적용'을 중심으로

# 통합적 가치 축적을 위한 구조적 협상모델 수립

본 장에서는 연구방법론에서 제시한 바 대로 제2장의 학제적 연구를 바탕으로, 협상이론에 기반한 사회 구조적 협상모델 수립을 하도록 하겠다.

〈그림 3-1〉 사회 구조적 협상모델 수립

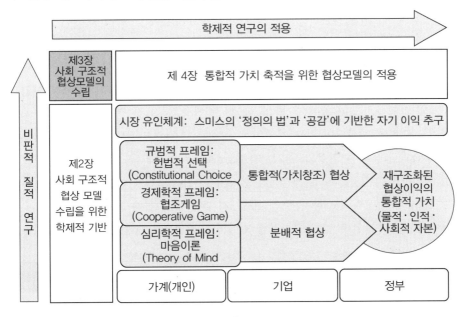

# 제1절 협상의 이론적 기반

## I. 협상의 체계적 접근

### 1. 협상의 상호작용

일반적으로 협상은 양당사자의 갈등이나 이해관계를 조정하거나 각자의 몫을 결정하기 위해서 테이블 위에서 이루어지는 행위로 형상화된다. 그러나 많은 협상들은 동일하거나 유사한 주제로 반복되어 이루어지고, 협상에 참여하는 당사자 외에 간접적인 혹은 그와 관련성이 적거나 무관해 보이는 사람들과도 영향을 주고받으며, 테이블 밖에서 이루어지는 수많은 과정에 의해 테이블 위에서의 협상 결과가 결정된다. 특히나 협상의 내용 자체가 보다 구조적인 문제에서 기인할 경우, 협상은 표면적인 이해관계 이면에 있는 구조적인 문제에 의해 상당 부분 결정적인 영향을 받게 되고, 이러한 내용이 협상에서 어떤 식으로든 인지되고 다루어지느냐의 여부에 따라 협상의 내용의 본질적인 부분이 달라지게 된다. 또한 하나의 협상이 끝나더라도 구조적인 문제는 연속선상에 있기 때문에 이러한 협상의 결과는 그 구조 위에서 이루어지는 또 다른 수많은 협상들에 영향을 주게 된다.

이것을 '협상의 체계'라고 할 수 있을 것이다. 즉 협상에 임하는 다수의 관련 당사자들이 표면·이면에 있는 개별적 협상의제와 맥락 위에 상호작용하며, 이러한 상호작용의 협상과정은 이를 둘러싸고 있는 정치·경제·사회·문화적 환경과 연계되어 있다.[1] 또한 '협상장 밖의 협상' 즉 협상준비과정이나 또는 협상 자체가 성립되기 전에 형성되어 있는 가치체계, 그리고 협상이 타결된 이후의 이행과정이나 후속과정과 같은 협상의 '가치사슬(negotiation value chain)'도 협상의 체계에 포함될 것이다.[2] 즉 일반적으로 개별적인 협상의 이미지를 '상호작용'의 관점에서 종적·횡적으로 확장시켜 협소한 협상의 개념에서 다루지 못한 채 결정적 요인으로 받아들여지는 구조적인 부분을 명시적인 협상의 프레임으로 도출하는 것이 본 연구의

---

1 이달곤, "협상의 체제론적 접근", 행정논총 제31권 제2호, 1993, 186쪽.
2 Robert B. Mckersie and Richard E. Walton, "Reflection on Negotiation Theory, Practice, and Education: A Robust Record and New Opportunities", Harvard Law School, Negotiation Journal, 2015, p. 494.

목적이다. 여기서는 이와 같이 협상의 체계적 관점을 통해 사회 구조적 협상모델에 접근해보도록 하겠다.

## 2. 다층적 의제 및 당사자 구조

협상은 협상당사자들 간의 이익 증진과 갈등 해소를 위해 의도적으로 상호작용하는 과정이며, 이 과정에서 협상당사자들의 이해관계를 담고 있는 것이 '협상의제'이고 이를 둘러싼 협상당사자들의 '조정과정'이 핵심적 '협상행위'이다. 어떤 사안에서는 핵심적 사안이 수면 아래에 있기도 하다. 협상의제는 협상당사자 외에도 관련된 집단이나 개인이 있는 경우가 많은데 이러한 제3자들은 협상환경을 이루기도 하고 협상당사자에게 다양한 영향력을 행사하기도 한다.

협상관련자를 협상에 임하는 협상당사자와 제3자로 구분할 때 '협상당사자(negotiating parties)'는 실제 협상에 임하는 사람들이라고 할 수 있다. '협상당사자'는 '본인(principal)' 자신일 수도 있고 '대리인(agent)'일 수도 있다. 본인을 대리하는 협상당사자는 경우에 따라 '대표성(representative)'에 있어서 차이가 있다. 즉 상당한 수준의 결정권이 주어지는 대표성이 있을 수 있고 본인의 의사에 전적으로 구속되어 결정 자체를 유보해야 하는 수준의 대표성을 가질 수 있다. 이에 의해 협상과정과 결과가 영향을 받으며 이러한 대표성의 귀속에는 '정당성(legitimacy)'의 이슈가 제기되기도 한다.[3] 이러한 협상당사자는 '양당사자'이거나 둘 이상의 '다수당사자'일 수 있다. 협상이론에 따라서는 이해당사자가 둘이냐 셋 이상이냐의 구분이 아니라 협상당사자, 즉 본인·대리인이 있는 협상이나 중재인이 있는 협상, 그리고 실제 이해당사자가 셋 이상인 협상 모두를 '다수당사자 협상'으로 보기도 한다.[4] 여기서는 본인-대리인을 둘러싼 다층적 당사자 구조와 이해당사자가 셋 이상인 다수당사자 구조에 대해서 살펴보도록 하겠다.

### (1) 본인-대리인 당사자 구조

협상의 실질적 '이해당사자'는 실제로 협상결과를 확정하여 협상이 초래할 이

---

3 J. S. Docherty & M. C. Campbell, "Teaching Negotiations to Analyze Conflict Structure and Anticipate the Consequences of Principal—Agent Relationships" Marquette Law Review Vol. 87, 2004, pp. 657—661.

4 Russell Korobkin, ibid., 2009, 275쪽.

익과 비용을 감수하고 집행을 보장해야 하는 사람이다. 이를 본인(principal), 혹은 주인(constituency)이라고 하기도 한다. 그리고 본인의 이해를 대리하여 협상에 참여하는 협상당사자가 대리인(agent)이다. 그런데 협상의 실질적 이해당사자가 그 대리인인 협상당사자에게 미칠 수 있는 영향력은 협상의 종류와 상황에 따라 매우 다르다. 흔히 법률대리인에 의해 이루어지는 소송의 경우는 많은 경우 본인은 대리인에게 영향을 미치지만 대리인이 갖고 있는 전문성에 의존함으로 인한 '비대칭의 문제'가 발생한다. 즉 지식, 정보, 인맥 등의 비대칭으로 인해 법률대리인의 역량에 대한 의존성이 높은 경우이다. 이 경우 본인과 대리인의 이해상반 행위가 일어날 가능성이 있다. 그러나 기업의 내·외부 거래관계에서 일어나는 협상들을 예로 들면 기업을 대리하거나 대표하여 거래하는 '협상당사자'인 직원의 경우 '이해당사자'인 회사에 종속성이 강하다. 즉 직원이 회사를 대리하여 협상할 때 회사의 이익이 아닌 자기의 이익을 위해 협상에 임하는 경우는 상대적으로 드물며 그럴 경우 불법적인 배임의 위험을 내포한다. 이 경우 협상당사자와 이해당사자의 이해상반 행위가 있을 가능성은 상대적으로 낮다. 또 다른 예로 국가 간의 협상에 있어서 '이해당사자'인 본인(principal)은 국민, 특히 관련 협상에 의해 직접적인 이해관계를 갖는 하위 국민집단이고 '대리인'은 협상에 참여하는 정부관계자이다. 그러나 이 경우 '본인'인 이해관계자로서의 국민이 자신을 위해서 협상하는 '협상당사자'인 정부관계자에게 영향을 미칠 수 있는 가능성은 제한되어 있다. 즉 위에 살펴본 소송대리인과 본인, 내부 직원인 회사 대리인과 회사의 관계와 같이 협상과정에 '직접적으로' 의사를 반영할 수 있는 방법과 기회가 훨씬 적다는 것이다. FTA 협상진행과정에서 수많은 '이해당사자'인 국민들이 협상과정에 자신의 이해를 반영하기 위해 어떤 방식으로 노력했는지를 살펴보면 이를 알 수 있다. FTA에 찬성하거나 반대하거나 혹은 몇 년 후 자신의 생업에 상당한 영향을 미칠 이해를 반영하기를 원하는 제조업, 농업 등의 산업 종사자가 외교통상부 통상교섭본부장과 직접 소통할 수 있는 경우가 매우 드물 것을 생각해보면 알 수 있다. 이들은 주로 동일한 '이익집단'을 통해 매우 간접적인 방법과 제한된 소통 창구로 의사를 전달하며 협상 테이블에 앉는 자신들의 대리인과 직접 소통할 수 있는 경우는 거의 없다.

'협상당사자'와 '이해당사자'가 떨어져 있으나 직·간접적인 이해관계를 가질 수 있음에도 불구하고 '협상당사자'가 이들의 이해를 직접 대변하지 않는 사람들이 있는데 이들을 '국외자(bystander)'라고 하기도 한다.[5] 앞선 예에서 소송대리인에 의해 대리되는 소송당사자 외의 가족들, 회사의 거래를 대리하는 직원의 다른 동료들, 국가 간 협상에서 조만간 동일한 협상에 들어갈 것으로 예상되는 다른 국가들을 들 수 있을 것이다. 이들은 협상과정, 그리고 협상 결과와 실현과정에 '간접적'인 영향을 주거나 받을 수 있다. 그리고 이와 별개로 협상의 '청중 혹은 관찰자(audience)'도 있다. 즉 '당사자'나 '국외자'와 같이 협상에 직·간접적인 영향을 주고 받는 집단도 아니지만 협상당사자들이 협상결과에 영향을 미치기 위해서 직접적인 메시지를 띄우거나 이를 관찰하는 사람들이다.[6] 협상의 청중이나 관찰자는 협상과정에 개입하지 않고 해당 협상의 결과에 직·간접적인 책임을 지지 않지만 협상이 이루어지는 과정과 결과가 갖는 사회적 맥락 자체에 영향을 주고 받게 된다. 앞에서 살펴본 예들에서, 변호사의 소송대리과정, 회사거래에 대한 대리, 국가 간의 협상결과를 지켜본 사람들이 해당 사례 및 협상과정에 대해 갖게 되는 인식은 그 협상 자체의 이해와는 무관하다고 할지라도 추후 유사한 사례들에 영향을 미치게 된다. 또한 해당 협상과정에 이러한 메시지를 받거나 관찰하는 사람들의 행위나 존재 자체가 영향을 미칠 수도 있다. 트럭게임(the Acme-Bolt Trucking Game)은 청중이 협상당사자에게 순차적으로 영향을 미치는 과정을 보여주는데, 청중에 대해 협상당사자가 갖고 있는 인상에 의해 청중효과가 다양하게 나타나며 협상당사자를 강성으로 만들 수 있다는 것을 보여준다.[7]

### (2) 이해당사자가 셋 이상인 다수당사자 구조

위에서 살펴본 바와 같이, '협상당사자'가 아닌 '이해당사자'가 셋 이상인 경우를 '다수당사자 협상'이라고 하기도 한다. 즉 본인-대리인 관계를 기준으로 하면 본인(principal)이 셋 이상인 경우이다. 이 경우 기본적인 협상의 구조는 양당사자와 같지만 이해당사자가 많다는 깃은 보다 복잡한 과정을 필요로 하게 된다. 즉 셋 이상의 이해당사자 사이에서 정보 교환이 이루어져야 하고 그 과정에서 협상가능

**5** 이달곤, 위 논문, 190쪽.
**6** 이달곤, 위 논문, 같은 쪽.
**7** Alan A. Benton & Daniel Druckman, "Constituent's Bargaining Orientation and Intergroup Negotiations", Journal of Applied Social Psychology Vol. 4, No. 2, 1974, pp. 141–150.

영역이 도출되어야 하며 도출된 협상가능영역에 대한 분배의 규칙이 정해져야 하는 것이다. 따라서 추가적인 전략적 복잡성이 있게 된다.[8]

둘 이상의 다수당사자 사이에서 일부의 당사자 간의 합의만 가능할 경우 이를 연합(coalition)이라고 한다. 상호 간에 가능한 연합의 조건이 다를 경우 당사자는 어떤 당사자와 먼저 연합전략을 구사해야 할지, 혹은 연합하지 않고 남아 있을지를 선택해야 한다. 또한 협상을 통해 창출되는 전체의 이익(cooperative surplus)이 가장 큰 대안이 무엇인지를 결정하는 것이 이해관계자가 둘인 양당사자 협상의 경우보다 더 복잡해진다. 같은 맥락에서 의사소통의 과정에 더 많은 노력이 필요하고 다른 당사자들의 노력에 대한 무임승차의 기회가 있기 때문에 최적의 협상조건에 도달하는 과정이 어려울 수 있다.[9]

연합의 과정에는 필연적으로 비용이 수반된다. 또한 연합하지 않는 당사자와의 관계에서 협상의 유연성이 떨어지게 된다. 따라서 연합을 시도하는 당사자 사이에 이익과 손실이 고려되어 합의에 이를 수 있어야 할 뿐 아니라 연합에서 배제되는 다른 협상당사자가 협상을 결렬시킬 가능성까지 고려해야 한다. 또한 연합에 참여하지 않는 당사자의 경우 협상결과에서 배제되거나 협상력이 줄어들 수 있는 위험을 생각해야 한다. 연합을 형성하는 과정에서 순서를 정하는 경로 전략이 중요한데, 첫 번째 경로전략은 '부트 스트랩핑(boot-strapping; 신발끈 당기기)'이라고 불리는 '존중 패턴(deference pattern)'을 이용하는 것이다. 연합에 포함시키기 가장 어려운 상대를 먼저 생각하고 그 상대가 가장 존중할 만한 다른 상대와 먼저 연합하는 것이다. 즉 B가 가장 어려운 상대라면 B가 존중할 만한 대상인 A와 먼저 연합하고 B에게 이 사실을 알려 연합의 동기 혹은 명분을 주는 것이다. 또 다른 경로전략은 연합하지 않을 경우의 다른 당사자가 취할 수 있는 대안의 가치를 떨어뜨리는 것이다. 이를 영화 '대부'의 '거절할 수 없는 제안'에서 볼 수 있다. 즉 연합에 참여하지 않은 당사자의 입장에서 남은 대안이 선택하기 어렵거나 더 큰 손실이 되도록 하는 것이다. 내부 당사자의 반발이 클 경우 역으로 외부 당사자와 먼저 연합 형성을 하고 이후 내부 당사자를 압박해서 연합하도록 하는 예들이 있다. 이러한 부트 스트래핑 전략이나 연합에 참여하지 않는 당사자의 대안 가치를

8 Russell Korobkin, ibid., p. 307.
9 Russell Korobkin, ibid., p. 307.

떨어뜨리는 방법을 넘어서 연합의 결과에 대한 기대를 긍정적으로 형성하는 경로전략이 있다. 흔히 '밴드 웨건(bandwagon)'이라고 불리는 방법이 그에 해당되는데 내외부적으로 연합을 통한 긍정적인 기대감을 고조시키는 이벤트를 통해 연합에 참여하게 하는 것이다. 또한 협상과정의 순서와 성격을 정하는 과정에서 연합에 참여하지 않는 당사자에게 정보를 전략적으로 드러내거나 숨기는 경로전략도 있다.[10]

다수당사자 협상에서 협상으로 창출된 이익을 분배하는 원칙은 양당사자 협상과 같지만 연합을 형성하는 과정에서의 이익과 손실을 고려해서 각자의 바트나(BATNA: 협상 결렬 시 최적 대안)를 고려하는 것이 좀 더 복잡하다. 바트나는 협상당사자의 협상을 통한 이익의 기대수준을 결정하는 최저선이 될 수 있기 때문에 다수당사자 협상의 경우 연합할 경우, 연합하지 않을 경우의 바트나를 별도로 고려해야 한다. 연합할 경우에도 연합의 순서에 따라 각각의 협상이익이 달라질 수 있다는 것도 생각해야 한다. 정량화될 수 있는 이익의 경우, 모든 연합의 경우의 수에 대한 바트나를 생각하고 전체의 합에서 각 당사자의 몫을 계산하는 방식도 있다(sharply value solution).[11]

다수당사자의 협상의 경우 소통의 관리도 양당사자의 협상보다 복잡할 수밖에 없다. 이 과정에서 소통의 규범과 공동의 사고를 위한 체계를 설정하고 역할분담을 하는 것이 필요하다. 먼저 협상에 실제로 참여할 각 당사자의 대표를 정하고 토론의 내용을 조직화하는 것이 중요하다. 협상 테이블에 당사자의 대표들이 오기에 앞서 각자의 입장이 사전에 공유되어야 하는데 이 과정에서 문제가 구조화되어 공유되고 문제의 하부 영역에 대한 서로의 이해와 입장이 조율될 수 있다. 토론의 내용이 조직화되기 위해서는 다수당사자 모두가 협상의 공통 목표를 이해하는 것이 선행되어야 한다. 그리고 토론을 통해 협상을 진행하는 과정에 체계적으로 조직화되기 위해서는 집단 숙의를 위한 프레임워크가 도움이 된다. 각자가 서로 나른 이슈에 대해 이야기함으로써 시간과 노력이 낭비되지 않노록 하기 위해 모두가 같은 페이지를 보고 협상과정을 진전시켜 나갈 수 있도록 하기 위함이다. 또한 여러 당사자의 협상과정에서의 의사소통이 생산적으로 관리되기 위해서는 이

---

**10** Russell Korobkin, ibid., pp. 312−316.
**11** Russell Korobkin, ibid., p. 318.

를 효율적으로 진행할 수 있는 조력자(facilitator)와 내용을 효과적으로 공유할 수 있는 문서화, 그리고 창의적이고 다양한 대안의 제시를 위한 브레인스토밍(brainstorming)이 도움이 된다.[12]

　　이러한 과정에서 도움이 되는 것은 '동일 협상문서(single negotiation text)'이다. 동일 협상문서는 다수당사자가 협상을 진행하는 과정에서의 모든 중요한 소통의 내용을 모든 당사자가 공유할 수 있도록 만드는 문서 양식이다. 이 문서는 당사자 측에서 제시하는 제안들뿐 아니라 협상과정에서 상호 공유되어야 할 모든 내용들이 포함된다. 협상의 당사자측이 이 과정에서 문서를 통해 세부적인 내용에 대해 비판, 수정, 역제안 등을 할 수 있고 이것 역시 모든 당사자들이 문서를 통해 공유하게 됨으로써 협상과정의 투명성이 높아지고 각자의 우선순위와 특정 이슈에 대한 저항의 정도가 자연스럽게 드러나게 된다. 이 '동일 협상문서' 방법은 1978년 캠프 데이비드에서 미국이 중재 역할을 하고 이스라엘과 이집트의 평화협정을 이끌어내는 과정에서 성공적으로 사용되었다. 한 장으로 시작된 동일 협상문서는 13일 동안 23장이 되었고 이 과정에서 문서는 당사국의 법률가, 정치인, 기타 이해관계자 및 전문가들과 공유되었다. 물론 모든 이해관계자들에게 지지를 받지는 못했지만, 결국 핵심 입법자들, 이해집단들에 의해 충분한 동의를 얻었고 평화협정이 체결되었다. '동일 협상문서'는 협상전략이 양당사자 협상에 비해서 제한적인 다수당사자 협상에서 효과적인 문제해결 협상방식(problem-solving tactic)으로 사용될 수 있다.[13]

　　협상이 "서로 다른 이해관계를 가진 둘 이상의 당사자가 자신들의 행위나 제한된 자원 분배를 조정하여 그들이 각자 행동할 때보다 더 나은 결과를 도출하기 위한 상호 소통의 과정"이라고 할 때 협상은 인간의 상호작용 그 자체이며 어디에서나 존재한다(ubiquitous).[14] 여기서는 위에서 살펴본, 협상의 '다층적 의제 및 당사자 구조'에 근거해 한 걸음 더 나아가고자 한다. 협상은 일상에서 벌어지는 '개인적인 사회적 관계'일 뿐만 아니라 개인적인 범위를 벗어나서 나에게 영향을 미치는 '구조적인 사회적 관계'이기도 하다는 것이다. 협상은 매일의 삶에서 가족, 친

---

12 Russell Korobkin, ibid., pp. 320－323.
13 Russell Korobkin, ibid., pp. 323－325.
14 Russell Korobkin, ibid., p. 1.

구, 동료, 고객, 상인 등과 본인의 이해관계를 놓고 명시적으로 행해지는 사회적 행위일 뿐 아니라 위에서 살펴본 바대로 다양한 본인-대리인 관계, 이해당사자가 아닌 국외자, 청중·관찰자로서 직·간접적이지만 분명히 존재하는 영향을 주고 받으며 이루어지고 있는 다분히 사회 구조적인 행위이기도 하다. 즉 지금도 '이해당사자, 국외자, 청중·관찰자'인 '나와 관련된 협상'이 일어나고 있으며 그 협상의 결과는 나의 이해와 책임 또는 현재와 미래의 삶의 양태에 영향을 미치며 이러한 결과가 누적되어 '수많은 나의 삶의 질'을 결정하는 것이다. 이것이 '사회 구조적 협상'을 위한 다층적인 의제 및 당사자 모델의 배경이다.

### 3. 협상의 사회적 환경

협상의제, 협상당사자, 협상관련 제3자를 연결시키는 '협상 규범'이 존재하는데 이는 모두가 공유하는 '행동 규칙과 원리'이다. 그리고 이러한 협상의 요소를 둘러싼 것이 '협상환경'이며 이에는 당시의 사상적 기조, 시대적 사조, 주도적 사고경향, 유사한 협상의 전례, 문화와 역사 전통 등이 포함된다. 협상은 이처럼 다층적인 협상의제, 다층적 당사자와 협상환경 사이의 상호작용이다. 이러한 상호작용의 결과 '협상의 산출물'이 나오고 이러한 산출물이 집행되는 과정에서 환경 요소와 작용하여 최종적으로 '협상결과'가 도출된다.[15] 이와 같이 협상을 하나의 체계로 파악해서 협상체계를 이루는 구성 요소의 상호작용 관계를 분석하는 것이 구조적이고 지속적이며 여러 이해관계 집단으로 구성되는 다수당사자의 사회적 이슈를 다루는 데 적합할 것으로 보인다.

협상에 영향을 미치는 환경적 특징을 사회적 환경(social environment)으로 볼 수 있는데 이는 협상과정과 결과에 영향을 주고 받는 역사, 정치, 경제적 요인 및 협상을 지도하는 가치체계와 전략까지 포함하는 의미로 볼 수 있다. 즉 협상은 참여자들뿐만 아니라 참여자 외의 직·간접적 이해관계자와 단순한 관찰자들이 기존에 갖고 있는 규범, 규칙, 관습, 법규 등에 영향을 받을 뿐만 아니라 협상과정과 결과에 의해 그러한 것들에 새로운 영향을 미치기도 한다. 협상당사자는 주변의 제 요소들에 의해 직·간접적인 영향을 받으며 의도적으로 합의를 향해 나아가는 과정

---

15 이달곤, 위 논문, 188쪽.

에서 일정한 구조 위에서 행해진 전기의 협상들 때문에 전략과 행태에 제약을 받거나, 역사와 추세와 같은 외부환경의 영향을 받는다. 협상연구에서 가장 미진한 분야가 이러한 개념으로서의 협상환경에 대한 연구로 평가된다. 동서양 간 문화의 차이가 협상에 영향을 미치는가에 대해서는 상당한 연구가 이루어졌으나 정치·경제·사회적 변수들이 어떤 관계를 통하여 협상에 영향을 미치는가에 대한 연구가 부족하다는 것이다.[16]

본 연구의 사회적 협상모델 개발을 위한 이론적 기반과 체계는 이러한 관점에서 협상환경에 대한 사회 구조적 모형을 제시한다. 즉 뷰캐넌이 제시한 사회계약에 의한 규범과 소통의 틀로서의 '헌법경제학'과, '상호작용'의 경제학적 메커니즘으로서의 '협조게임이론'을, 협상이 '사람 간'에 이루어지는 상호작용임을 생각할 때 모든 협상의 기저에 놓여 있는 심리학적 기반으로서의 '마음이론'을 '협상의 사회적 환경과의 상호작용의 틀'로 제시한다. 여기에 물론 정치, 경제, 사회, 문화적 변수들이 모두 포함되어 있다고 볼 수 있을 것이다.

## 4. 협상의 가치사슬(Value Chain of Negotiations)

매커시와 왈튼(Mckersie & Walton)은 "협상의 가치사슬"에 대한 연구가 충분히 이루어지지 않았음을 지적한다.[17] 즉 협상연구가 주로 '협상 테이블'에서의 문제로 주로 다루어졌으나 다수당사자의 소통이 부재하고 상호 간의 차이가 충분히 이해되지 않고 있을 때 '가치'를 정의하고 협상을 해 나가는 '과정'이 중요하다는 것이다. 또한 협상 후 합의 내용이 이루어지는 과정을 협상의 단계에 포섭하는 것이 중요하다는 점도 강조한다. 이 모든 과정에서 중요한 것은 '신뢰(trust)'를 형성하는 과정이라고 한다. 이러한 신뢰는 앞서 연구방법론에서 제시한 '사회적 자본'의 중심이 되는 속성이다. 또한 다수의 유권자와 같은 이해관계자들을 특정 대표단이 대리하는 정치·사회적 사안의 경우 이러한 과정이 더욱 중요하다.

셀렉만(Selekman)은 1950–60년대의 심각한 사회적 갈등 상황 속에서 당사자들을 협상 테이블로 데려 올 수 있기 위해서는 사전 단계(pre-table)에서의 신뢰형성이 중요하다는 것을 강조했다.[18] 포드지바(Susan L. Podziba)는 경찰과 시민의 충돌

---

16 이달곤, 위 논문 188–189쪽.
17 Robert B. Mckersie & Richard E. Walton, ibid., p. 494.

이 큰 상황에서 필요한 것은 경찰은 자신들의 프로토콜이 야기시킬 수 있는 시민의 두려움을, 시민은 경찰의 관점을 이해하게 만드는 토론과 협상이며, 이것이 성공적일 때 시민들이 안전한 환경을 가질 수 있다고 했다. 또한 이를 위해서는 한 사회에서 당연하게 여기는 경찰과 그들이 봉사하는 시민들 간의 '정형화된 고정관념(stereotyping)'을 극복해야 하는데, 이는 "그들이 어떻게 신뢰를 구축할 것인가(how can they establish trust?)"에 대한 질문과 이에 대답하기 위한 연구를 요구한다고 한다.[19]

매커시와 왈튼은 이러한 과정에서 다수당사자들의 이해관계 매트릭스(matrix)를 통해 협상의 사전준비를 할 수 있는 기본적인 전략적 질문을 제시한다.[20]

1) 당사자들이 '긍정적으로 상호작용'할 수 있는 입장은 무엇인가? 그것이 더욱 협력을 유도해낼 수 있는가? 어떻게 그렇게 할 수 있는가?

2) 당사자들이 서로 '적대적으로 상호작용'하게 하는 입장은 무엇인가? 이와 같은 '차이(difference)'에 대해 협상해야 하는가? 아니면 단지 그 영향력을 줄이도록 해야 하는가?

3) '연합(coalition)'한 집단과 연합 밖에 있는 당사자들 간 적대적 입장이 형성되어 있다면 연합집단 밖의 당사자들은 연합한 당사자들의 결속력을 약화시켜야 하는가? 아니면 다른 방법을 모색할 수 있는가?

또한 '협상 전 단계(preliminaries)'에서 협상과정 전반에 이르기까지 당사자들은 '윤리적으로 받아들여질 수 있는 행위'들이 어떤 것인지에 대해 고려해야 한다. 그린할프와 레위키(Greenhalgh & Lewicki)는 '행동이론(Behavioral Theory)'이 이와 같은 '윤리(ethics)'의 문제에 침묵해 온 것은 특이한 일이라고 한다. 매커시와 왈튼의 새로운 협상 패러다임도 이러한 윤리적 문제를 포함해야 함을 강조한다. 또한 개인

18 Sylvia K. Selekman & B.M. Selekman, 〈Power and Morality in a Business Society〉, McGraw−Hill, 1956.

19 Robert B. Mckersie & Richard E. Walton, ibid., p. 495; Howard S. Bellman & Susan L. Podziba, "Public Policy Mediation: Best Practices for a Sustainable World", Dispute Resolution Magazine, Vol. 20(3), 2014. pp. 22−25.

20 Robert B. Mckersie & Richard E. Walton, ibid., pp. 496−497.

적 관계에서의 협상 행위와 사회적 협상에서의 당사자의 행위에 대한 수용 기준은 달라야 한다.

'협상 전 단계'에서 '협상과정'을 거쳐 협상결과를 '이행(implementation)'하는 것이 협상의 '가치사슬'의 마지막 단계일 것이다. 이는 협상을 통해 얻은 '가치의 이행(delivery of value)'이기도 하다. 많은 경우 오랜 시간과 노력과 비용을 들인 협상결과가 효과적으로 이행되지 않고 또 다른 오해를 야기하기도 한다. 많은 협상 실무가들은 협상에서의 타결은 실제적인 타결이 아닌 경우가 많고 '예상하지 못했던 전개과정'에서 또 다른 협상들을 해야 하는 경우가 많다고 한다. 여기에는 위에서 살펴본 다양한 형태의 '본인과 대리인의 갈등'문제가 포함된다. 또한 협상과정과 협상 타결을 이룬 협상당사자가 떠난 이후에 그 이행 당사자들에게까지 신뢰가 지속되기가 어렵다는 것이 경험적으로 증명된다. 이와 같이 이해관계자가 바뀌는 경우에도 협상의 신뢰가 유지되어 관련자들이 협상의 이행을 지속할 수 있도록 하기 위한 방안도 협상의 일부가 되어야 한다. 즉 이는 협상결과의 이행을 위한 '협력이 제도화되는 방안(collaboration to be institutionalized)'과 지속적인 관계에서 협력이 내재화(collaboration to be internalized)되는 것이 협상의 가치사슬로 포섭되어야 한다는 것이다.[21]

## II. 협상의 구조적 접근

### 1. 협상의 구조

협상은 사람의 상호작용의 과정(interactive process)이며, 이러한 과정이 누적되어 형성된 협상의 분석적 프레임워크(analytical framework)에 대한 이론은 협상을 다음과 같은 세 단계의 구조로 설명한다.[22]

1) **협상가능영역**(Bargaining Zone, Zone of Possible Agreement)**의 탐색**: 협상당사자가 협상하기 전보다 협상을 통해 상호 간에 이익이 될 수 있는 합의를 도출할 수 있는 영역. 이 영역을 탐색하기 위해 대안분석(alternatives), 최적대안(Best

---

21 Robert B. Mckersie & Richard E. Walton, ibid., pp. 497–498.
22 Russell Korobkin, ibid., pp. 25–190.

Alternative to a Negotiated Agreement: BATNA, 바트나) 도출을 통한 협상유보가격 (Reservation Price) 설정하는데 이는 협상에 임하기 전 자신과 협상에 대한 대안들을 검토하고 최적의 대안에 기반해 협상에서 받아들일 수 있는 합의안의 최저 기준(baseline)을 마련하는 것이다.

2) **통합적 협상**(Integrative Negotiation): 협상가능영역의 확장. 협상당사자 상호 간에 협상을 통해 이익이 될 수 있는 영역을 창출하거나, 확장하는 것이다.

3) **분배적 협상**(Distributive Negotiation): 협상이익 혹은 협상창출가치의 분배. 상호 간에 탐색, 창출, 확대된 협상에 의한 가치 영역을 당사자 간 분배하는 것이다.

일상의 사소한 거래에서부터 변호사를 통한 법률분쟁, 회사를 대표하는 거래 행위, 국가 간 협상 등 모든 종류의 협상은 이론적으로 이러한 과정을 거치게 된다. 즉 협상을 하기 전보다 상호적으로 이익이 되는 영역이 존재하지 않으면 기본적으로 (일방의 강탈이 아닌) 협상은 일어나지 않는다. 통합적 협상과 분배적 협상의 경우, 협상의 유형, 특히 협상당사자의 성격에 의해 많은 영향을 받게 되는데, 상호작용이 가능하지 않거나 그 가능성의 정도가 적은 협상이거나, 협상당사자가 협력적 성향이 아닌 경쟁적 성향이 강할 경우 분배적 협상으로 치닫게 된다.[23] 그러나 통합적 협상을 통해 가치창출에 협력한 협상당사자들 간에도 창출된 가치(cooperative surplus)를 분배하는 과정은 반드시 필요하다. 즉 분배의 문제는 매우 협력적인 과정을 거쳐 상호 이익이 되는 최대의 가치를 창출했다고 할지라도 반드시 거쳐야 할 과정인 것이다.

이 과정에서 당사자의 입장 이면의 이해관계의 탐색(Fisher & Uri 외), 문제해결/가치창출/통합적 협상(Korobkin, Lax 등), 힘(Schelling) 또는 규범적 가치의 적용(Kahneman, Fisher, Cialdini 등)이 이루어진다.[24] 이를 도식화 하면 〈그림 3-2〉와 같다.

---

[23] Russell Korobkin, ibid., pp. 223-228.
[24] Russell Korobkin, ibid., pp. 127-187.

〈그림 3-2〉 협상의 과정

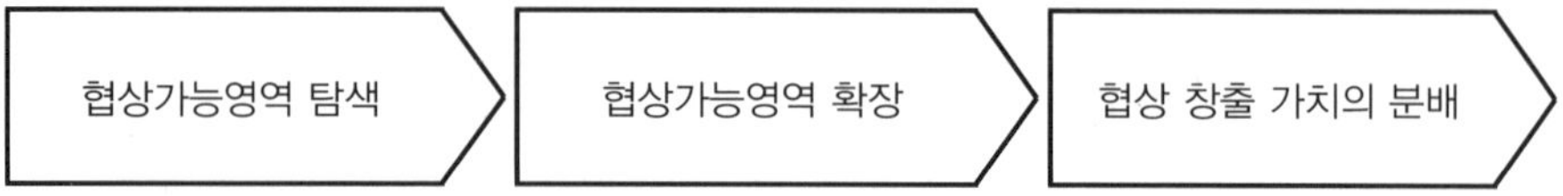

| 협상가능영역 탐색 | 협상가능영역 확장 | 협상 창출 가치의 분배 |

## 2. 협상가능영역의 탐색

협상가능영역은 유보가격(reservation price)에 의해 도출되는데 이는 협상당사자가 받아들일 수 있는 합의와 받아들일 수 없는 합의를 구별하는 기준이다. 모든 협상당사자는 그가 의식적으로 유보가격의 개념을 갖고 있든 없든, 그가 명시적으로 그것을 제시하든 안하든 유보가격을 갖고 있다. 어떤 협상당사자이든 협상에서 받아들일 수 있는 최저 기준은 갖고 있기 때문이다. 이러한 유보가격은 협상 전이나 협상과정에서 획득하는 정보를 기반으로 매우 분석적인 방법으로 도출될 수도 있고, 협상당사자가 직관적이고 본능적으로 설정하기도 한다. 그런데 많은 협상가들이 전자보다는 후자, 즉 정교한 분석을 통한 유보가격이 아닌 직관적인 유보가격을 설정한다.  그 이유는 많은 사람들이 '불편한 현실(uncomfortable reality)'에 직면하는 것을 꺼리고 쉬운 길을 선택하기 때문이며, 그 결과 협상에서 더 큰 가치를 창출할 수 있는 가능성을 줄이게 된다.[25] 즉 이러한 직관적인 과정에 편파적 인식(self-serving bias), 과신(overconfidence), 손실기피(loss aversion), 앵커링(anchoring), 점유효과(endowment effects), 반응에 대한 평가절하(reactive devaluation), 시간에 따른 불일치(time inconsistency), 매몰비용(sunk cost), 감정(emotion) 등의 편향(bias)을 보이게 된다.[26]

최저선 설정에 영향을 미치는 다양한 편향으로 인한 손실을 막기 위해서는 최저선 설정에 분석적 접근이 필요하고 이러한 과정은 협상에 대한 다양한 대안 분석(Alternative Analysis)을 하고 그 중 최적 대안(BATNA)을 도출하여 협상 유보가격(Reservation Price)을 설정하는 것임을 살펴보았다.  BATNA(Best Alternative to a Negotiated Agreement)는 협상 결렬시의 최적 대안이며 이에 기반해 협상에서 받아들

---

[25] Russell Korobkin, ibid., p. 127 pp. 31-32.
[26] 고학수, "협상을 통한 분쟁해결-행태주의 법경제학의 관점", 법과 사회 Vol. 31, 2006, 187-204쪽.

일 수 있는 합의안의 최저 기준이 마련된다.

협상가능영역에 대한 다양한 편향은 협상이익에 손실을 초래한다. 즉 협상가능영역이 존재함에도 존재하지 않는다고 생각해서 협상 자체가 성립하지 않거나 협상이 결렬된다면 협상을 통해 이룰 수 있는 협상이익(negotiated surplus)이 손실되며 이것은 당사자뿐 아니라 사회 전체적인 손실이 된다. 앞서 이야기한대로, 사회 구조적 협상모델은 일반적인 개별 협상에서 한 걸음 더 들어가 당사자의 이해관계 이면에 있는 구조적 문제에 초점을 맞춘다. 즉 협상의제가 구조적인 문제에 기인할 경우 표면적 이해관계 이면에 있는 구조적 문제에 의해 협상과정과 결과가 상당 부분 결정적인 영향을 받게 되는 것에 주목하는 것이다. 따라서 이 경우 구조적 문제로 인한 협상당사자의 편향 또한 생각할 수 있을 것이다. 특히 앞선 문제제기에서 우리가 선택한 자본주의 시스템과 '보이지 않는 손'에 대한 통념은 그 시스템 하에서 수많은 거래와 정책적 결정을 하는 과정에서 '구조적인 편향'을 유발한다.

'사회규범'과 '법문화'는 협상에 임하는 당사자들의 사고 및 감정체계와 관련된다. 사회규범은 행위자들이 상호 관계를 맺는 과정에서 자신의 행위가 사회적으로 승인받을 수 있는 행위라는 인식에 영향을 준다. 협상에 있어서도 협상당사자가 속한 준거집단에서 통용되는 사회규범이 어떤 것이냐 하는 것이 당사자의 태도에 영향을 미치게 된다.[27] 법문화 또한 당사자들의 의사결정과정 및 협상과정에 중요한 영향을 끼치는데 본인이 어떤 법문화에 속하고 상대방이 어떤 법문화 태도를 갖고 있을 것인지에 대한 판단에 의해 협상에 임하는 태도가 크게 달라질 수 있다. 피실험자들을 두 그룹으로 나누어 한 그룹에 속한 피실험자들에게는 '공동체 게임(community game)'을 한다고 하고, 다른 그룹에게는 '월스트리트 게임(wall street game)'을 한다고 한 상태에서 동일한 내용의 실험을 한 경우 공동체 실험을 한다고 인식한 피실험자들은 협조적인 태도를, 월스트리트 게임을 한다고 인식한 피실험자들은 개인의 이익을 더 추구하는 태도를 보였다.[28]

이는 협상의 중요한 기법 중 하나인 프레이밍(framing)으로 설명될 수 있다. 사

---

27 고학수, 위 논문, 205쪽.
28 고학수, 위 논문, 206쪽; S. M. Samuels & Lee Ross, Reputation Versus Labels: The Power of Situational Effects in the Prisoner's Dilemma Game(unpublished manuscript, 1993).

회 구조적 문제와 같은 큰 규모의 다수당사자의 분쟁은 협상에 들어가기 전에 갈등의 분석(conflict assessment)과정을 거치는데 이는 분쟁 상태에 있는 다수의 프레임(frame)을 파악하면서 분쟁의 요인에 대한 명확한 그림을 그리는 것이다. 프레임이란 당사자들이 '문제에 대해 갖고 있는 인식틀'을 의미하는데 갈등, 문제, 협상의제에 대한 정의, 무엇이 해당 문제에 개입되어 있는지, 어떠한 결과를 기대하는지, 그 결과를 어떻게 도출하고 평가할 것인지에 대한 인식을 의미한다. 프레임은 협상과정에서의 문제에 대한 인식을 구조화하고 당사자들의 행동, 전략 및 협상방법에 지대한 영향을 미친다. 사회 구조적 이슈와 같은 거시적 프레임은 당사자의 문제에 대한 접근방식 자체를 구조화하게 된다. 이 과정에서 '재구조화(reframing)'는 협상에 대한 전망과 갈등의 전환(conflict transformation)을 가능하게 한다.[29] 이러한 재구조화를 통해 구조적인 편향을 바로잡을 수 있으면 위에서 이야기한 협상이익이 제고되고 이는 당사자와 사회 전체의 협력적 이익(cooperative surplus)이 될 수 있다.

## 3. 통합적 협상

협상과정에서의 한 당사자가 얻는 이익이 다른 당사자의 손실과 같다는 가정을 경제학자들은 '제로섬 게임(zero-sum game)'이라고 한다. 이는 반대로 다른 사람이 가져가는 만큼이 바로 나의 손실이 되는 것이다. 협상이론에서는 이를 '분배적 협상(distributive negotiation)'이라고 한다. 협상 테이블에 놓인 1달러를 두 사람이 나누는 것이 협상의제 전부라면 한 사람이 더 많이 가져가는 만큼 정확하게 다른 사람이 덜 가져가게 될 것이다. 그러나 이 경우도 앞서 최후통첩 게임이나 '독재자 게임'에서 보았듯이 99센트와 1센트의 분배가 되는 경우는 거의 없다.

인간의 상호작용은 훨씬 복잡하기 때문에 순전한 제로섬(zero-sum) 게임인 경우는 드물다. 동일한 대상이라고 할지라도 당사자들이 바라보는 관점과 그에 부여하는 가치가 다르기 때문이다. 예를 들어 하나의 레몬을 두 자매가 나눌 때 분배적 협상에 의하면 레몬을 동일하게 반으로 나누는 게 공평해 보이지만, 만약 두 자매가 대화를 통해 언니는 껍질 안에 있는 레몬으로 주스를 만들어 먹고 싶고,

---

29 M. C. Campbell & J. S. Docherty, "What's in a Frame?, Marquette Law Review Vol. 87, Special Issue 2004, pp. 769−770.

동생은 신 레몬은 먹고 싶지 않지만, 레몬 껍질로 케익을 장식하고 싶다면 언니는 껍질 안에 있는 레몬을 동생은 레몬 껍질을 취하는 것이 단지 레몬을 이등분하는 경우보다 둘 모두의 효용을 크게 할 것이다. 이처럼 협상과정에서 협상의 가치를 증대시키는 것을 '통합적(integrative) 협상', '가치창조(value creating) 협상', '문제해결(problem solving) 협상'이라고 한다.[30]

협상이 당사자들 모두의 이익을 증대시킬 때 이를 "공유된 이익(shared interest) 또는 공동의 이익(common interest)"이라고 한다.[31] 협상당사자들이 협상에서 '공동의 이익'을 확정할 수 있으면 그들은 가치창조 협상에 의한 '협력적 잉여(cooperative surplus)'를 확대할 수 있다. 위의 레몬껍질과 레몬의 예와 같이 서로 다른 것을 원할 경우에만 통합적 협상이 가능한 것은 아니다. 당사자가 서로 같은 것을 원한다고 할지라도 통합적 협상은 가능하다. 즉 동일한 대상에 대한 여러 가지 차이가 협상으로 인한 부가가치 창출을 가능하게 하는 것이다. 이해의 차이는 교환을 가능하게 하고, 확률의 차이는 불확정 합의를 가능하게 하며, 위험회피의 차이는 고정보상이나 스톡옵션과 같이 서로 다른 위험분배체계를 만들어 당사자의 위험선호에 따른 분배를 가능하게 하며 시간에 대한 선호의 차이는 지불방식의 다양성을 만들 수 있다(Lax & Sebenius, 1986). 즉 통합적 협상의 가치는 기본적으로 협상의제에 대해 당사자들이 갖는 관점의 여러 가지 '차이(difference)'에 의해 창출될 수 있다. 또한 그러한 차이가 협상과정에서 잘 드러나고 공유, 분석되어 협상모델에 반영이 될 때 그 가치를 최대화할 수 있다. 피셔 외는 이와 같은 통합적 협상의 기회를 식별하고 확대하는 중요한 방법으로 대립하는 입장 이면에 공유되고 상호 공존 가능한 이해가 있는 것을 찾아내고 이를 바탕으로 이슈를 더하거나, 제하거나, 교환하거나, 상호 협력하는 방식으로 패키지를 변경할 것을 제안한다.[32] 당사자의 통합적 협상결과로 인한 협력적 가치의 지점을 그림으로 표현하면 〈그림 3-3〉과 같다.

---

**30** Russell Korobkin, ibid., p. 91.

**31** David A. Lax & James K. Sebenius, 〈The Manager as Negotiator: Bargaining for Cooperation and Competitive gain〉, Free Press 1986, pp. 88-116.

**32** Roger Fisher, William Ury & Bruce Patton, 〈Getting to Yes〉, Penguin Books, 1991.

〈그림 3-3〉 통합적 협상의 가치[33]

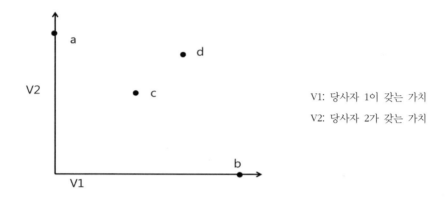

위 그림에서 당사자 1은 b에서 당사자 2는 a에서 가장 많은 몫을 갖게 되지만 이 경우 협상은 이루어지지 않을 것이다. d에서 협상은 가장 큰 통합적 가치를 창출하게 된다. 결국 통합적 협상은 c에서 d로 협상에 의한 창출 이익, 즉 협력적 이익을 확대하는 과정이다.

'통합적 가치 축적을 위한 협상모델'에서는 이미 언급한 대로 당사자들의 '공통 이익(common interest)'은 물적·인적 자본에 더해진 사회적 자본'이다. 즉 물적·인적 자본에 그 기반이 놓여져 온 경제질서에서 사회적 자본을 재구조화된 협상이익의 개념으로 추가하고 확대시키는 것이 '정의의 법과 공감에 기반한 자기 이익'을 추구하는 개인들의 공통 목표이다. 이는 헌법에서 합의된 규범적 소통의 틀에 부합하며, 파레토 최적을 지향하는 개인들의 협력적 전략이기도 하다. 또한 타인의 효용을 이미 자신의 효용에 포함시키는 공감의 인지구조를 갖고 있는 개인에게 부합되는 모델이기도 하다. 이러한 관점에서 재구조화된 통합적 협상이익을 d의 위치로 끌어올리는 것이 협상에 참여하는 당사자들의 공통된 목표가 될 것이다.

## 4. 분배적 협상

당사자들이 통합적 협상의 과정을 거쳐 협력적 이익(cooperative surplus)를 확대

---

**33** Russell Korobkin, ibid., p. 106.

시킨 후에는 '분배의 문제'에 직면하게 된다. 즉 확장된 협상가능영역에서 당사자들이 취할 몫을 결정(deal point)해야 하기 때문이다. 이러한 과정을 분배적 협상 (distributive bargaining)이라고 한다. 즉 통합적 협상과 분배적 협상은 선택 가능하다기 보다는 상보적인 관계이다. 통합적 협상을 통해 협상에 의해 창조된 이익이 클수록 분배해야 할 영역도 커지는 것이다. 이 같은 상황에서 분배가 이루어지는 방식은 크게 두 가지이다. 하나는 '힘(power)'에 의한 것이고, 다른 하나는 '사회규범 (social norms)'에 의한 것이다.[34]

'협상력(negotiating power)'은 협상 상대방으로 하여금 그것이 자신의 이익에 부합되지 않더라도, 본인이 원하는 것을 주게 만드는 능력으로 정의된다. 즉 상대방이 본인의 의지에 승복하도록 만드는 힘이다. 이를테면 묵시적·명시적인 협상결렬의 위협, 그리고 그 위협에 대한 신뢰도가 그에 해당한다. 또한 협상가능영역 (Bargaining Zone)을 변경하거나 협상가능영역의 '인식'에 대한 조작(Korobkin,)을 하거나, 본인을 구속하는 약속(Schelling)을 하거나, 상호 비용이 수반되는 인내를 하는 등의 전술이 포함된다.[35]

'사회규범(social norms)'에 의한 분배적 협상은 '공정에 대한 사회적 개념(appealing to socially constructed notion of fairness)에 의한 것이다. '힘에 의한 전술'(power tactics)'이 개인의 합리성에 대한 개인주의적인 개념(individualistic conception of individual ration-ality)에 뿌리를 두고 있다면, '공정에 의한 전술(fairness tactics)'은 합리성에 대한 사회적 개념(social concept of reasonableness)에 뿌리를 두고 있다. 즉 협상당사자들이 서로의 관점을 고려하는 것이다.[36] 앞서 제시되었던 '최후통첩 게임(Ultimate Game)'[37]에서 제안을 받은 참여자가 1원이라도 받는 것이 화폐적으로 이익임에도 분배 몫의 20-30% 미만의 제안을 받아들이지 않는 것이나, 제안을 거부할 경우 애초에 제안받은 것보다 훨씬 적은 금액을 상대방에게 역제안할 수 있게 하는 '연속게임 (sequential game)'[38]에서 거절을 한 대부분의 참가자가 제안한 상대에게 훨씬 적은

---

**34** Russell Korobkin, ibid., p. 129.
**35** Russell Korobkin, ibid., pp. 130-150.
**36** Russell Korobkin, ibid., p. 159.
**37** Richard H. Thaler, "Anomalies: The Ultimate Game", ibid.
**38** Jack Ochs & Alvin E. Roth, "An Experimental Study of Sequential Bargaining", 79 American Economic Review 335, 1989.

금액을 제안하는 것을 선택한 실험 결과는 협상당사자들이 스스로 '불공정(unfair)'하다고 여기는 제안은 비록 그것이 본인에게 좁은 의미의 화폐적 이익에서 이익이라 할지라도 받아들이지 않는다는 것을 보여준다. 즉 협상이 타결되기 위해서는 협상의 타결점(deal point)이 협상가능영역에 있고 당사자 모두에게 이익일 뿐 아니라, 협상이익의 분배가 '공정하다고 인식'되어야 하는 것이다.

그런데 '공정'은 정의된 개념이 아니라 협상당사자의 가치관과 협상의 맥락에 의존하는 사회적으로 형성되는 개념이다. 즉 '협상'은 사회적 맥락에 의해 형성되기 때문에 협상당사자 모두가 동의할 수 있는 공정의 개념이 하나로 존재하지 않는다. 따라서 '공정'이라는 개념에 접근하는 방식이 협상당사자들이 협상의 이익을 분배하는 데 중요하다. 협상에서 '공정'에 접근하는 세 가지 구조는 분배적 정의의 메타규범, 관습규범, 그리고 상호성의 규범이다.[39]

'분배적 정의의 메타규범'은 공평(equality, parity), 형평(equity), 필요(need)이다. 공평은 이익을 물리적으로 동등하게 분배하는 것이고, 형평은 기여에 의한 분배이며, 필요는 당사자의 필요의 정도의 차이에 다라 분배하는 것이다. 가장 단순하지만 강력한 것은 '공평'에 의한 분배이다. 협상당사자들이 서로의 유보가격을 안다면 그 유보가격 사이에서 공평하게 이익을 분배하게 될 것이다. 그러나 일반적으로 상대방의 유보가격을 알기 어렵기 때문에 서로가 제안한 금액 사이에서 균등하게 이익을 분배하는 경우가 많다. '형평'에 의한 분배는 각 당사자의 '기여분'이 당사자들에 의해 객관적으로 인지될 수 있을 때의 분배규범이다. 즉 실험결과에 의하면 협상당사자는 공평하지 않은 분배가 당사자들이 받아들일 수 있는 합당한 차이에서 비롯되었다고 인지할 때 그것을 받아들인다. 일반적으로 좋은 성과를 낸 당사자들은 공평보다는 형평에 의한 분배를 선호하지만 이는 다분히 협상당사자 간의 관계의 성격에 따라 달라진다는 실험결과도 있다. 즉 협상당사자가 지인이고 긍정적인 관계를 형성할 때 기여에 의한 분배보다는 공평한 분배에 쉽게 합의하고 좋은 성과를 낸 사람이 오히려 공평한 분배를, 저성과를 낸 사람들이 형평에 의한 분배를 주장하는 결과가 나오기도 한다.[40] 모두가 '개인의 화폐적 이익'에 근거한 합리적 이론으로는 설명하기 어려운 결과이고 협상에서의 사람 사이의 '상호작용'

---

39 Russell Korobkin, ibid., p. 161.
40 Russell Korobkin, ibid., pp. 162−165.

의 실제적인 영향력을 보여준다.

'사회적 관습(social conventions)'에 의한 분배는 유사한 협상 선례에서 표준적 조건(standard terms)으로 이루어져 온 바에 의하는 것이다. 일반적(normal)으로 인식되어 온 것과의 일치가 입장의 차이에 대한 정당성을 부여하는 것이다(Shelling, 1960). 문제는 이러한 관습에 대한 이견이 있는 경우이다. 즉 무엇이 일반적인 것 (normalcy)이냐에 대한 것은 사회적 관습뿐 아니라 당사자들의 프레이밍에 의존하기도 하기 때문이다. 이에 대해 피셔(Fisher)는 공정한 표준을 당사자들이 함께 찾는 과정, 각각의 이슈에 대한 객관적 프레임을 함께 만들 것, 압력에 굴복하지 말고 원칙에 따를 것을 제안한다.[41] 또한 협상에 있어서 초점(focal point)의 개념도 중요한데 협상당사자들이 거래가격 외에 '주된 가치(prominent values)'로 여기는 가치이다. 예를 들어 도덕(moral)규범은 협상을 지배하는 매우 중요한 요소며 협상 결과에 지대한 영향을 미친다. 협상당사자들이 협상과정에서 이러한 '중요한 가치'를 발견하게 되면 이것이 협상의 프레임을 형성하게 되고 게임의 구조를 결정한다.[42]

과정규범으로서의 상호성(reciprocity as a process norm)은 협상과정에서 상호 간에 주고 받는 제안과 역제안의 균형이라고 할 수 있다. 즉 상대방에게 호의를 받게 되면 호의를 주게 되는 보답의 규칙(rule of reciprocation)과 같은 것이다. 굴드너 (Alvin Gouldner)는 모든 인간사회는 이러한 규칙을 문화적으로 갖고 있으며 이것이 다른 동물의 집단과 다른 점이라고 한다. 리키(Richard Leakey)는 인간이 선조에게 음식을 나누고 '의무의 네트워크를 존중하는 기술(honored network of obligation)'을 배웠기 때문이라고 한다. 타이거와 폭스(Lionel Tiger & Robin Fox)는 이러한 "상호 감사의 망(web of indebtedness)"이 인간의 고유한 적응 메커니즘이라고 보고 이것은 노동의 분화와, 상품과 서비스의 교환, 그리고 상호 의존성을 통해 가장 효율적인 개인들의 연합을 가능하게 하는 특징이라고 한다.[43]

분배적 협상은 당사자들이 통합적 협상을 통해 확장시킨 협조이익(cooperative value)을 궁극적으로 각자의 몫으로 나누어야 하는 과정에서 반드시 필요한 과정이다. '통합적 가치 축적을 위한 협상모델'에서 통합적 협상이익으로 정의한 '물적·

---

**41** Roger Fisher et al., ibid.,
**42** Russell Korobkin, ibid., p. 175.
**43** Russell Korobkin, ibid., pp. 176 – 177.

인적·사회적 자본'을 축적하는 과정에서 어떤 방법으로 분배적 협상이 이루어지는지가 매우 중요하다. 위에서 다룬 바대로 분배적 협상을 위한 두 가지 방법인 '힘에 의한 분배'는 개인의 이익을 최대화하려는 개인적인 합리성 개념이지만, '공정과 관련된 사회규범'에 의한 분배'는 공정에 대한 사회적 개념이며 이는 '합리성에 대한 사회적 개념'에 근거한다. 이것이 사회적 자본을 통합적 가치로 고려하는 협상모델에 부합하는 분배의 방법이다.

본 연구에서의 '통합적 가치 축적을 위한 협상모델'은 협상의 체계적 접근방법과 더불어 협상의 구조적 접근과정을 기반으로 수립될 것이다. 본 연구는 특히 사회 구조적 이슈에 대한 협상모델이므로 특히 다수당사자의 이해관계가 대립하는 협상의제를 다룰 것인데 이를 위해 다수당사자 협상에 대한 접근방법인 '합의형성' 방식에 대해 다음 절에서 살펴보도록 하겠다.

## 제 2 절   합의형성 접근방법(Consensus Building Approach: CBA)

### I. 다수당사자 협상의 과정: 다수결 vs. 합의형성

서스킨드(Lawrence Susskind)는 민주주의 사회에서의 특정 개인을 넘어선 사회의 갈등을 해결하기 위한 방법론으로 '합의형성 접근방식(Consensus Building Approach: CBA)'을 제시한다. 그는 이를 기존에 민주주의 사회에서 가장 익숙한 의사결정 메커니즘인 '다수결의 원칙'과 대비시킨다. 즉 다수결 원칙 하에서는 51%가 선택한 결정에 대해 49%는 받아들여야 하며, 이는 더 나은 선택을 할 수 있는 가능성을 원천적으로 차단할 수 있음을 이야기한다.[44] 서스킨드는 민주주의 사회에서의 전통적인 문제해결 방식은 희소한 자원의 분배, 정책 우선순위의 결정, 건강이나 안전과 같은 공공영역에서의 기준을 설정하는 데 있어서 세 가지 문제를 갖고 있음을 지적한다. 첫째, 앞서 언급한 다수결 원칙의 문제(The Majority Rule Problem)인데,

---

[44] Lawrence Susskind, "Deliberative Democracy and Dispute Resolution", Ohio State Journal on Dispute Resolution Vol. 24 No. 3, 2009, pp. 397–398.

다수결 원칙을 너무 당연하게 생각한 나머지 관련된 정책영역에 직접적인 영향을 받는 이해관계자들(stakeholders)의 필요에 접근하는 노력을 소홀히 한다는 것이다. 둘째, 대표성의 문제(The Representative Problem)로, 관련 정책에 대해 깊은 이해를 갖고 이해관계자들을 대표할 수 있는 사람들보다는 일반적인 목적으로 선출된 관료들에게 의존하는 경향이 강하다는 것이다. 셋째, 공동의 문제해결에 대해 적대적인 접근(The Adversarial Problem)을 당연하게 생각하는 나머지 당사자들에게 보다 공정하고, 독립된 전문가의 관점에서 보다 효율적이고 합의의 관점에서 보다 안정적일 수 있는 문제해결 방식을 찾으려고 하지 않는 경향을 이야기한다.[45] '합의형성방식'은 다수당사자 협상(Multiparty Negotiation)에서 특히 사회적 이슈인 공공갈등영역에서의 문제해결방식이라고 할 수 있을 것이다.[46]

서스킨드는 다수당사자 협상은 가장 기본적인 양당사자 협상이론(two-party negotiation theory)를 기반으로 하며 연합형성(coalition formation), 협상과정관리의 문제(process management problem), 협상 결렬 시 최적대안(BATNA)의 복잡한 구조 세 가지가 중요한 차이점이라고 한다. 즉 기본적으로는 양당사자 협상과 다수당사자 협상은 공통된 협상도구들(tools)을 사용하지만 다수당사자 협상이 갖고 있는 복잡성(complexity)이 많은 전통적인 협상이론에서 충분히 다루어지지 않았음을 지적한다. 다수당사자 협상은 세계적으로 그 중요성이 점차 커지고 있고 이슈나 협상의제, 관련된 사람들과 상호작용의 복잡성이 커지고 때로는 압도되고 있으며 이러한 도전에 대한 준비가 필요함을 강조한다.[47]

서스킨드는 이를 1870년 이래 미국에서 의회식 의사결정 방식인 다수결의 원칙(majority rule)이 민주주의 사회 전반의 의사결정 방식이 된 것이 오랜 시간 유지되면서 발전적인 의사결정 방식을 막고 있고 그로 인해 협상당사자뿐 아니라 사회적인 가치 손실이 크다는 것을 지적한다. 즉 다수결의 원칙은 권위주의 시대의 하향식 의사결정 방식을 타파한 역사적인 방식이지만, 의사결정에 이르는 과정에서 더 많은 다양한 의견이 적극적으로 개진되는 것을 좌절시키고, 결과적으로 승자집단과 패자집단의 결론을 도출하여 거기까지 이르는 과정에 있어서의 노력이 상실

---

**45** Lawrence Susskind, ibid., 2009, p. 397.
**46** Lawrence Susskind & Robert Mnookin & Lukasz Rozdeiczer & Boyd Fuller, "What We Have Learned About Teaching Multiparty Negotiation", Negotiation Journal Vol. 21(3), 2005, p. 396.
**47** Lawrence Susskind et. al., 2005, pp. 396-407.

되는 비생산적인 문제를 안고 있는 게임의 룰이라고 한다. 그럼에도 불구하고 여
전히 의회뿐 아니라 수많은 조직과 공동체에서 다수결의 원칙을 거의 유일한 의사
결정 방식으로 택하고 있는 것은 그 외에 다른 방식을 오랜 시간 사회적으로 시도
한 경험이 부족하기 때문이라고 한다.[48]

'합의형성'은 기본적으로 협상에 참여하는 사람들의 의견을 수렴한 가치창조
(value creation)를 지향하는 다수당사자의 협상방법이다. 본 연구에서는 통합적 가치
축적을 위한 구조적 협상모델 구축을 위해 서스킨드의 '합의형성 접근방법'을 기
반으로 한다. 사회 구조적 이슈에 대한 협상의 복잡한 이해관계와 집단의 가치체
계, 사회적인 문화와 규범, 신조 등의 '협상의 사회적 환경'이 상호작용을 하는 과
정에 적합한 이론이기 때문이다. 따라서 서스킨드의 합의형성 접근방법이, 일반적
인 협상이론에서 제시한 협상의 구조적 접근, 즉 '협상가능영역 탐색-가치창조 협
상-분배적 협상'과정에 어떻게 적용될 수 있는지 살펴보고 그러한 협상구조에서의
협상가치를 확대할 수 있는 협상모델을 위에서 고찰한 이론적 기반을 적용하여 도
출하도록 할 것이다.

## Ⅱ. 합의형성 접근방식의 주요 개념

서스킨드는 합의형성 접근방식에 대한 논의에서 공통적으로 도출되는 중요한
개념으로 당사자들의 이해(interests), 합의형성(consensus building), 독려(facilitation), 조
정(mediation), 기록(recording), 회합(convening), 갈등분석(conflict assessment), 동일문서
공유(single-text procedure), 가치창조 또는 가치요구(creating and claiming value), 이해관
계자 분석(circles of stakeholder involvement)으로 제시한다.[49]

- 이해 (Interests)

여기서의 '이해'는 단순히 협상에서 드러나는 표면적인 이해관계가 아닌 참가
자들의 숨겨진 가치(participants' underlying values and needs)와 필요를 포함하는 의미이

**48** Lawrence Susskind & Sarah Mckearnan & Jennifer Thoms-Larmer, 〈The Consensus Building Handbook〉, Sage, 1999, pp. 3-5.
**49** Lawrence Susskind et al., 1999, ibid., pp. 6-13.

다. 즉 당사자들이 협상과정에서 각자 추구하는 바이며 단지 표면적으로 요구하는 것만을 의미하지 않는다. 즉 그들의 입장의 기반이 되는 가치, 사고체계, 필요를 의미하며 종종 믿음체계를 반영한다. 이해는 협상과정에서 상호 간에 정보공유와 서로에 대한 이해를 통해 달라질 수 있다.[50]

■ 합의형성(Consensus Agreement)

합의형성은 합의를 지향하는 과정으로서의 개념(an agreement-seeking process)이다. 즉 기본적으로 모든 당사자의 이해관계를 만족시키는 선의의 노력이 일정 과정을 거친 후에 모두가 그 결과를 받아들일 수 있는 정도에 이르는 만장일치를 지향한다. 따라서 합의형성은 모든 참여자의 이야기에 귀기울이며 누군가 제안에 대한 프레이밍을 하는 것이 필요하다. 이 과정에서 누구도 자신의 이해가 무시되지 말아야 하는 것을 기대할 수 있는 권리와, 자신들의 이해뿐 아니라 다른 사람들의 이해도 충족시킬 수 있는 대안을 제시할 책임이 있다. 이를 위해서는 합의형성과정 초기에 합의도달에 성공하는 것에 대한 정의(definition of the success)를 분명히 하는 것이 매우 중요하다. 즉 참여자 전부의 동의를 얻을 수 없다고 하더라도 합의형성과정을 거쳐 합리적인 기반 위에서 형성된 제안에 대해 끝까지 동의하지 않는 참여자를 배제하는 이유를 명확히 하는 것도 필요하다.[51]

■ 독려(Facilitation)

독려는 참여자들이 합의에 이르는 과정에서 함께 할 수 있도록 하도록 조력하는 기술(a way of helping groups work together in meeting)이다. 서로 잘 모르는 사람들이 서로 다른 이해와 입장을 갖고 합의를 위한 소통을 하는 과정은 쉽지 않은 작업이기 때문에 이해관계에서 중립적인 제3자 혹은 당사자 중에서라도 이러한 중립적인 역할을 할 수 있는 참여자가 그 과정이 잘 이루어지도록 돕는 것이 바람직하고 더 효과적이다. 정보를 수집하고 제안을 공식화하고 각자의 관점을 제시, 옹호하며 다른 사람들이 이야기하는 바에 귀기울이며 이해하는 과정에서 이러한 역할을 맡은 사람(facilitator: 이하 '조력자')은 모두의 동의 하에 채택한 합의과정의 기본

---

**50** Lawrence Susskind et al., 1999, ibid., p. 6.
**51** Lawrence Susskind et al., 1999, ibid., pp. 6−7.

규칙(ground rules)을 상기시켜야 한다. 또한 이것을 어긴 참여자에게 개입하는 심판과도 같은 역할을 해야 할 때도 있다.[52]

■ 조정(Mediation)

조정은 당사자들의 협상과정을 돕는 방법 중 하나인데 위에 제시한 조력자(facilitator)의 역할은 주로 협상 테이블에서의 도움을 의미하는 것이라면 조정은 '협상 전후를 포함한 모든 과정'에 대한 포괄적인 역할이다. 조정인(mediator)에 대한 전통적인 이미지는 노사 간의 분쟁에 대한 조정이지만 점차 조정의 범위는 매우 확대되어 개인 간 혹은 집단 간의 협상과정에 조정인이 참여한다. 조정인의 중립성에 대해서는 논란이 있는데, 경기에서의 심판과 같은 완전한 중립적 역할을 해야 한다는 견해와, 단지 표면적인 게임의 룰이 지켜지고 있는 상황이라고 할지라도 불공정한 협상에는 개입해야 한다는 의견이 있다. 이것은 당사자들의 조정인에 대한 신뢰 및 계약 내용에 따라 달라진다고 할 수 있다. 조정이 시작되기 전 조정인은 조정과정에서 모든 참여자들이 지켜야 할 기본규칙(ground rules)를 만드는 데 중요한 역할을 하며 조정이 시작되면 당사자들이 서로의 차이에 대해 이해하며 창조적인 안들을 제시할 수 있도록 돕는다. 조정인은 미디어가 개입될 경우 대변인의 역할을 하기도 한다. 협상 종결 후에는 합의안대로 이행하는 과정을 모니터하고 당사자들이 진행과정을 검토하기 위해 다시 모이도록 할 수도 있고 불이행되고 있는 사항을 처리하는 문제를 위해 논의하도록 하기도 한다.[53]

■ 기록(Recording)

합의형성과정에서의 기록은 논의 및 결정 사항에 대해 가시적인 기록물을 만드는 것이다(creating a visual record of what a group has discussed and decided). 기록을 위해서는 합의과정에서의 소통 중에 의견 일치와 불일치의 핵심사항들에 대해 정확히 파악해야 한다. 기술적으로는 컴퓨터, 녹음기 등이 사용될 수 있고 플립차트 등을 통해 참여자 전부가 내용을 함께 파악할 수 있도록 할 수도 있다. 중요한 것은 논의 내용이 지속적으로 시각적으로 공유되어야 한다는 것이다. 양식을 갖춘 회의록

---

52 Lawrence Susskind et al., 1999, ibid., p. 7.
53 Lawrence Susskind et al., 1999, ibid., pp. 8−9.

의 형태뿐 아니라 도식, 일러스트레이션, 맵핑 등 참여자들이 논의 사항을 효과적으로 기억하고 이해할 수 있도록 하는 다양한 기법이나 수단이 사용될 수 있다. 최종적으로는 요약본의 형태로 참여자들 사이에서 재검토되어 모든 참여자들의 논의 내용에 대해서 동의할 수 있도록 해야 한다.[54]

### ■ 회합(Convening)

회합 혹은 모임(brining parties together)은 합의과정에서의 기술이라기 보다는 당사자들의 합의에 참여하도록 초대하고 모임을 주관하는 역할을 의미한다. 일반 회사에서는 중간관리자가, 공공기관에서는 규제관련 기관이 이러한 역할을 하기도 한다. 모임의 주관자가 합의과정에 참여해야 하는지에 대해서는 이견이 있는데 일반적으로 주관자는 합의과정의 참여자인 경우가 많지만 반드시 그래야 하는 것은 아니다. 어떤 경우는 주관자가 합의과정에 재정지원을 하기도 한다. 합의형성과정이 많은 집단의 당사자로 구성된 경우 비용부담이 서로 다르거나, 회합의 주관기관이 재정지원을 하는 경우 조정인이나 합의 진행 조력자가 참여자 전체를 위해서 계약을 했다는 사실을 분명히 해야 하고 재정을 지원하는 조직이나 당사자가 스폰서십을 이용해서 합의결과에 부당한 힘을 행사하지 않도록 해야 한다.[55]

### ■ 갈등분석(Conflict Assessment)

갈등분석은 이슈, 이해관계자와 그들의 이해관계, 의사 불일치 내용, 협상의 공통기반(common ground) 등을 문서화하는 것이다. 이것은 주로 이해관계자들과 외부의 중립적인 인터뷰어가 비밀이 보장되는 인터뷰를 통해서 이루어진다. 이런 과정을 거친 인터뷰어가 그 이후의 합의과정에서 조정인이나 합의진행 조력자 역할을 해야 하는지에 대해서는 이견이 있다. 광범위한 이해관계자 그룹들과 인터뷰를 한 후에 중립적인 제3자는 그 이후의 합의과정이 어떻게 진행되어야 하는지에 대해 제안할 수 있다. 이러한 갈등분석 결과는 주관자에게 구두로 보고될 수도 있지만 문서로 요약해서 당사자들과 공유하는 것이 바람직하다. 갈등분석을 수행한 중립적 제3자의 제안을 받고, 그 이후의 합의 프로세스를 진행할 것인지 여부, 어떻

**54** Lawrence Susskind et al., 1999, ibid., pp. 9–10.
**55** Lawrence Susskind et al., 1999, ibid., p. 10.

게 그 과정을 만들 것인지를 결정하는 것은 협상당사자들이다.[56]

## ■ 동일문서 공유(Single-Text Procedure)

피셔(Roger Fisher), 유리(Bill Uri)와 패튼(Bruce Patton)은 〈예스를 이끌어내는 협상〉에서 '동일문서' 협상을 제안한다. 각 당사자가 자신의 입장이나 제안을 기술한 문서를 제시하는 것보다는 중립적 제3자가 모든 당사자가 받아들일 수 있는 '개선안(improvement)'을 하나의 합의안으로 작성해서 협상당사자들과 공유함으로써 합의에 이르는 방법(a way to generate agreement)으로 제안한다.[57] 이러한 합의안을 당사자들이 모두 참여하는 미팅에서 함께 수정해나갈 수 있다.[58]

## ■ 가치의 창조와 가치의 요구(Creating and Claiming Values)

하워드 라이파(Howard Raiffa)는 〈협상의 기술과 과학〉[59]에서, 데이비드 랙스(David Lax)와 세베니우스(Jim Sebenius)는 〈협상가로서의 관리자〉[60]에서 '가치 창조(creating values)'의 개념을 알리는데 기여했다. 많은 사람들은 협상을 '제로섬(zero-sum) 게임'으로 생각해서 효율적 협상은 당사자들 간에 협상의 이익을 잘 분배하는 것으로 인식되는 경향이 있다. 이것은 이른바 '파이를 크게' 만들 수 있는 수많은 방법들이 있다는 것을 간과하는 것이다. 따라서 효율적 협상이란 협상과정에서 더 많은 가치를 창조하고 그렇게 창조된 가치를 당사자들 간에 잘 배분하는 것이다. 랙스와 세베니우스는 이러한 과정에서 직면하게 되는 문제를 "협상가의 딜레마(negotiator's dilemma)"라고 했다. 가치의 창조와 가치의 요구 사이의 긴장을 어떻게 다룰 것인가? 이러한 긴장은 가치의 창조는 협력적 행위를, 가치의 요구는 경쟁을 유발하는 데서 기인한다. 모든 협상 참여자들이 파이를 키우려는 동기와 자기 몫의 파이를 많이 갖고 싶은 두 가지 동기를 다 갖고 있기 때문에 협력과 경쟁의 수준을 정해야 한다.

협상에서 가치창조가 언제든지 가능한지에 대해서는 이견이 있다. 긍정적인

---

56 Lawrence Susskind et al., 1999, ibid., pp. 10-11.
57 로저 피셔 외, 박영환 역, 〈예스를 이끌어내는 협상법〉, 장락, 2013.
58 Lawrence Susskind et al., 1999, ibid., p. 11.
59 Howard Raiffa, 〈The Art and Science of Negotiation〉, Harvard University Press, 1982.
60 David A. Lax & James K. Sebenius, ibid.

협상가들은 어떤 협상의제이든 협상가치를 창출할 수 있다고 한다. 즉 각자에게 가치의 크기가 다른 부분에 대한 교환을 하거나, 이슈를 최대한 쪼개어 교환할 수 있는 가치를 분석하거나, 서로 다른 미래의 효용이 반영된 협상안을 도출하는 것 등이다. 부정적인 협상가는 교환할 것이 전혀 없는 협상이나 힘의 불균형으로 한 쪽이 일방적으로 자기가 원하는 것만을 주장하는 경우에는 협상의 가치창조가 어렵다고 한다. 서스킨드는 합의과정을 통해 모든 당사자가 협상이 없었던 상황보다 더 나은 결과를 갖도록 할 수 있다는 것을 제시한다. 즉 바트나(협상 결렬 시의 최적 대안)가 모든 당사자에게 협상의 성공을 판단하는 기준이 될 수 있다는 것이다.[61]

- ■ 이해관계자 분석(Circles of Stakeholder Involvement)

협상의 이해관계자는 협상을 통한 결정에 의해 영향을 받거나, 영향을 받는다고 생각하는 사람들이다. 그들이 협상과정이나 결정에 참여하는지 여부는 상관이 없다. 이해관계자를 분석하는 것은 서로 다른 정도로 협상과정에 개입하길 원하거나, 개입해야 하는 개인이나 집단을 파악하는 것이다. 이해관계자는 협상팀에 속할 수도 있고 협상팀에 속하지는 않지만 협상팀에 의해 이해관계가 반영될 수 있다. 또한 이해관계자가 단지 협상과정에 대한 관찰자로 머무는 경우도 있다. 어떤 이해관계자는 조직화된 방법으로는 그 이해가 대표되기 매우 어려운 경우도 있다. 예를 들면 '미래 세대'의 경우 지속가능한 성장(sustainable development)과 관련된 협상의제에서 누가 그들의 이해를 대변해야 하는가? 이런 경우 입법을 통해서 실제로 대표되기 어려운 집단을 협상에서 대리할 수 있도록 하기도 한다. 특정 상품에 의한 피해를 받은 소비자 집단이나 스스로의 입장을 이야기하기 어려운 어린이들의 경우가 그런 예이다. 때로는 큰 규모의 회의(caucus)를 개최해서 특정 대화나 문제 해결과정에서 특정 이해관계자 집단을 대표할 수 있다고 생각하는 사람들을 모아 그 중 대표자를 선발할 수도 있다. 특정 이슈에 대한 합의형성과정은 관련 법들을 고려해야 한다.[62]

---

**61** Lawrence Susskind et al., 1999, ibid., p. 12.
**62** Lawrence Susskind et al., 1999, ibid., pp. 12−13.

## Ⅲ. 합의형성과정(Consensus Building Process)

서스킨드는 특별한 의제를 위해 구성된 특수한 한시적 합의형성 기구(Ad hoc Assembly)와 지속적인 합의형성 조직(Permanent Organization)을 구별한다. 특수한 한시적 합의형성 기구의 경우 특정 이슈에 대한 단기간의 분쟁해결과 같은 공공영역에서 발생하는 이슈를 해결하기 위해 소집되고 합의형성과정을 거친 후 해산되는 경우가 그 예이다. 이러한 합의과정에 참여하는 개인이나 집단은 각자 파견된 집단에 소속되기 때문에 합의과정에 대한 충성도가 상이하고 같이 일해 본 경험이 없기 때문에 서로간에 공유된 문화나 규범이 적은 경우가 많다. 또한 해당 문제해결을 위한 합의 이후의 이행과정에서 같은 사람들을 다시 만나게 된다는 보장도 없다. 반면, 지속적인 합의형성 조직의 경우 일반적으로 공유하는 경험, 약속, 그리고 전체의 복지에 대한 충성도를 공유한다. 또한 수직적 리더십은 탑다운 의사결정 방식에 익숙해서, 합의형성 접근방식을 채택하는 과정에서 어려움이 있을 수 있지만 일단 채택된 후에는 추진과정이나 장기간에 걸친 제도적 약속을 보장할 수 있는 권한이 있으며 이러한 과정이 지속되면 축적되는 경험을 통해 합의형성과정을 더욱 발전시킬 수 있다. 물론 조직 내에 변화에 대한 저항이 심하거나 관계가 좋지 않을 경우에는 합의형성이 어려운 경우도 있다.[63]

합의형성과정의 기본 틀은 한시적 합의형성 기구나 지속적인 합의형성 조직이나 비슷하지만 지속적인 합의형성 조직의 경우 몇 가지 더 추가되는 부분이 있다. 아래에서는 지속적인 합의형성 조직에 대한 합의형성과정을 다루도록 하겠다.

### 1. 회합(Convening)

어떤 이슈에 대해 합의형성을 위한 소통(dialogue)을 할 것인지에 대한 결정을 하고 결정된 후에는 먼저 협상에 참여할 핵심 이해관계자들을 소집하여 개시 모임을 주관한다. 지속적인 합의 조직의 경우 관련된 핵심 이해관계자들이 회의에 참석하는 것은 이미 성립되어 있는 조직의 체계에 의해 보다 쉽게 이루어지며 이것이 특수한 합의형성 기구의 경우와 다르다.

---

63 Lawrence Susskind et al., 1999, ibid., Preface, p. xiv.

합의형성을 위한 회의가 개시되면 중립적인 제3자(인터뷰어)에 의해 갈등분석 (conflict assessment)을 수행하는데 협상의제와 핵심적으로 관련된 이해관계자 집단과, 그 외 간접적으로 관련되어 합의과정에 영향을 주고 받을 이해관계자들에 대한 선별과 인터뷰를 진행한다. 이 과정에서 참여자들에게 필요한 비밀보장 및 인터뷰한 내용들로 인해 불이익을 받지 않는 것에 대해 확신시킬 수 있어야 한다. 인터뷰를 통해 각 집단의 이해나 우려 등이 파악되고 나면 합의형성과정에 돌입할 필요가 있는지에 대한 인터뷰어의 의견이 개진될 수 있고, 과정의 개시를 제안할 경우 의제와 일정, 예산 등을 제시해야 한다. 갈등분석에 대한 초안으로 작성된 문서는 인터뷰한 이해관계자들에게 공유되어 커멘트할 수 있도록 해야 한다. 이 과정에서 인터뷰어는 갈등 분석 내용에 대해 필요한 수정과 더불어 이해관계자들이 합의형성과정에 참여할 것을 받아들이는지 여부를 확인해야 한다. 주요 이해관계자가 합의형성과정에 참여하지 않겠다고 하면 그 시작이 어려울 수 있다. 이후에 이해관계자들이 모여서 갈등분석 내용에 대해 함께 검토할 수 있는 미팅을 소집한다.[64]

합의형성과정을 진행하기로 결정하면, 각 이해관계자 집단의 대표자를 선정해야 한다. 여기서 이슈와 관련된 이해와 관점을 모두 망라할 수 있는 대표자들이 참석하는 것이 중요하고 이해관계자 집단은 자신들을 대표해서 합의형성과정에 참여할 대리인을 선정한다. 이 과정에서 빠진 이해관계자가 없는지 다시 확인하는 과정을 거쳐야 한다. 만약 이해관계자 집단이 매우 많거나 특정 이해관계자들을 대리할 수 있는 대표가 불분명할 경우 코커스(caucus)를 개최해서 모든 이해관계자 집단을 대표할 사람들을 선정하도록 할 수 있다. 만약 이 과정을 통해서도 대표자 선정이 어려운 이해관계자 집단(hard-to-represent category of stakeholders)이 있다면 모든 이해관계자 집단의 동의 하에 이들을 대표할 수 있는 대리인(proxy) 선정을 해야 한다. 모든 참여자들은 합의형성과정의 기본규칙(ground rules)에 대해 잘 이해하고 숙지하도록 해야 한다.[65]

64 Lawrence Susskind et al., 1999, ibid., pp. 36-38.
65 Lawrence Susskind et al., 1999, ibid., pp. 38-40.

## 2. 책임의 명확화(Clarifying Responsibilities)

합의진행의 조력자(facilitator)와 협상과정의 조정인, 서기 등의 역할을 지정한다. 일반적으로 지속적인 조직에서는 외부의 조력을 받을 필요가 없다고 생각하는데 그것은 이미 자신들이 조직과 진행과정에 대해 충분히 잘 안다고 생각하기 때문이다. 그러나 바로 그 이유 때문에 외부의 중립적인 도움을 받는 것이 더 바람직할 수도 있다. 이미 형성되어 있는 관계, 관례 등이 협상과정에 장애가 될 수 있기 때문이다. 조정인이나 조력자를 선발할 때는 합의에 참여하는 이해관계자 모두의 동의를 받는 것이 중요하다. 또한 가능한 문서화해서 조정인이나 조력자의 책임에 대해 명확히 하는 것이 좋다. 조정인이나 조력자는 개인일 수도 있고 팀일 수도 있다. 서기를 통해 기록되는 합의과정의 논의 내용과 각 당사자의 입장이나 합의가능, 불가능 영역과 그 이유들이 이해관계자들과 공유되어야 하고 요약본이 회람되어 승인받도록 해야 한다.

환경, 사업, 노동조합 등과 같은 크고 복잡한 사안의 경우 둘 이상의 이해관계자 집단이 있을 수 있는데 이 경우에는 임원위원회(executive committee)나 운영위원회(steering committee)를 두는 것도 좋은 방법이다. 이런 위원회는 각 이해관계자 집단을 대표하는 인력으로 구성되며 재정분배나 진행과정의 필요 등에 대한 행정적 업무나 필요한 결정을 할 수 있다. 그리고 외부에 대해 합의과정을 대표할 수 있는 의장(chair)을 지명할 수 있는데 합의과정이 길어지면 이해관계자 집단의 대표자들이 돌아가면서 수행할 수도 있다.

협상의제에 따라 어떤 합의과정은 비공개로 진행되기도 하지만 다른 경우는 일반에 공개되는 방식으로 진행된다. 이 경우 청중(observers)의 권리와 의무가 명시되기도 한다. 갈등분석에 포함되어야 할 중요한 내용은 기본규칙(ground rules)을 제안하는 것이다. 여기에는 인터뷰 과정에서 참여자들에 의해 제기되는 합의과정에 대한 우려사항이 반영된다. 대부분의 기본규칙에는 참여자들의 권리와 책임, 합의과정에서 기대되는 행동 양식, 미디어와 소통하는 규칙, 의사결정과정, 의견의 불합치를 다루는 전략, 합의도달 후 이행에 대한 확인을 하는 방법 등이 포함된다. 기본규칙이 만들어지면 모든 합의과정 참여자들은 이에 동의하는 서명을 해야 하고 대표자들을 보낸 모든 이해관계자 집단에게 회람되어야 한다. 청중도 필요시 미팅에 참여할 때 이러한 기본규칙에 서명하도록 요구된다.

사람들이 합의형성과정에 참여하는 중요한 이유는 직면한 문제에 적합한 해결안(tailored solution)을 함께 찾아가기 위해서이다. 따라서 참여자들이 새로운 아이디어를 제시하는 것을 주저하지 않도록 하는 것이 중요하다. 따라서 사전에 어떤 선례(precedent)도 새로운 합의과정을 구속하지 않는다는 것을 명확히 하는 것도 필요하다. 컴퓨터, 인터넷, 이메일, 서버, 웹 기반 컨퍼런스 등의 기술이 숙의과정에서 어떻게 이용될 것인지에 대해서도 사전에 결정해야 하며 이해관계자들 사이에 이러한 기술적 수단의 가용력에 차이가 있다면 해소될 수 있도록 조치를 취해야 한다.[66]

## 3. 숙의(Deliberating): 가치창조과정

■ 건설적인 의견 개진과 적극적인 경청(Deliberation in a Constructive Fashion & Active Listening)

숙의과정에서는 먼저 참여자들이 조건 없이 우려사항을 건설적으로 표현할수 있도록 해야 하는데 이를 위해서 개인적인 적대감이나 입장에 있어서의 큰 차이가 있더라도 문제해결을 지향하는 태도를 유지하는 것이 중요하다. 주장하는 바에 대해 이유와 설명을 제시하도록 해야 하고 특히 전체적인 방향에 동의하지 않는 경우에는 언제나 그 이유에 대해 설명해야 한다. 또한 누구도 어떠한 분위기나 전체 집단의 이해, 혹은 전체적인 진행과정을 위해 개별적인 이해를 추구하는 것을 포기해야 하는 압력을 받아서는 안된다. 모든 참여자들은 적극적으로 다른 사람의 이야기에 귀기울여야 하며 소통 내용이 참여자들 사이에서 잘 이해되고 있는지는 수시로 체크되어야 한다. 합의진행과정에서의 모든 참석자는 동의하지 않을지라도 불쾌한 태도를 취하지 않고(disagree without being disagreeable), 다른 사람의 동기나 인격을 공격해서는 안된다. 이러한 종류의 지침도 참여자들 사이에 기본규칙으로 공유될 수 있다. 합의형성과정은 가능한 최대로 투명해야 한다. 권한, 의제, 기본규칙, 참석자 명단과 각자의 이해, 고려하는 제안, 결정규칙, 재정, 최종보고서, 시간 운용 등이 참여자들에게 공개되고 검토되어야 한다.[67]

---

66 Lawrence Susskind et al., 1999, ibid., pp. 40−43.
67 Lawrence Susskind et al., 1999, ibid., pp. 44−45.

## ■ 가치창조(Value Creation)

합의형성과정의 목표는 가능한 많은 가치를 창출하고 창출된 가치가 모든 고려사항들에 부합되게 분배되는 것이다. 가치창조의 핵심은 상호이익(mutual gain)인데 이는 더 많이 갖겠다는 경쟁적 압력에 굴복하기 전에 파이를 최대한 키우겠다는 협력적 행동에 헌신(committing)하는 각 참여자의 노력을 통해 이루어진다. 협상과정의 다수의 이슈와 하위 이슈들에 대한 패키징(packaging)은 가치창조 협상에 있어 좋은 방법이다. 만약 당사자들이 서로 다른 가치를 부여하는 협상의 아이템(세부 내용)이나 옵션(선택 안)들을 교환하거나 묶어서 거래할 수 있다면 대부분의 참여자들은 협상이 결렬되는 것보다 나은 결과를 가져갈 수 있을 것이다. 매우 중요한 가치창조의 기술은 "만약 …라면(what if?)"이라는 고려이다. 이것은 종종 중립적인 조정인이나 조력자에 의해 제기되는 질문이다.[68]

## ■ 협력적 사실 확인과정(Joint Fact-Find Procedure)

협상의 당사자들은 각각 자기에게 유리한 사실이나 정보에 집중하는 경향이 있는데 이를 적대적 과학(adversary science)이라 하기도 한다. 따라서 참여자들이 동의한다면 서로 충돌이 될 수 있는 질문에 대해서는 함께 사실을 찾아나가는 과정이 바람직하다. 그 과정에서의 공통된 질문은 어떤 정보가 필요한지, 그 정보는 어떻게 생성되었는지, 당사자들 간의 기술적인 정보원의 차이는 어떻게 해결될 수 있는지 등이다. 필요에 따라서는 당사자들의 동의 하에 전문가들이 합의과정에 조력하기도 한다.[69]

## ■ 동일문서 공유과정(Use a Single-Text Procedure)

합의형성과정에서 참여자들이 효과적으로 소통과정에 집중하기 위해 좋은 방법은 사전 제안(preliminary proposals) 내용을 공유하는 것이다. 여기에는 협상의제의 세부 내용들(items), 넓은 영역의 선택 옵션들과 아이디어들이 포함된다. 사전 제안은 합의과정 조력자나 조정인, 혹은 각 이해관계집단의 대표자들로 구성되는 '합

---

**68** Lawrence Susskind et al., 1999, ibid., pp. 45−46.
**69** Lawrence Susskind et al., 1999, ibid., p. 46.

의초안 작성 위원회(proposal drafting committee)'에 의해서 준비될 수 있다. 사전 제안은 합의의 시작에서 소통을 보다 효과적으로 하기 위한 것이고 합의의 끝이 아니다.

브레인스토밍(brainstorming)은 각각의 협상의 세부 내용에 대한 제안의 범위를 확장시키기 위해 참여자 전체 혹은 하위 커미티에서 이루어지는 방법이다. 또한 브레인스토밍을 통해 협상의 세부내용들에 대한 패키지를 만들 수도 있다. 브레인스토밍에서 중요한 기본규칙(ground rule)은 참여자들의 창조적인 사고를 독려하기 위해 서로의 새로운 제안에 대해 비판을 자제하도록 하는 것이다. 또한 합의형성과정은 각 참여자나 집단이 자신의 기여를 인정받기 위한 것이 아니라 집단적인 숙의과정이라는 것을 이해할 필요가 있다. 참여자들은 초기에 작성된 제안을 더 발전시키는데 집중해야 한다. 이러한 과정을 통해 작성되는 동일문서(single text)는 특정 이해관계자가 아닌 합의과정에 참여한 전체 집단의 결과물로 받아들여져야 한다. 합의형성과정에서 필요하다면 초기에 형성된 기본규칙에 대해 참여자들의 동의 하에 수정할 수 있다.[70]

## 4. 결정(Deciding)

■ 전체 이익의 최대화(Try to Maximize Joint Gains)

전체 이익(joint gains)를 최대화하기 위한 모든 노력은 지속적으로 평가되어야 한다. 이를 위해서는 중립적 제3자가 협상 참여자들이 제안된 합의안에 대해서 "개선되었다"고 평가할 수 있는지를 확인하는 것이 좋은 방법이다. 또한 각 이해관계자 집단을 대표하는 협상 참여자가 합의안에 대해 제시하고 받아들이도록 설득할 수 있는지에 대해 확인하는 것도 중요하다. 이러한 과정에서 참여자들 사이에서 합의된 정도를 파악하기 위한 비구속적인 의사타진 여론조사(straw poll)를 일정 시점에 수행하는 것도 도움이 된다. 참여자들 사이에 합의된 시간 내에 만장일치(unanimity)를 지향하는 것은 필요한 과정이다. 그럼에도 불구하고 만장일치가 불가능하다고 판단될 경우 참여자들이 합의에 이르렀다고 볼 수 있는 '압도적인 지지 수준(overwhelming level of support)'을 설정하는 것도 적절한 방법이다. 예를 들어,

---

**70** Lawrence Susskind et al., 1999, ibid., pp. 47–49.

만약 압도적 지지 수준의 정확한 수치를 설정하기 어렵다면 참여자의 80% 이상이 동의하지 않는 안에 대해서는 합의에 이르렀다고 보기 어렵다는 것을 사전에 설정할 수 있다. 합의에 동의하지 않는 참여자들의 우려를 제거할 수 있는 최선의 노력을 하는 것도 중요하다. 마지막 합의안 결정을 하기 전에 이미 동의한 참여자의 이해를 침해하지 않으면서 패키지의 수정이나 잠정적인 합의안을 도출하는 등의 방법을 통해 동의하지 않는 참여자를 만족시키기 위한 시도를 끝까지 해봐야 한다.[71]

### ■ 공통의 가치의 추구(Pursue Common Values)

서기는 합의형성의과정을 기록해야 하는데 전 과정에 걸쳐 모든 참여자들이 함께 공유할 수 있는 시각적 형태로 하는 것이 바람직하다. 전통적인 회의록 작성 형식을 취해야 하는 것은 아니며 합의와 불합치의 중요 포인트가 정확히 파악될 수 있도록 하는 것이 중요하다. 최종 보고서의 초안을 모든 참여자가 회람한 후에 지지와 반대 의사를 표현하도록 한다. 작성은 중립적 제3자가 하더라도 이런 과정을 거쳐 승인된 최종 보고서에 대해서는 모든 참여자가 책임을 진다. 최종 보고서가 작성된 후라고 할지라도 그 전의 모든 토론 내용의 요약은 보관되어야 한다. 이러한 기록물은 합의과정의 신뢰를 위해 필요하고, 이후 문제가 발생한다면 합의형성과정에서 이해관계자 집단의 의도를 다시 확인할 수 있다. 지속적인 합의형성 조직은 합의과정에서 이해관계자들에 의해 제시된 커멘트가 한시적 합의형성 집단의 경우보다 지속적으로 존중될 수 있는 장점이 있다. 장기간의 관계와 상설 조직의 계층 구조에 의해서 참여자들에 대한 약속을 지속적으로 지킬 수 있는 기반이 있기 때문이다. 또한 최종 합의안 결정에서 지속적인 합의형성 조직은 한시적 조직에 비해 참여자들에게 합의의 목표에 대한 공유된 이익(shared interest)의 가치로 참여자들을 설득할 수 있다. 지속적 합의형성 조직의 구성원인 참여자들은 '공통의 가치(common value)'를 갖고 있을 것이라고 기대되기 때문이다. 따라서 그에 기반한 의미 있는 토론이 더 쉽게 이루어질 수 있다. 또한 합의가 한 번으로 끝나는 것이 아니라 지속적으로 '다음 번'에도 계속된다는 사실은 참여자들의 협력적 태도를 높일 수 있는 이유가 된다. 또한 지속적인 합의형성 조직에서 이미 형성되

| **71** Lawrence Susskind et al., 1999, ibid., pp. 49–52.

어 있는 조직적인 규범은 합의과정을 보다 원활하게 만들고 합의에 이르도록 할 수 있는 제도적 기반이 된다.[72]

## 5. 합의의 이행(Implementing Agreements)

■ 이행의 구체적 보장(Ensure the Implementation Specifically)

최종 보고서 생성 직전에 합의과정의 참여자들은 자신들이 대표 또는 대리한 이해관계자 집단의 의견을 구해야 한다. 충분한 시간을 갖고 보고서 초안이 전체 이해관계자 집단에 회람되어 개선사항이 있는지에 대해 조사하도록 해야 한다. 협상과정에 참여한 대표자는 최종 보고서에 사인함으로써 자신들이 대표 또는 대리하는 이해관계자 집단의 이행과정에 대해 책임을 진다. 이는 각 이해관계자 집단의 모든 구성원이 최종 합의안에 동의하지 않는 경우에도 마찬가지이다. 합의형성 조직에서 도출한 합의안이 권고안일 경우도 있다. 또한 합의안에 정부 관료나 선출직 공무원의 추인을 필요로 하거나 다른 비공식 협상을 조건으로 하는 경우도 있다. 어떤 경우든 모든 합의안에는 그것이 이행되기까지 필요한 조치 및 그 조치를 취할 책임자에 대해 명확히 기술해야 한다. 합의안의 효과적인 이행은 모니터링되어야 하는데 모니터링 방법 또한 최종 보고서에 구체적으로 명기되어야 한다. 만약 중대한 상황 변화가 있거나, 협상 참여자 중 합의사항을 이행하지 못하는 경우가 발생할 경우, 참여자들을 다시 소집할 수 있는 메커니즘도 합의안에 포함되어야 하고 이로 인한 분쟁발생시 적절한 분쟁해결 수단이나 과정도 합의안이나 보고서에 제시되어야 한다. 모든 참여자들은 합의과정에서 내용면으로나 과정적으로 배운 바들을 평가해서 다음 번에 필요한 개선점들이 반영될 수 있도록 해야 한다.[73]

■ 장기적 관계 지향(Focus on Long-term Relationships)

지속적인 합의형성 조직의 경우 장기적 관계의 기반이 되기 때문에 협상과정의 참여자들의 합의가 이행될 것이라는 확신이 높아지게 된다. 한시적 합의 집단의 경우 합의 도달 후 이행 조직이 새롭게 구성되는 경우가 많은 것과 다른 점이

---

**72** Lawrence Susskind et al., 1999, ibid., pp. 49−52.
**73** Lawrence Susskind et al., 1999, ibid., pp. 52−53.

다. 그러나 지속적인 조직에서 변화에 저항하는 문화가 고착되어 있다면 합의안 이행에 장애요인이 된다. 이 경우 내부적인 인센티브나 통제시스템이 변화될 필요가 있는데 이것 또한 효과적인 이행을 위한 변화를 위해 합의안에 포함될 수 있다. 이것은 특히 합의안의 이행을 위해 서로 다른 집단의 협력을 요하는 경우에 그러하다.[74]

### 6. 조직적인 학습과 발전(Organizational Learning and Development)

합의형성과정이 종료된 후에는 그 과정에서 있었던 일들에서 무엇을 배웠는지에 대해 정리하고 반영하는 것이 중요하다. 따라서 합의 집단의 여러 행위들의 긍정적인 면과 부정적인 면을 분석할 수 있는 별도의 시간을 가져야 한다. 내부에 이 과정에 대한 책임자를 둘 수도 있지만 중립적인 제3자에 의해 효과적으로 수행될 수 있다. 이것은 자동적으로 축적되어 합의 조직의 역량 향상으로 이어지는 것이 아니라 훈련과 다른 노력이 부가되어야 하기 때문이다. 따라서 이를 위해 참여자들이 별도의 시간과 관심을 갖도록 해야 한다.[75]

## Ⅳ. 합의형성 접근방법(CBA)의 사례연구

위에서 제시한 합의형성 접근방법의 사례연구로 세 가지 사례를 다루어보도록 하겠다. 첫 번째 사례는 네덜란드의 스키폴(Schiphol) 공항부지 확대문제가 근처 지역 주민의 생활권을 포함한 환경의 문제와 충돌했을 때 정부 주도의 '정책 네트워크(policy network)' 구성을 통해 합의형성과정을 마련하여 합의안을 도출한 사례이고, 두 번째 사례는 우리나라의 개발-환경 갈등의 대표적인 사례로 논의되는 시화호 개발을 둘러싼 갈등해결과정인데 이것이 앞선 네덜란드 스키폴 공항 확대 사례와 다른 점은 전자의 경우 합의 도출 후 종료된 한시적인 정책 네트워크였으나 시화지구 갈등해결을 위한 협의체였던 '시화지구지속가능발전협의회'라는 민관협의체는 2004년 이후 13여 년이 지난 현재까지 지속되면서 시화호 개발과 관련된 합의사항 이행과 다양한 쟁점을 논의하는 숙의의 장이 되고 있다는 것이다. 세 번

---

74 Lawrence Susskind et al., 1999, ibid., pp. 53−54.
75 Lawrence Susskind et al., 1999, ibid., pp. 54−55.

째 사례는 가장 최근의 사례인데 문재인 정부의 원전 축소 정책을 전제로 한 신고
리 5·6호기 건설 재개 여부를 놓고 시민 478명이 합의형성과정을 통해 결론을 도
출하고 정부에 권고안을 제시한 사례이다. 이 사례들을 정리할 때, 협상의 배경과
더불어 위에서 제시한 내용을 바탕으로 갈등분석의 프레임워크(conflict assessment
framework)와 합의과정의 가치사슬(value chain)을 적용해 보도록 하겠다.

## 1. 네덜란드 스키폴(Schiphol) 공항 확대 사례[76]

### (1) 협상의 배경

네덜란드의 중심부에 있는 암스테르담의 스키폴 공항 확대문제는 1950년대부
터 대두된 오랜 갈등의 역사를 갖고 있었다. 이 공항은 국내선, 유럽 노선 및 국제
선을 모두 운영하고 있으며 인구밀도가 높은 가장 도시화되어 있는 지역에 위치하
고 있다. 따라서 공항의 개발 문제는 환경 및 도시 주민들의 생활권 문제와 늘 맞
물려 있었다. 경제적인 관점에서 공항의 확대는 점차 심해지는 유럽 및 외국 국적
기들과의 경쟁, 산업 발전, 항공기를 통해 이동하는 사람들과 화물들에 의해 유발
되는 경제적 효과 등의 이유에서 필요한 일이었지만, 항공기로 인해 발생하는 소
음, 악취, 안전문제 등과 환경문제는 지역의 이해 및 시민단체 및 환경단체의 강력
한 반대에 직면하고 있는 문제였고 정부부처도 각자의 소관업무에 의해 관련된 이
익집단의 입장을 옹호했다. 이 과정에서 각각의 이해관계자 집단을 옹호하는 많은
연구들이 수행되어 서로 다른 결과를 도출하기도 하였다. 수십 년간 이런 상황이
지속되다가 세계화로 인한 국제 경쟁의 압력이 심해지고 공항의 확대가 더 이상
피할 수 없는 국가 정책과제로 대두되자 1980년대에 이르러 정부는 관련 부처들
및 관련된 지역, 민간 이해관계자들 간의 정책 네트워크(policy network)를 구축해서
협력적인 방식으로(concerted way)의 문제해결을 시도했다(1988). 이는 수십 년 간의
협상의 교착상태에 중요한 분기점을 마련한 정부의 이니셔티브로서 정부가 발표
한 '개발사업에 대한 국가 제안서(national memorandum on physical planning)'에는 경제
활성화와 고용증대 등의 이유로 2015년까지의 스키폴 공항의 확대 개발은 정부의
정책방향이라는 것과 동시에 환경문제를 해결할 수 있는 개선안이 동반되어야 함

---

**76** Lawrence Susskind et al., 1999, ibid.; "Introduction to the Case and Commentaries", Michèle
Ferenz, pp. 685-709.

을 분명히 했다.

　이 과정에서 평가받는 부분은 정부가 이 정책 네트워크의 책임 부서로 수십 년 간 스키폴 공항의 확대를 주장해 온 교통·공공 정책부(The Ministry of Transport and Public Works)나 경제부(Ministry of Economic Affairs)가 아니라 지속적으로 환경 및 시민 단체들의 입장에서 환경적 이슈에 대한 옹호를 해 온 주택·개발계획·환경부 (Minister of Housing, Physical Planning and Environment; 이하 '환경부')를 임명했다는 것이다. 이것은 매우 뜻밖의 조치였는데 이를 통해 정부가 스키폴 공항의 확대에 대한 정 책과제를 제시하면서도 환경문제를 결코 소홀히 하지 않으며 조화로운 해결책을 지향한다는 분명한 의지를 표명한 것이고 이것이 그간 서로 다른 입장으로 경쟁해 온 부처들이 협력적 행위로 전환할 수 있었던 중요한 시그널로 평가되고 있다.[77]

　수십 년 간 이 문제에서 단 한번도 앞서 추진하는 역할(a leading role)을 한 적 이 없었던 환경부는 이후 부서 간의 장벽을 깨뜨리기로 결정하고 적극적으로 합의 과정을 시작하는 데 앞장선다. 즉 환경정책을 옹호함과 동시에 공항 확대를 위한 합의과정을 이끌어야 하는 두 가지 역할을 수행하기로 한 것이며 다른 부처들도 이에 적극 협조했다. 정책 네트워크는 세 정부 부처들 외 공항 인접 지역 주민들 이 거주하는 지역의 지방자치단체(the province of North Holland, the municipalities of Amsterdam and Haarlemmermeer), 공항 측(NV Luchthaven Schiphol)과 공항 운항의 가장 큰 비중을 차지하는 국적 항공기 측(KLM)이 참여했다.

## (2) 갈등분석(Conflict Assessment)

　위에 언급한 대로 스키폴 공항 확대 문제는 1950년대 이래 정책 네트워크가 형성된 1988년에 이르기까지 수십 년 간 여러 이해관계자들이 서로 다른 입장으 로 대립해 온 사회적 이슈였기 때문에 이해관계자들의 입장이 비교적 분명했다. 관련 중앙정부 부처는 해당 이익단체나 시민단체의 우려를 반영하고 있었고, 지방 자치단체는 지역주민의 이해를 대변하고 있었다. 다음은 본 합의형성과정에서 다 루어진 주요 이해관계자들에 대한 갈등분석(conflict assessment) 내용에 대한 요약이 다. 여기에서는 갈등분석에 대한 가시적 분석틀을 만들어 정리해보도록 하겠다.

---

**77** Lawrence Susskind et al., 1999, ibid., p. 694; Commentary of Mark Kishlanski.

〈표 3-1〉 스키폴 공항 확대 사례의 갈등분석[78]

| 이해관계자 (stakeholders) | | 이해 (interests) | 의사 불일치 내용 (points of disagreement) | 공통 기반 (common ground) |
|---|---|---|---|---|
| 중앙 정부 | 교통 및 공공 정책부 (The Ministry of Transport and Public Works) | • 수십년간 스키폴 공항문제의 가장 적극적인 이해관계자(player)<br>• 공식적으로 공항계획과 항공법의 담당부처<br>• 항공법은 공항 부지 개발과 소음 경감 모두를 규제함<br>• 공항 확대와 그로 인한 환경적 영향 모두에 대해 소관사항으로서 관련 이해를 갖고 있음 | • 항공 산업의 확대로 인한 이익과 환경문제에 대한 균형을 맞추기 어려움<br>• 광범위한 민간항공 이착륙장 건설 계획이 추진되었으나 제대로 시행되지 못했음<br>• 점차 공항의 확대가 소음 문제보다 더 중요성을 띠게 됨; 소음문제는 기술적으로 해결할 수 있다는 인식이 커짐 | • 1950년대부터 1980년대 후반에 이르기까지 장기간 지속되어 온 공항확대의 문제가 점차 계속 미룰 수 없는 긴급한 해결 과제가 되었음에 대한 인식의 공유; 세계화, EU 내 경쟁의 심화, 경제의 침체 등이 중요한 원인이 됨 |
| | 경제부 (Ministry of Economic Affairs) | • 경제 개발의 관점에서 공항 확대의 필요를 지속적으로 주장해 옴 | | • 1988년 정부의 공식적인 제안으로 형성된 정책 네트워크 결성은 2015년까지 공항확대계획을 마련하고 추진하겠다는 것과 이와 관련된 환경문제에 대한 대책을 마련하겠다는 강력한 정부의 의지의 표현이었고 이에 대한 관련 부처들의 공감대가 형성되었음 |
| | 주택·개발계획· 환경부 (Ministry of Housing, Physical Planning and Environment) | • 환경문제에 대한 포괄적인 소관 부서<br>• 공항 산업과 관련된 포괄적인 환경 영향, 즉 공기오염, 악취, 위험 등에 대한 정책을 추진함<br>• 동시에 주택 및 물리적 인프라 개발과 관련된 소관부서이기도 함 | • 1980년대까지도 공항 확대문제가 환경문제에 앞선다는 인식에 동의하지 않았음<br>• 기술적으로 환경문제를 경감할 수 있다는 인식에도 동의하지 못함<br>• 특히 미래 활주로 운영방식, 소음문제의 완화, 야간 비행에 대한 규제의 효과에 동의하지 못함 | |
| 지방 정부 | 북네덜란드주 (The Province of North Holland) | • 지역의 환경과 개발에 대한 책임을 갖고 있음<br>• 인근 공항인 스키폴 공항으로 인한 이익을 누리기도 하고 피해를 입는 이해관계자<br>• 이익은 공항근처라는 입지로 회사들이 설립되어 많은 고용과 지방세금을 충당하는 소득을 창출 | • 지방정부들은 환경적인 문제에 대해 더 높은 중요성을 부여함<br>• 주민들의 생활을 침해할 수 있는 소음, 공기오염, 악취 등의 문제 해결이 되어야 함을 주장함 | • 특히, 정부가 그동안 이 문제와 관련해서 주도적인 역할을 해온 교통 및 공공정책부가 아닌 환경부를 정책네트워크의 주요 책임부처로 임명함으로써 실제적인 |
| | 암스테르담과 할레머미어 시들(The Municipalities of Amsterdam and Haalemmermeer) | | | |

| | | | | 추진의지를 더욱 강력하게 관련 이해관계자들에게 전달할 수 있었다고 평가됨 |
|---|---|---|---|---|
| | | • 피해는 공항 소음, 악취, 공기오염 등 환경 악화 문제 • 할레머미어 시는 공항이 위치한 시여서 공항부지 사용 계획에 대한 권한을 갖고 있음 | | |
| 민간 영역 | 엔비 루크타벤 (NV Luchthaven) | • 공항운영사로 국가소유이며 정부가 ¾의 지분을 갖고 있고 나머지는 암스테르담(22%)과 로테르담 시(2%)들이 보유 | • 1980년대 중반 경기침체와 심화되는 경쟁환경을 극복하기 위해 스키폴 공항을 유럽의 주요 공항으로 만들려는 계획을 세움 | |
| | 케이엘엠 (KLM) | • 대표적인 네덜란드 국적기로 정부가 1/3 정도의 지분 보유 • 공항확대를 통해 큰 이익을 취할 수 있는 이해관계자 | | |

## (3) 합의형성과정의 가치사슬(Value Chains of Consensus Building Process)

스키폴 공항 확대 문제 해결을 위한 합의형성과정은 30년 넘게 지속되어 온 사회적 문제에 대해 정부 주도의 민관 정책 네트워크를 구성하여 합의를 도출한 사례이다. 그 과정을 '인지적 단계(cognitive stage)', '생산적 단계(productive state)', '공식화 단계(formulative state)'로 분석할 수 있는데[79] 이에 '협상의 가치사슬'을 적용시켜 보도록 하겠다. 앞서 협상이론에서 제시한 바 대로 협상의 가치사슬은 비단 합의형성과정만이 아니라 협상 전 단계와 협상 완료 후의 이행단계까지 포함되는 개념이다.

스키폴 공항 확대 관련 합의형성 접근방식의 사례는 '협상 전 단계'에서 1) 30여 년 간 지속된 장기간의 갈등이었다는 점, 2) 정부부처들이 서로 다른 경쟁적 이해관계를 갖고 있는 이해당사자였다는 점, 3) 민간기관이 사실상 소유구조에 의해 정부와 같은 입장에 서 있었다는 점, 4) 이런 상황에서 정부가 합의과정을 시작하는 데 있어 결정적인 이니셔티브를 행사하고 합의를 주관하는 역할을 수행했

---

78 Lawrence Susskind et al., 1999, ibid.; "Introduction to the Case and Commentaries", Michèle Ferenz, pp. 685–709 내용에 기반하여 재구성.

79 Lawrence Susskind et al., 1999, ibid.; "Introduction to the Case and Commentaries", Michèle Ferenz, p. 696.

다는 점, 5) 직접적인 이해당사자인 지역 주민을 대표하는 사람이 정책 네트워크
에 포함되지 않아 협상에 참여하지 못한 점 등에 특징이 있다. '협상과정'은 갈등
분석, 협력적 사실 확인과 공유, 브레인스토밍, 동일문서 공유 등 합의형성과정의
기본 방법론을 효과적으로 수행했고 이 과정에서 동일 입장에 있는 당사자 간에
연합이 있었다. 한시적 합의기구로서의 정책 네트워크 내에서는 합의도달에 성공
적이었으나 '공식화 과정'에서 시민들의 공감을 얻고 설득하는 과정에서부터 문제
가 대두되었고 이는 수정된 합의안이 도출된 후에도 이행과정의 문제들로 이어졌
다. 보다 상세한 내용은 아래와 같이 협상의 가치사슬을 시각적으로 보인 〈그림
3-4〉로 정리해보겠다.

〈그림 3-4〉 스키폴 공항 확대문제 합의형성과정의 가치사슬[80]

| 협상 전 단계 | 인지 단계 (cognitive stage) | 생산 단계 (productive stage) |
|---|---|---|
| • 1950년대부터 1980년대까지 30여 년 동안 중앙정부, 지방정부, 관련 민간기업, 지역 주민 등 이해관계자들이 경제, 인프라 및 산업발전과 환경 문제로 대립해 옴<br>• 1988년 네덜란드 정부는 세계화, 경제 침체, 국가 간 경쟁의 심화 등의 상황에서 이 문제를 적극적으로 해결하기 위한 정책 네트워크를 구성하고 수십 년간 적극적인 역할을 한 교통 및 공공정책 부서가 아닌 환경문제를 이유로 개발에 문제를 제기해 온 환경부를 책임부처로 임명함<br>• 환경부는 협상의 주관기관이자 환경문제에 대한 옹호기관 두 가지 역할 모두를 수행하기로 결정함 | • 정보의 수집과 교환을 통해 문제에 대한 인식이 다른 이해관계자들의 관점에 대한 서로의 이해를 확대한 단계<br>• 프로젝트 프로그램, 연구 프로그램, 시나리오 개발 프로그램 세 가지의 실행전략 수행<br>• 프로젝트 프로그램은 다양한 이해관계자들에 대한 갈등 분석; 협상과정에서 예상되는 장애요인(bottlenecks)과 각자의 이해에 대한 차이(gap)에 대한 인벤토리 작성<br>• 이를 기반으로 연구와 시나리오 프로젝트를 투 트랙으로 시작함; 13개의 연구 및 조사를 수행. 각각을 위해 자문위원회를 구성하고 주요 이해관계자들을 조사에 | • 인지단계에서 수집, 공유한 정보를 바탕으로 의사결정을 추진한 단계<br>• 중립적인 제3자가 조력자 (facilitator)로 참여해서 협상과정을 지원했음<br>• 협상 조력자는 주요 장애요인을 우선순위로 접근함; 프로젝트 그룹과 운영 위원회 간의 강한 상호 소통 과정(interaction)을 추진함<br>• 문제 인벤토리 구성; 문제 우선순위 결정 (이해관계자들이 직접 포스팅) - 주요 문제 도출 - 주요 문제에 대한 세부 문제 도출 - 각 문제에 대한 해결안 논의 (브레인스토밍) - 추진 가능한 해결안을 도출하여 조력자가 보고서 형태로 만들어 운영위원회 |

**80** Lawrence Susskind et al., 1999, ibid.; "Introduction to the Case and Commentaries", Michèle Ferenz, pp. 685-709 내용에 기반하여 재구성

| | | |
|---|---|---|
| • 교통 및 공공정책부, 경제부도 이에 적극 협조하기로 결정 | 참여시킴<br><br>• 별도의 시나리오 프로그램; 2015년까지의 확장 공항의 승객, 화물 등에 대한 시나리오 별 예측 프로젝트를 수행함<br><br>• 인지단계에서 이미 이해관계자간 연합이 형성 되었음; 환경옹호연합으로 북네덜란드주와 할레머미어시가, 공항확대옹호 연합으로 교통부와 경제부, 공항 측과 항공사가 연합하였음<br><br>• 협상을 주관해야 하는 환경부는 연합에 참여하지 않음 | 제출 – 운영위원회가 동의할 수 없으면 의견 첨부하여 다시 프로젝트 팀에게 환송 – 다시 논의<br><br>• 세 번의 라운드를 통해 모든 주요 문제에 대해 모든 당사자가 동의하는 합의안 도출 |

〈그림 3-4〉 스키폴 공항 확대문제 합의형성과정의 가치사슬(계속)[81]

| 공식화 단계 (formalizing stage) | 합의안 도출 | 이행 |
|---|---|---|
| • 생산 단계에 이르기까지 모든 협상과정이 비공개로 진행되었음<br><br>• 프로젝트 그룹과 운영위원회만이 전체 협상 과정에 영향을 미치고 참여할 수 있었음<br><br>• 그 결과가 일반에 공개되었을 때 합의형성/과정은 새로운 국면을 맞게 됨<br><br>• 이 단계의 목적은 사회적, 정치적 정당성을 확보하는 것임; 공청회 등을 통해 합의안에 대한 시민의 토론을 거쳐 그 결과를 최종 결정에 반영하고 그 이후 국회 및 북네덜란드와 암스테르담& 할레머미어 시의 승인을 얻어야 했음<br><br>• 이 과정은 두 가지 측면에서 어려움에 처함; 1) 그때까지의 | • 최종합의안의 주요 내용은 2015년까지 40 – 45% 정도로 공항 확대를 추진하되 소음과 안전문제를 해결할 수 있는 구체적 방안 마련; 활주로 시스템을 변경하고 (제 5 활주로 건설 및 현존하는 활주로의 각도 변경 등), 항공기의 소음문제를 기술적으로 해결하며 대륙 내에서의 항공편을 대체할 수 있는 고속철도를 개발하는 것 등<br><br>• 더 나아가 항공기 소음에 대한 일정 기준을 마련하고 인근 거주지역에 방음장치를 설치함. 그 외의 환경이슈에 대해서도 취지에 대한 합의를 도출했고 일부에 대해서는 구체적인 이행사항을 향후 이행계획에서 마련하기로 함<br><br>• 이러한 합의사항 이행에 대해 | • 합의과정에 참여한 모든 이해관계자가 동의한 합의안을 도출했다는 점에서 본 합의형성 과정은 성공적이었으나 장기간에 걸친 실행과정에 어려움이 있었음<br><br>• 합의과정에서 정책 네트워크 안에 포함된 협상 참여자들 내에서만의 합의가 추구되었다는 것이 문제가 되었음; 합의과정에 포함되지 않았던 시민·환경단체들은 근본적으로 공항 확대에 지속적으로 반대했음<br><br>• 또한 합의과정에서의 가정이 실제 진행과정에서 드러난 현실과 잘 맞지 않는 부분들이 있었음; 합의는 2015년까지 승객기 4천 4백만, 화물이 3.3백만 톤 매 년 늘어나고 2015년에 이를 수용할 수 있는 |

| | | |
|---|---|---|
| 과정이 비공개로 진행된 것에 대한 시민의 반발이 컸고 애초에 정부가 기업의 이익을 챙기며 지역주민의 이해를 무시했다는 의구심을 품게됨<br>2) 운영위원회의 구성원들이 각기 자기 부처의 이해관계자 집단과 별도의 공청회를 열기로 결정했고 그 결과 공청회가 협력적이고 일관된 방식으로 진행되지 않아 시민들을 혼란스럽게 했음<br>• 조력자는 이 상황을 타개하되 정책네트워크가 그 때까지 이룬 합의내용이 침해 되지 않을 수 있는 방법을 모색함; 대두된 핵심 문제에 대한 지속적인 소통을 하게 했고 해결안을 만들어 전체 운영위원회와 공유함<br>• 합의안 초안이 수정되고 성공적으로 최종 합의에 이름 | 협상 참여자들은 공식적인 성명서를 발표함 (statement of intent); 합의안이 협상당사자들에 의해 협력적으로 이행될 것임과 이행 전에 세부계획이 지속적으로 마련될 것임을 약속함<br>• 이 계획은 향후 수 년에 걸쳐 이행될 것이므로 장기간에 걸친 이행 과정에 대한 합의라는 점이 중요했음 | 공항 확대가 가능함과 동시에 소음, 공기오염, 안전 등의 문제가 기술적으로 완화될 수 있고, 제 5 활주로가 지역주민들의 불편을 감소시키는 방식으로 설계, 건설될 것이라는 것이었음<br>• 하지만 실제 공항의 규모는 예상보다 훨씬 빨리 늘어났고 환경에 대한 위협은 더욱 커졌으며 제 5 활주로는 다양한 환경단체에 의해 소송 제기되었음; 연구결과에 의하면 공항확대로 인한 환경문제는 예상보다 더 심각해졌음<br>• 이런 상황의 변화로 인해 스키폴 공항 문제는 지속적으로 합의보다는 정치적인 갈등 상황에 처하게 되었고 정부는 갈등 관리자의 역할을 성공적으로 수행하지 못했음 |

### (4) '통합적 가치 축적을 위한 협상모델' 수립에 대한 스키폴 공항 사례의 시사점

스키폴 공항 확대에 대한 합의형성과정은 다음과 같은 면에서 본 연구의 협상모델 수립과 관련된 시사점을 제공한다.

첫째, 사회적 문제에 대한 합의형성과정에서 정부의 역할이다. 정부는 사회적 문제에 대한 문제해결과정에서 이중적 지위를 갖고 있다. 즉 정부는 관련된 여러 이해당사자 사이에서 합의를 주도적으로 이끌어야 할 중재자(arbiter)의 역할을 해야 함과 동시에 정부 자신이 해당 문제의 이해당사자일 수 있다는 것이다. 사례에서 네덜란드 정부의 1988년 정책 네트워크 구성을 통해 30여 년 간 지속되어 온 '공항 확대 vs. 환경문제' 해결에 대한 강력한 의지를 보인 것과 이 문제에 대해 방어적이었던 환경부를 정책 네트워크의 책임부서로 임명한 것은 중재자로서의 역할을 성공적으로 시작한 것으로 평가된다. 환경부 또한 그간 환경부로서 취해왔던

**81** Lawrence Susskind et al, ibid.; "Introduction to the Case and Commentaries", Michèle Ferenz, pp. 685－709 내용에 기반하여 재구성.

환경보호에 대한 입장을 견지하면서도 전체 협상과정의 운영에 대한 주관자로서의 이중적 역할을 명시적으로 수용한 것도 그러하다. 본 연구의 통합적 가치 축적을 위한 협상모델도 정부의 이러한 이중적 역할을 기반으로 할 것이다.

둘째, 사회적 합의를 위한 협상 참여자에는 정부와 해당 민간업체뿐 아니라 시민의 입장을 직접적으로 대변할 수 있는 대표자의 참여가 필요하다는 점이다. 스키폴 공항 확대에 대한 합의과정의 가치사슬에서는 크게 '공식화 단계'와 '이행단계'가 문제점으로 지적되었다. 먼저 공식화 단계에서 그 전 단계인 생산단계 즉 정책 네트워크의 참여자였던 '중앙정부-지방정부-공항공사와 항공사' 사이에서 비공개로 진행되어 도출된 합의가 일반 시민에게 공개되었을 때 시민들은 그 전 과정에서 자신들이 배제되었다는 사실 자체로 처음부터 '심리적인 역효과(psychological adverse effect)'[82]와 의구심을 갖고 이 문제를 받아들였다. 또한 시민과 직접적인 관계에 놓인 각 지방정부가 협력적이고 일관되지 않은 방식으로 시민과 소통함으로써 혼란이 가중되었다. 그 이후 수정된 합의안이 성공적으로 도출되었고 이에 대해 정책 네트워크에 참여한 당사자 간의 성명서가 있었지만 시민들과의 관계에서 손상된 신뢰가 완전히 회복되기는 어려웠고 이는 그 이후의 이행과정에 영향을 미쳤다. 합의 사항이었던 제5활주로 건설과 관련해서 합의과정에 참여하지 않은 다양한 환경단체가 소제기를 한 상황도 이와 관련된다고 할 수 있다. 이러한 관점에서 본 연구의 통합적 가치 축적을 위한 협상모델에서는 정부와 기업뿐 아니라 시민(개인)을 대표할 수 있는 당사자가 협상에 참여하는 모델을 제시할 것이다.

셋째, 합의과정에서 당사자들 모두의 동의를 얻어 합의에 도달한 것과 그 합의안 대로 이행이 되는 것은 별개의 문제일 수 있다. 그리고 협상이론에서 살펴본 협상의 가치사슬의 관점에서는 합의 도달에만 성공한 것은 절반의 성공에 불과하다. 합의는 이행을 위해서 하는 것이기 때문이다. 스키폴 공항 확대에 대한 합의안에서는 상당히 구체적인 개발 및 환경보호 계획이 지속적인 관점에서 제시되어 있었지만 그 후 이행과정에서는 차질이 뒤따랐다. 그 이유는 두 가지로 살펴볼 수가 있는데 하나는 스키폴 공항 확대문제 해결을 위한 합의기구가 한시적 기구(temporary assembly)였다는 점이다. 앞서 합의형성 접근방법의 과정적 체계에서 살펴보았듯이

---

82 Lawrence Susskind et al., 1999, ibid.; "Introduction to the Case and Commentaries", Michèle Ferenz, p. 702.

합의과정이 한시적일 경우 이행조직과의 단절로 인해 합의내용 이행에 지속성과 일관성, 예상치 못한 상황 발생 시에 합의과정에서 드러난 논의 내용과 그 우선순위를 기반으로 한 유연한 대처가 어렵다. 특히 스키폴 공항 확대 사례의 경우 1988년에 시작된 합의과정은 2015년 공항 확대에 대한 정책목표에 대한 것이었기 때문에 30년 가까이에 걸친 장기간의 이행을 예정한 합의안이었고 이러한 문제가 더 클 수밖에 없었다. 또 하나의 이유로, 페렌츠(Michèle Ferenz)는 합의형성과정에 보다 '근본적인 접근(fundamental approach)'이 미비했음을 지적했다. 즉 한시적인 합의 기간 동안 협상에 참여한 이해당사자에 의한 개별적인 관점, 이해, 우려, 논리 등을 넘어선 보다 지속가능하고 포괄적인 소통의 틀이 있었고 그것이 합의안에 반영이 되어있었다면 그 이후에 발생한 상황에 대한 새로운 논의과정에서도 도움이 되었을 것이다. 본 연구의 협상모델에서는 이러한 시사점을 바탕으로 협상에 참여한 당사자뿐 아니라 관련된 모든 이해관계자가 협상 종료 후 환경의 변화 속에서도 지속적으로 가져갈 수 있는 사회적 소통의 틀로서 '통합적 가치 축적을 위한 협상모델'을 수립하도록 할 것이다.

## 2. '시화지구지속가능발전협의회' 사례

### (1) 협상의 배경

시화지구 개발사업은 1975년 당시 농업진흥공사에서 시화호 유역에 간척농지 개발계획을 수립하면서 시작되었다. 1970년대와 1980년대는 중동지역의 건설경기가 떨어지면서 국내 건설회사들의 유휴장비를 국토개발에 적극 활용하려는 박정희 대통령과 경제기획원(오늘날 기획재정부)의 정책 방향이 있었고 1985년 11월 건설교통부가 '시화지구 사업 개발계획'을 수립하여 대통령 재가를 받아 시화지구 개발계획을 본격적으로 추진한다. 시화방조제 건설사업은 약 7년에 걸쳐 이루어져 1994년 1월 완공되었는데 공사 착수 이전에 환경영향평가가 실시되지 않았고 수질오염대책이 제대로 이루어지지 않은 채로 시화방조제가 완성되어 시화호 주변 공단의 오·폐수, 생활하수, 농축산 폐수 등으로 시화호 수질이 급격히 악화되었다. 1995년 시화간척지의 소금과 퇴적물이 날려 대부도 일대의 포도농사가 큰 피해를 입었고 1996년에는 시화호에서 수십만 마리의 물고기가 집단 폐사하였다.

SBS에서 최초로 시화호 오염문제를 다루게 되면서 사회적 이슈로 등장하게 되고 중앙환경단체들과 지역시민단체들은 시화호 환경개선, 지역개발 계획의 재검토 등을 요구하며 정부와의 갈등이 촉발된다. 지역시민단체들은 각종 심포지엄, 워크숍 등 공청회를 개최하고 시위, 감시활동, 오염실태조사 등을 통해 시화지역 환경문제를 사회적 이슈로 부각시켜 나갔으며 이후 지역단체 간 연합으로 시민연대회의를 구성하여 '시화호 생태공원 조성을 위한 시민 안'을 제안한다.

정부는 오염문제 개선을 위한 다양한 대책을 내놓았으나 큰 실효를 거두지는 못하였다. 1996년 7월 환경부는 2005년까지 약 4,500억원을 투자하는 '시화호 수질개선 계획'을 발표하였고 1997년 수질개선을 위해 해수 유입을 시작하고 1998년 시화호 담수화 정책을 사실상 포기한다. 또한 2000년 '시화지구 정책협의회'를 구성하였고 2003년 건설교통부와 수자원 공사를 중심으로 '시화지구 장기 발전계획안'을 위한 공청회를 개최했다.[83]

이러한 여러 조치에도 불구하고 정부와 환경단체 및 지역시민단체는 지속적인 갈등관계에 있었다. 시민단체측에서는 환경영향 평가를 위한 주민설명회 저지, 시화호 개발 책임자 처벌 토론회 개최, '시화지구 종합 이용 계획안'에 대한 전면 재검토 촉구 등이 있었고 2003년 정부는 지역시민 의견을 수렴하여 최종안을 만들겠다고 표명했다. 이에 시민단체는 문제 해결을 위한 협의회 구성의 조건으로 1) 협의회에 시민단체 전문가 참여 보장, 2) 협의회 논의 결과를 대중들에게 공개할 것, 3) 다수결이 아닌 합의제로 의사결정이 이루어질 것 등 세 가지를 제시했고 건설교통부는 이를 수용해서 2004년 1월 16일 '시화지구지속가능발전협의회'가 출범되었다. 여기에는 국토해양부, 지식경제부, 환경부, 안산·화성·시흥의 지자체, 시민환경단체, 전문가, 사업시행자인 수자원 공사 등이 참여했다.[84]

### (2) '시화지구지속가능발전 협의회' 전개과정

위에 언급하였듯이, 앞서 살펴본 네덜란드 스키폴 공항 확대 사례와 시화호 개발사업 사례를 비교해보면, 두 사례 모두 30여 년에 걸친 개발사업과 인근주민의 환경권 간의 갈등을 핵심 쟁점으로 갖고 있었다는 본질적인 공통점이 있음에도

---

불구하고, 스키폴 공항사례는 직접 이해당사자인 시민들의 대표자가 처음부터 협상당사자로 참여하지 않았고 정부 주도로 이루어진 '정부-지자체-국영기업'으로 이루어진 한시적인 정책 네트워크였던 반면, 시화호 사례의 경우, 처음부터 정부와 시민단체의 갈등과 협의에 의해 구성된 시민 참여형 합의기구였고 이후 법제도적인 기반을 마련해 지속적인 합의기구로 발전했다는 중요한 차이를 갖고 있다. 따라서 다음에서는 '시화지구지속가능발전협의회'의 전개과정에 초점을 맞추어 도식화해서 정리해보도록 하겠다.

〈그림 3-5〉 시화지구지속가능발전협의회 전개과정[85]

| 협상 전 단계 | 제 1기 (2004.1~2008.2) | 제 2기 (2008.4~2010.4) | 제 3기 (2010.5~2012.4) | 제 4기 (2012.5~2014.4) |
|---|---|---|---|---|
| •1975년에 개발계획이 시작되고 1987년부터 1994년에 걸쳐 시화방조제가 완성된 직후 환경문제로 발생한 시화호 개발사업의 문제는 일방적 행정과 민주적 절차의 부재라는 대표적 갈등발생 요인을 안고 시작함<br><br>•지속적인 갈등구도 속에서 시민단체연대회의는 2003년 12월 공청회를 통해 책임자처벌과 민간협의체 구성을 주장했고 정부는 주민과 지자체 등과 협의체를 구성해 지역 주민의견을 수렴한 최적 안을 마련하겠다고 함<br><br>•시민단체는 정부가 일방통행적이고 권위적인 자세를 버려야 하고, | •사업계획 및 대기·수질 로드맵 작성 단계<br><br>•2004년 1월 세 개 정부부처와 지자체, 시민환경단체, 전문가, 수자원공사 등 직접적 이해관계자가 모두 참여하는 '시화지구자속가능발전협의회(이하 시화지속협)'라는 민관협의체 구성<br><br>•주요 쟁점과 합의사항은 MTV, 송산그린시티 개발계획 합의와 대기, 수질 로드맵 작성 | •법제도에 근거한 공식기구 전환<br><br>•2007년 11월, 그동안 논의, 의결한 결과에 대한 책임성과 시화지역 주민들의 신뢰를 확보하기 위한 목적으로 시화지속협을 공식기구로 전환할 것을 결정<br><br>•2008년 4월 '시화지구지속가능발전협의회' 제 2기 구성<br><br>•'공공갈등의 예방과 해결에 관한 규정(대통령령 19886호, 2007년 2월)과 국토해양부 훈령 제 2008-43호에 의해 법제·제도화됨<br><br>•총 53인이 참여하는 민관협의체: 국토해양부 국장·시민단체 대표가 공동 위원장, 정부 7명, 지자체 12명, 시의회 9명, 민간위원 15명, 공공기관 8명으로 구성, 고문으로 | •사업계획과 로드맵 재검증 단계<br><br>•1기와 2기의 쟁점과 합의사항이었던 대기 및 수질 로드맵 관련 재작성을 위한 검증작업, 로드맵 추진을 위한 구체적 실행계획과 예산계획 합의<br><br>•지역주민들과의 논의를 통해 조력발전소 가동에 따른 시화호 퇴적토 처리방안 합의, 안산복합화력 발전소 건립, 시화호 간선수로 수질개선 전담반 운영 등에 대한 합의 | •시화 지속협 미래발전 방향 모색 단계<br><br>•1,2,3기 운영기간 동안 합의된 주요 사업이 실행되기 시작하면서 나타나는 문제에 대한 지속적인 관리 방안 논의<br><br>•미래 방향 설정에 대한 논의를 통해 '생태문화재단-시화 지속가능 파트너십' 건립에 합의<br><br>•MTV 및 송산그린시티 개발계획 변경, 신재생에너지 센터 건립, 시화지구 지속가능 파트너십과 시화호 퇴적토 모니터링단 구성과 운영방안 |

| | | | |
|---|---|---|---|
| 시민사회 추천 전문가 포함, 지역주민에게 협의체가 야합으로 보이지 않도록 회의록 작성 및 공개, 다수결이 아닌 만장일치 방식의 의사결정방식 채택 등을 조건으로 요구하고 정부가 전격 수용<br>•2004년 1월 16일, '시화지구지속가능 발전협의회' 구성<br>•시화호 문제에 1차적인 책임이 정부에 있고 개발계획을 무리하게 추진할 수 없는 상황이 되었다고 판단한 정부의 이해와, 이미 착수단계에 와 있는 정부계획을 무산시키기는 어렵다는 시민단체의 판단이 상호작용한 결과 | 지역사회인사 6명 참여<br>•도시계획분과 환경개선분과의 2개분과 구성, 그 아래 실행기구 별도 구성, 주요 쟁점이 발생하거나 특별히 필요하다고 판단될 경우 특별위원회 구성<br>•2004년 이후 2013년까지 총 344회의 회의 개최, 정기적 회의 이외 110회 집중토론, 현장학습, 세미나 개최, 250회의 T/F 개최<br>•주요 쟁점과 합의사항은 MTV 상업용지 특화 방안, 제 2 순환고속도로 이전, 송산그린시티 토취장, 입주자 심사위원회, 대기개선기금운영위원회, 사후 평가단의 구성방안 등 | | |

### (3) '시화지구지속가능발전협의회'의 운영방식

시화호 개발을 둘러싼 갈등은 장기화된 개발-환경 갈등의 대표적인 사례이기도 하지만 민관 갈등협의체 구성 및 운영을 통한 성공적인 갈등해결 사례로서도 주목 받아왔다. 특히 민관 협의체가 특정 사안의 합의를 끝으로 활동을 종료하는 경우들과 달리 2004년 이후 장기간 지속적으로 '합의-이행-점검-미래방향 모색' 등을 발전적으로 수행하는 기구로 운영되어 왔으며, 숙의의 장이자 이행기관, 그리고 모니터링을 위한 감시기관의 역할을 모두 해 왔다는 점에 그 의의가 있다.

시화지속협의 '사회적 합의'를 위한 운영방식의 중요한 기반은 2004년 1월 협의회 준비와 창립과정에서 협의회 운영에 대한 기본적인 논의 원칙(ground rules)을 정하고 이를 오랜 시간 지켰다는 점이다. 협의체 운영을 위해 참여 주체들 간의 힘의 관계를 동등하게 하는 인프라 구축을 중요한 관건으로 보았고 이를 위해 민주적 의사진행과 학습, 창조적인 아이디어나 시행착오를 통해 의견대립을 해소하고 문제를 해결하는 방식을 지속적으로 개발하여 '참여-숙의-합의'라는 갈등관리모형을 만들어갔다. '참여요인'은 모든 이해관계자들의 실질적 참여보장인데 민관의 직접적 이해당사자가 실질적인 의사결정의 권한을 갖고 참여하는 것을 원칙으로 했고, 그 외 의제에 따라 주민들의 직접 참여를 필요로 할 때는 대표성을 갖는 주민들이 직접 회의에 참여하도록 하고 모든 회의를 누구나 참관할 수 있게 했으며 발언권을 주는 등의 공개성을 부여했다. 또한 모든 회의와 녹취록을 홈페이지에 게재해서 투명성을 높이며 소통과 공유를 시행했다.[86] 〈그림 3-6〉은 최근까지 이러한 원칙에 의해 운영되고 있는 시화지속협 홈페이지의 회의록 자료 공개 모습이다.

〈그림 3-6〉 시화지구지속가능발전협의회 홈페이지 회의록 공개[87]

**86** 국민대통합위원회·한국사회갈등해소센터, 위의 책, 140쪽.
**87** http://www.sihwa-sd.com/, 방문일자: 2017.10.30.

시화지속협이 실질적인 의사결정기관으로서의 권한과 책임을 확보하는 과정에서 2007년 대통령령과 국토부 장관 훈령에 의한 법제화는 중요한 제도적 기반이 되었다. 또한 참여주체들 간의 사실관계에 대한 이해 부족과 오해에서 발생하는 의견불일치를 해소하고 새로운 가치를 형성해 나가기 위한 신뢰형성의 기반으로 정보접근성을 강화했다. 참여주체들 간의 용역 내용 및 연구결과를 서로 공개하고 공유해서 정보 격차를 해소하도록 했고 관계 법령, 행정 절차 등에 관한 정보를 공유해서 사회적 합의를 위한 충분한 논의시간을 확보하고 숙의과정을 제약하지 않도록 예측가능성을 부여했다.[88]

'숙의 요인'은 참여 주체들 간의 수평적 관계를 만들어 상호 토론과 설득을 통해 서로의 가치와 이익을 융합해 나가는 쌍방향 의사결정방식을 지향해서 10여 년 간의 모든 안건들을 사회적 합의방식인 만장일치로 결정했고 운영규정에도 명시했다. 조직구성도 2005년부터 민·관 공동위원장 체제로 운영되고 분과위원장은 민간측이 맡도록 해 숙의과정의 정부 대 민간 간의 역량 균형과 정보 비대칭성을 극복하기 위한 제도적 장치로 기능하게 하고 합의결정 이후 사회적 책임을 공동부담하기 위한 신뢰 프로세스를 강화했다. 또한 의견 대립이 있을 때는 이것이 가치관의 차이인지, 사실관계에 대한 인식의 차이인지, 정보부족에 기인한 것인지에 따라 다른 접근을 해서 숙의과정에서 모든 참여자가 동의하는 수준에 이르도록 협력하여 최선을 다하도록 했다. 다면적 논의방식을 채택해서 다양한 현안들에 대한 전체적인 조망을 가능하게 하고 현안들 간의 상호 연관성을 파악하게 해서 전문적 시각과 통합적 시각을 함께 추구했다. 도시계획분과, 환경개선분과, 특별위원회를 설치해서 주제별로 분과에서 논의하고 그 내용을 전체 회의에서 수렴하고, 또한 전체 회의에서 논의된 주제를 다시 분과회의에서 보다 구체화할 수 있도록 하며 각 분과의 쟁점이 다른 분과에서 고려되고 반영될 수 있도록 했다.[89]

'합의요인'은 합의의 실천성, 지속성, 책임성으로 세분화할 수 있는데 일단 합의된 사항에 대해서는 다른 쟁점 및 논의사항과 관계 없이 참여주체들 간의 역할분담을 통해 즉각적인 이행을 하도록 하고 상호 간에 공조 체제와 신뢰를 유지할 수 있게 했다. 이러한 즉각적 이행은 수자원공사의 선투자 약속으로 인한 예산이

88 국민대통합위원회·한국사회갈등해소센터, 141쪽.
89 국민대통합위원회·한국사회갈등해소센터, 위의 책, 141-143쪽.

확보되어 있었기에 가능한 것이었다. 또한 지속성을 담보하기 위해 산하 실행기구를 설치하여 독립된 의사결정체계를 확보하고 실천과제들을 이행해 나갔다. 또한 사회적 책임성을 실현하기 위해 '계획-실행-관리-피드백'의 통합체계를 구축해서 계획이 제대로 실행되고 있는지 정기회의를 통해 지속적으로 관리하고 실행과정에서 생긴 수정, 변경사항을 즉각적 논의를 통해 반영하여 실천성과 신뢰성을 제고했다.[90]

### (4) '통합적 가치 축적을 위한 협상모델'에 대한 시화지속협 사례의 시사점

시화지구 지속가능한발전협의회는 오랜 시간 갈등이 지속된 상황에서 민·관이 사전 협상단계부터 쌍방향 소통방식(상호성), 시민단체측 전문가 포함(협력적 사실발견), 관련된 정보 지역 주민 공개(투명성), 만장일치 의사결정(합의형성 접근방식)에 대한 사전 동의 하에 합의형성 기구를 구성한 점, 구성 초기 단계부터 협의회 운영에 대한 논의 원칙(ground rules)을 마련했다는 점, 합의기구를 한시 기구에서 지속적인 공식 기구로 전환하였고 이에 대한 법·제도적 기반을 마련하였다는 점, 합의도달이라는 하나의 목표가 아니라 '합의도달-이행-점검-발전방향'이라는 선순환적인 과정을 합의기구의 목표이자 운영원리로 만들고 오랜 시간 그것을 지켜오고 있다는 점에서 그 의의가 있다. 즉 합의를 정적인 목표달성 수단이 아니라 지속적이고 역동적인 과정을 통한 발전의 통로로 삼은 갈등해결모델이라고 할 수 있을 것이다.

여기에 새로운 연구가 필요한 점이라고 지적된 '특수성을 넘어선 논의기제 개발과 적용'[91]을 제시해 보고자 한다. 즉 시화호의 갈등해결기제는 성공적으로 수행되어 왔다고 평가됨에도 불구하고 이는 시화지속협의 특수성에 기인하며 보편화되기 어렵다는 비판을 받아왔다.[92] 이는 앞서 다룬 네덜란드의 스키폴 공항 확대 사례에서 지적된 합의형성과정에 대한 보다 '근본적 접근(fundamental approach)'이 필요하다는 것과 일맥상통한다. 이러한 관점에서 '통합적 가치 축적을 위한 협상모델'은 특정 사안에 대한 상황, 합의기구, 참여자, 이해당사자의 이해와 그것을

---

90 국민대통합위원회·한국사회갈등해소센터, 위의 책, 146-147쪽.
91 국민대통합위원회·한국사회갈등해소센터, 위의 책, 148쪽.
92 국민대통합위원회·한국사회갈등해소센터, 같은 쪽.

형성하는 관점 등에 대한 보다 근본적이고 보편적인 논의기제로서 작동할 수 있는 소통의 틀을 제시하고자 한다.

## 3. 신고리 5·6호기 공론화 사례

### (1) 공론화 위원회 추진과정

문재인 정부는 '안전한 대한민국'이라는 정책방향 하에 대선 공약사항인 신고리 5·6호기 공사 중단 추진과정에서 2017년 5월 말 기준 종합공정률 28.8%에 이른 상태에서의 매몰비용, 공사 중단의 지역경제 영향 등으로 인한 반발 등에 직면해, 이 문제에 대한 '사회적 합의'를 이끌어내 그 결정을 따르겠다고 밝힌다(2017년 6월 19일 신고리 1호기 영구정지 기념행사). 이에 따라 대통령 주재 국무회의에서 공론조사방식의 사회적 합의도출 방안을 추진하기로 결정, 국무조정실에서 '신고리 5·6호기 공론화 준비단'을 설치하고 '신고리 5·6호기 공론화위원회 구성 및 운영에 관한 규정'(국무총리 훈령 제690조)를 제정한다. 훈령 제정에 앞서 2017년 7월 7일 정부는 위원회 구성원칙과 절차를 확정하였는데 위원장을 포함한 총 9인으로 구성하고 남녀 비율을 균형 있게 배치하며 미래세대를 대표하는 20-30대를 포함하여 구성하기로 한다. 위원은 인문사회, 과학기술, 조사통계, 갈등관리 분야 각 2인으로 각 분야별 전문기관과 단체로부터 3인씩 후보추천을 받아 1차 후보군을 구성하고 원전에 대해 찬·반 입장을 갖는 기관과 단체에 후보군에 대한 제척의견을 제시할 수 있는 기회를 부여한 후 최종 선정하는 절차를 밟았다. 또한 위훤회를 지원할 수 있는 공론화지원단을 국무조정실, 산업부 등 8개부처에서 파견된 23명의 인력으로 구성했다.[93]

### (2) 공론화 위원회 운영방식

공론화 위원회는 아직 학계에서도 명확히 합의되지 않는 '공론화'의 의미에 대해 "특정한 공공정책 사안이 초래하는 혹은 초래할 사회적 갈등에 대한 해결책을 모색하는 과정에서 이해관계자, 전문가, 일반시민 등의 다양한 의견을 민주적으로 수렴하여 공론을 형성하는 것으로서 정책결정에 앞서 행하는 의견수렴 절차"

---

[93] 신고리 5·6호기 공론화위원회, "신고리 5·6호기 공론화『시민참여형조사』보고서", 2017.10.20, 8-10쪽.

로 정의했다. 공론화 과정의 핵심은 객관적이고 공정하게 공론화를 설계·관리하여 중단 및 재개 입장을 갖는 당사자뿐 아니라 전국민이 공론화에 대한 공감과 수용성을 높일 수 있도록 하는데 있다고 보고 제1차 회의에서 '공정성, 중립성, 책임성, 투명성'의 4대 원칙을 기본원칙으로 수립한다. 이를 위해 전문가와 지역 주민 등 직접 이해관계자뿐 아니라 일반 국민도 참여할 수 있는 기회를 부여하고 절차, 규칙 등을 정하고 제공함에 있어서 중립성을 엄정하게 견지하며 적극 소통하고 모든 회의 이후 대변인 브리핑을 실시하고 회의는 회의록 작성 후 홈페이지에 신속히 공개하기로 했다.[94]

공론화 위원회는 위원회 산하에 분과위원회, 자문위원회를 두고 공정성과 객관성을 관리·증진하기 위한 검증위원회, 찬성과 반대 입장의 이해관계자 대표자 간 소통협의회로 구성해서 주 1회 정기회의 외에 분과위원회별 수시 회의, 필요에 따라 자문위원, 검증위원회, 소통협의회의 회의를 운영했다. 정기회의는 2017년 7월 24일 첫 회의를 시작으로 10월 20일 최종 발표까지 총 14회의 회의를 가졌고 공론화의 핵심 축인 분과위원회는 법률, 조사, 숙의, 소통 네 가지 영역에서 자문회의를 포함한 수시 회의를 가졌다. 제3자의 시각에서 공론화 과정의 공정성과 객관성을 검증 받기 위해 서울대학교 사회발전연구소와 신고리 5·6호기 공론화 검증을 위한 업무협약을 체결하였고 검증위원회는 공론화 위원회 구성, 운영과정, 시민참여단 선정을 위한 조사 설계, 숙의과정 및 대국민 소통노력에 이르기까지 공론화 전 과정을 검증했다. 소통협의회에는 원전공사 재개 입장을 가진 '한국원자력산업회의'와 '한국원자력학회'와 중단 입장을 가진 '안전한 세상을 위한 신고리 5·6호기 백지화 시민행동'이 대표로 참여했으며 이해관계가 첨예한 공론화 이슈에 대해 상호 조율과 합의를 통한 합리적인 공론방식 설계를 위한 소통채널의 역할을 수행했다.

위원회는 제2차 정기회의(2017.7.27)에서 국민의 대표성을 확보할 수 있도록 시민참여형 조사에 참여하게 될 시민참여단 선정방식과 규모를 확정했다. 공론화 과정의 국민 대표성을 확보하는 것이 매우 중요하기 때문에 이를 위해 대한민국 국적 만 19세 이상 국민을 지역(16개), 성, 연령으로 3차원 층화(160개 층) 계층으로 구

---

**94** 신고리 5·6호기 공론화위원회, 위 보고서, 14 - 24쪽.

분한 후 비례 배분한 2만명을 무작위 추출하여 1차 표본을 구성하고 이를 다시 건설 재개/중단/판단 유보의 입장, 성, 연령으로 3차원 층화(30개 층)한 뒤 비례 배분한 500명을 무작위 추출하는 방식으로 구성했다. 다음에서는 신고리 5·6호기 공론화 사례의 핵심 프로세스인 '숙의과정'을 중심으로 위와 같이 선정된 시민 참여단이 공론화 위원회에서 마련한 숙의 프로그램을 거쳐 최종 결정에 이른 과정에 대해 살펴보도록 하겠다.

### (3) '시민 참여형 방식'을 통한 공론화 참여자 선정

'신고리 5·6호기 공론화 과정'에서는 합의과정에 참여하는 시민들의 대표성을 확보하기 위해 전체 국민을 모집단으로 하는 층화추출 방식에 의한 참여자를 선정하였다. 지역/성/연령별 기준 160개 층화 무작위 추출 후(77,076개의 휴대폰 가상 번호와 13,494개의 유선전화 RDD 방식) 1차 조사 의견과 성·연령 기준으로 다시 30개 층화 무작위 추출을 하여 숙의 참여자 모집과정에서 선택 편향(selection bias)을 최소화하는 것을 목적으로 하였다. 15일의 기간 동안, 1차 전화조사로 20,006명을 접촉하였고(87.1% 휴대전화, 12.9% 집전화, 전체 47.9%의 접촉률과 50.1%의 응답률, 95% 신뢰수준에서 최대허용 표집오차 ±0.7%), 이 중 숙의참가 의사를 가진 5,047명을 1차 추출하고, 이들의 공사 재개에 대한 중단/재개/유보 입장이 반영된 2차 추출 후 500명의 시민을 전국민을 대표하는 시민으로 추출하였고 최종적으로 478명이 숙의과정에 참여하였다.[95]

### (4) '시민참여단'의 숙의과정

시민참여단의 숙의과정은 시민참여단의 이해도를 높이는 과정과 시민참여단의 의견을 묻는 두 가지 과정으로 크게 구별된다. 먼저 시민참여단의 이해도를 높이는 과정은 공론화와 숙의과정, 즉 합의 프로세스에 대한 이해를 높이는 과정과 합의의 대상이 되는 원전 및 에너지에 대한 전반적 이해, 그리고 주요 쟁점에 대한 이해를 높이는 것으로 구성되었다. 그리고 시민참여단이 최종 입장을 제시하기까지 선정 이후 총 세 번에 걸친 설문조사를 실시하는데 이것은 시민참여단의 이

---

95 김영원, "신고리 5·6호기 공론조사 수행과정 및 시사점 발표문", 서울대학교 행정대학원 『정책·지식 포럼』, 2017.12.6.

해를 높이는 과정과 맞물려 그에 기반한 의견이 반영될 수 있도록 설계되었고 실제 그것이 반영된 변화가 있었다.

이 과정에서 주목할 부분은 시민참여단의 이해도를 높이기 위해 다양한 수단을 사용했다는 것이다. 대면 자료(오리엔테이션, 전문가 발표, 재개·중단 측 입장 발표 등)뿐 아니라 비대면 자료(숙의 자료집, 이러닝 강의 등), 다양한 기술적 환경을 통한 접근성 제고(PC, 모바일, 실시간 질의응답·소통 플랫폼 등) 등의 노력을 전체 과정에서 계획적·지속적으로 제공한 것은 시민참여단이 점차 사안에 대한 이해를 높임과 동시에 숙의과정에 대한 책임감과 신뢰를 높이는 데에도 기여했을 것으로 보인다. 시민참여단이 합의내용에 대한 쟁점을 이해하는 과정에 필연적으로 재개·중단 측의 입장이 제시될 수밖에 없는데 공론화 위원회는 이에 대한 공정성과 객관성을 확보하기 위해서 투입되는 자원의 공평한 제공(발표 시간, 숙의 자료집의 분량과 순서 등), 내용에 대한 검증(주장을 제외한 인용된 자료와 데이터에 대한 교차 검증과 전문가 검토 등) 프로세스를 거쳤다. 아래에는 시민참여단 숙의과정의 전체적인 과정을 도식화해서 정리해 보겠다.

〈그림 3-7〉 신고리 5·6호기 공론화 시민참여단의 숙의과정[96]

| 오리엔테이션 (2017.9.16) | 숙의 자료집 제공 (2017. 9.28 발송 및 게재) | 이러닝 및 시민참여단 Q&A (2017.9.21~10.7) | 종합 토론회 (2017.10.13~10.15) |
|---|---|---|---|
| • 공론화 위원회는 시민참여단의 숙의 과정의 기본 방향을 1) 시민참여단이 공론화 의제와 토론쟁점을 정확히, 쉽게 이해하도록 할 것 2) 시민참여단이 쟁점 별로 자유롭게 의견을 나눌 수 있도록 소그룹 분임조를 구성할 것 3) 이해관계자의 다양한 주장이 숙의과정에 균형되게 반영되도록 할 것 4) 시민참여단 뿐 아니라 전 국민이 관심을 갖고 함께 고민해보는 기회를 마련하고 시민참여단과 | • 시민참여단에 제공될 자료집은 의제선정 및 의제설정에 있어서의 절차적 정당성 확보가 중요하고 이를 위해 건설 중단/재계 양측이 첨예하게 대립하는 가운데 아래와 같이 체계를 잡음<br>• 1장 신고리 5·6호기 공론화 개요, 2장 원자력 발전에 대한 이해, 3장과 4장은 건설 중단, 재개 측의 입장 (1,2장은 위원회 작성, 3, 4장은 전체 부수를 절반씩 나누어 중단/재개 입장이 순서를 달리하여 작성) | • 시민참여단 전용 이러닝 시스템은 공론화 핵심 쟁점에 대한 재개/중단 측의 주장을 동영상 강의자료로 제공해서 시민참여단의 이해를 제고하고 시민참여단과 양측 전문가 간의 쌍방향 의사소통이 가능한 플랫폼을 제공하여 의문사항을 실시간 해소하도록 함<br>• 이러닝 시스템을 데스크탑 PC, 테블릿, 모바일 폰 등 다양한 기술적 환경에서 이용 가능하도록 하여 9.21 정식 오픈함 | • 시민참여단의 마지막 숙의 과정인 종합토론회는 관련 쟁점에 대해 시민들의 이해수준을 돕고 최종 숙의과정을 통해 시민 참여단이 각자의 합리적 판단과 의견을 가질 수 있도록 프로그램을 구성함<br>• 중단 및 재개 이유에 대한 총론 토의, 안전성/환경성에 대한 쟁점 토의, 전력수급 등 경제성에 대한 쟁점토의, 최종선택과 사회적 수용성에 대한 종합 토의 등 네 개의 섹션으로 운영했고 보충 |

| | | | |
|---|---|---|---|
| 공유할 수 있도록 할 것으로 함<br>• 오리엔테이션에서는 시민참여단이 우리나라에 익숙하지 않은 '공론화'의 의미와 취지를 공유하고 향후 숙의과정에 대한 안내와 적극적인 참여를 유도하고 효과적인 숙의과정을 진행하기 위한 준비를 목적으로 함<br>• 선정된 500명의 시민참여단 중 478명이 참여하여 95.6%의 참석률을 보였음<br>• 위촉장 수여, 건설 재개/중단 측의 입장발표, 질의응답 시간으로 구성<br>• 참석자 478명을 대상으로 한 2차 설문조사를 실시함 | • 자료의 공정성과 객관성 확보를 위해 양측에서 각각의 주장에 대한 자료집 초안 작성 후 교차 검토 하고 전문가 자료 검증을 한 후 최종적으로 위원회 검수<br>• 최종 합의된 자료집은 총 70쪽 분량이었고 9.29 시민 참여단에게 우편 발송과 홈페이지에 게재하여 일반인 공개 | • 이러닝 시스템에 탑재될 강의 내용은 숙의 자료집을 토대로 양측이 직접 작성했고 동영상 자료에 대해서도 인용 자료와 데이터에 대한 전문가 검증을 실시하고 위원회가 검토함<br>• 동영상 내용은 총 6장으로 구성되었는데 공론화에 대한 이해, 신고리 5·6호기를 포함한 원전은 안전한가?, 전력 공급 및 전기요금에 끼치는 영향, 우리나라의 에너지 정책 전망, 종합 의견 으로 구성되며 총 11개의 강의로 게시됨 | 질의응답시간도 추가함<br>• 시민참여단이 신고리 5·6호기 공사현장 실태, 미래세대 및 주변지역의 중단 및 재개 측 의견을 공유할 수 있도록 '시민참여단에게 보내는 영상메세지'를 제작하여 상영함<br>• 시민참여단의 토의 시간인 분임토의에서는 진행자인 모더레이터의 조력을 받도록 했고 모더레이터는 중립성과 전문성을 갖춘 각계 각층의 갈등관리 전문가 53명으로 구성되었음<br>• 시민참여단의 발표 청취, 분임 토의, 질의 응답에 확보된 시간이 11시간에 달한 것으로 제시됨<br>• 종합토론회 첫째 날에 3차 설문조사, 마지막 날에 4차 설문조사를 실시함 |

### (5) 일반 국민들을 대상으로 한 숙의과정

공론화 위원회가 시민참여단의 숙의 프로그램 못지 않게 중요하게 생각한 것은 대국민 숙의를 위한 보강 프로그램이었다. 시민참여단이 국민을 대표하여 결정을 내리지만 전 국민이 공론화 과정에서 논의되는 사항에 대해 이해하는 과정을 함께 거침으로써 중요한 국가정책 사항에 대한 전국민적 이해도가 높아짐과 동시에 결과에 대한 수용성을 높일 수 있도록 하기 위함이었다.[97]

이를 위해 총 7차례에 걸친 주요 도시의 지역순회 공개토론회를 개최하고 총 5차에 걸친 TV토론회 개최, 106명의 고등학생이 참석한 '미래세대 토론회', 신고리 5·6호기 건설현장 방문, 총 10차 언론 인터뷰, 매주 정기회의 직후 언론 브리

---

96 신고리 5·6호기 공론화위원회. 위 보고서, 27–38쪽 내용에 기반하여 재구성.
97 신고리 5·6호기 공론화위원회, 위 보고서, 38–39쪽.

핑, 시민참여단 오리엔테이션(7개 방송사 및 4개 신문사 취재) 및 종합토론회에 대한 언론취재 편의 제공(지상파 3사 포함 10개 방송사 및 26개 신문사 실시간 집중 보도), 라디오 광고(1차 조사 실시 홍보와 대국민 참여 호소), 포털 사이트 광고(1차 8.21−9.3, 2차 10.2−15), 전광판 광고, 온라인 소통창구 개설 운영(www.sgr56.go.kr) 등 다각적인 대국민 소통 노력을 기울였다.[98]

### (6) '공론조사' 결과 및 숙의과정에서의 의견 변화 추이

신고리 5·6호기 공론화 과정은 그 합의 결과를 국민의 대표성을 갖는 시민참여단에 대한 공론조사(deliberative opinion poll) 결과에 의한다는 특징을 갖고 있다. '공론조사'는 "무작위 추출을 근간으로 한 확률추출법에 의해 선정되어 대표성을 갖는 일정 수의 시민들에게 전문가 등이 제공하는 지식과 정보를 바탕으로 충분한 학습과 토론을 하게 한 후 의견 수렴의 결과를 도출하는 조사방식"을 말한다. 이는 미국 스탠퍼드대학교 제임스 피시킨(James S. Fishkin) 교수가 제안한 것으로 공론조사의 필수적 구성 요소는 조사참여자의 '대표성'과 '숙의과정의 실체성'이다. 일반 여론조사와의 차이점은 공론조사는 "능동적인 학습과 토론이라는 숙의과정을 거친 대표성 있는 시민들의 의견을 수렴하는 절차"라는 점이다.[99]

공론화 위원회는 이를 기반으로 1차에서 4차에 걸친 공론조사를 각 시기별로 실시했는데 1차 조사는 시민참여단 선정을 위한 무작위 추출을 위한 것이었고(재개/중단 입장의 비례 배분 추출), 2차~4차는 숙의과정의 전, 후 비교와 최종 결과를 도출하기 위한 것이었다. 먼저 오리엔테이션에 참석한 시민참여단을 대상으로 한 2차 조사를 실시하고, 숙의 자료집과 이러닝과 온라인 Q&A, 그 외 대국민 프로그램 등을 거친 후 다시 모인 종합토론회의 첫째 날에 3차 조사를, 마지막 날에 4차 조사를 실시하였다. 이 중 2차 조사에는 쟁점 가치판단, 정보 관심도 및 정보원 신뢰도를 묻는 3개 문항과 신고리 및 원전관련 지식수준 파악을 위한 8개 문항 외에 신고리 5·6호기 건설 중단/재개에 대한 의견을 묻는 문항은 없었다. 3차 조사는 건설 재개/중단 의견, 원자력 발전 정책, 반대주장에 대한 공감 정도 등의 9개 문항과 신고리 원전관련 지식수준 파악을 위한 8개 문항, 그 외 학력, 직업 등 기본

---

98 신고리 5·6호기 공론화위원회, 위 보고서, 39−55쪽.
99 신고리 5·6호기 공론화위원회, 위 보고서 4쪽.

통계 정보를 위한 6개 항목 등 총 23개 문항으로 구성되었다. 4차 조사는 건설 재개/중단 의견, 후속조치 우선 순위, 최종 결과가 본인 의견과 다를 때 존중 정도 등 14개 문항과 신고리 원전 지식수준 파악을 위한 8개 문항, 정치적 태도와 공론화 과정에 대한 평가 7개 문항 등 총 29개 항목으로 구성되었다.[100]

조사결과는 최종 4차 조사에서 재개가 59.6%, 중단이 40.5%로 19.9%p 차이가 났고 95% 신뢰수준에서 표본오차 ±3.6p로 통계적으로 유의미한 결과였다. 10월 20일 공론화 과정 결과 발표 자리에서 위원장은 '건설재개와 건설중단 사이의 의견분포에 어느 정도 차이가 있어야 유의미한 편차로 볼 수 있는가'가 가장 큰 쟁점이 되었음과 이에 대해 위원회는 '종합토론회에 참석한 시민참여단의 규모와 성·연령별 의견분포에 따른 표본추출오차를 기준으로 삼되, 건설재개와 건설중단 사이의 의견 차이가 오차범위를 벗어난 경우 다수의견을 기준으로 최종 정책권고

〈그림 3-8〉 건설 재개 및 중단에 대한 의견 연령별 추이[101]

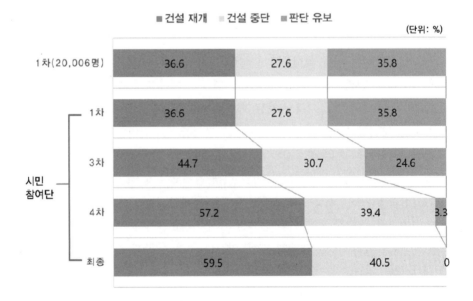

100 신고리 5·6호기 공론화위원회, 위 보고서, 63쪽.
101 신고리 5·6호기 공론화위원회, 위 보고서, 85쪽.

를 하기로 한다'는 원칙을 사전에 세웠음을 밝혔다.[102] 따라서 그 원칙에 기반해 건설 재개 의견을 공론화 과정을 거친 시민참여단의 숙의결과로 보고 이를 정부에 권고했다.

공론화 조사결과의 추이를 보면 숙의과정에서 참여자들의 의견이 어떻게 변경되었는지를 볼 수 있다. 재개/중단/유보를 포함한 문항은 1차, 3차, 4차 조사에 공통적으로 들어갔는데 4차 조사에서는 재개 및 중단에 대한 의견을 1번과 7번 문항에서 두 번 물어보았고 1번에서는 '재개, 중단, 아직은 판단하기 어렵다, 잘 모르겠다' 네 개의 응답범주를 두었고 7번에서는 모든 것을 고려하여 '재개, 중단' 두 가지 중에 하나를 선택하도록 했다. 그 추이는 〈그림 3-8〉과 같다.

숙의과정을 거치면서 판단 유보에 있던 사람들이 점차 재개와 중단의 의견을 갖게 되었는데 1차, 3차, 4차의 1번 문항, 4차의 7번 문항으로 이어지는 동안 재개의 경우 각 22.9%, 14.8%, 2.3% 증가했고, 중단의 경우 12.9%, 9.8%, 1.1%가 증가하여 숙의과정이 진행될수록 유보에서 재개쪽으로 설득되는 시민참여단이 많았다

〈그림 3-9〉 건설 재개 후 후속조치들[103]

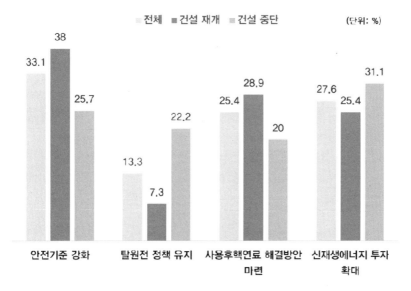

102 신고리 5·6호기 "공론화 시민참여형 조사보고서 발표문", 2017.10.20.
103 신고리 5·6호기 공론화위원회, 위 보고서, 92쪽.

는 것을 알 수 있다. 이는 유보가 포함되어 있는 1차 조사 문항과 유보가 제외된
4차의 7번 문항을 비교하면 알 수 있는데 시민참여단 중 1차와 4차 조사에서 재개
에서 중단, 중단에서 재개로 의견을 바꾼 비율은 각각 2.2%, 5.3%로 전체 7.5%에
불과했다. 그리고 1차에서 유보였던 35.8% 중 19.7%는 재개로, 16.1%는 중단으로
응답한 것으로 나타났다.[104] 건설 재개 및 중단을 선택한 이유는 재개를 선택한
시민의 경우 안정적 에너지 공급과 안전성 측면을, 건설 중단을 지지하는 사람은
안전성과 환경성 측면을 가장 중요하게 생각하는 것으로 나타났다. 그러나 전체
결과로는 안전성 측면이 98.3%, 환경성, 96.3%, 안정적 에너지 공급, 93.7%로 나
타났다. 이는 건설 재개 이후 필요한 후속 조치에 대한 설문결과에도 나타나는 데
이에 대해서는 〈그림 3-9〉에서 볼 수 있듯이 '안전기준 강화'가 가장 높은 응답
으로 나타났고, 주목할 점은 건설 재개를 선택한 시민이 안전기준 강화를 훨씬 많
이 선택했다는 점이다.

〈그림 3-10〉 원자력 발전 정책 방향에 대한 선호 의견 추이[105]

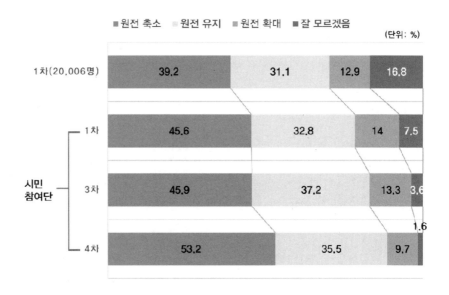

**104** 신고리 5·6호기 공론화위원회, 위 보고서, 84–88쪽.
**105** 신고리 5·6호기 공론화위원회, 위 보고서, 97쪽.

그리고 많은 관심과 논란이 있었던 향후 원자력 정책 방향에 대한 선호 의견 조사에서는 원전 축소 의견이 53.2%, 원전 유지 의견이 35.5%였는데, 숙의과정에서의 추이를 보면 신고리 5·6호기 재개 여부와는 반대로 숙의과정이 진행될수록 원자력 발전은 장기적으로 축소해야 한다는 의견으로 이동했다는 것을 알 수 있다.

이와 같은 결과에 따라 공론화 위원회는 1. 현재 일시 중단인 신고리 5·6호기 건설 재개, 2. 원자력 발전 비중을 축소하는 방향으로 에너지 정책 추진, 3. 시민참여단이 건설재개에 따른 보완조치로 제안한 사항들에 대해 세부실행 계획을 조속히 마련하여 추진할 것을 권고했다.[106]

### (7) '통합적 가치 축적을 위한 협상모델'에 대한 신고리 5·6호기 공론화 사례의 시사점

원전관련 문제는 그동안 고도의 전문성을 이유로 전문가나 지역 주민 등 직접 이해관계자 중심으로 논의되고 결정되는 경우가 많았고 이로 인해 사실상 현재와 미래에 안전성, 환경, 에너지 정책 등과 관련된 중대한 영향을 받기 때문에 다층적 이해관계자에 포함되는 일반 국민들이 논의과정 자체를 모르거나 오랜 기간에 걸친 인과관계나 배경을 이해하기 어려운 문제였다. 이는 미래세대를 포함시킬 경우 더욱 심각해진다. 이런 관점에서 신고리 5·6호기 공론화 사례는 이러한 이슈를 다층적 이해관계자인 국민 전체를 대표할 수 있는 대표성 있는 집단의 숙의과정을 거쳐 일정한 원칙 하에 합의에 이르게 하고 그 합의결과를 정책에 반영하겠다는 정부의 사전 약속(commitment)에 따라 바로 이행으로 이어지는 새로운 의사결정과정이었다.[107] 또한 민주주의 관점에서 대의제 민주주의를 보완할 수 있는 숙의 민주주의를 본격 추진할 수 있는 계기를 만들었고 이해관계가 첨예한 주요 갈등 사항을 사회적 담론의 장으로 끌어내 합의를 형성해 가는 새로운 갈등해결모델을 만들었다는 점에서도 긍정적 평가를 받는다.[108]

---

**106** 신고리 5·6호기 공론화위원회, 위 보고서, 104－105쪽.
**107** 연합뉴스, "정부, 신고리 5·6호기 건설재개 확정…후속조치 신속 추진", 2017.10.24, http://www.yonhapnews.co.kr/bulletin/2017/10/24/0200000000AKR20171024124651001.HTML?input=1195m;
**108** 위 보고서, 12쪽; 한국일보, "'숙의민주주의' 가능성 확인한 공론조사 실험", 2017.10.20, http://www.hankookilbo.com/v/5c1fdcd4484b4de39ff22b123f288427; 경향신문, "1호 숙의 민주주의 실험' 신고리 공론화가 남긴 것", 2017.10.21, http://news.khan.co.kr/kh_news/khan_art_

특히 원전문제라는 첨예하고도, 국민 전체의 현재·미래의 삶과 관련된 정책 이슈에 대해 처음으로 국민 전체를 모집단으로 하는 시민참여형 방식의 합의과정을 수행하였고 그 과정과 결과에 대한 사회적 수용성이 어느 정도 확보되었다는 점에서 의의가 있다. 결과에 대한 여러 비판과 개선점을 제시하는 입장에서도 숙의민주주의에 하나의 이정표가 되었다는 점과 한국형 참여민주주의의 대안을 찾으려는 중요한 시도였다는 점에서는 대체로 긍정적인 평가를 하는 것으로 보인다.[109]

반면, 문제점이 지적되는 부분들도 있다. 공론화 과정의 시민참여형 조사는 대규모 표본으로부터 시민참여단을 과학적으로 추출하는 것을 통해 국민을 모집단으로 하는 조사에서의 대표성을 확보하는 것이다. 이에 대해 '2박 3일의 숙박에 참여하겠다'는 의사를 밝힌 사람들의 특성이 대표성에 있어 선택 편향을 일으킬 수 있다는 문제제기가 있다. 즉, 직업적·경제적 이유, 가정주부와 같은 돌봄 의무가 있는 국민 등과 같이 참여자체가 현실적으로 어려운 사람들이 시민참여단에 체계적으로 배제되었을 가능성이 제기되는 것이다.[110] 같은 맥락에서 층화 변수로 소득이나 학력을 고려할 필요가 있었다는 의견도 제시된다.[111] 또한 전문가 그룹이 합의과정의 결정과정에서 배제되었다는 것,[112] 정책결정과정에 대한 기존의 법규정(에너지법 제9조와 10조의 '에너지위원회' 관련)에 위배된다는 주장[113] 등이 공론화 조사 전·후 과정에서 지속적으로 문제제기 되었다. 또한 공론조사 결과가 바로 정책권고 및 정책결정으로 이어졌는데, 이 과정에서의 정당성이나 정책 수용 및 집행과정에서 발생할 수 있는 문제는 누가 책임질 것인지에 대한 숙고가 필요하다는 지적도 있다.[114] 그리고 향후 어떤 정책결정과정에 어떤 역할로 공론

view.html?artid=201710211615001&code=940100; 한겨레, "시민의 해법으로 사회갈등 출구… 숙의 민주주의 큰 걸음", 2017.10.20, http://www.hani.co.kr/arti/politics/assembly/815410.html.

109 다만 '대의민주주의'의 긴장 혹은 보완관계에 대한 고찰이 필요하다는 의견도 있다.

110 김석호, "신고리 5·6호기 공론조사 수행과정 및 시사점에 대한 토론문 Ⅰ", 서울대학교 행정대학원 『정책·지식 포럼』, 2017.12.6.

111 금현섭, "신고리 5·6호기 공론조사 수행과정 및 시사점에 대한 토론문 Ⅱ", 서울대학교 행정대학원 정책·지식 포럼』, 2017.12.6.

112 연합뉴스, "신고리 건설재개측, 전문가 배제에 반발, 공론화 보이콧 불사", 2017.9.24; http://www.yonhapnews.co.kr/bulletin/2017/09/23/0200000000AKR20170923057600003.HTML

113 한국경제, "신고리 공론화위원회 법적근거 없다", 2017.8.1; http://land.hankyung.com/news/app/newsview.php?aid=2017080165131

114 허성욱, "다원주의 vs. 공화주의", 한국일보 칼럼 『아침을 열며』, 2017.10.29; http://www.

화 조사를 시행할 것인지에 대한 명확한 기준과 제도화가 필요하다는 의견도 제시된다.[115]

협상의 관점에서는, 먼저 협상당사자에 대한 정의가 명확하지 않은 문제가 있다. '협상의 다층적 당사자 구조'는 협상에서 직접적이고 구체적인 이해를 갖는 이해당사자(본인-대리인), 직간접적인 이해관계를 가질 수 있음에도 해당 협상의 이해당사자가 이들의 이해를 대변하지 않는 국외자(bystander), 그리고 협상에 대한 직·간접적인 이해를 갖고 있지는 않지만 협상이 이루어지는 과정과 결과가 갖는 사회적 맥락에 영향을 주고 받는 '청중 혹은 관찰자(audience)' 등을 포섭한다. '신고리 5·6호기 중단/재개' 혹은 원전정책과 같이 사회 구조적인 이슈의 경우 협상의 다층적 당사자구조는 더욱 유의미하다. 구체적이고 직접적 이해(예: 신고리 건설 투자자 및 신고리 주민들) - 간접적인 이해(예: 향후 원전 유지 및 개발과 관련된 문제) - 사회적 맥락에서의 이해(예: 현재와 미래의 포괄적 개념의 환경 문제)가 공론화 과정의 협상 참여자 선정 및 설계과정에서 명시적으로 고려된다면 합의과정과 결과 도출 그리고 수용성이 달라질 수 있을 것이다. 위에서 살펴보았듯이 합의조직이 한시적 합의형성 기구(Ad hoc Assembly)이냐 지속적인 합의형성 조직(Permanent Organization)이냐는 합의형성과정에서의 일관된 가치지향과 이행성 및 책임성, 지속적인 학습과 발전에 차이를 갖는다. 따라서 위에서 제기된 바와 같이 여러 가지 긍정적 의미를 갖고 있는 공론화 방식의 합의형성과정이 향후 발전적으로 나아가기 위해서는 관련 조직·제도화 기반을 마련하고 제기된 문제 및 고려사항들이 반영된 체계가 마련되는 것이 바람직하다.

협상의 관점에서 생각해 볼 수 있는 또 한 가지는, 협상의제 선정과정에서 논란이 되었던 '신고리 5·6호기 공사 재개 여부' 외에 '원전정책에 대한 의견'까지 공론화 조사가 확대되었다는 점과 관련된다. 논란이 되었던 부분은 의제 범위 확대가 신고리원전 공론화 조사의 법제도적 근거 규정으로 마련된 '신고리 5·6호기 공론화위원회 구성 및 운영에 관한 규정(국무총리훈령 제690호)'의 범위를 넘어서는 것이 아니냐[116]는 점과 이에 대해 원전정책에 대한 찬반 입장을 가진 이해관계자

---

**115** 서울대학교 국가정책포럼, 『신고리 5·6호기 공론화 위원회의 성과와 교훈』, 서울대학교 사회발전연구소·서울대학교 사회과학연구원, 2017.12.11.
**116** 신고리 5·6호기 공론화위원회 구성 및 운영에 관한 규정

들의 대립이었다. 그러나 협상의 관점에서는 의제선정의 프레이밍과 관련되어 생각해 볼 부분이 있다. 시민참여단이 당초에 조사 대상이었던 신고리 5·6호기 공사 중단 재개 여부만을 놓고 판단하는 경우와 원전중단 여부에 대한 판단까지 같이 해야 되는 상황을 비교할 때, 전자의 경우 중단 또는 재개라는 두 가지 중 하나를 선택해야 하는 부담이 있다. 공론화 과정 전, 후에 신고리 지역 주민들과 투자자들의 이해가 강하게 주장되었고 공론화 과정 전에 이미 20% 이상 공사가 진행된 상황에서의 매몰비용 문제, 동시에 원전재개에 따른 환경적 문제가 양 쪽에서 심각하게 제기되는 과정에서 참여자는 중단측과 재개측 둘 중 하나의 입장을 선택해야 하는 상황에 직면한다. 그런데 여기 '원전정책에 대한 선호(유지-축소)'에 대한 판단이 추가되면 협상 참여자는 '공사 중단과 원전정책 유지' 또는 '공사 재개와 원전정책 축소'라는 절충적 선택을 할 수 있는 여지가 생기게 된다. 이것이 협상과정에서의 '극단회피 편향'과 연결될 수 있다.[117] 즉 협상과정의 프레이밍에 의해 문제의 본질에 대한 판단이 아닌 절충적 선택을 하게 되는 상황을 이야기한다. 엄밀히 말하면 신고리 공사 중단과 재개는 원전정책의 하위 개념이다. 따라서 원전정책에 대한 선호에 대한 독립적인 조사가 이루어지는 것이 논리적으로도 협상의 프레이밍 관점에서도 필요할 수 있다. 또한 신고리 5·6호기의 중단/재개는 이미 발생한 과거의 매몰비용에 대한 문제이지만 원전정책은 매우 장기간의 미래 지향적인 문제이다. 따라서 미래가치의 현재 할인 또는 미래가치에 대한 현재의 평가

---

제1조(목적) 이 훈령은 신고리 5·6호기 원자력발전소 건설 중단 여부에 관하여 공론화를 통한 결과를 도출하기 위한 신고리 5·6호기 공론화위원회의 구성 및 운영에 필요한 사항을 규정함을 목적으로 한다.

제2조(기능) 신고리 5·6호기 공론화위원회(이하 "위원회"라 한다)는 다음 각 호의 사항을 심의·의결한다.

    1. 신고리 5·6호기 건설 중단 여부 공론화에 관한 주요 사항

    2. 신고리 5·6호기 건설 중단 여부 공론화 관련 조사·연구에 관한 사항

    3. 국민 이해도 제고 및 이해관계자 의견수렴 활동에 관한 사항

    4. 그 밖에 위원장이 신고리 5·6호기 건설 중단 여부 공론화를 위하여 필요하다고 인정하는 사항;

    위원회측은 제2조의 4호를 근거로 '원전정책 선호'에 대한 공론화 조사가 가능하다는 입장을 제시했다; 김지형, "'신고리 5·6호기 공론화 위원회의 성과와 교훈' 포럼 발표", 서울대학교 『국가정책포럼』, 서울대학교 사회발전연구소·사회과학연구원, 2017.12.11.

[117] 강양구, "보통사람의 이유 있는, 그러나 비합리적인 선택", 주간동아, 2017.11.29; http://weekly.donga.com/3/all/11/1139391/1

율 등이 반영되어 두 가지 비용을 같은 선상에 놓고 비교를 해야 정확하다. 공론
화 과정에서 이 부분이 고려되지 않았는데, 만약 이 부분이 고려되어 협상의제가
선정되었거나 최소한 프레이밍 과정을 협상 참여자 모두가 함께 하면서 이러한 편
향문제가 명시적으로 제기되고 인식되었다면 결과가 똑같이 나왔을지는 생각해볼
수 있는 문제이다.

　　본 연구의 사회 구조적 협상모델에서는 이러한 프레이밍 과정에 대해 협상
참여자들이 협상과정에서 공유할 수 있는 소통의 틀을 제시하고자 한다. 공론조사
항목에 포함되었던 '건설 재개 혹은 중단에 대한 최종 결과가 본인의 의견과 다를
경우 얼마나 존중할지'에 대한 응답에서 60대 이상(89.2%)을 제외한 전 연령대가
90% 이상 존중하겠다고 답한 반면 본인 의견과 다른 의견에 대해 얼마나 공감의
정도는 28.8%만이 공감한다고 답했는데.[118] 이와 같은 소통의 틀이 협상 전 과정
에 공유될 경우 공감의 수준이 높아질 것으로 기대된다.

　　앞서 살펴본 세 가지 사례, 즉 네덜란드의 스키폴 공항 확대 사례, 시화지구
지속가능한발전협의회 사례, 신고리 5·6호기 공론화 사례 모두 내용적인 유사점
은 '개발과 환경'이라는 가치의 충돌이 포함되어 있었다는 것이다. 그에 대한 합
의형성과정에서 '스키폴 공항 확대 사례'는 민간 참여가 배제된 정부주도의 정책
네트워크로 장기간 이행과정에 어려움이 있었고, '시화지구지속가능발전협의회
사례'는 오랜 시간 정부와 시민단체의 갈등 구도 속에서 시민단체가 일정 조건을
제안하고 정부가 이를 받아들여 시작된 한시적 합의체가 법제도적 기반 위에 지
속적인 합의기구로 되어 장기간에 걸친 이행과정까지 모니터링하고 새로운 변화
도 반영하는 조직으로 발전했으며, '신고리 5·6호기 공론화 사례'는 정부 주도로
시작했으나 전국민을 대상으로 하는 대표성 있는 한시적 합의기구를 만들어 일
정 숙의과정을 거쳐 그 결과물로 나온 합의사항을 바로 정부 정책에 반영하는 갈
등해결모델을 보인 사례들이다. 세 가지 사례에서 공통적으로 보여진 개선점은
보다 본질적이고, 보편적으로 적용될 수 있는 소통의 틀이 부재하다는 것이었다.
즉 각 사례의 상황적, 내용적 특수성에 기반한 합의형성과정에서 성공적인 부분
과 그렇지 못한 부분이 있었지만 그러한 과정에서 참여자들과 다층적 이해관계

---

[118] 신고리 5·6호기 공론화위원회, 위 보고서, 98-100쪽.

자들의 서로 다른 입장과 이해를 연결해서 포괄적으로 공감하고 사고하는 가운데 소통의 과정을 더욱 원활하게 하고 협상이익과 공감대를 확대할 수 있는 소통의 구조가 있으면 보다 발전적인 합의형성모델이 될 수 있을 것으로 보인다. '통합적 가치 축적을 위한 협상모델'은 이러한 관점에서 발전적인 협상모델을 제시하고자 한다.

## 제 3 절  통합적 가치 축적을 위한 사회 구조적 협상모델 구축(Social Structural Negotiation Modeling for Integrative Value Accumulation: NMIV)

본 연구는 서두에서 밝힌 바 대로, 시장의 구조적 문제에 접근하기 위한 소통의 틀인 협상모델로서 거시적인 담론의 틀과 미시적인 분석틀을 제시하는 것이 목적이다. 여기서는 이를 위해 위에서 다룬 협상이론을 기반으로 '통합적 가치 축적을 위한 구조적 협상모델'을 수립해 보도록 하겠다. 먼저 위에서 살펴본 '협상의 체계적 접근'에서는 협상의 상호작용, 협상의 사회적 환경, 다층적 의제 및 당사자 구조, 협상의 가치사슬에 대해 제시하였다(제3장 1절 I 참조). 이를 기반으로 하는 본 연구의 사회 구조적 협상모델의 체계적 접근은 앞서 다루었던 학제적 연구를 적용하여 협상의 '거시적 소통의 틀'을 제시한다. 그리고 '협상의 구조적 접근'에서는 '협상가능영역 탐색-통합적 협상-분배적 협상'이라는 개별 협상의 과정을 다루었는데(제3장 1절 II 참조), 본 연구에서는 이에 기반하여 사회 구조적 협상모델의 '미시적 분석틀'을 도출하도록 하겠다. 또한 이렇게 도출한 '통합적 가치 축적을 위한 협상모델'을 사회 구조적 협상의제에 대한 다수당사자 협상모델의 이론적 기반으로 제시한 서스킨드의 '합의형성 접근방식(제3장 2절 참조)'에 적용할 수 있는 '통합적 가치사슬의 접근방법'을 제시해 보도록 하겠다. 통합적 가치 축적을 위한 협상모델의 도출과정을 도식화 해보면 〈그림 3-11〉과 같다.

〈그림 3-11〉 통합적 가치 축적을 위한 협상모델 도출과정

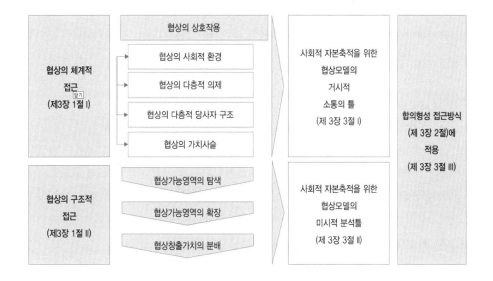

# I. '사회 구조적 협상모델'의 거시적 소통의 틀: 협상의 체계적 접근

## 1. '상호작용'에 기반한 협상의 가치체계

'협상의 상호작용'은 협상에 임하는 다수의 관련 당사자들이 표면·이면에 있는 개별적 협상의제와 맥락 위에 상호작용하며 이를 둘러싸고 있는 정치, 경제, 사회, 문화적 환경과 상호 연계되어 있다는 것이다. 본 연구의 사회 구조적 협상모델은 이러한 '상호작용'의 관점에서 개별적인 협상의 이미지를 종적, 횡적으로 확장시켜 협소한 협상의 개념에서 다루지 못한 채 결정적인 요인으로 받아들여지는 부분을 명시적인 협상의 프레임으로 도출하여 협상당사자 및 사회적 이익 모두를 확대하는 것을 지향한다.

〈그림 3-11〉에서 제시한 바와 같이, 이러한 협상의 상호작용은 협상의 사회적 환경, 협상의 다층적 의제 및 당사자 구조, 협상의 가치사슬로 구조화될 수 있다. 이러한 상호작용 하에서 협상당사자 모두가 공유하는 행동규칙과 원리가 '협상규범(norms of negotiation)'이다. 이러한 협상규범에 기반해서 앞서 제시한 개별 협

상의 기본규칙(ground rules of a negotiation)이 나올 수 있다. 이와 관련된 본 연구의
협상모델은 협상당사자가 공유할 수 있는 '협상의 통합적 가치체계(integrative value
system of negotiation)'로 협상규범을 프레이밍할 수 있는 기반을 제공하려는 것이다.
즉 협상을 모든 협상구성 요소 간의 상호작용 과정으로 파악하고 그 과정에서의
가치 축적을 이루어 가는 체계를 제시하는 것이 본 연구의 사회 구조적 협상모델
의 거시적 소통의 틀이다.

　　이러한 협상모델의 체계적 접근을 위한 학제적 기반으로 제2장에서는 '스미스
의 시장 유인체계'(제1절), '규범적 프레임으로서의 헌법적 선택에 기반한 헌법경제
학'(제2절), '경제학적 프레임으로서의 협조게임'(제3절), '심리학적 프레임으로서의
마음이론'(제4절)에 대해 살펴보았다. 또한 본 연구의 사회 구조적 협상모델이 협상

〈그림 3-12〉 통합적 가치 축적을 위한 협상모델 구축의 브리콜라주

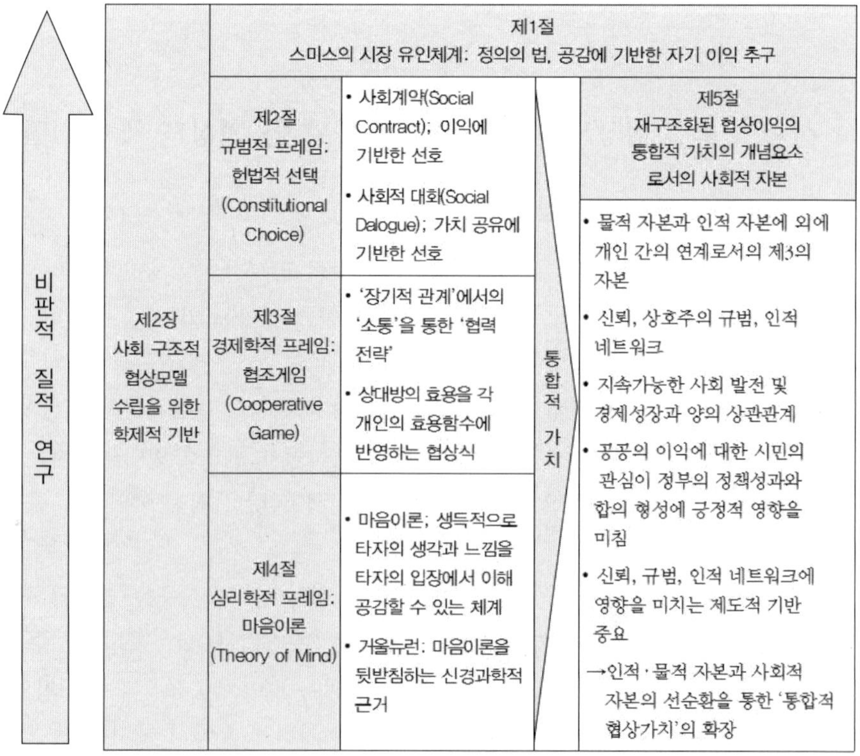

이익으로 지향하는 것은 '물적·인적 자본에 더한 사회적 자본의 축적(제5절)'임을 제시했다. 이를 다시 제시하면 〈그림 3-12〉와 같다.

통합적 가치 축적을 위한 협상모델은 이와 같은 규범적·경제적·심리적 프레임을 적용한 가치체계로서의 '거시적 소통의 틀'을 제시하며 이를 기반으로 '미시적 분석식'을 도출한 후 이를 협상과정에 적용할 수 있는 '접근방법'으로 제시한다. 다음에는 거시적 소통의 틀에 대한 협상모델을 제시해보도록 하겠다.

## 2. 사회 구조적 협상모델의 체계: 협상의 거시적 소통의 틀

먼저 '통합적 가치 축적을 위한 협상모델'에 대한 체계적 접근은 다음과 같이 도식화할 수 있다.

〈그림 3-13〉은 앞서 다룬 학제적 연구와 협상이론을 바탕으로 '통합적 가치 축적을 위한 협상모델'의 종적, 횡적 모형을 도식화 한 것이다. 먼저 '다층적 당사

〈그림 3-13〉 통합적 가치 축적을 위한 협상모델의 체계적 접근: 거시적 소통의 틀

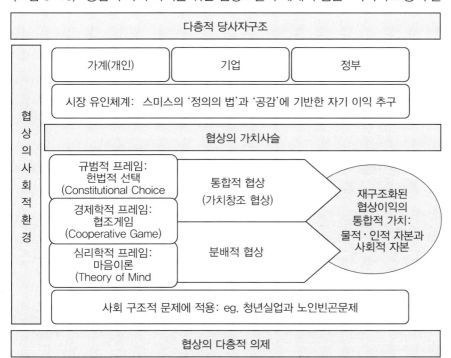

자구조'를 거시적인 사회 구조의 관점에서 가계(개인), 기업, 정부로 모형화했다. 그리고 우리가 선택한 시스템은 앞서 살펴본 대로 스미스가 이야기 한, '정의의 법과 공감에 기반한 자기 이익 추구'를 유인체계로 한 시장질서이다. '협상의 가치사슬'은 시장의 구조적 문제에 접근하기 위한 협상의 가치 축적과정이다. 본 협상모델의 협상가치는 '물적·인적 자본에 사회적 자본을 더한 개념'으로 정의하였다. 앞서 언급한 대로 다수당사자의 소통이 부재하고 상호 간의 차이가 충분히 이해되지 않고 있는 문제일 경우 '가치'를 정의하고 협상을 해 나가는 '과정'이 중요하다. 이를 위해서는 문제가 해결되는 과정에서 '개인의 이익'과 결부되어 있는 '공동의 문제'와 '공동의 지향'이 정의되어야 한다. '협상의 다층적 의제'는 이 가운데 나올 수 있는 다양한 사회 경제적, 사회 구조적 문제들이 협상의 자리로 나온 것이다. 본 연구에서는 제4장에서 본 협상모델을 한국사회의 구조적 문제를 관통하고 있는 '청년실업과 노인빈곤문제'에 적용하는 과정을 예시한다.

'다층적 당사자 구조, 협상의 가치사슬, 협상의 다층적 의제'는 모두 역사, 정치, 경제, 문화적 요인 및 협상을 지도하는 가치체계, 행동규칙, 원리 등을 모두 포함하는 '협상의 사회적 환경'과 상호작용한다. 즉 협상은 협상 참여자와 제3자가 기존에 갖고 있는 관습(customs), 규범(norms), 규칙(rules), 법규(laws) 등에 영향을 받을 뿐 아니라 역으로 협상과정과 결과에 의해 환경에 영향을 주기도 한다. 이러한 '상호작용'의 분석틀로서 규범적 관점에서 뷰캐넌의 공공선택의 이론에 의한 헌법경제학, 경제적 관점에서 협조게임 이론, 심리적 관점에서 마음이론을 제시했다. 이는 다음에서 제시할 협상모델의 미시적 접근으로 연결된다.

다음에서는 이과 같은 본 연구의 협상모델의 관점에서 상호작용에 기반한 협상의 거시적 소통의 틀에 기반한 접근방법을 제시해보도록 하겠다.

### (1) 협상의 사회적 환경

협상의 다층적 의제, 다층적 당사자구조, 협상의 가치사슬과 같은 협상요소를 둘러싼 것이 '협상의 사회적 환경'이다. 협상의 사회적 환경에는 당시의 사상적 기조, 시대적 사조, 주도적 사고 경향, 유사한 협상의 전례, 문화와 역사·전통 등이 포함되며 협상은 다층적 협상의제, 다층적 당사자, 협상환경 사이의 상호작용의 과정이다. 본 연구는 사회 구조적 문제에 대한 통합적 가치 축적을 지향하는 협상모델을 수립하고 적용하는 것이다. 여기서 다루어져야 할 첫 번째 과정은 '사회 구조적 문제'에서 '협상의제'를 도출하기 위한 '이슈 명확화'이다. 사회 구조적 문제는 단일한 협상의제로 주어지는 것이 아니므로 그 문제를 형성해 온 역사적·구조적 맥락 가운데 협상으로 해결해야 하는 이슈를 파악하고 이를 의제화하는 것이 필요하다. 즉 사회 구조적 문제는 상당한 시간 동안 사회의 대다수의 사람들에 의해 그 심각성이 인식되어 온 문제인 경우가 많지만 그것이 바로 협상의제가 될 수는 없다. 따라서 사회 구조적 문제를 협상의 사회적 환경의 한 요소로 인식하고 접근해야 하는 과정이 필요하다. 이에 대해 다음과 같이 제시해 보도록 하겠다.

〈표 3-2〉 사회 구조적 문제에 대한 '이슈 명확화'를 위한 접근방법

| 사회 구조적 문제 | 구조적 문제 분석 | 구조적 맥락에서의 문제의 원인 | 이슈 명확화 |
|---|---|---|---|
| 문제# | 문제 형성 과정의 체계성 (systemic problem) | • 특정 집단(조직, 사회, 국가 등)에서 일정한 원리에 의한 양상을 보이며 나타나는 문제에 대한 근본 원인(root cause) | • 원인에 대한 **구조적 전환**을 하기 위해 다루어야 할 이슈 |
| | 문제의 지속성 (continuous problem) | • 단기간에 나타났다가 사라지는 문제가 아니라 지속적으로 발생하며 시간이 지남에 따라 심화되는 경향을 야기할 수 있는 원인 | • **장기간 지속**되는 문제를 야기하는 원인에 영향을 줄 수 있는 이슈 |
| | 집단적 문제 (collective problem) | • 집단 구성원의 개별적인 노력이나 시도로 해결되기 어려운 원인 | • **집단적 당사**자 간의 소통과 합의가 필요한 이슈 |

    문제에 대한 해결은 원인에서 찾아야 하는데, 사회 구조적 문제는 특정 집단에서 일정한 원리에 의한 양상을 보이며 나타나는 문제 양상이며 대체로 짧은 시간 동안 형성되고 해소될 수 없으며 시간이 지날수록 문제가 심화되는 구조적 원인을 갖고 있는 문제이다. 이러한 구조적 원인은 집단 구성원의 개별적인 노력으로는 해결되기 어렵다. 따라서 이러한 원인에 대한 분석이 선행되어야 하고 이에 대한 구조적 전환이 체계화되고, 장기간 지속적인 소통의 장이 확보되며,

집단적 당사자 간의 소통과 합의가 필요한 문제가 무엇인지를 의제에 앞서 도출
해야 한다.

앞서 협상이론의 선행 연구들에서는 협상의 사회적 환경과 가치사슬, 즉 정치·
경제·사회적 변수들이 어떤 과정과 관계를 통해 개별 협상과 상호 영향을 주고
받는지에 대한 연구가 부족하다는 지적이 있었다.[119] 포드지바는 이를 위해서 '정
형화된 고정관념'을 극복하고 '어떻게 신뢰를 구축할 것인가?'라는 질문과 이에 대
답하기 위한 연구가 필요하다고 했다.[120] 사회 구조적 문제에 대한 구조적 분석을
통해 그 원인을 파악하고 사회적 합의를 통해 풀 수 있는 협상의제를 도출하는 과
정은 표면적인 이해에 대한 고정관념에 대해 근본적으로 다시 파악해볼 수 있는
기회가 되고 도출된 의제 및 협상과정 전반에 대한 신뢰를 높일 수 있는 접근방법
이다. 특히 본 연구의 대상인 '사회 구조적 문제'는 개별 협상에서 다루어지기 어
려운 문제에 대한 접근이며 '구조적 협상모델'은 그러한 접근을 시도하는 과정이
기 때문에 협상의 사회 환경적 분석은 구조적 맥락에서의 원인과 이슈를 파악하고
그 해결방법으로서의 협상의제를 도출하는 과정이 된다.

### (2) 협상의 다층적 의제

협상은 협상당사자들의 이해관계 조정을 통해 더 큰 이익을 창출하는 과정
이다. 많은 경우 당사자들의 이해는 표면에 제시되는 것보다 더 많은 내용을 갖
고 있다. 어떤 사안에서는 핵심 사안이 오히려 수면 아래에 있기도 하다. 이에 대
한 선행과정이 앞서 제시한 '이슈 명확화' 과정이고 이를 통해 의제의 '다층성'을
협상의 시작과 과정에서 얼마나 정확하게 파악해 나가느냐가 협상의 성공에 중
요한 열쇠가 된다. 의제의 다층성은 의제가 내포하고 있는 이슈의 다층성에 기인
하기 때문이다. 이러한 과정을 통해 협상의제의 성격이 파악되어야 관련된 당사
자 구조를 파악할 수 있고 이후에 어떠한 방식과 과정으로 협상할 것인지에 대한
계획을 할 수 있다. 본 협상모델의 이에 대한 접근방식을 아래와 같이 제시해보
도록 하겠다.

---

119 이달곤, 위 논문, 188－189쪽.
120 Bellman & Podziba, ibid., pp. 22－25.

〈표 3-3〉 '다층적 의제 분석'을 위한 접근방법

| 이슈 | 다층적 이슈 | 협상의 사회적 환경 | | | 1차적 이해관계자 (쟁점분석) | | | 협상의제 |
|---|---|---|---|---|---|---|---|---|
| | | 시간 | 자원 | 구조 | 당사자 1 | 당사자 2 | 당사자 3 | |
| 이슈# | 하위 이슈 1 | 비교적 짧은 시간에 걸쳐 형성된 이슈(ST) | 문제해결에 비교적 적은 비용이 드는 이슈 – 비용 기준 설정(LC) | 단편적으로 해결 가능한 이슈(FI) | 당사자 1과 당사자 2의 공통 이슈($I_{12}$) | | | 협상의제 1 |
| | 하위 이슈 2 | 과거부터 오랜 시간 이어진 이슈(PLT) | 문제해결에 감당가능한 -manageable- 비용이 드는 이슈(MC) | 다층적인 고려가 필요한 이슈(SI) | | 당사자 2와 당사자 3이 합의해야 할 이슈($I_{23}$) | | 협상의제 2 |
| | 하위 이슈 3 | 현재 발견되었으나 미래 상당 시간동안 지속될 이슈 (FLT) | 문제해결에 높은 비용이 필요한 이슈(HC) | | 당사자 모두가 합의해야 할 이슈($I_{123}$) | | | 협상의제 3 |
| | | | | | | | | |
| | | | | | | | | |

　　앞서 사회 구조적 문제에 대한 이슈 명확화 과정을 통해 도출한 이슈는 다시 하위 이슈로 분석할 수 있다. 이렇게 분석되는 이슈의 내용에 따라 협상의제의 성격과 협상의 방식, 필요한 시간과 자원이 결정된다. 하위 이슈를 분석하기 위한 기준으로 시간, 자원, 구조 등을 제시할 수 있는데 어떤 이슈는 비교적 짧은 시간에 형성되어 비교적 적은 비용으로 해결될 수 있는 단편적인 구조 하에 있을 수도 있고 다른 이슈는 앞선 사례들에서 보았듯이 수십 년에 걸친 오랜 시간 동안 형성되어 왔고 문제해결에 상당한 수준이지만 감당가능한 비용이 들며, 정치·경제·사회적인 여러 측면에서의 다층적 고려가 필요한 이슈가 있을 수 있다. 또한 미래 세대에 이를수록 더 큰 심각성을 야기하는 이슈도 있을 수 있다. 또한 협상의제 도출을 위한 1차적인 이해관계자 분석에서는, 다수당사자 중 일부의 당사자들 간의

공통 이슈인지, 혹은 일부의 당사자가 합의해야 할 이슈인지, 모든 당사자들이 합의해야만 하는 이슈인지에 대한 분석이 필요하다(conflict assessing). 다층적 의제 분석과정에서 이러한 이슈 및 1차적인 이해관계자 사이의 쟁점분석이 정확하게 될수록 협상과정의 효율성과 효과성 및 협상이익이 확대될 것이다. 이러한 이슈 분석을 통해 당사자들이 협상에 들어갈 수 있는 협상의제를 도출한다.

### (3) 협상의 다층적 당사자 구조: 사회 구조적 협상의제의 당사자로서의 가계·기업·정부

앞서 협상의 체계적 접근에서 살펴본 '협상의 다층적 당사자 구조'는 본인(principal, constituency), 대리인(agent)과 같은 협상의 이해당사자와 협상 참여자 외에도 협상에 직접 관여되지는 않으나 직·간접적인 이해관계를 갖는 '국외자(bystander)', 그리고 당사자나 국외자와 같이 해당 협상에 영향을 받는 집단은 아니지만 협상이 이루어지는 과정과 결과가 갖는 사회적 맥락에 영향을 주고 받는 '청중 또는 관찰자(audience & observers)' 등이다.

본 연구는 사회 구조적 의제를 풀어가는 협상모델을 제시하는 것을 연구의 목적으로 하였다. '구조적 문제'의 성격상 협상환경이 형성되는 역사적·사회적 과정과 앞서 제시한 구조적 편향의 관점에서, 개별 협상 참여자들이 개별 사안이 기반하고 있는 구조적인 문제를 인지, 해결, 다른 방향 설정을 할 수 있는 가능성이 매우 제한적이거나 없을 수도 있다. 또한 그러한 구조적 문제를 다른 관점에서 접근하는 개별 협상이 체결된다고 하더라도 한 협상의 당사자와 그 결과가 새로운 협상 프레임이나 협상가치(focal point)를 형성하는 과정은 매우 길고 비체계적일 것이다. 따라서 구조적 협상모델의 협상 주체는 이러한 개별적인 이해당사자들을 대표할 수 있는 집단으로 전제하고, 구조적 편향을 개선한 새로운 협상의 가치를 제공하는 거시적 소통의 틀과 미시적 관점을 제시하며, 그러한 기반 위에서 이루어지는 협상과정과 결과가 개별 협상에도 영향을 미쳐 지속적으로 협상 창출 가치(negotiation surplus), 이 모델에서는 인적·물적 자본에 더해 '사회적 자본(social capital)'을 축적해 가는 것을 지향하는 것이다.

이러한 관점에서 본 연구의 협상모델은 협상의 다층적 당사자 구조를 거시적인 사회 구조의 관점에서 가계(개인), 기업, 정부로 제시한다. 이는 경제학의 일반적인 시장의 거시경제주체 이론을 따른 것이지만, 서로 엄격히 구별되어 각자 세계에 존재하는 당사자 구조가 아니다. 궁극적으로 본 협상모델이 지향하는 가치의 축적 주체는 '개인'이다. 가계, 기업, 정부라는 각 이해 집단의 실체는 결국 개인으로 귀결되기 때문이다. 세 경제 주체의 최소한의 공통의 기반은 '개인'일 뿐 아니라 개인에 의해 서로 연결된다. 즉 정부와 기업과 가계는 모두 개인에 의해 구성되며 가계의 구성원은 기업과 정부를 구성한다. 즉 서로의 이해를 대표해서 협상하나 결국 서로의 이익이 각 집단의 이익과 상호적일 수밖에 없는 실체적 근거이기도 하다. 결과적으로 이 구조적 협상은 필연적으로 'win-win-win 게임'이 되어야만 모든 집단이 실제적으로 협상의 승자가 될 수 있는 구조이다. 예를 들어, 어떤 협상의제에 대해 기업에 일방적으로 유리한 협상결과가 도출되었을 때 사실은 기업이라는 집단을 구성하는 개인도, 기업으로 대표되는 집단의 이익도 장기적으로는 달성할 수 없다는 것이 본 협상모델의 전제이다.

이는 '통합적 가치 축적을 위한 구조적 협상모델'의 이론적 기반이 되는 스미스의 정의의 법과 공감에 기반한 자기 이익 추구, 뷰캐넌의 사회계약과 사회적 대화를 통해 형성되는 개인의 선호에 기반한 공공선택으로서의 헌법경제학, 전략적으로 파레토 최적을 지향하는 협조게임 이론, 그리고 전-경험적으로 타인에 대한 공감에 기반하는 마음이론 모두가 방법론적 개인주의를 취하고 있는 것과도 상통한다. 즉 이 구조적 협상의 결과가 표면적으로 성공적인 것처럼 보인다고 하더라도 그 실체적 기반인 '개인'의 효용이 증대될 수 없다면 사실상 실패한 협상인 것이다. 동시에 협상당사자 개인의 효용 또한 '사회화된 개인의 이익'의 개념으로 재구조화하는 것도 같은 맥락이라고 할 수 있다. 즉 사회는 개인의 효용을 지향하고 개인의 효용은 사회를 반영하는 것이 통합적 가치 축적을 위한 협상모델에서 재구조화된 효용의 개념이다. 본 연구의 사회 구조적 협상모델은 사회 구조적 의제에 대한 협상과정을 대표하는 당사자를 가계, 기업, 정부로 보며 그 안에 개별 협상의 이해당사자, 국외자, 청중·관찰자가 개인으로서 모두 포섭되는 협상의 다층적 당사자 구조를 기반으로 한다. 이를 도식화 해보면 〈그림 3-14〉와 같다.

앞서 제시했듯이, 이와 같은 다수당사자 협상의 경우 양당사자의 협상보다 복잡한 구조를 가지며 그 과정에서 소통의 규범과 공동의 사고를 위한 체계를 설정하는 것이 필요하다. 특히 협상과정이 조직화되기 위해서는 당사자 모두가 협상의

〈그림 3-14〉 거시경제주체에 기반한 당사자 모델

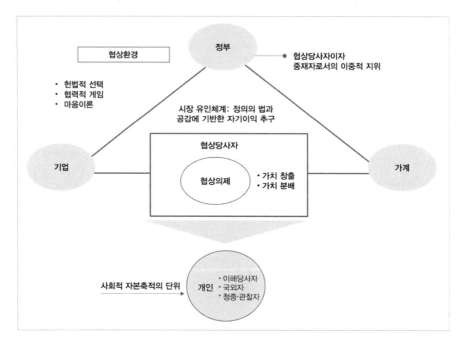

공동 목표를 이해하는 것이 선행되어야 하며 이를 위한 토론과정이 체계화 되기 위해 집단 숙의를 위한 프레임워크가 도움이 된다. 각자가 자기의 입장만을 반복해서 주장하거나 서로 다른 관점과 이슈만을 이야기함으로써 시간과 노력이 낭비되지 않도록 같은 페이지를 보고 협상과정을 진전시키도록 해야 하며 이러한 의사소통이 생산적으로 관리되기 위해서는 이를 효율적으로 진행할 수 있는 조력자(facilitator)나 조정인(mediator)의 역할이 효과적임을 제시했다.

본 연구의 '통합적 가치 축적을 위한 협상모델'에서는 합의형성 접근방법과 사례들에서 살펴본 바와 같이 정부는 이해당사자이자 중재자(arbiter)로서의 이중적인 지위를 갖는다. 따라서 정부는 정부의 정책방향에 기반한 협상이익을 갖는 이해당사자임과 동시에, 협상당사자의 공통 기반이 되는 가치체계를 제시하고 논의해서 그에 대한 합의를 도출하고, 그에 기반한 소통과 협상 및 이행과정을 일관되게 끌어가는 협상가치사슬에서의 중재자로서의 역할을 수행한다. 정부에게 기업과 가계를 구성하는 국민이 공급하는 재정은 협상의 관점에서는 중재자로서의 역할

〈표 3-4〉 '다층적 이해관계자 분석'을 위한 접근방법

| 이슈 | 다층적 이해관계자 | 이해관계자 (stakeholders) | | |
|---|---|---|---|---|
| | | 가계 | 기업 | 정부 (이해당사자이자 중재자) |
| 의제# | 이해당사자 (interestholders) | 1. 거시경제 주체 입장에서 해당 의제의 핵심이해(key interest)는 무엇인가?<br><br>2. 직접적 이해와 관련된 이해당사자 그룹, 간접적 이해와 영향을 주고 받는 국외자, 직간접적 영향은 아니지만 사회적 맥락에서 영향을 주고 받는 청중 및 관찰자 그룹은 누구인가? | | 1. 해당 의제와 관련된 행정기관은 어디인가?; 각 정부 부처, 대통령 직속기구, 국무총리 직속기구 등 - 이해당사자, 국외자 등<br><br>2. 해당 의제 관련 입법기관은 어디인가?; 입법 발의, 혹은 발의 가능성 있는 정당 및 국회의원, 관련 상임위 구성 등 |
| | 국외자 (bystanders) | 3. 핵심 이해당사자의 하위 이해집단은 어떻게 구분할 수 있는가? (sub-interest group)<br>  1) 각 이해집단을 대표 혹은 대리할 수 있는 기존의 조직이나 집단이 있는? (representative)<br>  2) 만약 존재하지 않는다면 대표를 선정할 수 있는 모집단의 범위는 무엇인가? (population)<br>  3) 모집단은 특정하고 회합할 수 있는가? 특정되고 회합가능하지 않은 모집단의 경우 정당성을 인정 받을 수 있는 대표를 선정할 수 있는 방법은 무엇인가? (how to be represented) | | 3. 해당 의제에 대한 협상의 장이 기존에 마련되어 있는가? 마련되어 있지 않다면 어떻게 만들 것인가?; 협상 참여자의 대표성, 협상력의 균형, 소통의 방식, 지속성, 이행 및 평가<br><br>4. 핵심 이해당사자를 대표할 수 있는 기존의 조직이나 집단이 없는 경우 해당 이해당사자를 대표할 수 있는 대표자를 어떻게 선정할 것인가? - 정당성의 확보, 선정 방식 및 절차, 권한 범위 등 |
| | 청중 및 관찰자 (observers) | | | 5. 해당 의제에 대해 국외자나 청중인 국민들과 어떤 수준에서 어떤 방식으로 소통할 것인가? - 소통 플랫폼, 소통의 방식(일방향/양방향(다방향)), 소통의 내용적 수준 및 시간과 자원의 범위 등 |

에 대한 비용부담이라고도 할 수 있을 것이다. 중재자로서의 정부는 협상을 통해 창출되는 전체 이익(cooperative surplus)을 확대하기 위해 다양한 관점에서의 대안 분석을 수행하고 이 과정에서 가계, 기업과의 효과적인 소통의 장을 만들며 무임 승차나 편향을 제거하기 위한 노력을 해야 한다.

구체적인 협상과정에서는 협상의제에 대해 이러한 거시경제주체의 틀을 기반 으로 세부적인 당사자 분석에 들어가야 한다. 다음에서는 실제 당사자 분석과정에 서 참고할 수 있는 당사자 분석의 프레임을 제시해 보도록 하겠다(〈표 3–4〉).

먼저 관련 의제에 대해 거시경제주체들의 하위 이해관계자 분석을 수행해야 한다. 가계와 기업은 1차적으로 파악할 수 있는 핵심이해(key interest)를 기준으로 어떻게 하위 집단으로 구분할 수 있는지를 분석한다. 예를 들어 소득이 핵심이해 인 경우 일정 수준에 따른 소득계층별 구분을 할 수 있고, 고용형태가 핵심이해일 경우 정규직과 비정규직 등으로 구분할 수 있다. 기업의 입장에서는 대기업, 중소 기업, 소상공인, 창업 및 벤처기업으로 일반적으로 구분할 수 있지만,[121] 의제에 따라서 더욱 세분화되거나 이들 집단 간 이해가 공유될 수도 있다. 예를 들어 대 기업의 경우도 30대 기업과 그 이하의 기업으로 구분될 의제도 있을 것이고, 중소 기업과 소상공인의 경우 기업의 한계상황과 관련되어 같은 이해를 갖게 되는 의제 도 있을 것이다. 또한 소상공인 중 1인 혹은 소규모 가족경영 자영업자의 경우 가 계(개인)과 이해관계를 같이할 수 있는 의제도 있을 수 있다.

하위 이해집단이 분석된 이후에는 각 이해집단을 대표하거나 대리할 수 있는 기존의 조직이나 집단이 있는 경우와 그렇지 않은 경우에 대한 파악이 필요하다. 예를 들어 가계의 당사자가 고용된 노동자인 경우 노동조직에 가입되어 있는 경우 와 가입하지 않은 경우, 가입할 노동조직 자체가 없는 경우 등이 있을 수 있고, 고 용되지 않아 이해를 대변할 조직 자체가 없는 경우 등도 있을 수 있다. 기업의 경 우 대기업과 같이 전국경제인연합회 등 강력한 이익집단이 있을 수도 있지만 중소 기업이나 소상공인과 같이 중소기업협동조합이나 소상공인연합회와 같은 기존의 이익집단이 있으나 의제에 따라 상대적인 협상력이 약한 경우, 그러한 이익집단에 도 가입되어 있지 않은 경우 등이 있을 수 있다. 그리고 핵심 이해당사자의 이해

[121] 중소기업벤처부 홈페이지 참조, http://www.mss.go.kr/site/smba/main.do, 방문일자: 2017.10. 23.

를 대표 혹은 대리할 수 있는 기존의 조직이나 집단이 없는 경우 그들의 목소리가 협상의 장에 반영될 수 있는 방법을 모색해야 한다. 모집단이 특정되고 회합가능한 경우 코커스를 통해 대표를 선정하는 방법, 규모가 너무 커서 회합이 어려운 경우 공론화 방식과 같은 확률적 표본을 추출하는 방법, 미래세대와 같이 모집단이 특정될 수 없는 경우 입법적으로 대표자를 선정하는 경우 등을 생각할수 있다.

정부는 이해당사자임과 동시에 중재자로서의 당사자 분석이 필요하다. 먼저핵심 이해당사자로서 해당 의제와 관련된 정부부처가 어디인지, 입법기관의 관련상임위나, 관련 입법을 발의하거나 할 가능성이 있는 정당이나 국회의원을 생각할수 있다. 중재자로서의 정부는 무엇보다 관련 의제에 대한 협상의 장을 마련하고상호 간에 신뢰를 제고할 수 있는 지속가능한 소통의 과정을 제도화해야 하는데기존에 협상의 장이 존재하는지, 당사자의 대표성과 협상력의 균형은 확보되었는지, 소통의 방식의 개선점이 무엇인지, 지속성과 이행성에 대한 평가가 필요하다. 또한 기존에 협상의 장이 존재하지 않는 경우 새로이 협상의 장을 마련해야 한다. 협상의 장은 위원회와 같은 정부 산하조직의 형태도 있지만, 정기적인 공청회나포럼, 컨퍼런스와 같은 각 이해당사자, 전문가, 정부, 입법기관 및 유관기관 당사자, 시민단체 등과 같은 관련 이해관계자 모두가 참여하는 의미 있는 소통의 장을 지속적으로 가질 수도 있다.[122] 또한 정부는 해당 의제의 직·간접적인 이해관계자는 아닐지라도 사회 구조적 맥락에서 이해를 갖는 국민들과의 소통을 어떤시점에 어떤 수준에서 어떤 방식으로 할 것인지에 대한 준비도 해야 한다. 스키폴 공항 사례에서 보았듯이 이해당사자들 간의 합의가 잘 이루어졌다고 할지라도 국민과의 소통의 시점이 늦거나 부족할 때 합의내용이 이행되는 데 어려움이있을 수 있다.

---

[122] '제4장 4절 I. 1.'에서 다루는 스웨덴의 '임금 컨퍼런스'를 참고할 만하다; 정부예산을 받아 운영되는 독립기구인 스웨덴의 중재위원회는 산업 전반의 임금협상을 중재하는데 노사가 공식적인 협상 테이블에 앉기 전에 '임금 컨퍼런스'를 개최한다. 여기에는 단지 노사 관계자만이 아니라 중립적인 경제학자들을 포함한 200−250명의 사회적 파트너들이 참석하며 국립경제연구소에서 보고서를 발표하고 보고 후에는 참석자들이 거시적 경제상황에 대한 논의, 비판과 제안, 토론을 한다. 이 과정을 통해 노사는 임금협상 전 최소한의 합의에 이르게 된다; 우명숙·양종민, "1990년대 이후 스웨덴 사회정책 변화와 합의의 재구축", 국제·지역연구 제23권 제3호, 2014, 46−48쪽.

### (4) 협상의 가치사슬

협상의 가치사슬은 협상의 모든 과정에서 구성 요소들(다층적 의제, 다층적 당사자, 협상환경 등)의 상호작용을 통한 가치의 축적과정이다. 이러한 상호작용은 특히 다수당사자의 소통이 부재하고 상호 간의 차이가 충분히 이해되지 않을 때 '가치'를 정의하고 협상을 해 나가는 '과정'이 중요한데 협상 전 단계부터 협상과정을 거쳐 협상결과의 이행에 이르는 전 과정을 협상의 '가치사슬'이라고 할 수 있다. 협상의 가치사슬은 본 연구의 '통합적 가치 축적을 위한 협상모델'의 핵심 요소인 신뢰가 제도화되어 가치가 부가되는 과정이라고 할 수 있을 것이다. 이를 위해서는 앞서 제시한 바와 같이 다수당사자들의 이해관계 매트릭스를 통해 협상의 사전준비를 하는 것으로부터 시작해서 협상과정을 거쳐 이행에 이르는 전 과정에서 '협력이 제도화되는 방안(collaboration to be institutionalized)'을 구축해야 한다.[123] 이 과정에서는 당사자들이 함께 하는 프레이밍(framing) 과정도 중요하다. 여기서는 협상 전 단계부터 이행에 이르는 협상의 가치사슬이 협력의 제도화로 이어지는 과정에서 참고할 수 있는 접근방법을 앞서 제시한 '통합적 가치 축적'을 위한 협상의 공통 가치체계를 기반으로 제시해보도록 하겠다.

'통합적 가치 축적을 위한 협상모델'은 '협상의 사회적 환경'과 '협상요소' 간의 상호 관계를 명시적으로 고려함으로써 당사자와 사회 전체의 협상이익을 확대하는 것을 지향한다. 앞서 제시한 학제적 연구에 근거하여 자본주의 사회의 시장유인체계를 스미스의 '정의의 법과 공감에 기반한 자기 이익 추구'로 재구조화하고 이러한 사회적 환경 하에서 각 협상의제 별로 규범적, 경제적, 심리적 관점의 프레임을 협상의 공통 가치체계로 공유하며 접근하는 과정을 제시했다. 각 관점별 접근방식은 먼저 모든 협상당사자들의 '공공선택(public choice)'이 전제되어 있는 헌법적 관점에서 해당 의제와 관련된 헌법적 가치와 규칙이 무엇인지 탐색해야 한다. 이는 앞서 헌법경제학을 기반으로 제시한 헌법의 넛지(부드러운 개입)에서 출발하여 관련 헌법조항, 학계의 해석이나 판례 등으로 심화될 수 있다. 모든 개별 협상에 대해 이 모든 과정이 다 필요한 것은 아니겠지만 기본적으로 당사자 모두가 구속되어 있는 공공재(public goods)인 '헌법에 대한 인식'이 필요한 것이다. 이 과정

---

| 123 Robert B. Mckersie & Richard E. Walton, ibid., pp. 497−498.

〈표 3-5〉 '통합적 협상가치 공유'를 위한 접근방법

| 협상 의제 | 협상의 공통 가치체계 | | 협상의 사회적 환경 |
|---|---|---|---|
| | | | 시장 유인체계: 정의의 법과 공감에 기반한 자기 이익 추구 |
| 의제# | 규범적 관점 | 헌법적 가치 (constitutional choice) | 1. 해당 의제와 관련된 헌법적 가치와 규칙은 무엇인가? <br> 2. 해당 헌법 가치와 규칙에 기반한 법규(laws)나 규칙(rules)이 있는가? <br> 3. 관련되어 현재 입법 예고 혹은 입법 추진 중인 법안이 있는가? |
| | 경제적 관점 | 전략적 협력 (strategic cooperation) | 1. 해당의 의제와 관련된 공약(commitment)이 존재하는가? <br> 2. 존재한다면 어떠한 형태와 내용으로 존재하는가? - eg. 관련 이해 당사자의 대표들이 참여하는 합의기구의 공통 목표, 사회협약, 특정 사안에 대한 합의 내용 등 <br> 3. 존재하지 않는다면 당사자 간 '공약'을 할 수 있는 여건은 얼마나 조성되어 있는가?; 관련 합의 기구 구성, 지속적인 소통 채널, 간헐적인 합의 경험 등 <br> 4. 협상에 참여하여 공약할 수 있는 이해당사자 집단에 대한 대표성 있는 협상 참여자는 구성되어 있는가? - 이익집단, 합의기구 참여자의 대표성, 대표 선정 방식 등 |
| | 심리적 관점 | 공감의 효용구조 (the utility of sympathy) | 1. 협상당사자가 서로의 이해(interest)에 대해 얼마나 이해(understanding)하고 있는가?; 그간의 소통과정의 쟁점 및 문제, 제도화된 소통창구의 존재 여부 등 <br> 2. 협상당사자가 서로의 이해에 대해 얼마나 공감(sympathize)하고 있는가?; 상호 관계의 성격 및 유형, 소통과정에서 형성된 관계성, 상대의 이해가 자신의 이해와 결부되는 정도 등 <br> 3. 협상당사자 외 사회 환경적 가치가 협상의제 및 당사자의 직·간접적 이해와 얼마나 결부되어 있는가?; 현재와 미래가치, 더 큰 집단의 이해, 사회경제적인 지속가능성(sustainability), 공동체의 규범(예: 민주적 질서) 및 윤리적 가치 지향(eg. 인권) 등 <br> 4. 협상의제에 대한 국외자나 청중 및 관찰자의 시각, 인식, 입장은 어떠한가? |

에서 당사자 입장이 충돌될 때 해석과 판례에 대한 탐색도 가능하다. 그러나 헌법의 많은 조항들은 모든 국민들이 인지하고 구속될 수 있도록 규정되어 있다는 점에서 전문가들의 해석에 더 의존해야 하는 개별 법규와 다르다. 이 점이 헌법경제학이 '넛지'의 '자유주의적 개입주의'를 통한 협상의 경제학과 연결될 수 있는 이유이기도 하다. 예를 들어 어떤 협상의제가 헌법에 보장되어 있는 인간의 존엄성이나 국민의 기본권과 관련되어 있으며 이에 대한 침해 여부가 협상과정에 고려되어야 한다는 인식은 그 헌법을 선택한 국민이 자동적으로 떠올릴 수 있는 '부드러운 개입'이 되기 때문이다. 관련 헌법적 가치와 규칙이 확인된 후에는 그에 기반한 개별 법규나 규칙을 탐색할 수 있다. 이는 보다 구체적이고 실무적인 차원의 규정일 경우가 많을 것이다. 또한 관련되어 입법 추진 중인 법안과 관련 국회의원과 정당, 현재의 추진 상황에 대한 검토도 관련 의제에 대한 규범적 접근 방법이 될 것이다.

경제적 관점에서는 앞서 제시한 게임이론에 기반한 '전략적 협력'의 관점에서 현재 당사자들이 이미 체결한 공약(commitment)이 있는지, 공통 목표, 사회협약, 특정 합의 내용 등 어떠한 형태로 존재하는지, 존재하지 않는다면 합의기구 구성, 소통 채널, 합의 경험 등 향후 체결할 수 있는 여건이 얼마나 조성되어 있는지, 그리고 중요한 것은 협상에 참여하여 공약할 수 있는 대표성 있는 협상당사자가 있는지에 대해 파악해야 한다. 심리적 관점에서는 스미스와 마음이론에서 제시한 '공감의 효용구조'의 관점에서, 협상당사자가 그간의 소통과정, 제도화된 소통 창구, 소통과정에서 형성된 관계성 등에 비추어 상호 간에 이해(understanding)와 공감(sympathy)이 어느 정도인지를 파악해야 한다. 특히 상대의 이해(interest)나 현재와 미래가치, 사회경제적 지속가능성, 더 큰 집단의 이해, 공동체의 규범 및 윤리적 가치 지향 등과 같은 협상의제와 관련된 사회 환경적 가치가 당사자의 이해와 얼마나 결부되어 있는가에 대한 명시적 고려도 필요하다.

이러한 통합적 가치체계는 협상과정에서 지속적으로 공유됨으로써 협상이익을 확대할 수 있다. 이를 〈표 3-6〉과 같이 제시해보도록 하겠다.

〈표 3-6〉 '통합적 가치 축적과정'의 접근방법

| 협상의제 | 다층적 이해관계자 | 이해관계 분석 | | | 가치지향의 프레이밍 |
|---|---|---|---|---|---|
| | | 표면적인 이해관계 | 이면의 이해관계 | 필요 | • 협상의 공통 가치체계 (통합적 가치 축적) |
| 의제# | 당사자 1 | | | | • 헌법적 가치 (consititutional choice) |
| | 당사자 2 | | | | • 전략적 협력의 공약 (commitment) |
| | 당사자 3 | | | | • 공감 (sympathy)의 효용구조 |

| 협상의제 | 다층적 이해관계자 | 통합적 (가치창조) 협상 | | | | | | |
|---|---|---|---|---|---|---|---|---|
| | | 상호작용(공동 토론, 개별 면담, 협상, 공청회 등) | 차이의 조정 | | | | | 협상 패키지 |
| 의제# | 당사자 1 | | 선호 | 위험 | 시간 | 확률 | 우선순위 | |
| | 당사자 2 | | | | | | | |
| | 당사자 3 | | | | | | | |

| 협상의제 | 다층적 이해관계자 | 분배적 협상 | | |
|---|---|---|---|---|
| | | 공정(fairness)의 기준 마련 | 분배의 과정 | 공정기준에 의한 분배의 확인 – 이행 및 평가 |
| 의제# | 당사자 1 | | | |
| | 당사자 2 | | | |
| | 당사자 3 | | | |

먼저 협상의 전 단계에서 시작해서 결국 협상의 전 과정에 이르기까지 각 당사자별로 이해관계 분석을 수행한다. 관련 의제에 대해 각 이해당사자가 주장하는 표면적인 이해뿐 아니라 이면에 있는 이해관계와 필요 등을 파악해야 한다. 이는 앞서 '합의형성 접근방식'에서 다룬 '쟁점분석'과정에서 1차적으로 수행할 수 있지만 협상 전 단계부터 소통의 과정을 거치면서 점차 이해의 정도와 깊이가 더해지며 변화할 수 있다. 본 연구의 '통합적 가치 축적을 위한 협상모델'은 이 과정에서 '가치지향의 프레이밍'의 기반으로 규범적·경제적·심리적 기반지식에 근거한 협상의 공통 가치체계(common value of negotiation)를 모든 협상당사자들의 헌법적 선택이 전제되어 있는 헌법적 가치, 경제적 선택으로서의 전략적 협력, 그리고 스미스와 마음이론에 의해 뒷받침되는 공감의 효용구조로서 제시한다. 즉 협상의 가치사슬에서 이러한 가치지향의 프레이밍을 당사자들이 함께 공유하도록 하는 것이다. 관련 협상의제와 관련된 우리의 헌법가치와 규칙은 무엇인가, 그에 기반한 하위 법령과 제도는 무엇인가, 모두의 협상이익을 확대할 수 있는 전략적 협력을 공약(commitment)한다면 그 내용과 방식은 무엇이 될 수 있을까를 협상과정에서 공유할 수 있다. 공동 토론, 개별 면담, 개별 협상, 공청회나 컨퍼런스, 중재인을 통한 왕복외교(shuttle diplomacy) 등과 같은 다양한 상호작용 과정을 통해 협상당사자 간 공감의 효용구조가 작용한다. 이러한 과정에서 협상이익이 재구조화되고(이에 대해서는 다음 항의 미시적 접근에서 상술한다), 각자의 차이(differences)를 어떻게 조정할 수 있는지를 보다 큰 그림에서 논의할 수 있다. 그리고 이러한 과정의 결과물로서 협상이익이 확대된 협상 패키지를 도출한다. 협상 패키지는 당사자의 이해의 차이가 오히려 다양한 방식으로 가치를 창출하는 협상 옵션을 만들어내는 결과이다. 대상에 대한 선호의 차이는 교환을 가능하게 하고, 확률의 차이는 불확정 합의를 가능하게 하며, 위험회피의 차이는 고정보상이나 스톡옵션과 같이 서로 다른 분배체계를 만들고 시간에 대한 차이는 지불방식의 다양성을 협상 패키지로 만들 수 있다.[124] 여기에 더해 당사자 간 의제 및 이슈에 대한 '우선순위(priority)의 차이' 또한 협상가치를 창출할 수 있는 협상 패키지를 만들 수 있다.

앞서 살펴보았듯이 분배적 협상에서는 '공정(fairness)'의 기준을 함께 만드는

---

[124] David A. Lax & James K. Sebenius, ibid., pp. 88–116.

것이 중요하다. 협상이 타결되기 위해서는 협상의 타결점(deal point)이 협상가능영역에 있고 당사자 모두에게 이익일 뿐 아니라 협상이익의 분배가 '공정하다고 인식'되어야 하는데, 공정은 정의된 개념이 아니라 협상당사자의 가치관과 협상의 맥락에 의존하기 때문이다. 따라서 공정한 표준을 당사자들이 함께 찾는 과정이 중요하며, 각각의 이슈에 대한 객관적 프레임과 원칙을 만드는 것이 필요하다.[125] 분배의 기준이 정해지면 그에 따라 분배를 하는 과정, 분배가 이루어진 후에 함께 만든 공정 기준과 원칙에 의한 분배가 제대로 이루어졌는지를 확인하고 평가하는 것도 필요하다. 기준을 만들 당시에 모두가 예상하지 못했던 문제로 인해 공정하지 않은 결과가 발생할 경우 이를 어떻게 할지에 대한 논의도 이 과정에서 이루어질 수 있다.

## Ⅱ. '통합적 가치 축적을 위한 협상모델'의 미시적 접근: 협상의 구조적 접근

### 1. 통합적 가치 축적을 위한 협상모델의 가치구조

위와 같이 도출한 시장의 유인체계, 규범적, 경제적, 심리적 체계의 상호 연관성 위에 통합적 가치 축적을 위한 협상모델의 미시적 접근을 위한 가치구조를 정립해 보도록 하겠다. 먼저 본 연구에서는 후기 자본주의 사회에서 체계적 양상으로 드러나는 구조적 문제가 스미스의 '보이지 않는 손'이 '이기심에 기반한 자기 이익의 극대화가 사회 전체 이익을 극대화한다는 의미라는 것'이라는, 자본주의 사회와 그 구성원의 사고 및 감정의 기저에 있는 구조적 편향에서 기인한 것으로 보고, 이를 고찰하기 위해 〈국부론〉과 〈도덕감정론〉에 대한 문헌적 고찰을 했다. 그 결과 그가 제시한 자본주의 시스템의 근간인 시장의 유인체계를 '이기심에 기반한 자기 이익의 극대화'가 아닌 '정의의 법과 공감에 기반한 자기 이익 추구'로 재구조화했다. 즉 〈국부론〉에서 그는 '자유방임주의'가 아닌 '명백하고 단순한 자연적 자유주의 체계(obvious and simple system of natural liberty)'를 제시하며 이 제도 하에서는 '누구든지 정의의 법을 어기지 않는 한(as long as he does not violate the law of

---

| 125 Roger Fisher, ibid.

justice)' 모든 사람은 자기의 방식대로 '자기의 이익(his own interest)'을 추구하고 자신의 노동과 자본을 다른 사람의 노동, 자본과 경쟁시킬 수 있는 자유에 맡겨진다고 했다.[126] 또한 스미스는 〈도덕감정론〉에서 '도덕감정'의 본질을 인간이 천성적으로 갖고 있는 '공감'의 본성에 의해 '공정한 관찰자(impartial spectator)'가 되어 자신의 입장과 타인의 입장을 바라보는 것이라고 한다. 또한 이러한 감정이 사회정의의 원천이 된다고 한다.[127] 결국 스미스에게 있어서 인간이 타고난 공감과 객관적 관찰자에 기반한 '도덕감정'은 '정의의 법'을 만드는 천성적 기제라고 할 수 있으며 그가 제시한 시장 인센티브는 이러한 도덕감정을 갖고 있는 인간이 그에 기반해서 만드는 사회의 기둥과 같은 정의의 법을 전제로 하는 것이다.[128]

　이는 뷰캐넌의 헌법경제학의 논제와 연결된다. 뷰캐넌은 사회계약(social con-tract)과 사회적 대화(social dialogue)의 통합을 시도했고 이를 한 사회에 속하는 모든 사람에게 적용되는 공공재(public goods)로서의 규칙인 사회적 대화(social dialogue)의 두 축으로 보았다. 즉 헌법적 선택을 하는 개인의 선호(preference)가 '이익에 대한 합의'와 '이론에 대한 담론'에 의해 결정된다고 구조화했다. 제약 없는 사회에서의 이익의 침해와 그러한 위험을 원하지 않는 개인들이 자신의 '이익'을 추구하기 위해 롤스가 이야기 한 '무지의 베일' 아래로 모여 자발적으로 제약에 합의함으로써 파레토 최적을 지향하는 '사회계약'에 합의한다. 또한 선호에 대한 또 다른 결정 요인인 '이론'은 '사회적 대화'를 통한 담론 체계 아래에서 형성된 믿음에 영향을 받는 개인의 선호체계를 의미한다. 그는 헌법적인 규칙과 체계의 작동이 개인의 선호의 요인인 '이론'에 결정적인 영향을 미친다고 본다.[129] 합의의 동기는 이익에 있지만 규칙에 대한 의견교환은 이성적 논의에 의해 실행되고 이 두 가지에 의해 개인의 선호가 결정되며 이러한 개인들이 모여 헌법적 선택을 하는 합의를 한다고 보는 것이다. 뷰캐넌이 제시한 사회계약은 스미스의 '공감에 기반한 이익 추구'와 연결된다고 볼 수 있다. 즉 자기의 이익과 사회의 이익의 모두를 확대시키기 위해 (파레토 최적) '무지의 베일' 아래 모인 개인들의 동기는 이미 자신의 이익만을 주장하지 않고 '상호 간의 이익'을 추구하는 것이기 때문이다. 또한 선호체계에 영향을

---

126 애덤 스미스 저, 김수행 역, 위의 책, 848쪽.
127 애덤 스미스 저, 박세일·민경국 역, 위의 책, 253–254쪽; 김근배 위의 책, 57쪽.
128 Adam Smith, 〈The Theory of Moral Sentiment〉, ibid., pp. 124–127.
129 제임스 M. 뷰캐넌, 위의 책, 105–106쪽.

미치는 또 다른 요소인 '이론', 즉 담론체계는 스미스가 이야기한 '정의의 법 아래서의 이익추구'와 연결된다. 즉 사회계약은 '궁극적으로 나에게 더 큰 이익을 주는 것'을 지향하는 동기이지만, 이론, 담론체계는 '모든 사람에게 인정받을 수 있는 가치의 개념'[130]이기 때문이다. 이것은 자기의 이익을 추구하는 이해당사자가 협상의 자리로 나아와 협상이익을 확대하기 위해 소통을 하는 것과 같은 구조적 개념이다. 그러한 소통과정의 규범적 틀이 바로 같은 원리에 의해 형성된 공공선택에 의한 헌법인 것이다. 뷰캐넌은 사회계약과 사회적 대화 개념 모두에서 정당성은 '과정'에 의해 판단되며 이를 위한 공정성(fairness)을 보장하는 절차적 기준이 중요함을 제시한다.

경제학적 프레임으로서의 '협조게임'은 무한반복되는 게임에서 소통을 통한 협력적 전략을 통해 파레토 최적을 지향한다. 즉 소통이 단절된 '죄수의 딜레마'에 의한 '사회적 딜레마'를 극복할 수 있는 새로운 게임의 규칙으로 '소통'을 제시하는 것이다. 그리고 참여자의 '신뢰'가 축적될 수 있는 장기적 관계에서는 그 시간 동안 일어나는 '상호 관계'에 의해 파레토를 지향하는 효용의 구조가 변하게 된다. 따라서 장기적인 소통관계를 기반으로 할 때 협상 참여자 상호 간에는 상대방의 효용이 나의 효용에 반영되어 전체 협상이익을 최대화하는 협상식이 도출된다. '장기간의 소통관계'가 파레토에 이르기 위한 조건은 스미스의 '공감'에 의한 '객관적 관찰자'의 기능이다. 즉 개인은 내면의 객관적 관찰자의 기능을 발휘해서 게임에 참여하는 사람들 간의 신뢰구조를 파악하고 공감에 기반한 소통을 통해 신뢰를 축적하게 된다. 또한 이러한 '협조게임'의 전제 조건인 공약(commitment)이 스미스의 '정의의 법', 뷰캐넌이 강조한 과정에 대한 '절차적 정의'와 연결된다. 이는 '최후통첩 게임(ultimate game)'이나 '신뢰 게임(trust game)' '공공재 실험(public goods experiments)'에서 보여진 결과와도 상통한다. 이런 과정을 통해 상호 간의 신뢰가 축적될 때 나의 효용식에 반영되는 상대방의 효용에 대한 가중치($\lambda_{12}$)가 높아지게 되고 협상 전체 이익이 커지게 된다. 이것이 자기의 이익을 추구하는 개인이 협상의 과정에서 협상 전체의 이익을 확대하려고 하는 소통의 과정에서의 경제학적 프레임이다.

---

| **130** 제임스 M. 뷰캐넌, 위의 책, 같은 쪽.

'마음이론'은 타자의 생각과 느낌을 타자의 입장에서 생각할 수 있는 체계이며 이를 뒷받침하는 신경과학적 근거가 '거울뉴런'이다. 앞서 보았듯이 이는 스미스가 〈도덕감정론〉에서 제시한 사회의 '거울 제공' 기능과 상통한다.[131] 즉 인간이 사회 속에서 타인의 효용을 자신의 효용에 반영하는 것은 생득적이며 전-언어적인 마음의 구조라는 것이다. 따라서 마음이론은 스미스의 '객관적 관찰자'에 의한 '공감이론'과 연결된다. 또한 뷰캐넌의 '선호' 체계에서 자신의 이익을 추구하는 이익이 '무지의 베일' 아래서 전체의 이익을 확대하기 위해 합의하는 과정과 '협조 게임'에서 장기간의 소통관계를 통해 상대방의 효용을 나의 효용구조에 반영하는 과정에도 반영된다. 이 과정에서 개인은 단지 '화폐적 이익'만이 아니라 '신뢰, 공정성'과 같은 가치를 추구하고 이것이 분명히 화폐적 이익 극대화와는 다른 결과를 도출한다는 것을 앞서 제시한 실험연구들에서 확인하였다. 마음이론과 이를 뒷받침하는 신경과학적 근거인 거울뉴런은 협상에 임하는 당사자가 협상 이전에, 즉

〈그림 3-15〉 통합적 가치 축적을 위한 협상모델의 가치구조

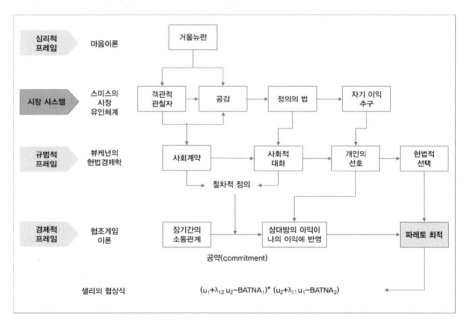

| 131 애덤 스미스 저, 박세일·민경국 역, 위의 책, 210−211쪽.

논의와 설득과 교환을 가능하게 하는 소통 이전에 이미 타자의 효용을 자신의 효용에 내면화하는 마음의 구조를 갖고 있음을 보여준다.

　　이러한 내용들이 상호 연관된 통합적 가치 축적을 위한 협상모델의 가치구조를 구축해보면 〈그림 3 – 15〉와 같다.

## 2. 사회 구조적 협상모델의 통합적 협상식

　　앞서 '협상의 구조적 접근'에서는 모든 협상의 과정은 이론적으로 '협상가능영역의 탐색-협상 창출 가치의 확장-협상 창출 가치의 분배'의 단계를 거친다는 것을 제시했다. 즉 모든 협상당사자는 협상에 참여하지 않는 것보다 협상에 참여함으로써 얻게 되는 이익이 커야 협상에 합의할 수 있다. 그 영역을 '협상가능영역(zone of possible agreement: ZOPA)'이라고 하고 이는 앞서 설명한 바트나(best alternative to a negotiated agreement: BATNA)의 개념으로 설명할 수 있다. 즉 협상이 이루어지지 않았을 때 다른 대안을 통해서 얻을 수 있는 가장 큰 이익이 바트나이다. 따라서 최소한 협상당사자의 바트나보다는 협상이익이 클 때 협상이 이루어진다. 이는 협상이 시작되는 기준이기도 하고 협상 결렬 여부가 결정되는 기준이기도 하다. 즉 바트나보다는 큰 이익을 얻을 수 있을 것 같다고 판단되어야 협상을 시작하게 되고 협상과정에서 실제로 바트나보다 큰 이익을 얻을 수 있는 결과를 얻을 수 있어야 협상이 결렬되지 않는다.

　　'협상 창출 가치(negotiated surplus)'의 확장은 '가치창조 협상(value creating negotiation)' 혹은 '통합적 협상(integrative negotiation)'이라고도 일컬어지는 협상을 통한 협력적 이익을 확대하는 과정이다. 이른바 '파이를 키우는 과정'인데 이 과정에서 당사자의 협력적 태도(committing attitde)가 필요하다는 것은 앞서 협상이론과 사례 연구 과정에서도 살펴 보았다. 즉 모든 당사자가 경쟁적 압력에 굴복하지 않고 최선을 다해 협력해서 파이를 키우기 위해 노력하는 과정이다.

　　위에서 도출한 샐리의 협상식은 이 두 가지, 즉 '협상가능영역과 가치창조 협상'이 포함되어 있는 협상식이다.

$$(u_1 + \lambda_{12} u_2 - BATNA_1) * (u_2 + \lambda_{21} u_1 - BATNA_2)$$

위 식에서 BATNA는 당사자가 협상에 들어가거나 협상이 결렬되지 않을 기준으로 $(u_1 + \lambda_{12} u_2)$가 BATNA보다는 커야 협상이 이루어진다. 그리고 각자의 효용의 곱이 전체 협상이익인데 각자의 효용에는 자신의 효용에 상대방의 효용을 고려하는 각 당사자의 가중치와 상대방의 실제 효용의 곱이 더해지기 때문에 결국 자신과 다른 협상당사자의 이익 모두를 최대화 해야 협상 전체 이익이 커지게 된다.

여기서는 위에서 도출한 본 연구의 사회 구조적 협상모델의 가치구조를 기반으로 통합적 협상식을 도출해 보도록 하도록 하겠다.

### (1) 사회 구조적 협상모델의 협상이익의 구조화: 사회화된 개인의 이익 (Socialized Personal Interest)

본 연구의 '통합적 가치 축적을 위한 협상모델'에서는 이제까지 제시한 이론적 배경을 바탕으로 협상이익을 재구성한다. 앞서 제시한 바와 같이 본 협상모델의 협상이익은 기존의 인적·물적 자본에 사회적 자본의 개념을 추가한 것을 통합적 가치로 파악한다.

앞서 제시한 '사회 구조적 협상모델의 가치구조'를 보면, '거울뉴런 – 공감의 본성에 의한 객관적 관찰자 – 사회계약'에 의한 개인의 이익추구는 결국 인간이 생득적으로 '타인의 효용을 나의 효용'에 반영한 마음의 구조를 갖고 있고 이것이 공감에 기반한 객관적 관찰자의 역할을 하게 하며, 이러한 개인이 자신의 이익을 보다 크고 안전하게 추구하기 위한 사회계약을 하는 과정에서 소통(사회적 대화)를 하고 이것이 규범적·경제적 틀이 되어 파레토 최적에 이르는 합의에 이르게 된다는 것이다.

이는 협상의 과정에 그대로 반영된다. 즉 협상을 통해 협상을 하지 않는 것보다 더 나은 이익을 추구하는 개인은 협상의 자리에 나오게 되고 그 자리에 나온 다른 협상당사자들과의 소통을 통해 전체 협상의 이익을 키우는 과정(cooperative surplus)을 통해 자신의 이익을 최대화하려는 것이다. 따라서 이 과정에도 위의 가치구조가 적용될 수 있고 그것을 통해 협상의 파레토 최적을 구할 수 있다. 이것이 통합적 협상식이다. 따라서 이 협상식의 효용은 타인의 효용이 반영된 효용이다. 이는 아마티아 센이 동감이나 이타심, 그리고 타인의 효용을 각 개인의 효용함수에 하나의 변수로 집어넣는다면 신고전주의 경제학의 "인간이 효용을 극대화하

면서 소비를 한다"는 가정을 유지할 수 있다고 한 것과 일맥 상통한다.[132]

샐리의 협상식은 이를 반영해 자신의 협상이익($u_1$)에 타인의 협상이익($u_2$)을 자신이 갖고 있는 일정 가중치($\lambda_{12}$)만큼 반영한다. 본 연구의 사회 구조적 협상모델에서는 타인의 효용을 두 가지 관점에서 제시하겠다. 하나는 샐리의 협상식에 반영된 협상에 참여하는 다른 당사자의 이익이다. 협상에 참여하는 당사자는 해당 협상의제와 관련된 협상의 이해(interest)를 갖는다. 따라서 1차적으로 협상의 이익을 키우고 협상당사자의 이해를 최대한 만족시키는 것이 협상에 참여하는 목표이다. 그러나 자신과 상대방의 이익을 모두 고려한다고 할지라도 협상의제에 대한 당사자의 이해를 반영하는 협상식만으로 본 협상모델이 제시하는 협상의 다층적이고 구조적인 이해를 모두 반영하지 못한다. 즉 파이를 키워서 협상당사자가 각자의 파이를 많이 가져가는 것이 해당 협상에서의 1차적인 협상의 이해이지만, 만약 앞으로도 동일한 협상을 계속 해야 한다면 단지 지금 당장의 파이의 크기만이 문제가 아니라 양질의 재료로 건강에도 좋고 맛도 더욱 좋아질 수 있는 파이가 계속 생산되도록 해야 한다.

이를 앞서 다룬 예에 몇 가지 적용해 보도록 하겠다. 먼저 게임이론에서 살펴본 '최후통첩 게임(ultimatum game)', '신뢰 게임(trust game)', 공공재 실험(public goods experiments)'을 통해 알게 된 공통점은 게임 참여자 모두 '화폐적 이익 이상의 무엇'을 생각하고 게임에 참여했다는 것이다. 이는 사전에 지시된 게임의 룰이 아니었으며 각자 개인이 스스로 평가하고 판단하고 선택한 것이다. 최후통첩 게임에서 게임참가자들은 스스로 판단하는 '공정성'에 위배되는 상대방의 제안은 본인의 화폐적 이익에 손해를 보면서도 받아들이지 않았고, 신뢰 게임에서는 화폐적 이익에 손해를 볼 위험을 감수하면서 상대방을 신뢰하는 선택을 했으며 상대방은 또한 이에 보답하는 선택을 했다. 공공재 실험은 앞의 두 게임과 달리 반복게임이었는데 처음에는 많은 참가자들이 기부행위를 하지만 다른 사람들이 기부를 하지 않는 것을 보고 기부를 그만두다가(조건적 협력), 연속게임에서 이런 행위에 대한 징계비용을 지불하는 데 많은 참가자들이 동참을 하게 되고, 결국 나중에는 대부분의 참가자들이 기부와 징계비용 지불행위 모두에 참여하게 된다. 이 세가지 게임을 통해

---

[132] 아마티아 센 저, 김원기 역, 위의 책, 384−385쪽, 493쪽.

알 수 있는 것은 아무런 지시 없이도 공정(fairness)과 신뢰(trust)를 체계적으로 선택하는 사람의 기제와 지속적인 상호작용 속에서는 서로의 행위를 관찰하며 모두의 이익을 키우는 방향으로 가게 된다는 것이다. 이는 모두 자신의 당장의 화폐적 이익에 부합되지는 않는 선택이었다. 그럼에도 참가자들은 화폐적 이익 외에 다른 효용을 체계적으로 선택한 것이다. 따라서 사람의 효용구조는 화폐적 이익+$\alpha$가 있음을 알 수 있고 $\alpha$는 다른 게임 참가자의 효용과 관련된다.

앞서 다룬 합의형성 사례였던, '스키폴 공항 확대 사례', '시화지구 지속가능발전협의회' 사례, '신고리 5·6호기 공론화 사례'의 공통점은 '개발로 인한 여러 형태의 경제적 이익 vs. 환경권 침해의 문제'라고 할 수 있다. 각 사례들에서는 서로 다른 형태의 합의기구에서 이 두 가지 이익에 대해 다각도로 검토하고 첨예하게 대립하고 논쟁하고 합의했다. 경제적 이익과 환경권이 침해할 때 대두되는 문제는 '시간'의 문제인데 크로포드는 이를 '미래에 대한 가치평가율(discount factor)'로 설명한다. 즉 무한반복 게임에서 앞으로의 게임, 즉 미래에 대한 가치평가율을 높이면 당사자들 간의 협력에 대한 선호가 높아진다.[133] 경제적 이익은 비교적 단기간에 보이는 이익인 반면, 환경의 이익은 미래세대가 포함되는 긴 시간 동안 지속적으로 발생하는 이익이며 그 침해 또한 그러하다. 따라서 이러한 미래에 대한 가치평가율을 높일수록 협상과정에서 협력에 대한 선호가 높아지게 된다.

이와 같은 미래에 대한 가치평가율을 다른 '협상의 사회적 환경'에 적용할 수 있다. 협상의 사회적 환경은 미래의 이익뿐 아니라 협상을 둘러싼 역사, 정치, 경제, 문화적 요인 및 협상을 지도하는 가치체계와 전략까지 포함하는 개념이다. 하나의 협상은 이러한 협상환경과 상호작용하며 영향을 주고 받는다. 즉 어떤 협상이든 협상의 전 과정은 그 협상을 둘러싼 협상의 사회적 환경의 영향을 받으며 이루어져 합의에 도달하고 역으로 협상의 전 과정이 사회적 환경에 새로운 산출물이 되어 창조적 기여를 하게 된다. 위의 사례들과 같은 개발의 이익과 환경의 이익이 충돌하는 사례에서 미래에 대한 가치평가율이 높게 반영되는 협상과정과 결과가 도출된다면 환경문제나 지속가능한 성장, 개발이익에 반영되어야 하는 환경침해의 비용 등이 고려되는 경제적·규범적 가치체계, 문화가 강화될 것이다. 그리고 그것

---

133 Vincent P. Crawford, ibid., pp. 131－150.

은 그 사회 구성원인 협상 참여자의 현재와 미래의 이익으로 다시 돌아온다. 따라서 이를 협상의 '사회 환경적 이익($u_e$)'이라고 하겠다. 본 연구의 사회 구조적 협상모델의 협상이익은 위에서 제시한 사회 구조적 협상모델의 가치구조를 반영하여 샐리의 협상식에 협상의 사회 환경적 이익($u_e$)을 추가한다.

앞서 제시했듯이, '통합적 가치 축적을 위한 구조적 협상모델'의 '통합적 가치'는 물적·인적 자본과 사회적 자본이 반영된 협상이익을 의미한다. 협상에서 협상당사자의 물적·인적 이익을 좁은 의미의 화폐적 효용($u_1$)으로, 그리고 협상 상대방의 화폐적 효용을 ($u_2$)으로 정의한다. 그리고 앞서 퍼트넘의 신뢰, 규범, 네트워크로 정의한 사회적 자본에 기반해 상대방의 효용과 협상의 사회 환경적 이익을 당사자의 전체 협상이익에 반영하는 정도를 $\lambda$로 정의한다. 즉 협상당사자 1의 협상이익은 협상의제에 대한 자신의 물적·인적 자본을 확장시키는 화폐적 이익($u_1$)과 협상 상대방의 화폐적 이익($u_2$) 그리고 위에서 살펴본 협상의 사회 환경적 이익($u_e$)으로 이루어지고 협상 상대방의 이익과 사회 환경적 이익의 고려에 협상당사자 각자가 갖고 있는 가중치($\lambda$)가 반영된다. 즉 '통합적 가치 축적을 위한 협상모델'의 협상식에서는 당사자의 협상이익은 화폐적 효용보다 큰 개념이다. 이를 '사회화된 개인의 이익(Socialized Personal Interest)'이라고 하고 이것이 반영된 사회 구조적 협상모델의 통합적 협상식을 아래와 같이 정의하도록 하겠다.

$$N_1 * N_2 = (u_1 + \lambda_{12}\, u_2 + \lambda_{1e}\, u_e - \mathrm{BATNA_1}) * (u_2 + \lambda_{21}\, u_1 + \lambda_{2e}\, u_e - \mathrm{BATNA_2})$$

$N_1 * N_2$ = 전체 협상이익(통합적 협상이익)

$N_1$: 협상당사자1의 협상이익

$N_2$: 협상당사자2의 협상이익

$u_1$: 협상당사자1의 화폐적 효용

$u_2$: 협상당사자2의 화폐적 효용

$u_e$: 협상의 사회 환경적 이익

$\lambda_{12}$: 협상당사자1이 고려하는 당사자2의 이익에 대한 가중치

$\lambda_{1e}$: 협상당사자1이 고려하는 협상의 사회 환경적 이익에 대한 가중치

협상당사자의 화폐적 효용은 인적·물적 자본의 개념에 기반하며 상대방의 이익과 협상의 사회 환경적 이익을 자신의 협상이익에 반영하는 $\lambda$는 사회적 자본의

개념에 기반한 신뢰지표이다. 아래에서는 이를 좀 더 자세히 다루어보겠다.

### (2) $\lambda_{12}$, $\lambda_{1e}$: 지속적인 소통·신뢰 구축을 위한 제도적 기반

본 협상식에서 $\lambda$값은 상대방의 효용과 협상의 사회 환경적 이익에 대해 각 당사자가 부여하는 가중치이다. $\lambda_{12}$는 앞서 살펴본 대로 상대방의 '의도'에 매우 의존한다. 즉 게임이 진행하는 과정에서 상대방의 '선의'가 드러나느냐 '악의'가 드러나느냐에 따라 $\lambda$값이 달라진다. 이러한 의도에 대한 인식은 궁극적으로 주관적이지만, 사회적 상호작용과 사회규범 및 규칙에 영향을 받고 이것이 지속적으로 누적되어 '신뢰구조'를 형성한다.

본 연구의 사회 구조적 협상모델의 가치구조는 이와 관련한 규범적·경제적 소통의 틀을 제시했다. 규범적 틀은 사회계약과 사회적 대화를 통한 개인의 선호가 반영된 헌법적 선택이다. 즉 헌법이라는 공공재(public goods)를 선택함으로써 개인은 헌법에 기반한 타인의 이익과 사회 경제적 이익을 존중하기로 합의한 것이다. 따라서 협상의 이익은 이러한 공공선택에 의한 합의의 틀에서 이루어지고 이것이 $\lambda$에 반영된다. 경제적 틀은 '협조게임'에서 제시된 '협력의 전략'이다. 즉 무한반복이 전제되는 장기적 관계에서는 당사자 간의 상호작용을 통한 협력적 행위를 통해 결과적으로 모두에게 최선의 결과를 도출할 수 있음을 보였다. 이러한 협력적 게임을 위해서는 당사자 간의 공약(commitment)이 필요한데 이것이 $\lambda$에 반영된다. 앞서 제시한 바 대로 '무한반복'이 가정되는 게임에서 미래에 대한 가치평가율이 높을수록 협력에 대한 선호가 높아진다. 따라서 해당 협상에서의 상대방의 이익($\lambda_{12}$)뿐 아니라 장기적인 관점의 사회 환경적 이익($\lambda_{1e}$)을 고려하는 근거가 된다. 이와 같이 헌법적 선택과 협조게임을 통해 도출할 수 있는 '최선의 결과'가 '파레토 최적'으로 제시된다.

규범적·경제적 관점 모두에서 매우 중요한 역할을 하는 것이 '소통'이다. 헌법경제학에서는 개인의 이익을 추구하는 인간이 합의를 하는 과정에서 이익에 대한 평가와 더불어 선호를 결정짓는 것이 담론, 즉 사회적 대화이며 그 과정에서의 정의 즉 '공정성'이 중요하다는 것이 강조된다. 협조게임이론은 인간의 가장 중요한 특징이 다른 사람과 언어를 통해 소통할 수 있는 것임에도 불구하고 '죄수의 딜레마'를 비롯한 많은 게임 연구에서는 게임의 구조를 잘 아는 참가자라고 할지라도 다른 참가자와의 소통이 제한되어 파레토 최적을 이루지 못하는 사회적 딜레마를 초래한다는 것을 지적하고 소통이 반영된 협조게임을 제시한다. 이와 같이 λ를 개인들의 공정한 합의의 장에서 이루어지는 헌법적 선택에 의한 규범적 질서, 당사자들 간의 무한 반복되는 관계를 전제로 장기적인 이해관계에 더 큰 가치를 부여하는 당사자 간의 '공적 소통이 보장된 제도적 기제에 기반한 신뢰지표'로 볼 것이다.

이처럼 λ를 제도적 기제에 기반한 신뢰지표로 볼 때, 제도를 바라보는 신고전주의 경제학과 신제도주의 경제학은 제도의 유인효과에 대한 관점에 차이가 있다. 사회적 딜레마의 문제를 해결하기 위한 신고전주의 경제학의 관점은 정책분석을 통해 바람직한 사회적 상태를 가져올 것이라고 예측되는 정책을 도입하게 되면 '완전한 합리성(complete rationality)에 기반한 이기적 선호'에 기초한 개인의 행위유인이 변화하고 거기에 따라 정책이 의도하는 목적을 달성할 수 있다고 한다. 그러나 앞서 살펴본 바와 같이 자신뿐 아니라 타인도 배려할 줄 알고, 규범에 기반하며, 전통과 관습의 영향을 받는 개인이라는 보다 현실적인 인간에 대한 가정에 기초한 신제도주의적 경제학의 관점에 의하면 새로운 정책을 통한 인간의 행위 변화를 가져오기 위해서는 인간의 이타적 속성과 강한 상호성을 고려해야 하고 관습, 문화, 행위규범과 같은 제도적 제약을 고려해야 한다고 한다.[134]

신제도주의 경제학은 앞서 살펴본 최후통첩 게임과 신뢰 게임, 공공재 실험, 등을 설명할 수 있는 이론적 기반이다. 이런 연구들을 통해 '합리적 인간'에 대한 가정만으로는 설명되지 않는 인간성에 대한 가정을 다음과 같이 설명한다. 첫째, 모든 행위자들의 자신의 물질적 이익만을 위해 행동하지는 않는다는 것이다. 즉 행위자들의 선호에는 비물질적 요인에 의해 동기 부여되는 내재적인 부분이 존재하며 외적인 제재나 보상 없이도 자신의 내재적 선호에 의해 타인을 돕고 자신의 행위에 책임을 지는 것과 같은 사회적 선호를 형성한다는 것이다.[135] 둘째, 개인은 상대방이 자신을 신뢰하고 행동하는 경우 그 신뢰에 호의적으로 반응한다는 것이다. 사람은 상호작용을 통해 이타적 협조행위를 하고 자신에게 이득이 돌아오지

---

**134** 강은숙·김종석, "신제도주의 경제학과 공공정책", 한국행정논집 제23권 제3호, 2011, 779쪽.
**135** 위 논문, 785쪽; Benabou & Triole, 2000; 최정규, "공공정책에서의 내생적 선호와 제도적 구축 효과 가능성에 대한 연구", 경제발전연구 12(2), 2006.

않더라도 사회적 규범으로 이탈하는 사람들에 대한 징계나 보복을 선호하는 것이 일관되게 발견된다. 셋째, 사람들의 행동을 변화시키는 것은 금전적 제재가 아니라 사람들 사이의 공공성의 중요성을 일깨워 줄 수 있는 의사소통이 중요하다는 것이다.[136] 이러한 이론의 공통적 기반은 '강한 상호성'이다. 또 하나의 함의는 이러한 인간의 상호성에 기반한 특징을 배제하고 단지 경제적 유인제도를 통한 정책의 추진은 사람들이 상황을 이해하는 방식을 바꾸어 버림으로써 기대하는 바와 전혀 다른 결과를 가져올 수 있으며, 신고전주의 경제학에서 가정하는 선호체계는 고정되어 있는 것이 아니라 상황, 제도의 영향에 따라 변화될 수 있다는 것을 보여준다.

신고전주의 경제학과 신제도주의 경제학적 관점에서의 정책결정 모형을 아래와 같은 식으로 표현할 수 있다.

$$Max \ w\{u_1(x_1, \ x_2, \ \cdots, \ x_n, \ \theta)), \ \cdots \ u_n(x_1, \ x_2, \ \cdots, \ x_n, \ \theta)\}^{137}$$

위 식에서 $x_i$ 는 정책 $\theta$ 하에서 개인 $i$가 취할 수 있는 행동이고 $u_i$ 는 행동조합이($x_1, x_2, \cdots, x_n$)일 경우 개인 $i$가 느끼는 효용의 크기이다. 정부는 특정 정책 하에서 개인들의 행동조합이 만들어내는 사회적 가치가 최대가 되는 수준에서 정책 결정을 한다. 여기서 신고전주의 경제학의 관점에서는 개인의 행동조합은 '가능한 모든 행동(NE)' 가운데 선택하는 개인을 가정하는 반면, 신제도주의 경제학에서는 '제도적으로 제한된 행동(IE: Institutional Equilibrium)' 가운데 선택하는 개인을 가정한다.[138] 이는 스미스가 시장 메커니즘으로 제시한 '정의의 법을 한계로 하는(as long as he does not violate the law of justice) 자기 이익 추구', 뷰캐넌의 헌법경제학에서 헌법이 인간의 선호를 결정짓는 '이론'의 영역에 결정적으로 영향을 끼친다고 한 것과 같은 맥락이다.

본 연구의 구조적 협상모델에서는 앞선 이론적 배경을 바탕으로 신제도주의 경제학의 '제도적으로 제한된 행동'을 하는 개인을 가정하고 위에서 제시한 $\lambda$를 장

---

136 위 논문, 785쪽; Ostrom, Elinor ⟨Understanding Institutional Diversity⟩, Princeton University Press, 2005.
137 강은숙·김종석, 위 논문, 787쪽.
138 강은숙·김종석, 위 논문, 786 – 789쪽.

기적인 관계에서 상호작용과 소통을 통해 상호 간의 신뢰를 높여감으로써 협력적이며 최적의 결과를 도출할 수 있는 제도에 기반한 신뢰지표로 볼 것이며 여기에는 앞서 제시한 바 대로 헌법적 선택에 의한 합의와 협조게임이론에 기반한 공약이 전제되어 있다.

$\lambda_{12}, \lambda_{1e} \rightarrow$ IC(Constitution), Ic(commitment)

　　IC: 헌법적 선택(헌법적 가치와 헌법 규칙)에 의한 규범적 질서로서의 제도

　　Ic: 장기적인 이해관계에 더 큰 가치를 부여하는 당사자 간의 공약을 통한 협력적 전략인 공적 소통의 기반으로서의 제도

개별 협상당사자들은 사전에 합의하고 공약한 구조적 전제를 갖고 있는 IC와 Ic를 고려하여 각자의 가중치 $\lambda_{12}, \lambda_{1e}$를 개인적으로 정하는 것이다. 즉 협상에서의 '제도적으로 제한된 행동'으로서 각자에게 부여된 재량적 지표를 $\lambda$로 본다. 그 의의는 재량의 범위 내에서 모든 협상당사자가 "이 협상에 대한 헌법적 선택은 무엇인가, 이 협상을 통한 장기적 관점의 협력적 전략은 무엇인가?"에 대해 명시적으로 고려한다는 것이다. 앞서 '월스트리트 게임 vs. 공동체 게임'에서 보았듯이 이는 협상에서 중요한 '프레이밍(framing)' 과정이 될 수 있다. 앞서 살펴보았듯이 프레이밍은 협상에 들어가기 전 갈등의 분석(conflict assessment)단계에서 갈등 상태에 있는 이슈들을 파악하면서 갈등의 요인에 대한 명확한 그림을 그리는 것이다. 즉 프레임이란 당사자들이 '문제에 대해 갖고 있는 인식틀'을 의미하는데 갈등, 문제, 협상의제에 대한 정의, 무엇이 해당 문제에 개입되어 있는지, 기대하는 결과, 결과에 대한 평가방식 등에 대한 인식을 의미한다. 프레임은 협상과정에서 문제인식을 구조화하고 당사자들의 행동, 전략 및 협상방법에 지대한 영향을 미친다. 특히 사회구조적 이슈와 같은 거시적 프레임은 당사자의 문제에 대한 접근방식 자체를 구조화하게 하며 이 과정에서 재구조화(reframing)는 협상에 대한 전망과 갈등의 전환(conflict transformation)을 가능하게 하고 이러한 재구조화를 통해 구조적 편향을 바로잡을 수 있다면 협상이익이 제고될 수 있고 이는 당사자와 사회 전체의 협력적 이익(cooperative surplus)이 된다는 것이 본 협상모델의 관점이다. 후기 자본주의 사회에서 보여지는 체계적인 문제들과 관련된 구조적 편향을 앞서 스미스에 대한 고

찰을 통해 살펴보았고 이에 대한 재구조화를 위한 규범적, 경제적, 심리적 틀을 제시했으며 이것을 제도화한 기반에 근거하는 신뢰지표를 $\lambda$로 본 것이다. $\lambda$는 개별 협상에서 당사자들이 명시적으로 고려하는 공통의 가치 지표로 기능할 수 있고 소통의 규범과 공동의 사고를 위한 체계로 작동할 수도 있다.

예를 들면 '개발이익 vs. 환경권'이 충돌하는 협상과정에 참여하는 당사자는 관련 쟁점에 있어서의 자신의 협상이익($u_1$), 상대방의 협상이익($u_2$), 장기적인 사회 환경적 이익($u_e$)를 고려함에 있어서 각각의 재량적 가중치를 각각을 $1 : 0.4 : 0.6$으로 설정할 수 있다. 이는 헌법적 가치에 대한 제도적 고려 및 장기적인 협력전략으로서의 제도적 고려를 통해 협상상대방의 이익을 위한 $\lambda_{12}$를 0.4, 사회 환경적 이익을 위한 $\lambda_{1e}$를 0.6으로 설정한 것이다. 그렇다면 협상의 통합적 이익을 창출하기 위한 협력적 노력의 과정에서 각각의 비중을 본인이 설정한 가중치에 맞추어서 창출하기 위해 노력할 것이다. 이는 쟁점이 되는 각 당사자의 이익에 대한 창출과 더불어 미래의 이익에 대한 현재의 가치 부여에 따라, 예를 들면 미래 발생할 수 있는 환경적 침해에 대한 당사자 간 비용 부담을 사전적으로 설정하는 협상 패키지로 제시할 수도 있을 것이다. $\lambda$는 협상의제에 따라, 의제에 대한 각 당사자의 가치체계 및 해석에 따라, 그리고 그러한 차이를 좁혀가는 소통의 과정에 따라 달라질 것이다. 이러한 소통이 (규범적·경제적 관점에서) 공적으로 보장된 제도에 기반하고 그 과정에서의 상호작용을 통해 확대되는 (앞서 제시한 심리적 기제에 의해 지지되는) 공감대에 의한 신뢰지표를 $\lambda$로 본 것이다. 이것은 또한 협상당사자들의 공통이익(common interest), 협상에 있어서 새롭게 형성되는 초점(focal point), 즉 거래가격 외에 협상의 주된 가치체계, 협조이익(cooperative surplus)의 계수로 설명될 수 있고 본 협상모델이 지향하는 가치인 물적·인적 자본에 더한 사회적 자본 축적의 요소가 된다.

### (3) BATNA₁: 헌법가치가 반영된 협상당사자의 '사회적 존재 기반'(Social Presence Base)으로서의 유보가격

BATNA는 앞서 살펴본 협상의 단계적 구조에서 첫 번째에 해당되는 '협상가능영역(Zone of Possible Agreement)'의 탐색을 하기 위한 기준이 된다. 즉 협상에 임하는 각 이해당사자는 협상을 통해 얻을 수 있는 이익의 최저 기준(baseline)이 설정되어야 하는데 앞서 살펴본 대로 협상당사자는 분석적, 혹은 직관적으로 협상의 최저선을 도출한다. 예상 외로 많은 협상당사자들은 분석적 기반 없이 직관적으로 협상의 최저선을 설정하고 협상에 임하며 이로 인해 사실상 당사자들뿐 아니라 사회적으로도 최적의 협상이익을 도출하지 못하는 경우가 많다는 것과 이 과정에 개입되는 여러 가지 편향에 대해 살펴보았다.

본 연구의 사회 구조적 협상모델은 자본주의 발전과정에서의 그 본질인 시장의 기능을 오히려 저해하는 '구조적 편향'에 대해 다루고 있다. 즉 '이기심에 근거한 자기 이익의 극대화'가 자본주의와 시장의 동력이라는 '구조적 편향'이 결국 시장 시스템을 그 본질에서 멀어지게 했고 시장에서 나타나는 구조적 문제들은 시장 시스템의 필연적 결과물이 아니라는 것이다. 따라서 그러한 기반 위에서 이루어진 수많은 협상에서 사람들이 '직관적으로' 형성해 온 '협상의 최저선' 역시 이러한 구조적 편향 위에서 이루어졌고 그것은 나를 비롯한 모든 협상당사자가 '각자의 이기심에 근거한 자기 이익의 극대화를 추구한다'는 직관적 전제이다. 본 연구의 사회 구조적 협상모델에서는 사람들이 오랜 시간 당연한 전제로 받아들이며 의식적, 혹은 무의식적으로 선택해 온 이러한 최저선의 개념 역시 다시 설정해야 한다는 관점에서 접근한다.

앞서 협상의 단계적 구조에서 살펴본 바와 같이 협상에서의 최저선 설정에 영향을 미치는 다양한 편향으로 인한 손실(협상 결렬로 인한 개인적·사회적 손실)을 막기 위해서는 최저선 설정에 분석적 접근이 필요하고 이러한 과정은 협상에 대한 다양한 대안분석(Alternative Analysis)을 하고 그 중 최적 대안(BATNA)을 도출하여 협상 유보가격(Reservation Price)을 설정하는 것임을 살펴보았다. BATNA(Best Alternative to a Negotiated Agreement)는 협상 결렬시의 최적 대안이며 이에 기반해 협상에서 받아들일 수 있는 합의안의 최저 기준이 마련된다.

본 연구의 사회 구조적 협상모델에서는 협상의 최저선을 각 '이해당사자의 사회적 존재기반(Social Presence Base)'으로 제시한다. 먼저 각 이해당사자의 사회적 존재기반은 협상당사자가 각자의 생존을 넘어선 기본적인 존재의 의미를 유지할 수 있는 수준의 기반을 의미한다. 이는 먼저 우리의 헌법적 선택에 기반한 규범적 근거를 갖는다 앞서 살펴본 바와 같이 우리는 '사회경제적 시장질서'를 헌법적 가치로 채택했다. 이는 시장 영역에서 자유의 원칙과 사회 영역에서 사회적 형평의 원칙이 결합된 가치체계이며 개인의 자율과 조정에 이루어지는 시장경제와 그러한 시장기능의 실효성과 인간의 존엄성에 기여하는 경제질서 두 가지가 결합된 제도이다. 따라서 시장경제의 기반으로 사적소유, 계약자유, 자기책임을 보장함과 동시에 시장의 한계에 대한 제도적 보완을 인정한다. 시장의 한계로 크게 제시되는 두 가지는 먼저 시장에서는 노동이 하나의 상품으로 거래되지만 노동력의 주체는 헌법에서 가장 중요한 가치인 존엄성을 가지는 인간이라는 점, 다른 하나는 시장은 정상적 상황에서는 경쟁에 의한 메커니즘에 의해 조정되지만 이러한 정상적 경쟁이 제거되는 상태, 즉 독점을 지양하지 못하는 상태에서는 그러한 시장 메커니즘이 제대로 작동하지 못한다는 것이다. 이런 경우 국가의 제도적 개입을 인정하는 것이 우리가 선택한 헌법의 사회경제적 시장질서이다.[139] 그리고 앞서 살펴보았듯이 스미스 역시 이러한 경우 국가의 개입이 필요함을 강조했다.[140]

우리의 헌법 규칙은 이와 관련된 많은 조항을 갖고 있는데 그 중 앞서 시장경제질서에 대한 헌법적 합의인 제119조 1항과 2항,[141] 그리고 시장의 기능을 제한하는 의미로서의 사회국가적 이념에서 출발한 사회적 기본권 규정인 제34조 1항을 살펴보았다. 이 중 개인의 최소한의 사회적 존재기반으로서의 바트나 개념은 시장의 기능에 맡겨질 경우 보장될 수 없는 경우, 즉 협상이 이루어질 수 있는지를 판단하는 최소한의 수준이기 때문에 제34조 1항, "모든 국민은 인간다운 생활을 할 권리를 가진다"에 기반한다고 할 수 있다.

어느 정도의 수준이 개인의 '사회적 존재기반'에 부합하는 수준인지는 많은 논란이 있는 주제이지만, 여기서는 앞서 살펴본 클라케의 '개별적인 필요로 개인화된 보편적 서비스'를 기준으로 하겠다. 공적 서비스는 '보편적(universe)'임과 동시에 '개별적인 필요에 개인화(personalized to individual need)'될 수 있어야 하며 이러한 두 가지를 모두 충족하려 하지 않는 사회는 공정(fair society)하다고 볼 수 없다는 것이다.[142] 그리고 이러한 기준은 시장이나 사적 영역과 마찬가지로 '선택(choice)'

---

139 홍명수, 위 논문, 77−80쪽.
140 애덤 스미스 저, 김수행 역, 위의 책, 438쪽.
141 헌법 제119조 1항 대한민국의 경제질서는 기본적으로 개인과 기업의 경제적 자유와 창의를 존중한다.
　　　　2항 국가는 국민경제를 균형 있고 안정하게 육성하여 소득을 적정하게 분배하고, 경제를 민주화하기 위하여 경제주체들이 시장을 지배하고 경제력을 남용하지 못하도록 그 활동을 규제하고 조정할 수 있다.

의 문제에 직면하는데, 여기서의 선택은 국민이 소비하는 공공서비스에 대한 '공공선택(public making choice)'에 의한다.[143] 이는 앞서 제시한 헌법경제학의 관점과 상통하는데 개인이 영위하는 삶의 수준이 공공선택에 의한 헌법에서 보장하는 '인간다운 생활'을 할 수 있는 조건 이상으로 유지될 수 있는지가 기준이 되어야 하며 이는 개별 경제주체의 의사가 아닌 공동체의 가치판단에 의해서 결정된다는 것이 시장 메커니즘과 구별되는 부분이다. 헌법 제34조 1항의 "모든 국민이 인간다운 생활을 할 권리"는 사회 구조적 협상에서 바트나를 결정하는 헌법적 소통의 틀이자 헌법의 넛지 기능, 즉 '자유주의적 개입(부드러운 개입)'이라고 할 수 있을 것이다.[144] 모든 사회 구조적 협상의 당사자가 인간다운 생활을 할 수 있는 최소한의 수준 이상이 보장되어야 한다는 것이 우리가 선택한 헌법적 합의이며 이를 협상식에 있어서의 바트나(최저선, 유보가격)로 아래와 같이 표현해보겠다.

$$BATNA = Min \ u_1 = P_1 \ \rightarrow \ IC$$

   Min $u_1$: 사회 구조적 협상모델에서의 개인의 유보가격(협상의 최저선)
   $P_1$: 협상당사자의 사회적 존재기반(Social Presence Base)
   IC: 헌법적 선택에 기반한 제도적 기반

## 3. 사회 구조적 협상모델의 분배적 협상식

앞서 살펴보았듯이 당사자들이 통합적 협상의 과정을 거쳐 협력적 이익(cooperative surplus)을 확대시킨 후에는 '분배의 문제'에 직면하게 된다. 즉 확장된 협상가능영역에서 당사자들이 취할 몫을 결정(deal point)해야 하고 이를 결정하는 방식은 크게 두 가지인데 하나는 '힘(power)'에 의한 것이고, 다른 하나는 '사회규범(social norms)'에 의한 것이다.[145] 두 가지 중 본 연구의 사회 구조적 협상모델의 분배적 협상은 사회규범에 의한 분배적 협상, 즉 '공정에 대한 사회적 개념(appealing to socially constructed notion of fairness)'에 의한 것이다. 이는 앞서 제시한 사회 구조적

142 John Clarke et al., ibid., p. 40; T. Blair, "Where the Third Way Goes from Here", Policy Network, Progressive Governance Conference, 2003.
143 John Clarke et al., ibid., p. 41.
144 리쳐드 세일러·캐스 선스틴 저, 안진환 역, 위의 책, 118−119쪽.
145 Russell Korobkin, ibid., p. 129.

협상모델의 가치구조인 스미스의 '정의의 법과 공감에 기반한 시장 유인체계' 뷰 캐넌의 '사회계약과 사회적 대화', 협조게임 이론의 '지속적 소통관계가 이루어지는 과정'에 있어서의 공정성의 요구에 부합된다.

'공정성'은 정의된 개념이 아니라 협상당사자의 가치관과 협상의 맥락에 의존하는 사회적으로 형성되는 개념이기 때문에 협상당사자 모두가 동의할 수 있는 공정의 개념이 하나로 존재하지 않는다. 따라서 '공정'이라는 개념에 접근하는 방식이 협상당사자들이 협상의 이익을 분배하는 데 중요하다. 협상에서 '공정'에 접근하는 세 가지 구조는 분배적 정의의 메타규범, 관습규범, 그리고 상호성의 규범이다.[146]

'분배적 정의의 메타규범'은 공평(equality, parity), 형평(equity), 필요(need)이다. 공평은 이익을 물리적으로 동등하게 분배하는 것이고, 형평은 기여에 의한 분배이며, 필요는 당사자의 필요의 정도의 차이에 따라 분배하는 것이다. 가장 단순하지만 강력한 것은 '공평'에 의한 분배이다. 협상당사자들이 서로의 유보가격을 안다면 그 유보가격 사이에서 공평하게 이익을 분배하게 될 것이다. 그러나 일반적으로 상대방의 유보가격을 알기 어렵기 때문에 서로가 제안한 금액 사이에서 균등하게 이익을 분배하는 경우가 많다. '형평'에 의한 분배는 각 당사자의 '기여분'이 당사자들에 의해 객관적으로 인지될 수 있을 때의 분배규범이다. 즉 실험결과에 의하면 협상당사자는 공평하지 않은 분배가 당사자들이 받아들일 수 있는 합당한 차이에서 비롯되었다고 인지할 때 그것을 받아들인다.

'사회적 관습(social conventions)'에 의한 분배는 유사한 협상 선례에서 표준적 조건(standard terms)으로 이루어져 온 바에 의하는 것이다. 일반적(normal)으로 인식되어 온 것과의 일치가 입장의 차이에 대한 정당성을 부여하는 것이다(Shelling, 1960). 문제는 이러한 관습에 대한 이견이 있는 경우이다. 즉 무엇이 일반적인 것(normalcy)이냐에 대한 것은 사회적 관습뿐 아니라 당사자들의 사회적 관습(social conventions)에 의존하기도 하기 때문이다. 이에 대해 피셔(Roger Fisher)는 공정한 표준을 당사자들이 함께 찾는 과정, 각각의 이슈에 대한 객관적 프레임을 함께 만들 것, 압력에 굴복하지 말고 원칙에 따를 것을 제안한다.[147] 또한 협상에 있어서 초

---

146 Russell Korobkin, ibid., p. 161.
147 Roger Fisher et al., ibid.

점(focal point)의 개념도 중요한데 협상당사자들이 거래가격 외에 '주된 가치(pro-minent values)'로 여기는 가치이다. 예를 들어 도덕(moral)규범은 협상을 지배하는 매우 중요한 요소이며 협상결과에 지대한 영향을 미친다. 협상당사자들이 협상과정에서 이러한 '중요한 가치'를 발견하게 되면 이것이 협상의 프레임을 형성하게 되고 게임의 구조를 결정한다.[148]

　　과정규범으로서의 상호성(reciprocity as a process norm)은 협상과정에서 상호 간에 주고 받는 제안과 역제안의 균형이라고 할 수 있다. 즉 상대방에게 호의를 받게 되면 호의를 주게 되는 보답의 규칙(rule of reciprocation)과 같은 것이다. 리키(Leakey)는 인간이 선조에게 음식을 나누고 '의무의 네트워크를 존중하는 기술(honored network of obligation)'을 배웠기 때문이라고 한다. 타이거와 폭스(Tiger & Fox)는 이러한 "상호 감사의 망(web of indebtedness)"이 인간의 고유한 적응 메커니즘이라고 보고 이것은 노동의 분화와, 상품과 서비스의 교환, 그리고 상호 의존성을 통해 가장 효율적인 개인들의 연합을 가능하게 하는 특징이라고 한다.[149]

　　분배적 협상은 당사자들이 통합적 협상을 통해 확장시킨 협조이익(cooperative value)을 궁극적으로 각자의 몫으로 나누어야 하는 과정에서 반드시 필요한 과정이다. '통합적 가치 축적을 위한 협상모델'에서 통합적 협상의 '공통의 이익'으로 물적·인적 자본과 사회적 자본을 축적하기 위한 과정에서 어떤 방법으로 분배적 협상이 이루어지는지가 매우 중요하다. 위에서 다룬 바대로 분배적 협상을 위한 두 가지 방법인 '힘에 의한 분배'는 개인의 이익을 최대화하려는 개인적인 합리성 개념이지만, '공정과 관련된 사회규범'에 의한 분배'는 공정에 대한 사회적 개념이며 이는 '합리성에 대한 사회적 개념'에 근거한다. 이것이 본 연구의 협상모델에서 제시한 '사회화된 개인의 이익'의 개념에 부합하는 분배의 방법이다. 사회규범에 의한 분배에서 분배적 정의의 메타규범으로서의 공평, 형평, 필요에 의한 분배는 협상의제와 상황에 의해 적절하게 선택할 수 있을 것이다. '사회적 관습'에 의한 분배는 협상모델에서 제시한 협상환경과의 지속적인 상호작용에 의해 이루어질 것이데 여기서 '일반적인 것(normalcy)'으로 여겨져 온 것의 이면에 앞서 다루었던 사회 구조적 맥락이 있다면 이에 대한 프레이밍이나 리프레이밍이 필요할 것이다.

---

148 Russell Korobkin, ibid., p. 175.
149 Russell Korobkin, ibid., pp. 176-177.

그리고 '보답의 규칙', '의무의 네트워크를 존중하는 기술', '상호 감사와 의존의 망'으로서의 '상호성의 규범'은 바로 신뢰, 규범, 네트워크로 정의되는 '사회적 자본' 자체를 설명해 주는 인류의 특징이기도 하다.

'통합적 가치 축적을 위한 협상모델'에서의 분배적 협상단계는 협상 창출 가치를 위에서 살펴본 '공정과 합리성에 대한 사회적 개념'에 의한 방식에 의해 분배하는 것으로 본다. 이러한 기반 위에서 협상의제의 개별적·사회적 맥락에 따라 분배적 정의의 메타규범인 '공평, 형평, 필요'의 개념, 협상당사자가 각각의 이슈에 대한 객관적 프레임을 함께 만들어 가는 과정, 상호성의 규범에 의해 분배가 이루어지는 것이다. 이를 아래와 같이 표현해 보겠다.

$N_d \sim \{ (e, E, N), \ (F, rF), \ R \}$

    $N_d$ = 분배적 협상 기준

    $(e, E, N)$ = '공평, 형평, 필요' 규범

    $(F, rF)$ = 사회적 관습에 대한 구조화와 재구조화;

        • 구조화: 기존의 사회적 관습을 함께 찾아나가는 경우

        • 재구조화: 기존의 사회적 관습에 대한 재구조화가 필요한 경우

    $R$ = 상호성의 규범

## 4. 협상 창출 가치로서의 사회적 자본

본 연구의 사회 구조적 협상모델은 협상 창출 가치를 물적·인적 자본과 사회적 자본으로 제시했고 이를 퍼트넘의 '신뢰, 자본, 네트워크'로 정의했다. 즉 통합적 협상을 통해 협상의 이익을 확대하고 이에 대해 공정에 기반한 분배의 기준으로 당사자 간 협상의 이익을 분배하는 과정은, 협상당사자 상호 간의 효용이 반영된 협상이익의 추구가 사회 전체의 효용을 크게 해서 궁극적으로 사회적 자본을 축적해 나가는 과정이 된다. 이를 아래와 같이 사회적 자본의 구성 요소인 '신뢰, 규범, 네트워크'라는 공동의 가치를 창출하는 과정으로 제시한다.

### (1) 신뢰

앞서 사회적 자본이 사회발전과 경제성장에 양의 효과를 미치는 많은 선행연구들이 있었고, 이는 장기간 계속되는 거래를 통해 신뢰가 축적되면 서로의 기회

주의적 행동이 억제되어 비용이 줄고, 과다한 정보로 인한 불확실성을 극복하기 위한 통합 기제로서 신뢰가 작동하기 때문이라는 것을 살펴보았다. 또한 신뢰는 교환에 관계하는 파트너들이 다른 사람들의 희생을 통해 자신의 이익을 취하지 않는 장기적 과정에 의해 축적되는데 이러한 노력들이 자발적으로 기울여지고 상호 협력이 수반될 때 가능하며 이기적 행위자가 아닌 파트너십의 작동에 의해서 이루어진다.[150]

본 연구의 협상모델에서는 이처럼 신뢰가 축적되는 과정을 협상을 통해 제시한다. 자본주의 경제의 작동 기제인 자유시장질서 하에서 협상은 매우 광범위하고 일상적이며 또한 구조적으로 정의될 수 있음을 앞에서 밝혔다. 따라서 협상을 통해 신뢰가 축적된다는 것은 사회적 자본의 핵심 요소가 사회 곳곳에서(ubiquitously) 지속적으로(sustainedly) 축적된다는 것이다. 위에서 '통합적 협상식'에서 협상당사자의 협상이익을 협상당사자의 이익, 협상 상대방의 이익, 협상의 사회 환경적 이익을 반영한 개념으로 재구조화 하였다. 여기서 다른 협상당사자의 이익과 협상의 사회적 이익을 고려하는 개인의 가중치를 헌법적 선택에 의한 규범적 질서와 장기적인 이해관계에 가치를 부여하는 제도적 소통을 통한 개인의 '신뢰 지표'로 보았다. 즉 본 연구의 협상모델은 협상과정을 통해 신뢰가 축적되고 그것이 다시 협상과정에 반영되는 선순환 구조이다.

협상당사자 상호 간의 '신뢰'에 또 하나의 중요한 기반은 상대방이 나의 '최소한의 협상이익'을 인식하고 보장하려고 한다는 것에 대한 믿음이다. 즉 단지 협상을 통해 창출되는 가치를 상호 간에 고려해서 최대화할 뿐 아니라, 협상에서의 최저선(baseline)에 대해 상호 간에 고려한다는 믿음이 있을 때 협상에 임할 수 있는 기본적인 신뢰기반이 조성된다고 볼 수 있다. 즉 제로섬(zero-sum) 게임이 아니라 최소한의 기반을 상호 간에 보장하는 것을 협상 틀에 포함시킬 때 협상 참여자들은 보다 안심하고 공통의 가치 창출을 크게 하는 데 집중할 수 있다. 본 연구의 사회 구조적 협상모델에서는 협상의 최저선을 도출하기 위한 바트나의 개념을 사회 구조적 관점의 협상 최저선으로 헌법적 가치에 기반한 협상당사자의 '사회적 존재 기반(Social Presence Base)'으로 보았다. 개인들의 공공선택에 의한 헌법적 가치에 의

---

150 Brian Uzzi, ibid., 1996, pp. 674-698.

한 최저선이다.

분배적 협상식에서 '힘'에 의한 분배가 아니라 '사회규범', 즉 '공정에 대한 사회적 개념'에 의한 분배 기준을 제시한 것 또한 스미스의 '정의의 법과 공감에 기반한 시장 유인체계', 뷰캐넌의 사회계약과 사회적 대화를 통한 헌법적 선택에서의 과정적 정의, 협조게임의 장기적 관계에서 당사자의 협력을 유인하는 기본적 공약으로서, '지속적으로 상호작용하는 관계에서의 신뢰'를 지향한다. 살펴본 바와 같이 '통합적 가치 축적을 위한 협상모델'의 구성요소들은 사회적 자본의 핵심 요소인 신뢰의 창출과 축적을 중요한 협상의 창출 가치로 포함, 지향하고 있다. 이를 아래와 같이 표현해 보겠다.

$$T \sim re(NI, ND)$$
$$T = 신뢰$$
$$re(NI, ND) = '재구조화된' 통합적, 분배적 협상식$$

### (2) 규범

사회적 자본에서 신뢰는 구성원들이 '일반화된 상호주의(generalized reciprocity)'의 규범을 따르는 경향이 강한 경우에 가능하다는 것을 살펴보았다. 본 연구의 구조적 협상모델에서 소통의 규범적 틀은 앞에서 살펴본 헌법경제학 관점에서의 '헌법'이다. 즉 개별 협상에 임하는 당사자들이 별도의 논의가 필요 없이 이미 합의되고 공유된 규범적 전제로 상호 간에 '넛지(Nudge)'의 역할을 할 수 있는 기반이 이미 존재하는 것이다. 그러나 이 위에서 이루어지는 개별 협상들이 사회적 자본을 축적하는 과정과 결과를 도출할 때 그로 인한 '상호 호혜적인 규범'은 지속적으로 축적된다.

즉 위에서 제시한 재구조화된 협상이익의 개념, 공적 소통 기반에 의한 신뢰 지표로서의 λ값의 제고, 당사자의 존재기반과 사회의 지속가능성에 대한 고려가 지속적으로 행해져서 협상의 관습, 문화, 규범이 된다면 이것이 사회적 자본의 구성요소로서의 규범적 가치가 지속적으로 높아지는 선순환 구조를 이루게 되는 것이다. 이를 간단히 다음과 같이 표현해 보겠다.

$$S = (S_c + S_1, S_2, \cdots, S_n)$$

  S  =  협상에 임하는 당사자들 간의 규범적 가치

  $S_c$  =  헌법의 규범적 가치

  $S_1, S_2, \cdots, S_n$  =  협상 1, 2, $\cdots$, n을 통해 창출되는 규범적 가치

## (3) 네트워크

라우리가 정의했듯, 네트워크는 '사람 사이의 상호작용'이라고 할 수 있다. 협상은 '사람 사이의 상호작용'의 특수한 형태이다. 앞서 제시했듯, 협상은 서로 다른 이해관계를 가진 둘 이상의 당사자가 자신들의 행위나 제한된 자원 분배를 조정하여 그들이 각자 행동할 때보다 더 나은 결과를 도출하기 위한 상호 소통의 과정이다.[151] 본 연구에 있어서 중요한 전제로 다루는 협상의 구조적 특징은 하나의 협상이 끝나더라도 그 협상이 기반한 구조적인 문제는 연속선상에 있고 협상의 결과는 그 구조 위에서 이루어지는 다른 수많은 협상들에 영향을 준다는 것이다.

협상에 임하는 다수의 관련 당사자들은 표면·이면에 있는 개별적 협상의제와 그 의제를 둘러싼 맥락 위에 상호작용하며 이러한 상호작용의 협상과정은 이를 둘러싸고 있는 정치, 경제, 사회, 문화적 환경과 연계되어 있다. 그리고 협상이 타결된 이후의 이행과정 등과 같은 후속 과정 등과 같은 협상의 가치사슬(value chain of negotiation)도 협상의 체계에 포함된다. 그리고 앞서 살펴본 바대로, 협상의 다층적 구조는 이러한 모든 과정에서 협상에 직접 임하는 '협상당사자(negotiation parties)', 협상당사자나 이해당사자와는 떨어져 있으나 협상과 직·간접적인 이해관계를 가질 수 있는 '국외자(bystander)', 당사자나 국외자와 같이 협상에 직·간접적인 영향을 받지는 않지만 협상당사자들이 협상결과에 영향을 미치기 위하여 직접적인 메시지를 띄우거나 이를 관찰하는 사람들인 '청중이나 관찰자(audience & observer)' 등은 협상의 직·간접적 이해관계자를 포섭하며 이들은 협상과 관련된 수많은 인적 네트워크의 거점이다. 개별 협상이 어떤 프레임을 갖고 진행되느냐는 협상이 이루어지는 모든 과정 및 결과, 그리고 그와 직·간접적인 관련자들과 그 관련자들을 거점으로 하는 수많은 네트워크에 영향을 끼치고 이것이 사회적 자본으로 축적된다. 본 연구의 통합적 가치 축적을 위한 협상모델은 이와 같이 일반적으로 개별적

---

151 Russell Korobkin, ibid., p. 1.

인 협상에 대한 제한된 개념이 포섭하지 못한 협상에서의 '상호작용'을 종적, 횡적으로 확장시켜 이를 '협상의 네트워크 효과'로 정의하겠다. 이를 아래와 같이 표현해 보겠다.

$$N_V = (P_V, \; I_V, \; B_V, \; O_V)$$

    $N_V$ = 협상의 네트워크 효과

    $(P_V, \; I_V, \; B_V, \; O_V)$ = 협상 참여자, 이해당사자, 국외자, 관찰자가 협상과정에서 갖거나 얻게 되는 가치

## 5. 통합적 가치 축적을 위한 구조적 협상모델의 미시적 협상식 정리

아래에는 제4장 3절에서 도출한 '통합적 가치 축적을 위한 구조적 협상모델'의 개념적 협상식을 정리해 보겠다.

〈그림 3-16〉 통합적 가치 축적을 위한 협상모델의 통합적 협상식

〈통합적 협상식:NI〉

$$NI = N_1 * N_2 = (u_1 + \lambda_{12}\,u_2 + \lambda_{1e}\,u_e - BATNA_1 \,) * (u_2 + \lambda_{21}\,u_1 + \lambda_{2e}\,u_e - BATNA_2)$$

  $N_1 * N_2$ = 전체 협상이익(통합적 협상이익)
- $N_1$: 협상당사자 1의 협상이익
- $N_2$: 협상당사자 2의 협상이익
  - $u_1$: 협상당사자 1의 화폐적 효용
  - $u_2$: 협상당사자 2의 화폐적 효용
  - $u_e$: 협상의 사회 환경적 이익
  - $\lambda_{12}$: 협상당사자 1이 고려하는 당사자2의 이익에 대한 가중치
  - $\lambda_{1e}$: 협상당사자 1이 고려하는 협상의 사회 환경적 이익에 대한 가중치
    - $\lambda_{12}$, $\lambda_{1e}$ → IC(Constitution), Ic(commitment)
      - IC: 헌법적 선택에 의한 규범적 질서로서의 제도
      - Ic: 장기적인 이해관계에 가치를 부여하는 공약을 통한 협력적 전략인 소통의 기반으로서의 제도
  - BATNA = Min $u_1$ = $P_1$ → IC
    - Min $u_1$ : 사회 구조적 협상모델에서의 개인의 유보가격(협상의 최저선)
    - $P_1$: 협상당사자의 최소한의 사회적 존재 기반(social presence base)
    - IC: 헌법적 선택에 기반한 제도적 기반

〈그림 3-17〉 통합적 가치 축적을 위한 협상모델의 분배적 협상식

〈분배적 협상식: ND〉

$ND \sim \{(e, E, N), (F, rF), R\}$

- Nd = 분배적 협상 기준
  - (e, E, N) = '공평, 형평, 필요' 규범
  - (F, rF) = 사회적 관습에 대한 구조화와 재구조화;
    - ‣ 구조화 — 기존의 사회적 관습을 함께 찾아나가는 경우
    - ‣ 재구조화 — 기존의 사회적 관습에 대한 재구조화가 필요한 경우
  - R = 상호성의 규범

〈그림 3-18〉 협상 창출 가치로서의 사회적 자본

〈협상 창출 가치로서의 사회적 자본: SC〉

$SC = T * S * N_V$

$T \sim re(NI, ND)$

- T = 신뢰
- re(NI, ND) '재구조화된' 통합적, 분배적 협상식

$S = (S_c + S_1, S_2 \cdots S_n)$

- S = 협상에 임하는 당사자들 간의 규범적 가치
- $S_c$ = 헌법의 규범적 가치
- $S_1, S_2 \cdots S_n$ = 협상 1, 2…n을 통해 창출되는 규범적 가치

$N_V = (P_V, I_V, B_V, O_V)$

- $N_V$ = 협상의 네트워크 효과
- $(P_V, I_V, B_V, O_V)$ = 협상 참여자, 이해당사자, 국외자, 관찰자가 협상과정에서 갖거나 얻게 되는 가치

이러한 협상식을 실제 협상의제에 적용하는 과정에서 참조할 수 있는 접근방법은 다음과 같다.

〈표 3–7〉 '통합적 협상식'에 기반한 접근방법

| 통합적 협상식 (NI) | 당사자 1의 협상이익 (N1) | 당사자 2의 협상이익 (N2) |
|---|---|---|
| $u_1$<br>당사자 1의 화폐적 효용<br><br>$u_2$<br>당사자 2의 화폐적 효용 | 물적·인적 자본에 기반한<br>화폐적 효용 | |
| $u_e$<br>협상의 사회 환경적 이익 | 관련 의제에 따라 사회 환경적 이익에 대한 평가 방법이 달라질 수 있음; 화폐적 효용으로 환산할 수 있는 경우 / 화폐적 효용으로 환산 어려운 무형의 가치인 경우 협상당사자들이 협상과정에서 평가방법을 함께 마련할 수 있음. | |
| $\lambda$<br>규범적·협력적 소통기반에 의한 신뢰지표 | 사회적 자본에 기반한 신뢰 수준: 지속적이고 제도화된 소통 기반에 의해 변화되는 수치 | |
| BATNA<br>협상의 최저선 | 헌법적 선택에 기반한 협상당사자의 최소한의 사회적 존재기반 | |

〈표 3–8〉 '분배적 협상식'에 기반한 접근방법

| 분배적 협상식 (ND) | | 당사자가 분배적 기준에 합의하는 과정 |
|---|---|---|
| (e, E, N) | e: 공평 | • 당사자의 협상이익을 '물리적으로 동등'하게 분배 |
| | E: 형평 | • '기여'에 따른 협상이익의 분배 |
| | N: 필요 | • 당사자의 '필요의 정도'에 따른 분배 |
| (F, rF) | F: 구조화 | • 상호 간에 동의할 수 있는 사회적 관습을 함께 찾아 그에 기반한 협상의 분배 원칙에 합의 |
| | rF: 재구조화 | • 기존의 사회적 관습에 대한 재구조화가 필요한 경우, 새로운 분배원칙에 합의 |
| R: 상호성의 규범 | | • 협상이익을 구성하는 하위 요소들에 대해 당사자 간 주고 받을 수 있는 분배의 기준에 합의: eg. 통합적 협상에서 도출한 협상 패키지의 구성요소에 대한 교환 등 |

이와 같이 도출한 협상식이 기존의 구조적 협상이론에 부가할 수 있는 가치에 대해서 〈그림 3-19〉와 같이 표현해 보도록 하겠다.

〈그림 3-19〉 '통합적 가치 축적을 위한 협상모델'을 통한 협상이익의 확대

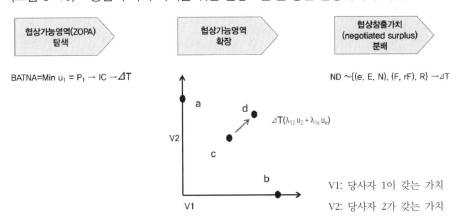

먼저 협상가능영역(Zone of Possible Agreement)을 탐색'하는 과정에서 모든 협상 참여자의 공공선택을 전제로 하는 헌법에 기반한 협상 참여자의 최소한의 사회적 존재기반(P)으로 재구조화된 바트나는 협상 참여자들이 협상에 참여하는 과정에서의 신뢰(T)를 높여 개인적·사회적인 협상가능영역을 확대한다. 만일 협상 참여자 일방이나 개인적인 이해와 주장에 의해 바트나가 높아지는 경우라면 오히려 협상가능영역이 줄어들어 협상의 성립될 가능성이 더 낮아질 것이다. 그러나 앞서 제시한 바 대로 본 협상모델의 가치구조는 기본적으로 협상 참여자 모두가 이미 사회계약과 사회적 대화를 통한 개인적 선호에 기반해 공공선택한 헌법에 기반한 최저선의 개념을 전제로 한 것이며 최상위의 규범적 프레임에 의해 모든 참여자가 공약(commitment)한 헌법가치와 헌법규칙에 기반한 최소한의 사회적 존재기반으로서의 바트나이다(P→IC). 이에 의해 협상 참여자는 최고의 규범적 프레임을 명시적으로 공유함으로써 상호 간에 최소한의 사회적 존재기반을 존중한다는 것을 신뢰할 수 있고 그로 인해 탐색단계에서의 협상가능영역이 확대된다(ΔT).

'협상가능영역의 확장'에서는 각자의 협상이익만을 고려(a, b)하는 경쟁적 협상에서는 그 이익의 중간(c) 정도에서 협상이 타결될 수도 있으나 이를 최대한 확대

시키는 것이 통합적 협상의 개념이다. '통합적 가치 축적을 위한 협상모델'은 협상 당사자가 자신의 이익($u_1$)만을 고려하는 경우보다 협상 상대방의 이익($u_2$)과 협상의 사회 환경적 이익($u_e$)을 제도적 신뢰지표($\lambda$)에 근거해 고려하기 때문에 그만큼의 협상가능영역이 확대된다($\Delta(\lambda_{12} u_2 + \lambda_{1e} u_e)$).

'협상 창출 가치(negotiated surplus)의 분배'에서는 앞서 다룬 바와 같이, 그 전에 최대한의 협조적 이익(cooperative surplus)을 도출하였다고 할 지라도 분배과정에서의 기준이 불공정하다고 받아들여질 때 협상이 결렬되고 이행과정에까지 문제가 된다. '통합적 가치 축적을 위한 협상모델'의 분배적 협상식의 분배적 정의의 메타규범(e, E, N), 기존의 관습에 대한 구조화와 재구조화(F, rF), 상호성의 규범(R)을 통해 협상 참여자가 사회적 규범에 기반해 동의할 수 있는 기준을 제시함으로써 분배과정의 공정성에 대한 신뢰를 높인다. 따라서 그만큼의 협상 타결과 이행의 가능성이 높아진다고 할 수 있다($\Delta$T).

## Ⅲ. 합의형성 접근방법(Consensus Building Approach)에 대한 '통합적 가치 축적을 위한 협상모델' 적용

'합의형성'은 기본적으로 협상에 참여하는 사람들의 의견을 수렴한 가치 창출 (value creation)을 지향하는 다수당사자 협상방법이다. 앞서 서스킨드의 합의형성 접근방식(CBA)으로 공적 이슈에 대한 합의형성과정으로 '회합-책임의 명확화-숙의-결정-합의의 이행-조직적인 학습과 발전'의 가치사슬을 제시하였다. 본 연구의 '통합적 가치 축적을 위한 협상모델'은 이러한 가치사슬의 과정에서 새로운 소통의 틀과 합의 구조를 제시하여 개인적·사회적인 협상이익을 확대하고 이행 및 지속적인 학습과 피드백을 통해 가치를 지속적으로 축적하는 것을 지향한다.

'합의형성과정'의 목표는 가능한 많은 가치를 창출하고 창출된 가치가 모든 고려사항에 부합되게 분배되는 것이다. 여기서 가치창조의 핵심은 상호이익(mutual gain)이며 이는 분배 이전에 협상이익을 최대한 키우겠다는 협력적 행동에 대한 헌신(commitment)을 각 협상 참여자가 결정하는 것이다. 이러한 참여자들이 '숙의과정'에서 건설적인 의견개진과 적극적 경청, 다수의 이슈를 하위 이슈로 분석하여 다양한 패키징을 옵션으로 만드는 것, 협력적 사실 확인과정(joint fact-finding proce –

dure), 동일문서 공유과정(single-text procedure) 등의 다양한 방법을 통한 노력을 하게 된다.[152] 또한 누군가 참여자들의 제안에 대한 프레이밍을 하는 것이 필요한데 협상 참여자는 자신의 이해가 배제되지 않을 것을 주장할 권리와 다른 당사자의 이해도 충족시키는 대안을 제시할 책임이 있다.[153]

앞서 '합의형성 접근방식'의 사례 연구에서는 '스키폴 공항 확대 사례', '시화지구지속가능협의회 사례', '신고리 5·6호기 공론화 사례'를 다루었다. 세 가지 사례 모두 기본적으로는 '개발로 인한 경제적 이익 vs. 환경권'이라는 문제에 대한 합의형성과정에서 서로 다른 형태의 갈등해결 기구와 방식에 의해 풀어나갔다. 상황과 전개과정은 달랐으나, 세 가지 사례 모두에서 향후 연구과제와 개선점으로 제시된 것은 특수한 사례에서 관련 쟁점에 대한 개별 당사자의 이해에 대한 토론과 합의를 넘어선 보다 본질적이고 보편적인 접근방법이 필요하다는 것이었다.[154]

이 과정에 '통합적 가치 축적을 위한 협상모델'은 협상 참여자들이 협상 전 단계부터 협상의 전 과정에서 지속적으로 공유할 수 있는 소통의 틀이자 미시적 분석틀로서 제시될 수 있다. 먼저 앞서 살펴보았듯이 기존의 합의형성과정은 일반적으로 주어진 협상의제에 대한 이슈분석과 그에 대한 당사자 간 갈등분석에서 시작한다. 이는 통합적 시각(integrative perspective)보다는 파편화된 시각(fragmented perspective)으로 출발하는 것이다. 통합적 가치 축적을 위한 협상모델을 통합적이고 본질적인 소통의 틀로서 제시할 수 있다. 위에서 다룬 '월스트리트 게임 vs. 공동체 게임'에서 보았듯이 협상 참여자들이 처음에 어떠한 관점을 갖고 협상에 임하느냐는 동일한 의제, 이해구조 하에서도 전혀 다른 과정과 결과를 도출할 수 있다. 따라서 정의의 법과 공감에 기반한 유인체계, 모든 협상당사자가 지켜야 하는 공공선택의 규범적 프레임으로서의 헌법과 전략적 협력이라는 경제적 프레임을 통한 파레토 최적, 그리고 보다 근본적인 심리적 기제에 대한 포괄적 분석틀을 협상 참여자들이 함께 인식하고 합의를 시작한다면 협상과정과 결과에서의 협조 이익을 다르게 할 수 있다.

**152** Lawrence Susskind et al.,1999,  ibid.,  pp. 44－49.

**153** Lawrence Susskind et al, 1999, ibid., p. 6.

**154** Susskind et al, ibid.; "Introduction to the Case and Commentaries", Michèle Ferenz, p. 708; 국민대통합위원회·한국사회갈등해소센터, 위의 책, 148쪽; 신고리 5·6호기 공론화위원회, "신고리 5·6호기 공론화 『시민참여형조사』 보고서", 2017.10.20, 114－121쪽.

이에 기반한 미시적 분석과정에서 통합적 협상식이 적용될 수 있다. 이는 자신의 협상이익($u_1$), 협상 상대방의 협상이익($u_2$), 그리고 협상의 사회적 환경적 이익($u_e$)을 명시적으로 고려하는 협상모델이다. 또한 협상결렬 여부를 결정짓는 협상 유보가격(BATNA, Reservation Price)을 정하는 과정에서도 보다 구체적인 가치체계(헌법적 가치와 헌법 규칙)에 기반한 최저선을 정하게 된다. 협상 상대방의 협상이익과 협상의 사회 환경적 이익을 고려하는 협상당사자의 가중치($\lambda$)는 규범적·경제적 관점을 고려한 협상 참여자의 분석과 판단에 의해 결정된다. 즉 내가 속한 사회 구성원의 공공선택에 의한 합의에 의해 결정된 헌법적 가치와 장기적인 이해관계에 가치를 부여할 때 어느 정도 수준에서 상대방의 이익과 사회 환경적 이익을 나의 협상이익에 반영할 지를 '명시적으로' 고려하는 것이다. 이 과정에서 이슈가 더욱 세분화되어 분석적으로 제시되고 하위 이슈들에 대한 패키징(packaging)도 다양하고 창조적일 수 있다. 즉 나의 협상이익, 상대방의 이익, 협상의 사회 환경적 이익이 상호 간에 명시적으로 고려됨으로써 각각에 대한 하위 협상 아이템(세부 이슈)과 옵션(선택안)들이 더 다양한 관점을 반영하여 창조적일 수 있고 이를 교환하거나 묶어서 거래할 수 있다. 이와 같이 개인의 사회화된 이익(Socialized Personal Interest)으로 협상이익을 재구조화하는 것은 개인적·사회적 협상이익 모두를 확대한다는 것이 본 협상모델의 전제이다.

본 연구에서는 서스킨드의 합의형성 접근방식을 기반으로 사회 구조적 이슈에 대한 사회적 합의과정에서 통합적 가치 축적을 위한 협상모델을 적용할 수 있는 접근방법의 프레임을 제시해보도록 하겠다. 회합 및 당사자 간 책임 명확화 단계에서는 이슈 명확화를 통해 협상의제를 도출하고, 이 과정에서 이해관계자 분석을 통해 협상 참여자 선정을 해야 한다. 협상 전 과정에서 통합적 협상가치를 공유하고 이를 확대하기 위한 다양한 방법을 협상 참여자들이 실제적으로 공유하고 창의적으로 개발하면서 합의와 이행에 이르게 된다. 이러한 개별 협상들의 지속적인 학습과 발전을 통해 본 협상모델의 통합적 가치, 즉 인적·물적·사회적 자본이 축적된다. 〈그림 3-20〉은 '통합적 가치 축적을 위한 협상모델'의 실제적인 적용을 위해 이러한 접근방법과 앞서 제시한 접근방법의 프레임워크를 제시한 것이다. 실무적으로 이는 앞서 제시한 '동일문서 공유' 방식으로 활용할 수 있다.

〈그림 3-20〉 합의형성 접근방식에 '통합적 가치 축적을 위한 협상모델' 적용[155]

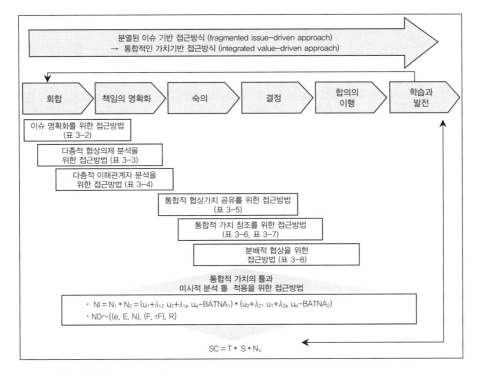

NI: 통합적 협상식 〈그림 3-16〉 참조
ND: 분배적 협상식 〈그림 3-17〉 참조
SC: 사회적 자본의 축적 〈그림 3-18〉 참조

회합-책임의 명확화 단계에서는 앞서 제시한 '사회 구조적 문제'에 대한 '이슈 명확화를 위한 접근방법(표3-2)'이 적용될 수 있다. 즉 이미 심각성이 체감되고 있고 대다수의 국민들에게 인식되고 있는 사회 구조적 문제를 문제의 체계성, 지속성, 집단성의 관점에서 분석해서 합의를 통해 풀어갈 수 있는 이슈를 도출한다. 그리고 '다층적 협상의제 분석을 위한 접근방법(표3-3)'을 적용하여 해당 이슈의 하위 이슈 및 이에 대한 이해관계자들의 갈등분석을 통해 협상의제를 도출한다. 각 협상의제에 대해 '다층적 이해관계자 분석을 위한 접근방법(표3-4)'을 적용하여

| **155** 조주은, "다차원적 협상모델링과 합의형성과정", 법과사회 제58호, 2018, 120쪽 재구성.

협상에 참여할 대표성 있는 협상 참여자를 선정한다.

본격적인 숙의과정의 시작에서는 '통합적 협상가치 공유를 위한 접근방법(표 3–5)'을 통해 협상의 공통 원칙(common core of negotiation)을 공유한다. 즉 해당 의제에 대한 규범적 관점에서 당사자들이 이미 공공선택한 헌법적 가치(Constitution Choice)가 무엇인지, 경제적 관점에서 필요한 전략적 협력에 대해 어떻게 공약 (commitment)할 수 있는지, 공감의 효용구조가 어떻게 작용할 수 있는지에 대해 협상 참여자들은 협상 전 과정에서 계속 발전시켜나갈 수 있는 '공유된 상 (shared picture)'으로서의 큰 그림을 갖고 나아갈 수 있는 것이다. 이것이 협상과 정과 협상이익의 확대에 기여할 것이라는 것이 앞서 협상이론과 관련해서 제시 한 바이다.

참여자들이 협상의 공통가치를 공유한 후에는 심층적인 이해관계 분석을 통해 협상가치를 창출한다. 앞서 '통합적 가치 축적과정의 접근방법(표 3–6)'에서 제시한 바와 같이, 표면적인 이해관계와 이면의 이해관계, 필요를 분석하고 앞서 공유한 '통합적 가치'에 기반한 프레이밍 과정을 통해 협상이익을 재구조화하고, 상호작용한다. 이 과정에서 선호, 위험, 시간, 확률, 우선순위 등의 차이의 조정을 통해 최대한의 통합적 가치를 창출한 협상 패키지를 만든다. 협상이익의 재구조화는 미시적 분석틀에서 제시한 '통합적 협상식에 기반한 접근방법(표 3–7)'을 통해 자기의 화폐적 이익, 상대방의 화폐적 이익, 협상의 사회 경제적 이익을 구체적으로 고려하는 과정이다. 이 과정이 공유될 수 있다면 협상 패키지 또한 달라질 수 있다. 이 과정에서 도출한 협상 패키지들을 기반으로 이에 대한 교환과 조정을 통해 최종 합의안을 도출한다. 이 과정에서는 '공정의 기준'을 함께 마련하고 그에 따른 분배의 과정을 거쳐 분배결과를 확인하고 이행 및 평가를 하는 과정을 거친다. 공정의 기준을 만드는 과정에서 '분배적 협상식에 기반한 접근방법(표 3–8)'을 통해 '공평 형평 필요'의 기준에 의한 분배의 메타규범, 구조화와 재구조화, 상호성의 원칙을 기반으로 논의할 수 있다.

'이행'과 '학습 및 발전' 단계에서는 합의 결과를 이행하고 지속적인 합의의 장에서 이행결과를 확인하며 이행과정에서 예상하지 못했던 문제가 발생하거나 상황 변경 등의 생길 경우, 이를 반영하면서 발전적인 합의를 지속해간다. 이런 과정을 통해 개별 협상들이 장기적·반복적으로 이루어지면서 사회 전체적으로 물적·

인적·사회적 자본이 지속적으로 축적된다. 다음 장에서는 이러한 단계적 과정에서 '통합적 가치 축적을 위한 협상모델(NMIV)'을 '통합적 가치사슬의 접근방법'을 통해 사회 구조적 이슈에 적용해보도록 하겠다.

# 통합적 가치 축적을 위한 협상모델의 적용

이제까지 수많은 협상과정을 시장을 움직이는 네트워크로 파악하고 협상이익이 시장의 이익으로 축적되며 그 과정에서 주고받는 것들이 시장의 유·무형 가치로 축적된다는 것을 전제로 시장의 구조적 문제에 접근할 수 있는 협상모델로 '통합적 가치 축적을 위한 협상모델'의 '거시적 소통의 틀', '미시적 분석틀', 이에 기반한 '통합적 가치 축적의 접근방법'들을 제시하였다.

제4장에서는 서두에서 제기된 사회 구조적 문제 중 본 연구의 적용 대상인 '청년실업과 노인빈곤문제'에 위에서 도출한 접근방법들을 적용해보도록 하겠다. 각 단계별로 합의형성과정에 적용할 수 있는 통합적 가치사슬의 접근방법들을 참조할 수 있는 그림을 제시하도록 하겠다.

## 제1절 회합 및 책임의 명확화

합의형성과정에서는 먼저 협상의 대상이 되는 이슈를 명확히 하는 과정이 선행되고 이에 대해 합의형성을 위한 소통(dialogue)을 할 것인지에 대한 결정을 한 후, 이슈와 관련된 핵심 이해당사자들을 소집하여 개시모임을 해야 한다. 사회 구조적 문제에 대한 '통합적 가치 축적을 위한 협상모델'의 당사자 구조에서 정부는 이해당사자이자 '중재자(arbiter)'의 역할을 하는 것으로 정의하였다. 따라서 여기에서 제시되는 사회 구조적 협상모델의 적용과정은 정부의 유관기관 혹은 정부 측에서 선정한 중재인 혹은 조정인(mediation) 그룹에 의해 선제적으로 수행되는 것으로 가정하겠다. 앞서 '합의형성 접근방식(CBA)'의 이론 부분에서 제시하였듯이 임시 합의기구(Ad hoc Assembly)보다는 지속적인 합의조직(Permanent Organization)이 핵심 이해관계자들의 소집 및 합의과정, 그 이후의 합의 및 이행, 조직적 학습과 발전과정에 보다 바람직하다. 따라서 관련 의제를 지속적으로 다룰 정부측 유관기관이 관여하는 것이 본 연구의 장기적인 협상의제에 적합하다.

## I. 이슈 명확화

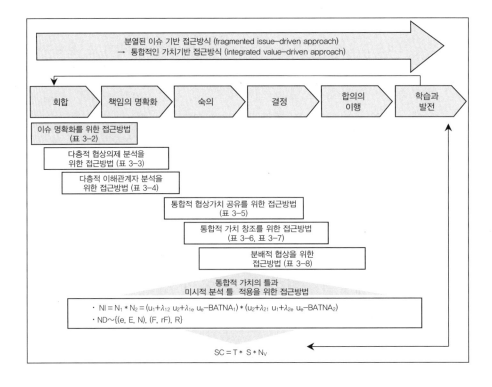

앞서 제시한 본 협상모델의 '사회 구조적 이슈 명확화를 위한 접근방법'에서는 사회 구조적 문제를 문제의 체계성, 지속성, 집단성의 관점에서 구조적 맥락에서의 원인을 분석하고 이와 관련된 이슈를 명확화하는 과정을 제시하였다. 여기서는 본 연구에서 다룰 사회 구조적 문제인 '청년실업과 노인빈곤문제'에 대한 '이슈 명확화 과정'을 제시해보도록 하겠다.

〈표 4-1〉 청년실업과 노인빈곤문제에 대한 '이슈명확화를 위한 접근방법' 적용

| 사회 구조적 문제 | 구조적 문제 분석 | 구조적 맥락에서의 문제의 원인 | 이슈 명확화 |
|---|---|---|---|
| 문제# | 문제 형성 과정의 체계성 (systemic problem) | • 특정 집단(조직, 사회, 국가 등)에서 일정한 원리에 의한 양상을 보이며 나타나는 문제에 대한 근본 원인(root cause) | • 원인에 대한 구조적 전환을 하기 위해 다루어야 할 이슈 |
| | 문제의 지속성 (continuous problem) | • 단기간에 나타났다가 사라지는 문제가 아니라 지속적으로 발생하며 시간이 지남에 따라 심화되는 경향을 야기할 수 있는 원인 | • 장기간 지속되는 문제를 야기하는 원인에 영향을 줄 수 있는 이슈 |
| | 집단적 문제 (collective problem) | • 집단 구성원의 개별적인 노력이나 시도로 해결되기 어려운 원인 | • 집단적 당사자 간의 소통과 합의가 필요한 이슈 |

## 1. 사회 구조적 맥락에서의 청년실업과 노인빈곤문제

본 연구의 근본적 문제 제기였던 후기 자본주의 사회의 구조적 문제는 그 성격상 특정 시점에 특정 당사자 간의 갈등이나 이해관계에 대한 것이 아니다. '통합적 가치 축적을 위한 협상모델'은 스미스가 제시한 시장시스템이 '자유방임주의에 의한 자기 이익의 극대화에 의해 사회 전체 이익이 극대화되는 시스템'이라는 인식을 '구조적 편향'으로 보고, 그러한 편향에 의해 이루어진 오랜 시간에 걸친 지속적이고 다양한 사회·경제·정치적 협상의 결과, 시장시스템의 창안자의 원래의 의도와는 상당히 동떨어진 많은 문제를 인류와 사회가 경험하게 되었으며, 따라서

이에 대해 '정의의 법과 공감에 기반한 자기 이익 추구'로 시장의 인센티브가 재구조화(reframing)되어야 한다는 것이다. 또한 이것이 우리의 공적 합의인 사회계약에 의한 소통의 틀로서의 헌법과, 상호작용의 실증적 경제 논리 및 이 모든 것의 중심에 놓인 사람의 마음에도 부합한다는 것이 그 이론적 기반이다. 자본주의 발전과정에서 '시장시스템을 위협하는 시장논리'가 오랜 시간 점차 강화되어 많은 거래와 협상의제의 이면에 있어 의식적으로 고려되지조차 않는 결정적 요소가 되었다. 즉 그 틀에서 벗어나지 않는 한 결국 문제를 심화시키는 방향이 더욱 진전되는 구조적 문제인 것이다. 이는 자본주의 발전과정의 역사적 문제이기도 하지만 현재와 미래의 지속가능성을 위협하는 심각한 문제이기도 하다.

후기 자본주의 사회의 많은 문제들을 관통하는 문제는 '경제·사회의 양극화'로 국내·외 자료분석과 연구에 의해 지적되고 있다. 다음에서는 이러한 상황이 스미스가 제시한 시장시스템과 어떻게 다르며(체계성), 소득 양극화가 진행되어 온 추이를 살펴보고(지속성), 이것이 저출산·고령화라는 또 다른 구조적 문제와 결부되어 사회통합과 지속가능성을 위협하는 '청년실업문제 노인빈곤문제'(집단성)로 연결되는 것을 이슈명확화 과정으로 다루어 보도록 하겠다.

## 2. 스미스의 시장 유인체계와 후기 자본주의 사회의 구조적 문제

앞서 고찰한 스미스의 '정의의 법과 공감에 기반한 자기 이익의 추구'에 의한 시장시스템이 제대로 작동하면서 자본주의가 발전해 왔다면 최소한 시장시스템에 다음과 같은 요소가 지속적인 작동원리가 되었을 것이다.

첫째, 스미스가 〈도덕감정론〉에서 제시했듯이, 설사 사람들이 '이기심과 탐욕'에 의해 개량의 성과를 도출했다 할지라도 '보이지 않는 손(Invisible Hand)'에 이끌려 '인간생활의 참된 행복을 구성하는 것에 관한 한 자신들보다 사회적으로 훨씬 높은 지위에 있다고 생각되는 사람들보다 결코 열등하지 않은' 저소득계층과 생활필수품에 있어서 공평한 분배를 하게 되고 그 결과 '부지불식 중에 사회의 이익을 증진시키고 인류 번식 수단이 제공'되었을 것이다.[1] 이러한 '공평한 분배'에 관해

---

1  애덤 스미스 저, 박세일·민경국 역, 위의 책, 346쪽; Adam Smith, 〈The Theory of Moral Sentiments〉, ibid., p. 264; 스미스는 여기서 " '보이지 않는 손'에 이끌려 토지가 모든 주민들에게 똑같이 나누어졌을 경우에 있을 수 있는 것과 같은 생활필수품의 분배를 하게 된다"고 한다.

〈국부론〉에서는 "국민 전체의 의식주를 공급하는 노동자들이 자기 자신의 노동생산물 중 자신의 몫으로 그런대로 잘 먹고, 잘 입고, 좋은 집에서 살 수 있어야 형평(equity)에 맞다"고 한다. 또한 후한 노동의 보수는 필연적으로 노동자들의 결혼과 출산을 자극함으로써 인구를 계속 증가시킬 것이라고 한다.[2]

둘째, 생산성의 증가가 자본소득과 노동소득의 증가에 공평하게 반영되었을 것이다. 스미스는 "개량의 결과 수많은 상품이 전보다 훨씬 적은 노동으로 생산되므로 노동가격의 증가는 노동량의 감소에 의해 상쇄되고도 남을 것이다"라고 했다.[3] 즉 그는 생산성의 증가로 자본가와 노동자들이 같이 혜택을 보며 생산성이 올라간 만큼 노동소득이 커지고 노동시간은 줄어들 것이라고 생각한 것이다. 또한 역으로 노동에 대한 후한 보수는 인구증가를 장려함과 동시에 근면을 증대시켜 최대한의 능력을 발휘하게 한다고 한다. 그는 임금이 높은 곳에서는 임금이 낮은 곳에서보다 노동자가 더 적극적이고 부지런하게 일한다는 것을 강조한다. 더 나아가 노동자가 성과급에 의해서만 후한 보수를 받는다면 수 년 안에 건강과 육체를 망쳐 가장 왕성한 노동력을 오래 유지할 수 없음을 강조하며 적당히 일하고 휴식을 취하여 자기의 건강을 유지할 수 있는 노동환경에서 가장 생산성이 높은 결과를 나타낸다는 것이 모든 업종에서 판명될 것이라고 하였다.[4]

이와 같은 스미스가 제시한 시장의 인센티브가 작동되었다면 후기 자본주의 사회의 구조적 문제의 핵심에 있는 양극화의 문제는 오늘과 같이 심각한 수준으로 전개되지 않았을 것이다. 여기서는 선행연구를 통해 후기 자본주의 사회의 구조적 문제의 핵심에 있는 양극화가 우리나라에서 전개되어 온 과정에 대해 다루어 보겠다.

### (1) 우리나라의 소득 양극화

양극화의 문제는 단지 '소득 불평등'이 존재하는 차원이 아니다. 부자와 빈자의 소득 불평등은 어느 시대, 어느 사회를 막론하고 존재해 왔다. 양극화의 문제는

---

2 애덤 스미스 저, 김수행 역, 위의 책, 102쪽, 104쪽; Adam Smith, 〈The Wealth of Nations Books Ⅰ-Ⅲ〉, ibid., pp. 181-182.
3 애덤 스미스 저, 김수행 역, 위의 책, 114쪽; Adam Smith, 〈The Wealth of Nations Books Ⅰ-Ⅲ〉, ibid., p. 190.
4 애덤 스미스 저, 김수행 역, 위의 책, 106-108쪽.

경제적 성장과 발전의 과실이 사회 구성원의 작은 집단(20%, 10%, 1%, 0.1%)에게 지속적으로 매우 큰 몫이 가게 되는 구조적인 문제이며, 그 차이가 점차 극단적으로 커지게 되어 사회 구성원의 건강, 교육, 직업, 삶의 질 등 사회적 양극화를 초래하고 그 결과 사회통합을 심각하게 저해하고 더 나아가 성장과 발전의 잠재력까지 손상시키는 것이다.[5] OECD는 2015년 2월 발간한 "소득 불평등: 부자와 빈자의 격차"에서 지난 30년 동안 부자와 빈자의 소득격차가 가장 악화되었으며 상위 10%의 소득이 하위 10% 소득의 9.6배라고 보고했다. 또한 OECD 회원국들의 지니계수가 1980년대 이후 20년 간 평균 0.03포인트 높아짐으로 인해 국내총생산을 8.5% 감소시켰다고 추정했다. 보고서는 불평등의 확대로 경제성장에 장기적으로 해를 끼치며 지금의 불평등 수준은 기업의 위험감수와 혁신추진을 자극해 경제성장에 이바지할 수 있는 수준을 넘어섰다고 진단하고 이로 인해 정치·사회적 불안 조성과 그에 따른 투자 감소를 낳고 사회통합의 장애를 초래하며 소득계층별 교육비 지출의 양극화를 통해 현재 소득분배구조가 더 굳어지게 하는 결과를 야기한다고 한다. OECD는 불평등 확대를 막기 위해 교육, 고용, 조세, 기타 소득이전제도 등의 정책을 강구해야 하고 사회복지정책과 연계해 근로빈곤층을 감소시켜야 한다고 제안했다.[6]

　　피케티(Thomas Piketty)는 양극화의 원인을 노동소득과 자본소득의 심화되는 불균형에서 찾는다.[7] 그는 노동소득과 자본소득을 구분하여 시대별·지역별 부의 분배 불평등을 '낮은 불평등'의 단계에서 '매우 불평등'한 수준으로 분석했는데 그에 의하면 노동소득의 불평등이 비교적 낮은 사회였던 1970년대~1980년대의 스칸디나비아 반도에서는 상위 10%가 전체 노동소득의 20%를 가져가고 지니계수는 0.19였다. 반면 '높은 불평등'을 수준의 2010년 미국은 각각 35%에 0.36을 나타냈

---

5 OECD, "Income Inequality, The Gap between Rich and Poor", 2015, p. 12.
6 OECD, ibid., pp. 79–104.
7 2013년 부의 분배와 자본 및 노동소득 불평등에 대한 다국가, 시대별 데이터 분석에 의한 연구결과 발표로 주목을 받은 토마 피케티는 30여 명의 전세계 학자들과 협력하여 1913–1948년 쿠즈네츠의 미국의 소득 불평등에 대한 데이터를 시공간으로 확장해서 각국의 신고소득을 바탕으로 한 조세자료, 국민계정에 의한 소득자료를 시계열 분석했고 그 자료들로 세계 최상위 소득계층 데이터베이스 WTID(World Top Incomes Database; http://wid.world/)를 만들었다. 이 데이터베이스는 각국 자료들로 계속 업데이트 중이다. 이 연구결과로 우리나라에는 〈21세기 자본〉으로 번역된 책을 출간했다.

다. 자본소득의 경우 중간 정도의 불평등을 보였던 1970-80년대의 스칸디나비아의 경우 상위 10퍼센트가 전체 부의 50%를 차지하고 지니계수는 0.58이며 '높은 수준'의 2010년 미국의 경우 각각 70%, 0.73을 차지 한다. 소득 불평등의 정도가 노동소득보다 자본소득에서 훨씬 심각해짐을 알 수 있다. 노동소득과 자본소득을 합한 경우 경우 낮은 수준의 불평등을 보였던 1970-80년대의 스칸디나비아의 경우 상위 10퍼센트가 전체 부의 25%를 차지하고 지니계수는 0.26이며, '높은 수준'의 2010년 미국의 경우 50%, 0.49이다.[8]

우리나라의 경우 국회 입법조사처에서 WTID의 자료와 국제통화기금(IMF)의 자료를 분석한 결과 2012년 기준 한국의 상위 10%의 소득 집중도는 44.9%로 나타났다. 이는 전세계 33개국 가운데 미국(47.8%) 다음으로 높은 수치였다. 또한 한국의 소득집중도 증가폭도 15.7%여서 다른 국가들의 경우(싱가포르 11.7%, 미국 7.3%, 일본 6.5% 등)보다 매우 높은 수치로 분석되었다.[9] 1990년대 중반 이후 약 20여 년 동안 소득 불평등의 정도가 약 60%로 급격히 악화되었다.[10]

당시 통계청은 이에 대한 반박보도를 통해 국회입법조사처가 인용한 WTID 자료에서 사용한 과세자료를 통한 소득집중도 분석은 개인단위 세전(稅前) 소득을 사용하여 가구단위 가처분 소득에 비하여 소득집중도 과다 계상되었다고 발표했다. 즉 개인단위는 고소득자의 개인소득이 그대로 반영되기 때문에 가구단위에 비하여 소득집중도가 구조적으로 높게 계상된다는 것이다.[11]

그러나 통계청의 가계조사 결과는 상위소득자의 누락과 소득의 과소보고가 상당하다는 연구결과가 있다. 이를 소득세 자료와 국민계정과 같이 준거가 될 수 있는 자료로 보정한 경우 〈표 4-2〉와 같은 소득분배지표를 도출된다(김낙년, 김종일, 2013). 이 연구의 보정자료에 의하면 2010년 지니계수가 통계청 자료 0.339에서 0.415로 높아지고 가처분소득 기준도 통계청 자료 0.308에서 0.371로 높아진다. 그 결과 OECD 국가에서 소득 불평등이 매우 심한 나라에 속하게 된다. OECD는

8 토마 피케티 저, 장경덕 외 옮김, 〈21세기 자본〉, 글항아리, 2013, 300쪽.
9 동아일보, "한국 상위 10% 전체 부의 45% 집중…소득 불평등은 미국 다음", 2016.9.4., http://m. news.naver.com/read.nhn?mode=LSD&mid=sec&sid1=101&oid=020&aid=0003001452
10 입법조사처. 2016.9; 연합신문, "악화되는 양극화…유연, 실용적 접근 중요", 2016.10.27, http://www. yonhapnews.co.kr/bulletin/2016/10/18/0200000000AKR20161018086500002.HTML?from=search
11 통계청 보도자료, "'상위 10% 소득 쏠림 주요국 중 가장 빨라' 제하 기사 관련," 2016.9.5

〈표 4-2〉  한국의 수정된 소득분배 지표(1996-2010)[12]

| | 시장소득 | | | | 가처분소득 | | | |
|---|---|---|---|---|---|---|---|---|
| | 1996 | 2000 | 2006 | 2010 | 1996 | 2000 | 2006 | 2010 |
| 지니계수 | 0.303 | 0.359 | 0.411 | 0.415 | 0.302 | 0.339 | 0.375 | 0.371 |
| 5분위배율 | 4.57 | 6.08 | 7.95 | 8.98 | 4.51 | 5.33 | 6.21 | 6.37 |
| 균등화 중위소득 | 1,123 | 1,207 | 1,561 | 1,806 | 1,051 | 1,144 | 1,503 | 1,744 |
| 인원수비중<br>(중위소득 150% 이상) | 20.0 | 23.0 | 25.1 | 24.6 | 20.6 | 22.1 | 23.7 | 23.1 |
| 인원수비중<br>(중위소득 50%~150%) | 70.5 | 62.8 | 58.5 | 58.3 | 70.3 | 65.2 | 61.9 | 62.4 |
| 인원수비중<br>(중위소득 50% 미만)* | 9.5 | 14.3 | 16.4 | 17.1 | 9.1 | 12.7 | 14.5 | 14.5 |
| 소득비중<br>(중위소득 150% 이상) | 37.9 | 44.5 | 50.0 | 49.9 | 38.8 | 42.3 | 46.1 | 45.4 |
| 소득비중<br>(중위소득 50%~150%) | 59.2 | 51.5 | 46.1 | 46.5 | 58.3 | 53.8 | 49.7 | 50.6 |
| 소득비중<br>(중위소득 50% 미만) | 2.9 | 4.0 | 3.9 | 3.6 | 2.9 | 3.9 | 4.1 | 4.0 |
| 평균소득<br>(중위소득 150% 이상) | 2,429 | 2,734 | 3,772 | 4,437 | 2,282 | 2,545 | 3,472 | 4,062 |
| 평균소득<br>(중위소득 50%~150%) | 1,077 | 1,158 | 1,492 | 1,747 | 1,004 | 1,095 | 1,431 | 1,674 |
| 평균소득<br>(중위소득 50% 미만) | 393 | 395 | 450 | 465 | 382 | 411 | 508 | 566 |
| 균등화 10분위소득 | | | | | | | | |
| 평균 | 1,283 | 1,411 | 1,892 | 2,190 | 1,210 | 1,329 | 1,780 | 2,064 |
| 1분위 | 401 | 327 | 306 | 264 | 396 | 376 | 425 | 464 |
| 2분위 | 664 | 615 | 727 | 806 | 626 | 611 | 761 | 879 |
| 3분위 | 809 | 799 | 997 | 1,165 | 757 | 772 | 990 | 1,166 |
| 4분위 | 936 | 961 | 1,233 | 1,447 | 876 | 921 | 1,204 | 1,405 |
| 5분위 | 1,061 | 1,124 | 1,448 | 1,689 | 992 | 1,071 | 1,394 | 1,628 |

| **12** 김낙년·김종일, "한국소득분배 지표의 재검토", 한국경제의 분석 제19권 제2호, 2013.8, 46쪽.

| | | | | | | | | |
|---|---|---|---|---|---|---|---|---|
| 6분위 | 1,195 | 1,300 | 1,682 | 1,952 | 1,120 | 1,228 | 1,609 | 1,872 |
| 7분위 | 1,350 | 1,501 | 1,969 | 2,269 | 1,266 | 1,411 | 1,856 | 2,153 |
| 8분위 | 1,554 | 1,754 | 2,349 | 2,689 | 1,465 | 1,640 | 2.200 | 2,525 |
| 9분위 | 1,866 | 2,152 | 2,922 | 3,386 | 1,766 | 2,005 | 2,693 | 3,140 |
| 10분위 | 2,997 | 3,578 | 5,287 | 6,232 | 2,839 | 3,253 | 4,672 | 5,408 |
| 경계값 | | | | | | | | |
| p10 | 573 | 502 | 887 | 572 | 545 | 512 | 625 | 701 |
| p20 | 745 | 716 | 873 | 1,000 | 698 | 698 | 881 | 1,034 |
| p30 | 871 | 881 | 1,122 | 1,312 | 816 | 847 | 1,097 | 1,292 |
| p40 | 1,001 | 1,041 | 1,337 | 1,573 | 936 | 995 | 1,296 | 1,520 |
| p50 | 1,123 | 1,207 | 1,561 | 1,806 | 1,051 | 1,144 | 1,503 | 1,744 |
| p60 | 1,266 | 1,394 | 1,815 | 2,105 | 1,187 | 1,314 | 1,721 | 2,009 |
| p70 | 1,437 | 1,617 | 2,137 | 2,451 | 1,348 | 1,515 | 2,015 | 2,306 |
| p80 | 1,686 | 1,910 | 2,589 | 2,977 | 1,595 | 1,793 | 2,418 | 2,782 |
| p90 | 2,101 | 2,441 | 3,396 | 3,925 | 1,994 | 2,267 | 3,080 | 3,600 |
| p90/p10 | 3.67 | 4.86 | 6.10 | 6.86 | 3.66 | 4.42 | 4.93 | 5.13 |
| p80/p20 | 2.26 | 2.67 | 2.97 | 2.98 | 2.29 | 2.57 | 2.74 | 2.69 |

소득은 월 소득(단위: 천원), 농가소득제외, *는 상대적 빈손율
출처: 김낙년, 2013

2016 보고서에서 한국은 일인당 가처분소득이 일인당 USD 19,372로 OECD 평균인 USD 29,016보다 적으며, 특히 상위 20%가 하위 20%에 비해 여섯 배 높아 소득격차가 심각하다고 지적한다.[13] 상위 1%의 소득집중도 시계열 추이는 종합소득세, 근로소득세, 두 가지를 합한 자료에 의거하여 분석한 연구에 의할 때 한국의 소득집중도는 해방 전의 높은 수준에서 해방 직후 크게 하락한 후 낮은 수준으로 안정적으로 추이하다가 1990년대 중반 이후 다시 급속히 높아지는 추세를 보이고 있다.[14] 전체 자산규모로 본 개인 소득자의 소득구간별 분포를 보면, 2010년 소득세 자료 등에 의거하여 추정한 근로소득, 사업소득, 재산소득이 포함된 세전 소득을 기준으로, 전체 개인소득자는 3,122만명에 달하며 여기에는 취업자 2,383만명

---

**13** OECD, http://www.oecdbetterlifeindex.org/countries/korea/
**14** 김낙년·김종일, 위 논문, 21쪽.

을 포함해 재산소득만 가진 경우와 1년 중 비경제활동 인구로 있으면서 아르바이트 등으로 일시적 수입을 얻는 경우도 포함되어 있는데 1,000만원 미만의 소득자가 전체 취업자 수의 32.3%나 되고 취업자의 평균소득이 2,640만원인데 비해 중위소득은 그 60.4%인 1,594만원에 불과한 것으로 나타난다.[15]

### (2) 양극화의 구조적 취약계층으로서의 청년과 노인

양극화는 자본주의 역사에서 세계화의 결과, 노동소득과 자본소득의 균형상실, 소득재분배에 대한 정부의 규제 약화, 노동시장 양극화 등의 구조적인 이유가 복합적으로 작용한 결과이다.[16] 여기서는 이 중 노동시장 양극화와 관련되어 새로운 구조적 취약계층으로 심각성이 커져가고 있는 청년과 노인문제에 초점을 맞추어 보겠다.

정규직과 비정규직으로 양극화된 노동시장의 구조적 문제는 오랜 시간 사회·경제적 문제로 대두되어 오고 있고 많은 파생적인 문제를 낳고 있다. 비정규직의 의미는 법률상 혹은 강학상의 의미가 아니기 때문에 그 정의와 범위의 문제가 있을수 있다. 기본적으로 비정규직은 넓은 의미로는 '표준적 고용관계'에서 벗어난 근로형태로 정규직을 제외한 모든 잔여적 고용형태를 총칭할 수 있다. 즉 단일고용주 하에서 표준적인 근로시간 동안 일하며 고용기간에 한도가 없는 정규직의 고용요건에서 벗어난 고용형태이다.[17]

우리나라에서 비정규직 문제가 본격적으로 대두되기 시작한 것은 1997년 외환위기시 국제통화기금(IMF)이 경제지원의 조건으로 노동시장의 유연화를 요구하면서이다. 이에 1998년 재계, 노동계가 참여하는 노사정위원회에서 정리해고와 근로자 파견제 등의 도입을 본격화하였고 그 후 비정규직 고용이 급격히 늘어나고 정규직의 수는 감소하기 시작하면서 2000년 이후 우리나라 노동시장 문제의 최대 현안으로 대두되었다. 임시·일용직의 비중이 50%을 상회하게 되자 2001년 노사정위원회에 '비정규직특별위원회'가 설치되어 2003년까지 가동되었다. 동 위원회에서는 비정규직의 범위에 대한 합의를 도출했는데 '고용의 지속성'을 기준으로

15 김낙년, 위 논문, 208쪽.
16 OECD, ibid., 41–62쪽
17 장신철, "비정규직 범위와 규모에 대한 새로운 고찰", 산업관계연구 22(1), 2012, 57–58쪽.

한시적 근로자와 모든 시간제 근로자를 포함하며, '근로제공방식의 비전형성'을 기준으로 파견·용역 근로, 일일 근로, 특수형태 근로, 가정 내 근로를 포함하고 있다. 이를 기준으로 2002년부터 통계청에서 고용형태별 조사를 했다. 2007년에는 '비정규직보호법'을 마련하였으나 '2년 후 정규직으로 전환 규정'을 기업은 2년 내 비정규직을 해고하는 관행으로 만들면서 문제는 더욱 심각해졌다. 최근 10년 간 비정규직 규모 추이는 〈그림 4−1〉과 같다.

〈그림 4−1〉 비정규직 규모 추이(2007−2016)

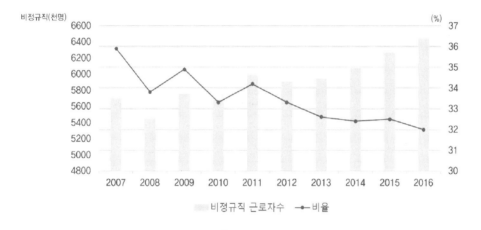

출처: 통계청, 경제활동인구조사, 매년 3, 8월.

비정규직의 문제는 사회경제적 양극화뿐 아니라 노동시장의 구조의 경직성, 이에 따른 노동환경과 노동권의 문제 등 매우 다양하고 복잡한 문제들을 야기하고 있고 최근 청년실업과 노인빈곤문제도 이와 맞물려 더욱 심각한 양상을 드러내고 있다. 먼저 경제 양극화 문제에 있어서 정규직의 임금과 비정규직의 임금격차는 점차 확대되고 있다. 〈표 4−3〉에서 보듯 전체 정규직 대비 비정규직의 임금비율은 2014 기준 57%에 불과하며 주당 근로시간 비율은 88.7%이다. 임금격차는 대기업의 경우 비정규직이 정규직의 41.1%로 더욱 심해지고 있다.

비정규직 문제는 '사회보장 사각지대'로 인한 심각한 사회안전망 문제를 야기한다. 우리나라의 사회보장제도는 국민연금, 건강보험, 고용보험, 산재보험, 노인

〈표 4-3〉 비정규직과 정규직의 월평균 임금 및 주당 근로시간 비교(2014)

| | | 비정규직 | | 정규직 | | 정규직 대비 정규직 | |
|---|---|---|---|---|---|---|---|
| | | 월평균 임금 | 주당 근로시간 | 월평균 임금 | 주당 근로시간 | 임금 비율 | 주당 근로 시간 비율 |
| 전체 | | 159.2 | 41.6 | 278.3 | 46.9 | 57.2 | 88.7 |
| 성별 | 남성 | 200.6 | 45.8 | 318.5 | 48.2 | 63.0 | 95.0 |
| | 여성 | 119.5 | 37.7 | 204.6 | 44.6 | 58.4 | 84.5 |
| 연령 | 19세 미만 | 95.4 | 37.3 | 161.4 | 53.0 | 59.1 | 70.4 |
| | 20~29세 이하 | 146.6 | 40.7 | 201.0 | 46.3 | 72.9 | 87.9 |
| | 30~39세 이하 | 204.5 | 43.2 | 268.3 | 46.3 | 76.2 | 93.3 |
| | 40~49세 이하 | 189.5 | 42.8 | 318.1 | 47.2 | 59.6 | 90.7 |
| | 50~59세 이하 | 158.8 | 42.6 | 303.9 | 47.4 | 52.3 | 89.9 |
| | 60세 이상 | 110.4 | 39.0 | 193.2 | 48.5 | 57.1 | 80.4 |
| 최종 학력 | 고졸 이하 | 141.4 | 42.0 | 228.7 | 48.9 | 61.8 | 85.9 |
| | 전문대졸 | 187.2 | 42.8 | 271.8 | 46.2 | 68.9 | 92.6 |
| | 대졸 | 226.0 | 40.5 | 320.2 | 45.3 | 70.6 | 89.4 |
| | 대학원졸 | 232.9 | 33.3 | 419.8 | 44.4 | 55.5 | 75.0 |
| 산업 | 제조업 | 201.2 | 48.2 | 289.6 | 47.9 | 69.5 | 100.6 |
| | 서비스업 | 146.9 | 40.9 | 268.2 | 46.4 | 54.6 | 88.1 |
| | 기타 | 179.9 | 40.0 | 310.8 | 47.6 | 57.9 | 84.0 |
| 사업장 규모 | 30인 미만 | 150.6 | 43.5 | 229.8 | 47.5 | 65.5 | 91.6 |
| | 30~50인 미만 | 173.9 | 43.9 | 277.9 | 47.3 | 62.6 | 92.8 |
| | 50~100인 미만 | 197.2 | 43.0 | 295.0 | 46.8 | 66.8 | 91.9 |
| | 100~300인 미만 | 222.9 | 45.5 | 305.5 | 47.2 | 73.0 | 96.4 |
| | 300인 이상 | 149.0 | 35.2 | 362.2 | 45.5 | 41.1 | 77.4 |

단위: 만원, 시간, %
주당근로시간은 초과근로시간이 포함된 총 근로시간
출처: 한국노동연구원, 한국노동패널 제17차 자료.

장기요양보험의 5대 사회보험과 기초생활보장제도라는 하나의 공공부조로 이루어져 있다. 이 중 국민연금, 건강보험, 노인장기요양보험은 모든 국민을 대상으로 하고 고용보험과 산재보험은 1인 이상을 고용한 사업장의 근로자 모두를 대상으로 하지만 사실상 보험료를 납부한 가입자에게만 보장이 이루어지고 법적으로 적용대상에서 제외되는 경우가 많기 때문에 1차 사회안전망으로서의 역할이 취약하다. 먼저 위에서 언급한 비정규직으로 분류되는 특수형태 근로종사자, 월 60시간 미만의 단시간 근로자의 경우 고용, 연금, 건강보험의 직장가입 적용대상에서 제외된다. 또한 법적 적용대상임에도 사업주의 가입의무 불이행이나 보험료 미부담으로 보험료를 납부하지 않는 경우, 국민연금 납부 예외자와 장기 체납자, 고용보험 미가입자 등을 포함하면 사회보험을 통한 사회보장을 받을 수 없는 국민의 범위는 더욱 넓어진다. 이 중 정규직과 비정규직 간의 가입률 차이가 가장 큰 사회보험은 국민연금이다. 〈그림 4-2〉에서 보듯 2010년 고용형태별 근로실태조사에 의하면 산재보험을 제외한 사회보험 가입률의 차이는 40%가 넘었고 비정규직 중에서도

〈그림 4-2〉 고용형태별 사회보험, 상여금, 퇴직금 적용률 및 노조가입률(2010)

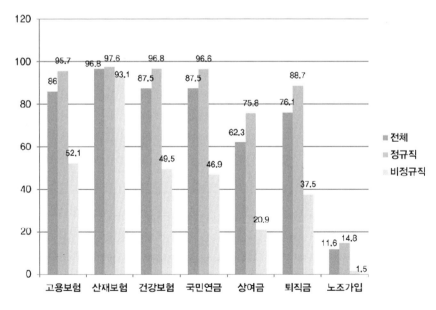

출처: 고용노동부, 2010년도 고용형태별 근로실태조사, 2011.

차이가 커서 파견 근로자, 용역 근로자, 기간제 근로자의 가입률은 80-90%에 이르나 일일 근로자, 재택 및 가내 근로자, 비기간제 한시적 근로자, 단기간 근로자는 30% 미만이었다. 전체적으로 비정규직의 사회보험 가입률은 산재보험을 제외하고 정규직의 절반 수준에 머물러 사회안전망의 취약함을 보여준다.

비정규직의 열악한 노동조건과 사회안전망 문제는 청년 및 노인빈곤문제와 연결된다. 비정규직이 노동시장에서 차지하는 비중이 높아지고 위에서 살펴본 것과 같이 고용주 입장에서 급여와 사회보험비용과 같은 상대적 비용이 매우 낮기 때문에 근로 경력이 없는 신규 고용 대상인 청년의 경우 비정규직으로 직장생활을 시작하는 경우가 많아지고 있다. 〈그림 4-3〉에서 보듯이 청년층의 비정규직 비중은 전체 임금근로자의 비정규직 비중보다 낮은 수준이었으나 2013년을 기점으로 역전되어 증가추세를 보이고 있다. 이러한 문제는 단지 시작의 문제가 아니라 그 이후의 생애 전체의 삶의 질과 양극화 문제와 관련이 있다. 1990년대 이후 한국의 노동시장 변화를 보면 비정규직은 정규직으로 가는 과정이라기 보다는 함정

〈그림 4-3〉 청년층 임금근로자·비정규직 규모 및 비정규직 비중 추이(2007-2015)[18]

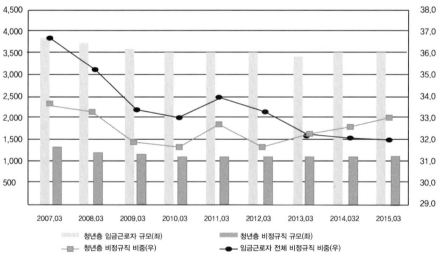

출처: 통계청, 경제활동별 인구조사 고용형태별 부가조사(3월).

18 김복순, "청년층 노동력과 일자리 변화", 노동리뷰, 2015,10, 73쪽.

(trap)으로 작용하기 때문에 비정규직으로 시작한 청년이 장기적으로 지속적 비정규직의 함정에서 벗어나지 못하게 되고 비정규직은 노동시장의 진입과 퇴장을 반복하기 때문에 장기적인 실업문제와 연결될 가능성이 크다.[19]

또한 비정규직 문제는 노인빈곤의 문제와도 연결된다. 우리나라는 형식적으로 다층 노후소득보장 체계를 갖추었지만 성숙도가 낮고 사각지대가 넓어 실질적인 노후소득보장 체계로서의 기능이 미약하다. 이런 상황에서는 퇴직 이후에도 새롭게 고용되어 받게 되는 소득에 대한 의존도가 클 수밖에 없다. 2014년 기준, 노동시장에서 65세 이상 인구가 차지하는 비중은 15.1%로 640만 6천여 명에 이르고 취업자 비중은 31.3%로 2백만명을 넘어서고 있다.[20] 〈그림 4-4〉에서 보이듯, 정

〈그림 4-4〉 임금근로자 중 연령대별 비정규직 비중(2010.8 기준)[21]

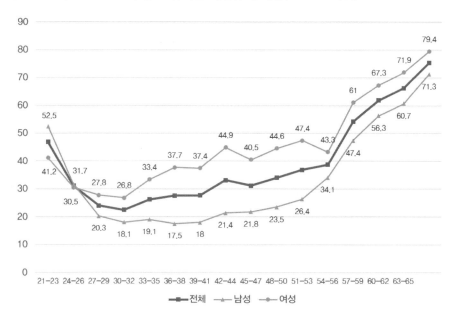

출처: 통계청, 경제활동별 인구조사 고용형태별 부가조사(2010).

**19** 박영숙, "우리나라 노동시장 현황과 노동복지의 방향", 인권복지연구 제5호, 2009, 65-67쪽.
**20** 김복순, "노인(65세 이상 인구)의 빈곤과 연금의 소득대체율 국제비교", 노동리뷰 2015, 100쪽.
**21** 금재호, "중·장년층의 고용불안과 정년연장", 노동리뷰, 2011년 11월호, 66쪽.

〈그림 4-5〉 임금근로자의 연령대별 월평균 임금(2010.8 기준)[22]

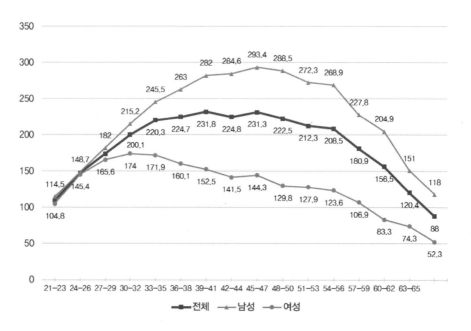

출처: 통계청, 경제활동별 인구조사 고용형태별 부가조사(2010).

규직 노동자가 퇴직 후 비정규직으로 가게 되는 비율은 60대 이상의 경우 75%의 수준이며 따라서 역으로 월평균 임금은 고령층으로 갈수록 현격히 줄어들고 있다 (그림 4-5).

연령층에 따라 U커브를 그리고 있는 비정규직 비중과 그 역방향의 벨 모양을 그리고 있는 연령대별 월평균 임금의 그래프는, 비정규직의 정규직에 대한 낮은 처우가 비정규직에 가장 많이 노출되어 있는 취약계층인 청년층과 노인층의 경제적 양극화에 직접적인 원인이 되고 있는 요인임을 보여주는 그림이다.

### 3. 저출산 · 고령화

피케티(Thomas Piketty)는 경제성장을 인구증가와 1인당 생산(생산성) 증가라는 두 가지 요인으로 구분한다. 즉 성장은 순수한 인구 요인과 경제적 요인을 포함하

22 금재호, 위 논문, 같은 쪽.

며 생활수준의 개선은 후자에 의해 가능하다고 한다. 그는 세계 생산에서 인구와 1인당 생산이 차지했던 비중을 추정했는데 이에 의하면 산업혁명 이전인 1700년 이전까지 세계 경제는 불과 연평균 0.1% 정도 성장했는데 대부분이 생산성이 아닌 인구증가에 의한 것이었다. 1700년부터 2012년 사이에 연평균 세계 생산성 증가는 1.6%였는데 그 중 인구에 의한 성장과 1인당 생산에 의한 성장이 각각 절반씩의 비중을 차지한다. 1913년부터 2012년 사이의 연평균 세계 성장은 3%인데 인구 증가에 의한 것이 1.4%, 1인당 생산성에 의한 것이 1.6%이다.[23]

인구변천이 부의 양극화에 갖는 의미에 대해 그는 인구가 정체되거나 감소하면 이전 세대에 축적된 자본의 영향력이 늘어나고 저성장 체제에서 자본수익률이 경제성장률을 크게 웃돌게 되며 부의 불평등을 장기적으로 더욱 심화시킨다고 한다.[24]

### (1) 인구구조와 지속가능성의 문제

피케티를 인용한 경제성장의 함수는 다음과 같이 표현될 수 있다.

$$\Delta G \ (경제성장) = \Delta P(인구증가) \cdot \Delta p(생산성 \ 증가)$$

즉 경제성장은 인구학적 요인과 경제적 요인으로 이루어지는데 인구증가가 출산율 저하를 상쇄하기 어려운 '인구변천'이 시작되면서 경제성장의 추세가 꺾일 수밖에 없다는 것이다. 특히 인구증가가 생산성 증가에 미치는 영향을 직접적으로 보여주는 수치가 15세~64세의 생산가능인구인데 2016년 통계청에서 실시한 인구 추계 결과에 의하면 우리나라의 생산가능인구는 2016년 3,762만 7,000명으로 정점에 도달했으며 2017년부터 감소세로 전환되어 2065년 2,062만명에 이를 것으로 전망되며 이는 2016년이래로 약 45.2%가 감소되는 수치이다. 이로 인해 생산가능인구 내비 노인인구비율인 노년부양비도 2017년 18.8%에서 2065년 88.6%로 급격히 증가할 것으로 추정된다(그림 4-6 참조).[25]

---

23 토마 피케티 저, 장경덕 외 옮김, 〈21세기 자본〉, 글항아리, 2013, 95-96쪽.
24 토마 피케티 저, 장경덕 외 옮김, 위의 책, 105-107쪽.
25 이삼식, "인구 및 출산 동향과 대응방안", 보건복지포럼, 2017.1, 30쪽.

〈그림 4-6〉 생산가능인구(왼쪽)와 총인구, 고령화 및 노년부양비(오른쪽) 추이[26]

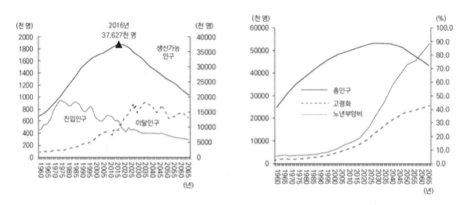

출처: 통계청, 국가통계포털.

〈그림 4-7〉 노동생산성 전망[27]

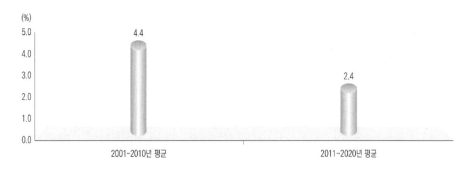

출처: 대한민국 정부, 2015.

〈그림 4-7〉은 이러한 추정이 의미하는 '지속가능성'의 문제를 보여준다. 위의 식을 대입해 볼 때 우리는 $\Delta P$(인구증가)에 심각한 우려를 해야 하는 상황이고 이것이 $\Delta p$(생산성 증가)에 의해 상쇄될 수 없음을 보여주고 있다. 즉 앞에서 살펴본 바와 같이, 이러한 인구구조의 문제는 생산가능인구의 양적 축소뿐 아니라 고령화에 따라 새로운 지식과 기술 공급의 감소로 생산성 저하를 동반하게 된다. 저

26 이삼식, 위 논문, 32쪽.
27 대한민국 정부 "2016~2020 제3차 저출산·고령사회기본계획(브리지플랜 2020)", 2015, 14쪽.

출산·고령화라는 인구변천의 문제는 국가의 가장 기본적인 존재기반인 국민의 구
성 양태와 관련된 문제이자 $\Delta$G(경제성장) 자체를 심각하게 위협하는 문제이며 글
자 그대로 지속가능성의 문제이다. 우리나라의 경제성장률은 〈그림 4-8〉과 같이
추정되고 있다.

〈그림 4-8〉 연평균 경제성장률 전망[28]

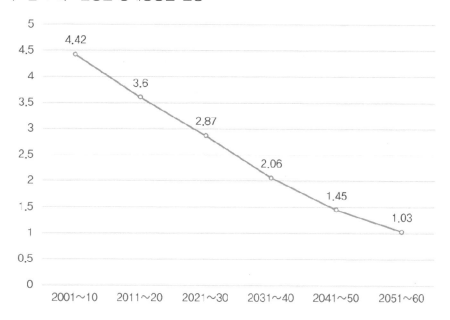

출처: 대한민국 정부, 2015.

인구변천, 경제성장률과 투자율의 추이를 같이 보면 〈그림 4-9〉와 같다.
1960년대 이전에 총 부양비가 높았던 것은 부양할 유년인구의 비중이 높았기 때
문이지만 2017년 이후 높아지는 총 부양비는 인구 고령화로 인한 것이다. 고도성
장기는 생산가능인구의 수가 급증하고 총 부양비가 급속히 하락하는 시기인데 60
년대에서 90년대 중반에 이르는 시기에 한국을 포함한 동아시아의 성장의 1/3이
이러한 인구변천의 효과로 설명된다는 연구가 있다.[29]

| **28** 위 보고서, 같은 쪽.

〈그림 4-9〉 한국의 인구변천 및 경제성장률과 투자율[30]

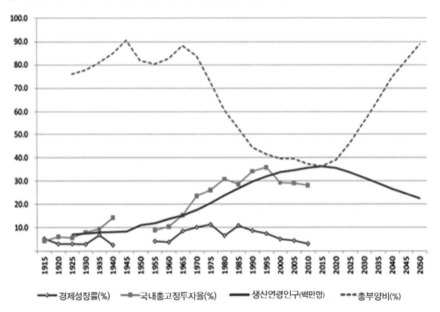

• 해당년을 중심으로 5년 평균값
출처: 김낙년, 2015.

### (2) 청년실업 문제와 지속가능성

#### 1) 저출산 문제

경제성장이 인구증가와 생산성 증가에 의해 가능하다고 할 때 인구증가는 출산율에 의해 결정되고 생산성은 노령화와 관련이 있다. 이를 아래와 같이 표현할 수 있다.

$$\Delta G \ (경제성장) = \Delta P(인구증가) \cdot \Delta p(생산성 \ 증가)$$

$$\Delta P(인구증가) \leftarrow \Delta B(출산율 \ 증가)$$

29 김낙년, "역사적 관점에서 본 한국 자본주의", 경제논집 Vol. 54(1), p. 206쪽, 2015; David E. Bloom & Jeffrey G. Williamson, "Demographic Transitions and Economic Miracles in Emerging Asia," NBER Working Paper 6268, 1997.
30 김낙년, 위 논문, 같은 쪽.

앞서 보았듯이 인구감소와 인구고령화의 가장 중요한 원인은 저출산 현상이다. 생산가능인구를 포함한 인구감소와 인구고령화에 대응하기 위해서는 합계출산율(여성 1명이 가임기 동안 낳을 평균 자녀 수)과 출생아 수가 중요하다. 우리나라는 합계출산율이 2.1명이 안 되는 저출산 현상이 1983년부터 35년 동안 지속되었고 1.3명이 안되는 초저출산 현상이 2001년부터 15년 동안 지속되었다.

### 2) 청년실업문제와 저출산

저출산의 문제의 주요 원인 중 하나는 청년실업이다. '청년실업'은 15세에서 29세의 청년실업이 지속적이고 구조적으로 만연화된 상태를 의미한다. 청년이 학교를 떠나 취업을 해서 소득을 확보하는 것은 결혼과 출산을 위한 경제적 토대를 마련하는 최소한의 기반이 된다. 언젠가부터 삼포(연애, 결혼, 출산의 포기) 세대라는 말이 자연스러운 것은 이 과정을 위한 최소한의 경제적 기반인 청년취업의 문제가 심각해진 것을 반영한다.

우리나라의 2000년부터 최근까지의 연평균 청년실업률[31] 추이는 〈그림 4-

〈그림 4-10〉 청년실업률 추이(2000-2016)

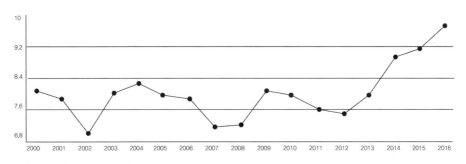

출처: 통계청, 국가통계포털.

---

[31] 실업자로 분류되기 위해서는 '구직활동'을 해야 하는데 구직활동 기간(job search period)이 실업자 통계결과를 다르게 한다. 일반적으로 4주 기준으로 했을 때 실업률이 상승한다. 과거 국제노동기구(ILO)는 '1주 기준'을 제시하였으나 각 나라마다 상황에 따라 정하도록 권고하였고, 경제협력개발기구(OECD)에서는 '4주 기준'을 제시하였다. 우리나라는 1주 기준을 따르면서 1999년 6월부터는 4주 기준의 실업통계를 참고지표로 제시했으나 2015년 하반기부터 ILO에서 실업자 구직기간을 4주로 확정함에 따라 공식적으로 구직기간 4주 기준을 따르고 있다. 따라서 조사대상 주간 이전 4주 동안 구직활동을 하고 1시간 이상의 노동을 한 사람은 취업자, 그렇지 않으면 실업자로 분류한다.

10)과 같다. 최근 15여 년 간의 청년실업률이 증가추세에 있다. 1년 기준으로는 졸업 시즌에 실업률이 높아지는데 2017년 2월 기준 실업률은 12.3%로 같은 시기 (2월) 2016년의 12.5%와 비슷한 수준이고 2015, 11.1, 2014, 9.0, 2013, 8.0보다 높은 수치이다.[32]

그러나 국민이 느끼는 '체감실업률'은 이보다 훨씬 높은 것으로 조사된다. 그 이유는 정부의 실업통계가 '구직활동'을 하지 않는 '비경제활동인구'는 포함하지 않으며 비경제활동인구 중 소위 '취업애로층'이라고 불리는, 취업의사와 능력은 있으나 시장의 문제로 인한 '구직단념자'(지난 1년간 단기 아르바이트 종사자 포함), 지난 1주간 취업을 위한 학원 등에 다닌 자 등 '취업준비'를 주로 하거나 '쉬었음'이라고 응답한 사람을 실업자로 분류하지 않기 때문이다. ILO의 권고를 따라 이를 포함한 '고용보조지표'를 적용한 실업률은 통계청 발표자료보다 약 3배 정도 높아진다.[33] 통계청은 2015년 6월 기준 청년 취업애로층을 116만명 수준으로 보고 있다.[34] 이와 다른 관점에서 청년 체감실업률이 공식적인 실업률보다 훨씬 높은 이유에 대해 일반인들은 청년실업률을 전체 국민의 15세-29세 청년이 아닌 그 해 '신규대졸자'의 실업을 염두에 두기 때문이라는 의견도 있고 이 경우, 체감실업률은 2011년 기준 38.3%로 더욱 높아진다.[35] 또한 경기침체 및 성장률 저하로 기업이 신규인원 채용을 꺼리는 경향이 강해지고 신규 고용시장에서 취업이 좌절될 경우 이후에도 지속적으로 취업이 어려워 일본과 같은 장기실업도 우려되고 있는 상황이다.

또한 청년 NEET(Not in Education, Employment or Training)이라는 신조어도 생겨났는데, 이는 15세부터 34세 사이의 취업인구 가운데 미혼으로 교육기관에 다니지 않으면서 가사일도 하지 않는 미취업자를 가리키는 말이다. 이른바 NEET족이 위의 '취업애로층'과 다른 점은 '취업에 대한 의사와 의욕'이 없다는 것인데 이는 더욱 심각한 사회문제가 될 수 있다. 아르바이트와 같은 단기취업을 하는 사람도

---

32 통계청, 국가통계포털.
33 남재량, "체감 청년실업률, 몇%나 될까?", 노동리뷰, 2011.4, 48쪽; 연합뉴스, "청년층 체감실업률은 34.2%, 체감실업자는 179만명", http://www.yonhapnews.co.kr/bulletin/2016/06/13/0200000000AKR20160613141800002.HTML
34 대한민국정부, 위 보고서, 57쪽.
35 남재량, 위 논문, 52쪽.

NEET에는 포함되지 않기 때문에, 구직의사가 없는 상태에서 소득이 없고 소비능
력도 부족하여 경제적 관점에서는 잠재성장력을 떨어뜨릴 수 있다. 청년 NEET는
저출산, 사회통합, 사회적 자본 감퇴와 같은 문제에 있어 보다 심각한 현상일 수 있
다. 2016년 OECD 보고서는 2008년 글로벌경제 위기로 청년층이 가장 큰 타격을
입었다는 것을 강조하고 니트족이 많이 증가한 것으로 보고하고 있다. 2015년 기준
청년층에서 니트족의 비율은 OECD 평균 14.6%로 보고되었고 우리나라는 2013년
기준 18.0%로 2013년 OECD 평균 15.8%보다 높은 수준이었다. 2016년 기준으로는
138만명의 니트족이 있는 것으로 추산되어 최근 관련 포럼도 개최되었다.[36]

이러한 청년실업문제는 '청년빈곤'의 문제와 연결된다. 패널조사를 통해 2006년
19−34세 청년층을 대상으로 시간에 따라 연령이 높아지면서 이들이 빈곤에서 얼
마나 벗어나는지를 조사해보면 2006년 19−34세의 청년층이 2015년 29세−44세
가 되어도 빈곤율이 크게 줄어들지 않는다는 것을 볼 수 있다. 즉 청년층일 때 한
번 빈곤을 경험하게 되면 다시 빈곤을 경험할 가능성이 높아진다는 점과 탈 빈곤
할 가능성이 낮아진다는 것을 알 수 있다.[37]

이는 앞서 살펴보았듯이 많은 청년들이 급여가 낮고 고용 안정성이 떨어지는
비정규직으로 채용되고 있는 상황과도 관련된다. 청년층의 비정규직 비중은 전체
임금근로자의 비정규직 비중보다 낮은 수준이었으나 점차 증가추세를 보이고 있
다. 이러한 문제는 단지 시작의 문제가 아니라 그 이후의 생애 전체의 삶의 질과
양극화 문제와 관련이 있다. 1990년대 이후 한국의 노동시장 변화를 보면 비정규
직은 정규직으로 가는 과정이라기 보다는 함정(trap)으로 작용하기 때문에 비정규
직으로 시작한 청년이 장기적으로 지속적 비정규직의 함정에서 벗어나지 못하게
되고 비정규직은 노동시장의 진입과 퇴장을 반복하기 때문에 장기적인 실업문제
와 연결될 가능성이 크다. 청년실업의 심화가 비정규직 문제와 맞물리게 될 때 내
수기반과 성장잠재력이 지속적으로 약화되는 문제를 초래한다.[38]

2016년 9월 설문조사에 의하면 결혼을 하지 않는 이유로 (중복응답 조사), "경제

**36** News1, "38만 NEET 출구 찾기 위한 '희망플랜 2017 청년포럼' 진행돼", 2017.03.09, http://news1.
kr/articles/?2931840
**37** 김태완, 최준영, "청년의 빈곤실태: 청년, 누가 가난한가", 보건복지 포럼, 한국보건사회연구원,
2015.2, 12쪽.
**38** 박영숙, "우리나라 노동시장 현황과 노동복지의 방향, 인권복지연구 제5호, 2009, 65−67쪽.

적 어려움"이라고 답한 비율이 71.2%, 자녀 양육비에 대한 부담감이 63.1, 높은 주거비용에 대한 부담감이 60.8%, 결혼비용에 대한 부담감이 59.6%, 미혼남녀의 취업난이 56.7%로 조사되었다.[39] 응답에서도 알 수 있듯 청년실업으로 인한 청년빈곤문제는 청년이 결혼과 출산을 위한 안정적 기반을 가질 수 없게 한다는 점에서 저출산에 중요하고도 직접적인 원인이 됨에도 정부의 제1차(2006–2010)와 2차(2011–2015)에 걸친 '저출산·고령사회 기본계획"에서는 양육비용 지원 중심의 미시적 대책에 집중하였고 저출산 현상의 기저에 있는 사회구조, 문화에 대한 거시적 대책을 고려하지 않았다.[40] 이에 제3차 '저출산·고령화 기본계획'에서는 "성장과 고용의 연계가 약화되고 인력 미스매치와 일자리 격차가 심화되면서 청년의 결혼과 출산의 전제가 되는 일자리 문제 악화"를 중요한 구조적 문제로 다루기 시작했다.[41] 특히 보고서는 낡은 노동시장의 제도와 관행으로 일자리 창출력이 저하되고 대내외 경제여건으로 청년층 취업에 구조적 문제가 있다고 보고 대기업과 중소기업, 고용형태에 따른 근로조건 등의 격차 심화가 일자리의 대부분을 차지하는 중소기업 취업을 기피하는 주된 요인으로 파악하고 있다.[42]

이와 같은 출산율과 청년실업문제의 구조적 관계를 본 연구의 구조적 협상모델의 주요 의제로 다룰 것이며 위의 식과 함께 아래와 같이 표현해보겠다.

$$\Delta G(경제성장) = \Delta P(인구증가) \cdot \Delta p(생산성 증가)$$
$$\Delta P(인구증가) \leftarrow \Delta B(출산율 증가)$$
$$\Delta B(출산율 증가) \leftarrow \Delta YU(청년실업률 감소)$$
$$\Delta YU(청년실업률 감소) \leftarrow \Delta D(임금격차 감소)$$
$$\Delta D(임금격차 감소) \leftarrow \Delta DS(대기업/중소기업 임금격차 감소)$$
$$\Delta DR(정규직/비정규직 임금격차 감소)$$

**39** 파이낸셜 뉴스, "결혼을 거부하는 청년들, 비혼은 비정상인가요?", 2017.4.8, http://www.fnnews.com/news/201704071333066295
**40** 대한민국 정부(2015), 위 보고서, 36쪽.
**41** 위 보고서, 56쪽.
**42** 위 보고서, 57쪽.

## (3) 노인빈곤문제와 지속가능성

### 1) 노인빈곤 실태

경제성장이 인구증가와 생산성증가에 의해 결정되고 인구증가는 출산율 증가의 함수라면 생산성 증가는 노령화와 역의 관계를 갖고 있다고 할 수 있다. 새로운 기술에 쉽게 적응할 수 있는 젊은 세대의 노동시장 유입이 줄어듦과 동시에 기존의 숙련노동자가 노동시장에서 은퇴함으로 인한 이중의 생산성 저하를 가져올 수 있다.[43]

우리나라는 2000년 고령화 사회(65세 인구가 전체 인구의 7% 이상)로 진입한 이후 2018년은 고령사회(14% 이상) 2026년에는 초고령사회(20% 이상)회로 진입할 것으로 예상되고 있다. 또한 65세 인구의 증가속도는 4.1%로 세계 최고 수준으로 현재 노인인구 비중이 가장 높은 일본보다도 빠르다.[44] 이러한 상황은 〈그림 4-11〉의 인구 피라미드 변화의 추이를 보면 그 양상을 더 실감할 수 있다.

〈그림 4-11〉 인구 피라미드 변화[45]

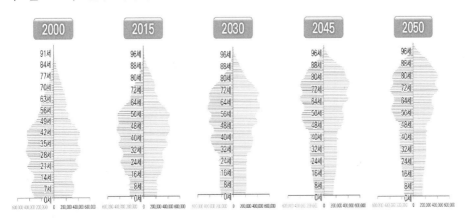

출처: 통계청, 장래인구추계: 2011년.

---

43 대한민국 정부, 위 보고서, 14쪽.
44 김복순, "노인(65세 이상 인구)의 빈곤과 연금의 소득대체율 국제비교", 위 논문, 100쪽.
45 대한민국 정부, 위 보고서, 11쪽.

노령화의 가장 심각한 문제는 노인빈곤문제이다. 우리나라 노인빈곤율은2014 기준 49.6%였고 OECD 전체 가입국 평균인 12.6%의 4배에 이르는 수치였다. 일본은 19.4%, 독일은 9.4%, 스웨덴은 9.3% 수준이었다.[46] 노인빈곤은 여러 가지 경제 사회적 파급효과를 낳는데 특히 노후소득보장의 문제는 노인세대의 삶의 질 문제, 국가재정과 사회적 부담, 점차 많은 비중의 노인인구의 소비위축 문제, 세대 간의 경제적·사회적 갈등 문제 등을 생각할 수 있다. 이를 총체적으로 보여주는 가장 비극적인 수치는 10여 년 간 OECD에서 가장 높은 노인 자살률이다. 2015년 기준 노인 자살률은 인구 10만명당 58.6명으로 전체 인구 자살률(26.5명)의 두 배 OECD 평균의 세 배에 이른다. 자살의 주된 이유는 경제적 어려움 40.4%, 건강문제 24.4%로 조사되었다.[47]

〈표 4-4〉 우리나라 노인빈곤 실태[48]　　　　　　　　　　　(단위: %, 명)

| | 빈곤율 | | | | | | 지니계수 | | |
|---|---|---|---|---|---|---|---|---|---|
| | 상대적 빈곤율 | | | 국민기초생활수급자 | | | | | |
| | 전체 | 근로연령 인구 | 노인 인구 | 전체 | 노인 인구 | 구성비 | 전체 | 근로연령 인구 | 노인 인구 |
| 2006 | 14.3 | 11.1 | 42.8 | 1,449,832 | 373,595 | 25.8 | 0.306 | 0.295 | 0.390 |
| 2007 | 14.8 | 11.1 | 43.6 | 1,463,140 | 386,157 | 26.4 | 0.312 | 0.299 | 0.397 |
| 2008 | 15.2 | 11.5 | 44.1 | 1,444,010 | 382,050 | 26.5 | 0.314 | 0.300 | 0.403 |
| 2009 | 15.3 | 11.5 | 45.9 | 1,482,719 | 387,847 | 26.2 | 0.314 | 0.300 | 0.404 |
| 2010 | 14.9 | 11.3 | 46.3 | 1,458,198 | 391,214 | 26.8 | 0.310 | 0.297 | 0.411 |
| 2011 | 15.2 | 10.8 | 47.6 | 1,379,865 | 378,411 | 27.4 | 0.311 | 0.294 | 0.420 |
| 2012 | 14.6 | 10.0 | 47.2 | 1,300,499 | 376,098 | 28.9 | 0.307 | 0.287 | 0.433 |
| 2013 | 14.6 | 9.6 | 48.1 | 1,258,582 | 376,112 | 29.9 | 0.302 | 0.280 | 0.420 |

주 : 1) 전국가구(1인 및 농가 포함) 균등화 처분가능소득기준
　　 2) (65세 이상 수급자/총수급자)×100
자료 : 통계청, 「가계동향조사」, 「농가경제조사」, 각 연도.
　　　 보건복지부, 「국민기초생활보장 수급자 현황」, 각 연도.

[46] 대한민국 정부, 위 보고서, 16쪽.
[47] 한국보건사회연구원, "2014년도 노인 실태조사", 14쪽.
[48] 김유빈, "우리나라 노후소득 실태와 정책시사점", 노동리뷰 2016년 8월호, 113쪽.

노인인구의 빈곤율과 불평등도가 더욱 심화되고 있음을 〈표 4－4〉에서 볼 수 있다. 2013년 기준 노인인구의 빈곤율은 48.1%로 전체 상대적 빈곤율 14.6%의 3.3배에 이르며 국민기초생활수급대상자인 최저 생계비 이하 소득계층 노인인구 역시 전체 수급자의 29.9%에 이른다. 소득 불평등도를 나타내는 지니계수는 노인인구의 경우 0.42로 전체 인구 0.3와 근로연령인구 0.28에 비해 훨씬 높게 나타난다.

점차 심각해지고 있는 비정규직 문제는 노인빈곤의 문제와도 관련된다. 다음 항에서 살펴보는 바와 같이, 우리나라는 형식적으로 다층 노후소득보장 체계를 갖추었지만 성숙도가 낮고 사각지대가 넓어 실질적인 노후소득보장 체계로서의 기능이 미약하다.[49] 이런 상황에서는 퇴직 이후에도 새롭게 고용되어 받게 되는 소득에 대한 의존도가 클 수밖에 없다. 2014년 기준, 노동시장에서 65세 이상 인구가 차지하는 비중은 15.1%로 640만 6천여 명에 이르고 취업자 비중은 31.3%로 2백만명을 넘어서고 있다. 앞에서 살펴보았듯이, 정규직 노동자가 퇴직 후 비정규

〈그림 4-12〉 OECD 회원국의 노인빈곤율 비교(2011)[50]

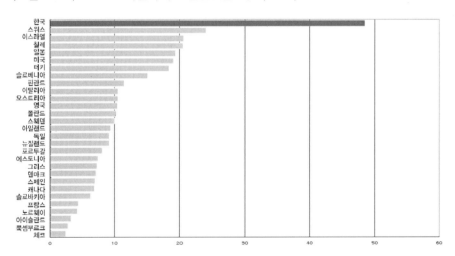

주: 1) 상대적 빈곤율은 세후소득을 기준으로 한 것이며, 빈곤선은 중위소득의 50%임. 일본은 2009년 기준임.
　　2) 우리나라는 은퇴연령인구 66세 이상임(2013년 기준 노인빈곤율 49.6%임)
자료: http://stats.oecd.org
　　통계청, http://kosis.kr

**49** 김유빈, 위 논문, 112쪽.
**50** 윤석명, "노인빈곤 및 소득분포 실태와 소득지원 방향", 보건복지포럼, 2013.12, 8쪽.

직으로 가게 되는 비율은 60대 이상의 경우 75.0%의 수준이며[51] 따라서 역으로 월평균 임금은 고령층으로 갈수록 현격히 줄어들고 있다.[52]

　　노령층의 빈곤 및 소득 불평등은 이로 인한 보건의료 지출 급증, 교육투자 등의 불평등으로 이어져 건강 불평등, 세대 간 불평등의 이전과 같은 사회적 문제를 초래한다. 1990－2010년 가계동향조사 자료를 이용한 연구에서, 우리나라의 평균적 소득 불평등은 지난 20년 간 약 60% 증가해왔고 이 중 인구구조의 변화가 불평등의 1/4 가량을 설명한 것으로 추정되었다. 또한 연령이 소득 불평등에 미치는 한계효과가 시간에 따라 증가해왔고 이로 인해 인구고령화로 인한 소득 불균형의 문제를 더욱 심화시키는 것으로 나타났다.[53] 〈그림 4－12〉에서 보듯 2011년 우리나라 65세 이상 노인빈곤율은 48.6% 압도적으로 높으며 전체 인구와 다른 취약계층의 빈곤율보다도 매우 높게 나타난다(그림 4－13).

〈그림 4-13〉 인구유형별 빈곤율: 가처분소득 기준(2011)[54]

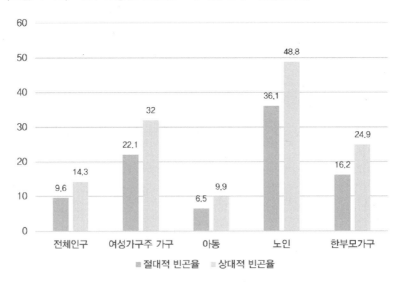

출처: 절대적 빈곤율은 정부발표 최저생계비 기준, 상대적 빈곤율은 중위소득 50% 기준. 농어가 제외.

---

**51** 금재호, "중장년층의 고용불안과 정년연장", 2011년 11월호, 66쪽.
**52** 금재호, "중장년층의 고용불안과 정년연장", 2011년 11월호, 66쪽.
**53** 홍석철·전한경, "인구고령화와 소득 불평등의 심화", 한국경제의 분석 제19권 제1호, 2013, 71쪽.
**54** 윤석명, 위 논문, 9쪽.

## 2) 우리나라의 노후소득보장 체계와 문제점

이런 상황에서 우리나라의 노후보장 체계는 〈표 4−5〉에서 보듯 형식적으로 다층적 노후소득보장 체계를 갖추었다. 1988년 국민연금, 1994년 개인연금, 2005년 퇴직연금이 도입되어 이른바 3층 노후소득보장 체계를 갖추었으며 2000년에 국민기초생활보장제도와 2008년 기초노령연금이 추가되면서 전국민 대상의 다층적 노후소득보장체계의 기본틀을 마련하였으나 제도의 성숙도가 낮고 사각지대가 넓다. 특히 국민연금은 2008년에야 기본연금액 수령 조건인 최소 가입기간 20년을 채운 가입자들이 나왔고 2014년 6월 기준 국민연금 평균가입기간은 8.1년이고 2017년 기준 신규 수급자 평균가입기간도 약 17년이어서 짧은 수준이며 실질 소득대체율은 24% 수준이다.[55] 즉 국민연금만으로는 노령 빈곤에서 벗어나기 힘들다는 것이다. 다층보장체계의 다른 측면인 퇴직연금과 사적 연금의 역할이 중요해지고 있지만 2014년 노인실태에 의하면 65세 노인 인구 중 공적 연금소득 수급비율은 31.9%, 사적 연금 소득 보유 비율은 0.8%에 그친다.[56]

사적 연금제도 중 퇴직연금은 국민연금의 노후소득 보장기능에 한계를 보완

〈표 4-5〉 우리나라 노후보장체계 개요[57]

| 구분 | | 근로자 | 공무원 등 | 보장주체 |
|---|---|---|---|---|
| 사적연금 | 3층 | 개인연금 | | 개인 |
| | 2층 | 퇴직연금 | 특수직역 연금 | 사용자 보장 |
| 공적연금 | 1층 | 국민연금 | | 국가보장 |
| 공공부조 | 0층 | 기초노령연금 | | |
| | | 국민기초생활보장제 | | |

<hr>

55 연합뉴스, "평균소득자, 국민연금 30년 붓고 받는 돈 67만원에 그쳐", 2017.10.20; http://www.yonhapnews.co.kr/bulletin/2017/10/19/0200000000AKR20171019153400017.HTML?input=1195m
56 김유빈, 위 논문, 112쪽; 한국보건사회연구원, 위 논문, 256쪽; 노인의 소득원천별 소유율을 분석한 결과, 근로소득 14.3%, 사업소득 13.8%, 재산소득 27.6%, 사적 이전소득 92.9% 공적 이전소득에 들어가는 공적 연금은 31.9%, 기초노령연금 66.4%, 국민기초생활보장급여 5.4%, 기타공적급여 14.6%, 사적 연금소득 0.8%, 기타소득 2.5%으로 조사되었다.
57 장진나, "정년제와 국민연금 연계 방안", 사회법연구 제25호, 2015, 78쪽, 재구성.

하기 위해 2005년 12월 처음 도입되었다. 퇴직연금제도는 재직시 일정 금액을 적립하고 퇴직시 이를 연금으로 받는 제도이다. 1인 이상 근로자를 사용하는 모든 사업장은 1년 이상 계속 근무한 근로자에게 30일 분 이상의 평균임금을 지급하거나 퇴직연금에 가입해야 하지만 퇴직연금 가입률은 가입대상 사업장 기준으로 8.3%에 불과하고 소규모 영세사업장일수록 퇴직연금 가입률은 더욱 저조하다.[58]

공적 연금 중 특수직역 대상 연금을 제외하고 전국민을 대상으로 하는 국민연금은 1988년에 도입되었고 노령, 장애, 사망 등으로 소득이 줄거나 없을 경우를 대비하여 소득이 있을 때 일정 보험료를 납부하고 수급요건을 갖추었을 때 최소한의 소득을 보장받는 사회보장제도이다.[59] 그러나 인구고령화 속도와 노인빈곤율이 상대적으로 높고 노인 취업자의 비중이 확대되고 있는 우리나라에서 연금의 소득대체율은 2012년 기준 45.2%로 OECD 회원국 평균인 65.9%에도 크게 못 미치며 이는 주요 국제기구에서 권고하고 있는 70–80% 수준에 크게 밑도는 수준이다. 개정 후에는 40년 후 평균 소득대체율이 40%에 불과하다.[60]

기초노령연금은 원래 국민연금제도가 도입된 다음 해인 1989년 실시된 무갹출 노인수당제에서 확대 발전한 소득보조제도이다. 노인수당제에서 지급된 경로연금은 당시 지급대상이나 금액이 크게 제한되어 있어서 이를 확대해야 할 필요가 지속적으로 제기되었다. 2007년 국민연금 재정안정화를 위한 국민연금 개혁과정에서 급여수준 하락분을 보완하기 위해 경로연금을 기초노령연금으로 확대 개편하였다. 이명박 정부에서는 선별적 부조안을 토대로 한 기초노령연금 개편안으로 선회하였고, 2012년 대통령 선거에서 모든 노인에게 기초연금 20만원을 지급하겠다는 공약 이후 집권하게 된 박근혜 정부는 선별적 부조형을 기초연금형으로 전환하겠다는 공약 실행을 위한 오랜 논의 끝에 수급자의 범위를 100%가 아니라 소득하위 70%로 제한했고 급여액은 국민연금의 균등 급여액(연금수급 전 3년 간 전체 가입자의 평균소득월액의 평균액)과 연계된 금액으로 하기로 한다. 이에 의하면 중하위 70%의 노인 중 국민연금이 30만원 이하인 사람은 기초연금 20만원을 받게 된다. 2014년 7월부터 기초연금이 시작되었는데 보건복지부와 국민연금공단에 따르면

---

**58** 장진나, 위 논문 2015, 83쪽; 국회입법조사처·국회금융정책연구회, "고령화시대의 퇴직연금 역할과 정책방안", 2011.
**59** 국민연금관리공단, 알기 쉬운 국민연금 사업장 실무 안내, 2014, 2쪽.
**60** 김복순, "노인(65세 이상 인구)의 빈곤과 연금의 소득대체율 국제비교", 위 논문, 101쪽.

전체 노인인구 기준 기초연금 수급률은 2014년 66.8%, 2015년 66.4%, 2016년 65.6%이었으며 2017년 3월 말 기준 66.6%으로 약 472만명이 기초연금을 받고 있다. 기초연금의 급여 결정에 중요한 상한선 20만원과 하한선 10만원은 물가에 연동하게 되며 5년마다 연금액의 적정성을 평가하여 재조정한다. 국민연금과 달리 공공부조의 성격을 띠는 기초연금은 재원을 전적으로 조세로 충당하며 중앙정부와 지방자치단체가 75:25의 비율로 부담한다. 이는 국민들이 국민연금기금을 기초연금 재원 조달에 이용할 것에 대한 우려가 매우 큰 것을 고려한 것이기도 하다.[61]

정부 보고서에 의하면 연금제도가 성숙되더라도 노후빈곤은 쉽게 완화되지 않을 우려가 있고 공적 연금의 수령액은 노후생활에 필요한 소득의 45% 이하로 전망된다. 또한 자산의 50%를 소득으로 전환해도 총 노후소득이 노후생활에 필요한 금액에 미치지 못하는 노인가구가 60%에 이를 것으로 전망되고 있다.[62] 이는 '노령연금의 사각지대'의 문제와도 관련되는데 앞서 살펴본 다층적 노후보장 체계에서 2006년 이후 전국민 대상의 국민연금은 직장가입자와 지역가입자 전국민을 대상으로 하고 있지만 정확하게는 기여(보험료)에 기초한 연금 급여제도이기 때문에 보험료를 납입하는 가입자를 대상으로 한다. 따라서 국민연금의 사각지대를 구할 때 의무가입 연령대인 18-59세 전체 인구를 대상으로 보는 경우와 비경제활동을 제외한 경제활동 인구를 모집단으로 보는 경우가 있다. 전자에 의할 때 전체 인구의 절반 이상이 국민연금의 사각지대에 속하며 후자에 의할 때도 약 30%의 사각지대가 발생한다. 2011년 기준 경제활동인구 중에서 적용제외자가 2.9%, 납부예외자가 14.9%, 장기미납자가 4.0%로 파악되고 정상적으로 납부하는 가입자는 41.5%로 파악된다.[63]

노령화와 관련되어 공적 연금 수급 및 공공부조와 다른 측면의 문제는 위에서 언급한 노령인구의 고용문제이다. 인구가 고령화되면서 노동력의 연령구조 변화가 필연적인 현실이다. 공적 연금 가입대상일지라도 은퇴 후 노령층에 진입했을 때 받게 될 연금 수급액은 노후생활 필요소득의 45% 미만이고 공적 연금 사각지대에 속하는 국민의 비중도 매우 높다. 이런 상황에서 경제활동참가율이 높은 베

---

**61** 김원섭, 이용하, "박근혜 정부 기초연금제도의 도입과 평가", 한국사회 제15집, 2014, 72-93쪽.
**62** 대한민국 정부, 위 보고서, 16쪽.
**63** 우해봉, 국민연금의 노후소득보장효과 전망과 과제, 보건복지포럼, 2015.6, 27쪽.

이비붐 세대(55년-63년생)의 은퇴가 본격적으로 시작되어 이들의 고령층 노동시장 유입이 지속될 것이다. 베이비붐 세대의 인구는 전체 인구의 14.3%에 해당된다.[64] 따라서 노동력 고령화로 인한 일자리의 임금 등 근로조건, 소득수준, 소득 불평등 문제도 노동시장의 중요한 구조적 과제로 편입될 수밖에 없다. 즉 노령화가 진행 될수록 노령인구의 근로조건과 생산력 활용은 전체 노동시장과 국가의 생산성에 영향을 미칠 수밖에 없는 규모이다. 이런 상황에서 앞에서 살펴보았듯이, 정규직 노동자가 퇴직 후 비정규직으로 가게 되는 경우는 60대 이상의 경우 75%에 이른다.

이제까지 '청년실업 및 노인빈곤문제'가 소득 양극화 및 노동시장 양극화에 의한 경제 사회적 양극화의 취약계층으로 청년과 노인이 자리잡게 된 체계적이고 지속적인 원인을 갖고 있으며, 이것이 저출산·고령화 문제와 결부되어 심각한 국가사회의 지속가능성의 문제를 초래할 수 있다는 것을 살펴보았다. 즉 양극화로 인해 기본적인 생존기반을 위협받고 있는 청년과 노인의 문제는, 저출산·고령화 의 중요한 원인이 되며 국가의 존립기반인 국민의 인구구조와 경제성장뿐 아니라, 이 과정에서 나타나는 국가의 미래를 이끌어갈 청년들의 아노미적 상태[65] 및 빈곤 으로 인한 노인 자살률이 극명하게 보여주는 심각한 사회통합의 문제는 사회적 자본을 심각하게 침식하고 있다. 즉 물적·인적·사회적 자본 모두에 큰 위협을 초래 하여 국가사회의 지속가능성에 심각한 위협이 되고 있는 것이다.

위에 살펴본 내용을 바탕으로, 연구의 대상인 '청년실업과 노인빈곤문제'와 관 련되어, 앞서 제시한 스미스의 시장 유인체계의 작동 원리와 다른 모습으로 전개 되어 오고 있는 체계적·지속적·집단적 문제 형성과정을 〈그림 4-14〉와 같이 제 시해보겠다.

청년실업과 노인빈곤문제는 양극화로 인한 사회적 취약계층의 문제이기도 하 지만 여기서 끝나는 것이 아니라 저출산·고령화에 직접적으로 영향을 주는 원인 이 되어 국가사회의 지속가능성을 위협하는 문제가 되는 체계적·지속적·집단적 원인과 영향력을 동시에 갖는 문제라는 것을 알 수 있다. 이를 기반으로 한 이슈 명확화를 위해, 먼저 저출산과 관련된 청년실업문제와 관련해서는, 대기업과 중소

---

64 금재호, "중·장년층의 고용불안과 정년연장", 노동리뷰, 2011.11, 61쪽.
65 한국보건사회연구원 연구보고서, "사회통합실태진단 및 대응방안 연구-사회통합과 국민행복을 중심으로", 2014, 33쪽, 202쪽.

〈그림 4–14〉 청년실업과 노인빈곤문제에 대한 사회구조적 맥락의 전개과정

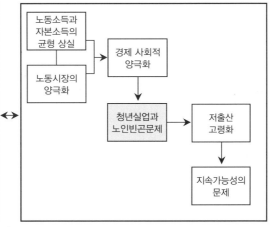

스미스의 시장 인센티브

'청년실업과 노인빈곤 문제'와 관련된
사회 구조적 문제의 전개과정

1) 애덤 스미스 저, 박세일 · 민경국 역, 〈도덕감정론〉, 346쪽
2) 애덤 스미스 저, 김수행 역, 〈국부론〉, 104쪽.
3) 위의 책, 114쪽
4) 위의 책, 106-108쪽.

기업, 정규직과 비정규직의 고용형태별 격차가 청년층의 노동공급과 기업의 노동수요의 불균형, 취업 후의 청년의 안정된 경제 사회적 기반에 영향을 미치는 구조적 원인으로 파악되고 있는 점에 초점을 맞출 것이다. 또한 노령화와 관련되어서는 노인빈곤문제, 사회보장 재정 악화, 노동 생산성 악화의 문제를 통해 지속가능성에 부정적 영향을 미치는데, 이러한 부정적 효과를 감소하기 위해서는 현재 우리나라의 다층적 노후소득보장 체계에서 가장 많은 국민이 가입하고 있는 공적 연금 수급률과 사각지대의 감소, 사회보장재정의 안정적 확보 및 효율화, 노령화로 인한 노동력의 연령구조 변화로 노령노동의 생산성 강화가 필요하다. 본 연구는 이 중 노인빈곤문제와 관련하여 전국민 대상 공적 연금인 국민연금의 노령연금과, 노령연금과 연계성을 갖고 전체 노인을 대상으로 지급 범위와 지급액이 결정되는 기초연금에 초점을 맞출 것이다. 그리고 비정규직과 정규직의 격차 해소는 청년실업뿐 아니라 퇴직 후 생계를 위해 비정규직으로 취업하는 60대 이상 노인 인구가 75%에 이르는 상황에서 노인빈곤 해소와도 관련이 있다. 이를 아래와 같이 표현해보겠다.

$\Delta$ G(경제성장 증가) = $\Delta$ P(인구 증가) · $\Delta$ p(생산성 증가) → S(지속가능성)

  $\Delta$ P(인구 증가) ← $\Delta$ B(출산율 증가)

    $\Delta$ B(출산율 증가) ← $\Delta$ YU(청년실업률 감소)

      $\Delta$ YU(청년실업률 감소) ← $\Delta$ D(임금격차 감소)

        $\Delta$ D (임금격차 감소) ← $\Delta$ DS(대기업/중소기업 격차 감소)

                $\Delta$ DR(정규직/비정규직 격차 감소)

  $\Delta$ p(생산성 증가) ← $\Delta$ A(노령화의 부정적 효과 감소)

    $\Delta$ A(노령화의 부정적 효과 감소) ← $\Delta$ AP(노인빈곤문제 해소 감소)

                $\Delta$ SE(사회보장재정 확보 및 효율화 감소)

                $\Delta$ Ap(노령노동 생산성 제고)

    $\Delta$ AP(노인빈곤문제 해소 감소) ← $\Delta$ PR(노령연금과 기초연금 급여액 증가)

                $\Delta$ DR(정규직/비정규직 격차 감소)

                $\Delta$ PE(노령연금과 기초연금 사각지대 감소)

## 4. 통합적·거시적 접근의 필요성

청년실업 문제 해결과 노인빈곤의 문제는 서로 상충되는 이해관계를 다루는 것으로 이해되는 경우가 있으나 국내외 많은 연구들이 양자의 문제는 상충되는 이해관계가 아니라 상보적인 관계임을 보여주고 있다. 안주엽(2011), 김준영(2011), 권혜자(2010), 김대일(2004)과 현대경제연구원(2010)의 연구에 의하면 청년층 고용과 중 고령층 고용관계가 대체관계가 아니라 보완관계에 가깝다는 것을 보여주고 있고 그 외 헤빙크(Hebbink, 1993)의 연구에 의해서도 같은 결과가 도출되었다. 일본의 오시오 외(Oshio et al. 2010)의 연구에 의해서도 정년연장이 청년층 고용에 부정적인 영향을 끼쳤다는 증거를 발견하지 못했고 Kalwij et al.(2009) 연구는 역으로 고령층의 고용감소가 청년층의 고용증가로 이어진 증거가 없다는 결과를 발표하였다.[66]

---

[66] 금재호, "중·장년층의 고용불안과 정년연장", 노동리뷰, 2011. 11월호, 71쪽에서 재인용; 안주엽, 〈세대간 고용 대체 가능성 연구〉, 한국노동연구원, 2011; 김준영, 〈노동력 고령화와 청년층 고용: 사업체패널자료를 이용한 분석〉, 2011 경제학공동학술대회 자료집, 노동경제학회, 2011; 권혜자, 〈연령세대별 일자리 변화와 고용서비스 정책 과제〉 한국고용정보원, 2010; 김대일, "고령화와 노동시장 변화", 〈고령화시대의 노동시장과 고용정책 Ⅰ〉, 한국노동연구원, 2003; 현대경제연구원, "임금피크제 도입 관련 현안분석과 정책적 지원과제", 〈글로벌산업구조 재편과 우리의 대응전략〉, 2010.

〈그림 4-15〉 거시경제모형[67]

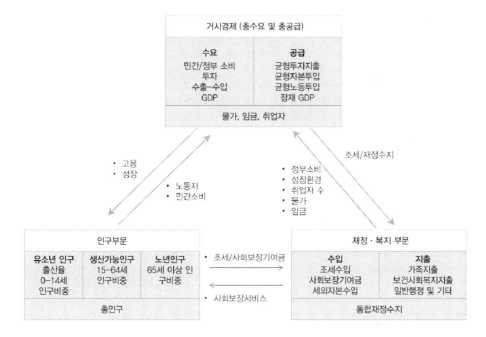

본 연구의 협상모델 수립은 이러한 관점에서 국가와 사회의 지속가능성에 심
각한 위협이 되고 있는 저출산·고령화 문제의 주요한 원인으로 도출한 청년실업
문제와 노인빈곤문제에 통합적으로 접근할 것이다 거시경제적인 관점에서 이를
살펴보기 위해 위해 시장을 구성하는 경제변수들의 상호 관계를 보여주는 거시경
제모형을 보면 〈그림 4−15〉와 같다.[68] 이 그림은 인구 부문과 거시경제 부문 그
리고 재정·복지 부문이 상호 관련된 상태에서 국가경제가 돌아가고 있음을 보여
준다.

이에 의하면 인구 부문이 거시경제 부문에 노동자와 민간소비를 제공하고 거
시경제 부문은 인구 부문에 고용과 성장을 제공하며 인구 부문은 이를 기반으로

---

**67** 보건사회연구원, 위 보고서, 106쪽; 넥스텔리전스, "적정인구산출을 위한 시뮬레이션 모형 개
발"(2011) 참조하여 재구성.
**68** 한국보건사회연구원, "인구구조 변화와 사회보장재정의 사회경제적 파급효과 연구", 2015, 98쪽;
거시경제모형은 경제 분석과 전망을 목적으로 경제이론에 입각하여 고안된 틀(framework)이며
복잡한 경제현상을 일련의 변수들 간의 상호관계를 통해 이론적으로 규명하기 위한 것이다.

재정·복지 부문에 조세와 사회보장기여금을 제공하고 재정·복지 부문은 가계에 사회보장서비스를 제공한다. 재정·복지 부문은 거시경제 부문에 정부소비, 성장 및 고용환경 등을 제공하고 거시경제 부문은 재정복지 부문에 조세 및 재정을 제공한다.

이와 같은 흐름을 기반으로 본 연구의 사회 구조적 협상모델에서 다룰 의제 도출과정을 아래와 같이 다시 표현해 보겠다.

청년실업문제 → 출산율 → 인구구조 → 노동자와 소비 → 임금과 성장 → 조세수입과 사회보장기여금 → 사회보장 서비스 → 노령연금과 기초연금

## (1) 청년실업과 노령·기초연금의 함수

### 1) 우리나라의 공적 연금 구조

위에서 제시한 바 대로 본 사회 구조적 협상모델은 청년실업과 노인빈곤문제를 거시경제모형에 기반한 흐름에서 통합적인 문제로 다룰 것이다. 먼저 이것이 왜 통합적으로 접근해야 할 구조적 문제인지를 노령연금과 기초연금의 산식을 기반으로 한 거시적 함수로서 보도록 하겠다.

먼저 노령연금 급여식은 다음과 같다.

$1.2(A+B) * (1+0.05(n-20))$[69]

A = 연금수급 전 3년 간 전체 가입자의 평균소득월액의 평균액
B = 가입자 개인의 가입기간 중 기준소득월액의 평균액
n = 보험료 납입기간(최소 10년 이상이어야 연금급여 수령)

이를 두 부분으로 구분하면 다음과 같다.

$1.2A(1+0.05(n-20)) + 1.2B(1+0.05(n-20))$

---

[69] 1.2는 상수라고 부르는데, 2008년 1.5로 낮춰진 후에 매년 0.015씩 감소하여 2028년에 1.2가 된다. A는 2015년 기준 204만원이다.

이 식의 첫째 항은 소득재분배를 전제로 한 연금급여이고 둘째 항은 소득에 비례하여 지급되는 연금급여이다.[70] 일단 가입기간 20년을 기준으로 20년 초과의 가입자는 추가되는 급여를 받게 되고 20년 미만의 가입자는 감액된다. 가입기간 20년인 사람이 받을 수 있는 연금액은 1.2A + 1.2B인데 이를 기본연금액이라고 하며 20년 초과시에는 1년마다 5%씩 지급률이 증가하고 20년을 못 채우면 5%씩 감액되는 구조이다. 즉 노령연금 수급률은 <u>가입기간</u>에 비례한다. 소득재분배 항인 첫 번째 항은 전체 가입자의 평균 소득월액에 비례하기 때문에 국가 <u>전체의 임금 수준</u>에 비례한다. 첫 번째 항은 본인의 부과액과 상관없이 '세대간 소득 이전'을 반영한 항이라고 할 수 있다.[71] 그리고 두 번째 항은 <u>본인의 임금 수준</u>에 비례한다.

기초연급액의 산정식은 다음과 같다.

> (기준연금액 − 2/3 * 국민연금 A급여) + 보편적 기초연금액;
> (20만원 − A * 2/3) + 10만원
> 기준연금액 수준 = 20만원, 물가상승률 연동
> 보편적 기초연금액 = 기준연금액의 50%

기초연급액 구성에서 앞 부분은 '노령연금 A급여에 연계'되어 급여가 결정되고 나머지는 '보편적 기초연금'이다. 위에서 국민연금 A급여는 세대 간 이전이 반영된 노령연금의 소득재분배항이라고 했다. 다시 말해, 노령연금에 이미 반영되어 있는 소득재분배 분의 일정 부분(위 식에서는 조정계수 2/3)만큼을 기초연금에서 제하는 것이다. 즉 현재 노령연금 제도와 기초연금 제도는 제도의 도입과정과 재원조달 방식이 상이하지만 상호 연계되어 있는 구조이고 그 연계의 논리는 소득재분배 항의 일정한 수준의 중복 배제이다. 그런데 기초연금의 기준연금액은 균등급여 A값이 아니라 20만원이며 이를 물가상승률로 연동시킨다. 또한 부가연금액(보편적 기초연금액)도 A값이 아니라 고정액인 기준연금액의 1/2이라는 기준액으로 정하고 있어 향후의 급여가치에 대한 문제가 제기된다.[72]

---

**70** 김원식, "고령화시대의 연금: 미래를 위한 디자인", 연금연구 제1권 제1호, 2011, 26−27쪽.
**71** 김원식, 위 논문, 27쪽.

위에서 살펴본 대로 우리나라의 대표적인 공적 연금 체계인 노령연금과 기초연금은 '소득재분배' 요소인 수급 전 일정 기간의 국민연금 가입자 전체 근로자의 소득 수준(A값)에 의해 상호 연계되어 있다. 이는 '기여기간' 동안 본인이 부담한 금액을 제외하고는 본인의 직접적인 기여분에 의한 것이 아니며 현 세대의 기여분이 반영된 값이기 때문에 '세대 간 이전' 부분이라고 할 수 있다. 여기서 모든 국민의 '세대 간 이전'의 공평성 문제가 제기되는데 세대 간 이전의 공평성은 "모든 동세대 노인에게 세대 간 이전이 발생하는 제도들을 통해 이루어지는 세대 간 이전의 합이 균등한 것"을 의미한다.[73] 이러한 관점에서 국민연금에서 이루어지는 세대 간 이전분을 고려해서 기초연금을 차등 지급하는 것이라고 할 수 있다.

그러나 두 가지의 공적 연금을 통한 세대 간 이전은 불공평한 요소를 남기고 있다. 국민연금 수급권자의 세대 간 이전급여가 기초연금만 수급하는 집단보다 더 높은데 평균소득자와 저소득자 모두 세대 간 이전분이 가입기간별로 20−50만원으로 나타난다는 연구결과가 있다.[74] 즉 가입기간이 긴 국민연금 수급권자의 세대 간 이전이 더 많은 결과를 보이는데 문제는 국민연금 가입자보다 기초연금만 수급하는 노인세대의 빈곤문제가 더 심각하는 점이다. 이는 본 협상모델에서 제시한 분배기준[75]에서 단지 공평(equality)의 차원이 아닌 필요(need)의 차원에서는 물론이고 또한 형평(equity)의 기준에 의해서도, 국민연금의 '세대 간 이전' 부분에는 본인의 기여분이 반영되지 않았기 때문에 공정하지 않은 결과이다.

이와는 별개로, 기초생활수급 노인이 기초연금 수급 중복배제 문제도 대두되고 있다. 기초생활수급권자인 노인은 소득 하위 70%에 포함되어 기초연금 20만원을 일단 지급받지만 이 금액이 기초생활보장 생계급여액을 정하는 소득인정액에 포함되어 생계급여 지급시 그 금액이 삭감되어 지급된다. 결국 가장 빈곤층에 속하는 노인이 사실상 기초급여를 받지 못하는 결과가 발생하는 문제가 발생한다. 보건복지부는 기초생활보장 노인에게 기초연금을 별도로 지급하면 기초생활보장을 받지 못하는 차상위계층 노인보다 소득총액이 많아지는 소득 역전현상이 발생

---

72 석재은, "기초연금 도입과 세대 간 이전의 공평성", 보건사회연구 35(2), 2015, 82−83쪽.
73 석재은, 위 논문, 89쪽.
74 석재은, 위 논문, 92쪽.
75 ND ~{(e, E, N), (F, rF), R}에서 e(공평), E(형평), N(필요)의 기준.

하는 문제를 이야기한다.[76]

### 2) 공적 연금의 구조적 문제점

기본적으로 공적 연금의 구조는 '세대 내 형평의 문제'와 '세대 간 형평의 문제'를 갖고 있다. 세대 내 형평의 문제는 연금의 '소득비례 기능'과 '소득재분배 기능'의 문제와 관련된다. 소득비례 기능은 기여에 비례해서 급여를 받아야 한다는 것이고 '소득재분배 기능'은 저소득계층이 고소득층에 비해 상대적으로 기여분에 비하여 더 많은 급여를 받거나 혹은 이를 완화해서 소득 수준에 상관없이 국민 모두가 일정 수준의 급여를 받아야 한다는 것이다. 현재 우리나라의 경우 조세를 재원으로 하는 기초연금을 통해 소득재분배 기능을 제공하고, 기여분과 운용수익을 재원으로 하는 국민연금 제도에는 앞서 보았듯이 소득비례(B값)과 소득재분배(A값)의 요소를 모두 반영하고 있다.[77] 그러나 세대 내 형평의 문제와 관련해서 국민연금의 실제 금액 기준으로는 재분배 효과가 소득 계층별 소득 대체율을 비교하는 것보다 작다는 점, 소득 대체율이 지속적으로 인하되고 있기 때문에[78] 그 과정에서 늦게 가입하는 사람일수록 재분배 효과가 더욱 악화된다는 점, 위에서도 지적되었듯이 초과이익의 크기가 가입기간에 비례하는 데 일반적으로 소득수준이 높을수록 가입기간이 길기 때문에 재분배 효과가 역진적이라는 점이 지적된다. 또한 국민연금 혜택은 수급자에게만 발생하는 데 일반적으로 비수급자 집단이 소득 수준이 낮은 집단임에도 불구하고, 국민연금 수급자에게 본인의 기여금과 운용수익 이상의 초과이익을 준다는 것은 계층별 분배가 역진적이라는 점이 문제가 된다.[79]

세대 간 형평의 문제는 기여금으로 운용되는 국민연금의 수익구조에서 비롯된다. 즉 낸 것보다 더 많이 받게 설계되어 있기 때문에 자신이 낸 것보다 더 많이 받는 부분을 후세대가 부담하게 되는 것이다. 이 문제는 연금 운영을 '적립식'으로

---

[76] 국회 토론회, "줬다 뺏는 기초연금 해법 모색 토론회", 국회의원 양승조·윤손하 의원실, 국회 저출산 연구포럼, 빈곤노인기초연금보장연대, 2016.7.13.
[77] 김태일, "국민연금 세대 내 세대 간 형평성 분석과 개혁 방향", 한국재정학회 학술대회 논문집, 2015, 3쪽.
[78] 1996−1998년 70%, 1999−2007, 60%, 2008−2027, 50%에서 매년 0.05%씩 인하해서 2028−2035 40% 적용.
[79] 김태일, 위 논문, 7−9쪽.

하느냐 '부과식'으로 하느냐의 문제와 관련되는데 적립식으로 운영하면 특정 세대가 근로시기에 보험료를 납부한 후에 은퇴하여 연금 수급연령에 도달하면 그 동안 납부한 원금과 운용수익만큼 연금액으로 수급한다. 따라서 부담과 혜택이 동일세대에 이루어져 세대 간 이전문제는 발생하지 않는다. 부과식은 한 세대의 연금액을 바로 그 다음 세대가 부담하는 세대 간 이전에 의해 작동한다. 적립식의 정의상 낸 것만큼만 받도록 설계되고 부과식은 대체로 낸 것보다 더 많이 받도록 설계한다. 우리나라의 경우 처음 국민연금을 시작할 때 근로세대가 낸 보험료는 기금으로 적립하지 않고 당시 노인 세대에는 연금을 지급하지 않았기 때문에 형식으로만 보면 적립식에 해당된다. 그러나 낸 보험료와 운용수익보다 더 많은 액수를 급여로 받도록 설계되어 기금 소진의 문제가 대두된 것이다. 기금이 소진된 후에는 부과식으로 운영될 수밖에 없는데 이와 같은 구조를 '부분 적립식'이라고 하기도 한다.[80]

우리나라의 부분 적립식 구조에서 기여분과 운용수익보다 많이 받는 구조가 지속되려면 다음과 같은 식이 성립해야 한다.[81]

$(1+r)$ * 1기 보험요율 * 1기 근로집단 * 1기 근로(보험료납입)집단 총보수
$<$ 2기 보험요율 * 2기 근로집단 * 2기 근로집단 총보수
($r$은 적립금 수익률)

즉 1기 노인세대가 납부한 보험료와 운영수익의 총액의 합보다 2기 세대가 낸 보험료 총액이 커야 한다. 이 식을 변형하면 아래와 같다.

$(1+r)$ $<$ 2기 보험요율 * 2기 근로집단 * 2기 근로집단 총보수 /
           1기 보험요율 * 1기 근로집단 * 1기 근로집단 총보수
* 근로집단: 보험료납입 집단

따라서, 이 부등식이 성립하려면 앞 세대보다 다음 세대의 보험요율이 높거

---

**80** 김태일, 위 논문, 9쪽.
**81** 김태일, 위 논문, 10쪽을 기반으로 재구성.

나, 가입자 수가 많거나, 보수가 높아야 한다. 앞서 살펴본 피케티에 의하면 자본수익률은 경제성장률에 비해 지속적으로 상승하고 있는 반면 경제성장률은 낮아질 전망이다. 위 식의 r은 적립금 수익률인데 적립금 수익률은 피케티의 자본수익률보다 좁은 범위의 개념이지만 같은 방향의 함수이다. 경제성장률에서 노동소득 분배율이 차지하는 비중은 뒤에서 살펴보는 대로 점차 낮아져 왔고 이것이 제도적 장치에 의해 계속 낮아질 수 없다고 하더라도 경제성장률보다 높아질 것으로 기대할 수는 없다. 또한 앞서 살펴본 인구변천에 의하면 후 세대로 갈수록 근로집단의 수도 감소하게 된다. 결국 지금과 같은 연금구조를 유지하려면 보험요율을 대폭 인상할 수밖에 없다는 결론이 나온다. 2013년에 이루어진 제3차 국민연금 장기재정계산 전망에 따르면 2060년경에 기금이 모두 소진되는데 그 이후에 국민연금이 부과식으로 유지되려면 현재 9%의 요율에서 22% 이상 되어야 한다고 한다. 외국의 사례를 보아도 적립식으로 운영하다가 기금이 고갈되어 부과식으로 운영하면서 보험요율이 크게 올랐고 1990년대 이후 20% 내외의 보험료를 내고 있다.[82]

현재 9%의 보험료를 내는 세대에 비해 20% 이상의 요율을 내고 비슷한 수준의 연금혜택을 받는다는 것은 분명히 세대 간 형평에 문제가 된다. 서구의 경우 이러한 연금 구조의 변화가 있었던 50－70년대는 자본주의 호황기였고 고령화율이 높지 않아서 지금과 같이 논쟁이 심하지 않았으나 우리나라의 지금 상황은 후기 자본주의의 시점에서 경제성장의 정체와 세계에서 가장 심각한 노령화 수준의 문제를 갖고 있으므로 동일 선상에서 볼 수 없다.

위에서 살펴본 공적 연금의 세대 내·세대 간 형평 문제는 소득 비례와 소득 재분배 문제를 대해 별개로 접근하는 것이 바람직하고 효과적인 것으로 보인다. 즉 현재의 공적 연금제도에 의하면 보험료가 재원인 국민연금은 소득비례를 위한 연금제도로, 조세 재원인 기초연금은 소득재분배를 위한 연금제도로 운영하는 것이다. 국민연금을 소득비례로 운영한다고 해도 현재의 운영방식에는 위에서 살펴본 '세대 간 형평'의 문제가 남는다. 이는 정서적인 문제가 아닌 앞서 살펴본 임금 상승률이 기금운용 수익률보다 높기 어렵고, 근로인구가 감소추세에 있는 구조적

---

82 김태일, 위 논문, 9－12쪽; OECD, "2013 Pension at a Glance", 2013.

인 문제로 감당 자체가 어려울 수 있는 문제이다. 따라서 국민연금은 기여금과 운용수익으로 최소 수익비 1인 구조로 가야 하는데 이 경우에도 점차적으로 보험료 인상이 불가피하다. 이에 대해서는 점진적으로 보험요율을 인상하는 다양한 시나리오가 연구 중에 있다.[83] 수익비 1인 구조의 적립식 연금으로 운영될 경우 국민연금의 소득 계층 간 불평등 문제와 세대 간 이전의 문제는 없어지지만 현행 구조로 유지할 때 기금 소진 예정 시점으로 이야기되는 2060보다 훨씬 앞서 이러한 논의와 합의과정이 필요할 것으로 보인다.[84] 스웨덴이 부과식을 유지하면서 수익비 1을 맞추는 '명목적립식'으로 연금구조를 개혁한 것이 참고할만한 사례이다. 이외에 다수 국가에서도 소득비례기능과 소득재분배기능을 별개의 공적 연금 제도에 의해 운영한다. 즉 보험료가 재원인 노령연금은 소득비례기능을 담당하고 소득재분배기능은 조세를 재원으로 하는 기초연금이나 최저연금이 담당하는 것이다.[85]

다층 노후소득보장 체계의 의미의 관점에서도 세대 간 부양이 이루어지는 세대 간 이전은 모두 기초연금이 담당하고 국민연금은 본인의 기여분에 바탕하여 급여가 주어지는 방식으로 제도를 구분하는 것이 바람직하다는 의견도 있다. 세계은행(World Bank)이나 OECD 등 국제기구는 이와 같이 분리 운영되는 제도구조별로 제도기능이 배타적으로 구분된 다층화를 권고한다.[86] 이렇게 운영이 된다면 현재 국민연금과 기초연금 사이의 '공평, 필요'에 부합되지 않는 세대 간 이전의 문제나 기초생활수급자의 경우 기초연금 수급액만큼을 삭감되어야 하는 문제는 다른 관점에서 접근할 수 있다. 기초연금의 개념이 소득 수준과 상관없이 모든 노인에게 지급되는 시민권에 기반한 권리이며 동일하게 자녀간 부양을 사회화 한 '세대 간

83 백혜연, "국민연금 장기 재정 안정화를 위한 보험료율 상한 제안", 보건복지 이슈·포커스 제262호, 2014.
84 2015년 현재 국민연금 적립금은 500조원에 달하며 현행 구조를 유지할 경우 2043년까지 증가하다가 2044년부터 급격히 감소하여 2060년까지 모두 소진될 것으로 전망되고 기금 소진 후 부과식으로 전환될 경우 보험요율이 22% 이상이 되어야 한다; 2013 제3차 국민연금 재정계산 장기재정전망.
85 양재진·민효상, "공적 연금의 구조적 개혁의 필요성과 유형화에 관한 연구", 사회과학논집 제39집 2호, 2008, 93−108쪽; 백인립, "유럽 노령연금제도 변화의 차이점과 공통점에 관한 연구 − 영국, 스웨덴, 독일의 개혁을 중심으로", 사회보장연구 26권 3호, 한국사회보장학회, 2010, 99−138쪽.
86 석재은, 위 논문, 90−91쪽.

이전'에 의한 것이기 때문이다. 기초생활수급제도는 빈곤해소를 위한 다층적인 관점에서 별도의 공적 부조제도로 보는 것이 바람직하다. 국제기구에서 '다층화'된 지원을 제도적으로 보장하는 것 또한 그런 취지이다. 국제기구가 권고하는 소득대체율 7−80%에 한참 못 미치는 우리나라의 경우 노인빈곤해소를 위한 다층화된 지원체계로 나아가야 하는 것이 장기적인 방향으로 보인다. 본 연구의 협상모델에서 제시한 분배의 메타규범에 의하면 노령연금은 기여에 기반한 형평(E)을 기준으로, 기초연금은 노인세대에 대한 공평(e)을 기준으로, 기초생활수급제도와 같은 공공부조는 필요(N)를 기준으로 하는 제도로 구분된 설계를 하는 방향으로 나아가는 것이다.

본 연구에서는 위에서 도출한 청년실업문제가 궁극적으로 노령연금과 기초연금으로 이어져 노인빈곤문제에 연결되는 것에서 한 걸음 더 들어가, 연금구조에 반영된 세대 간 이전 요소와 본인의 급여 수준에 의해 청년실업의 해소로 출산율이 제고되어 경제성장이 되면 가입자의 임금 수준이 높아지고 이것이 노인빈곤 해소의 양대 축인 노령연금과 기초연금 확보로 이어지는 구조를 기반으로 이슈를 도출할 것이다. 현재는 노령연금에 세대 간 이전이 A값으로 반영되고 이에 대한 일정 부분이 기초연금에서 제해지는 방식이지만 위에서 제시했듯이 장기적으로는 기초연금을 통해 일관된 세대 간 이전을 통한 지원을, 노령연금으로는 본인의 기여분과 기금운용수익에 의한 급여가 이루어지는 것이 바람직하다는 것을 전제로 한다. 하지만 위에 제시한 바대로, 연금보험료 인상에 대한 저항과 경기침체를 생각할 때 상당한 시간이 걸릴 문제이다. 현재의 제도가 유지된다고 할지라도 가입자의 임금 수준인 A값과 B값에 의해 노인세대의 연금소득이 달라지는 것은 마찬가지다. 따라서 본 협상의제 도출을 위한 구조적 기반은 현재의 제도와 장기적으로 바람직할 것으로 보이는 제도 모두를 포섭하여, 현재 제도로서는 세대 간 이전분인 A값과 가입자 본인의 임금 수준인 B값 모두 노령연금에, 향후 노령연금과 기초연금이 기능적으로 분리된다면 A값은 기초연금에 B값은 노령연금 반영되는 것으로 구조화 한다. 이를 아래와 같이 정리해 보겠다.

〈그림 4-16〉 이슈 명확화 과정 1

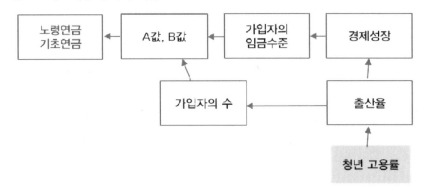

A = 연금 전체 가입자의 평균소득월액의 평균액
B = 가입자 개인의 가입기간 중 기준소득월액의 평균액

### (2) 소득 수준과 경제성장

위에서는 의제도출과정에서 청년고용률을 높이면 출산율을 높이며 궁극적으로 경제성장을 가능하게 하고 연금가입자의 수와 연금가입자의 임금 수준, A값, B값을 높인다는 것을 보였다. 그런데 여기서 소득수준 향상이 경제성장에 긍정적인 영향을 미칠 수 있다면 이것이 역으로 청년의 고용률을 높이는 선순환 구조를 만들 수 있다.

본 장의 제2절에서 제시한 바대로, 스미스의 시장 인센티브는 노동에 대한 후한 보수가 인구증가를 장려하여 노동 수요 충족에 기여하고 공정한 소득분배와 적절한 휴식을 제공하는 노동환경이 노동자들의 생산성을 제고함을 강조했다.[87] 그러나 살펴보았듯이, 자본주의 전개과정에서 생산성의 눈부신 향상에 대해 노동의 몫과 자본의 몫의 균형이 심각하게 상실되었고 그 결과 양극화라는 구조적 문제의 핵심이 심화되어 왔다.

2007년 세계경제침체(great recession) 이후 기존의 성장 패러다임에 대한 근본적인 의문이 제기되기 시작했다. 물론 경제위기는 미국의 금융시장 붕괴로 시작되었지만 이를 초래한 보다 구조적이고 근본적인 요인에 관심을 갖게 되었고 그동안 세계 경제를 이끌어온 경제정책의 실패와 구조적 약점이 분석 대상이 되었다. 이

---

[87] 애덤 스미스 저, 박세일·민경국 역, 위의 책, 346쪽; 애덤 스미스 저, 김수행 역, 위의 책, 104쪽, 106-108쪽, 114쪽.

런 과정에서 가장 주목할만한 변화는 소득분배의 중요성에 대한 재인식이었다. 그 이전의 주류 거시경제모델에서는 중장기적으로 노동소득분배율은 일정하다는 전제 하에 정책중립성을 강조해왔다.[88] 그러나 〈그림 4-17〉과 같이 노동소득분배율은 1980년대 이후 지속적으로 감소해왔고 2000년 이후 노동소득분배율의 하락 추세는 의심할 여지 없이 분명해졌다.

〈그림 4-17〉 노동소득분배율의 추세(1970-2010, %)

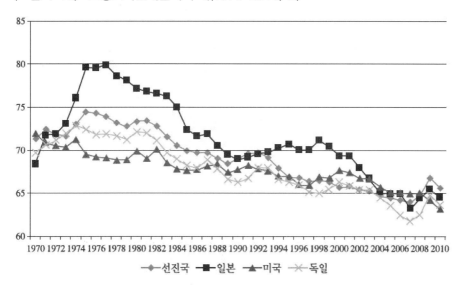

주: "선진국"은 선진구 16개국의 노동소득배율의 단순평균을 의미함(호주, 오스트리아, 벨기에, 캐나다, 덴마크, 핀란드, 프랑스, 독일, 아일랜드, 이탈리아, 일본, 네덜란드, 스페인, 스웨덴, 영국, 미국). 한국은 포함되어 있지 않음.
자료: ILO, 2013.

---

[88] 이상헌, "소득주도성장: 이론적 가능성과 정책적 함의", 사회경제평론 제43호, 2014, 73; 노동소득분배율의 안정성 가정은 1920년 영국 경제학자 보올리(Arthur Bowley)가 당시 임금과 국민계정 통계를 분석한 결과 임금과 국민총소득 간의 비율이 일정하다는 연구 결과 이후 경제학계에서 수용되었다. 특히 1958년 폴 사무엘슨(Paul Samuelson)이 경제학 교과서에 이 가정을 보올리의 법칙(Bowley's law)으로 격상시킴으로써 주류경제학에서 더욱 전폭적으로 받아들여졌으나 회의적인 시각도 존재해왔다.

이러한 가계의 소득분배율의 지속적 하락은 소비 침체를 낳고 기업의 이윤이 증가해도 경기는 회복되지 않는 문제가 초래되었다. 따라서 이러한 소득 불균형의 해소 없이는 효과적인 경제 회복이 힘들다는 인식이 확대되었고 소득분배를 명시적이고 체계적으로 고려한 새로운 패러다임으로 제시되는 것이 '소득주도성장(income-led growth)'이론이다.

한국의 노동소득분배율도 앞서 살펴본 바와 같이, 공식통계가 집계된 1975년 이후 지속적인 감소추세를 보이고 있다. 외환위기 직후인 1998년 노동소득분배율은 80.4%였으나 2000년 75.4%로 낮아졌고 금융위기가 발생한 2008년에는 70.9%로 낮아졌으며 2012년 68.1%로 점차 낮아지고 있다.[89] 가계소득의 경우 1990년 71.5%에서 2000년 68.7%, 그리고 2012년 62.3%로 감소하고 반면 기업소득은 각각 16.1%, 16.5%, 23.3%로 증가한다.[90] 생산성 향상의 성과분배를 비교해보면, 2007년–2014년 사이 노동생산성이 12.2% 증가할 동안 실질임금 증가는 4.3%였.[91]

이러한 노동소득분배율 하락은 분배의 정의와 사회적 통합의 저해, 그리고 경제성장과 안정성에 부정적인 영향을 미치는 것으로 분석된다. 노동과 자본이 함께 생산에 기여하는데 자본이 더 많은 몫을 가져가는 것은 사회정의에 반한다는 것이다. 물론 위에서 살펴본 바와 같이 스미스의 시장 인센티브인 '정의의 법과 공감에 기반한 이익 추구'에도 반한다. 이는 사회 내부의 분열과 갈등을 초래해서 사회 통합의 문제를 야기하고 사회정치적인 위기를 가져오며 불평등에서 촉발된 위기는 경제적 위기로 연결된다. 또한 이러한 소득 불평등이 지대추구행위에서 나온 것이므로 경제적 비효율을 초래한다.[92]

또한 이러한 소득분배의 미시경제적 효과는 경제성장과 경제 안정성에 부정적인 영향을 줄 수 있다. 노동소득 계층의 한계소비성향이 자본소득 계층보다 높기 때문에 노동소득분배율이 전체 소비수요 감소를 초래하고 이로 인해 경제성장

---

**89** 장하성, 위의 책, 37쪽에서 재인용; 이병희·홍민기 외, "경제적 불평등과 노동시장 연구", 한국노동연구원 연구보고서 2013–1, 한국노동연구원, 2013.

**90** 장하성, 위의 책, 51쪽.

**91** 국민일보, "이슈분석–노동생산성 12퍼센트 늘 때 임금상승은 4퍼센트, 생산량 못 따라간 월급 '임금 없는 성장' 기업에 부메랑", 2015.3.16, http://news.kmib.co.kr/article/view.asp?arcid=0922996168.

**92** J. Stiglitz, 〈The Price of Inequality: How today's Divided Society Endangers our Future〉, W.W. Norton & Company, 2012.

에 부의 효과를 미친다. 이것이 2007년 세계금융위기 이후 경제성장 패러다임에 근본적인 의문이 대두되면서 부각된 소득주도성장 이론이다. 이는 아래와 같은 거시모델에서 출발한다.

총수요＝소비＋투자＋순수출(수출－수입)＋정부지출

케인즈(J. M. Keynes)가 〈일반이론〉[93]에서 유효수요의 원리를 설명한 함수인데 일정 고용량에 대해 기업이 예상할 수 있는 매출금액으로 설명되기도 한다. 즉 총수요가 커지면 고용량도 높아지는 것이다. 위 함수에서 정부지출을 제외하고 소비, 투자, 순수출은 노동소득분배율의 영향을 받게 되는데 소비와는 양의 관계를 갖지만 기업 입장에서는 노동소득이 임금으로 지출되는 비용이므로 이론적으로 투자, 순수출과는 부의 관계를 갖게 된다. 이에 대해 많은 실증연구가 이루어졌는데 통계자료나 계량기법에 따라 상이한 결과가 나오는 연구들이 많고, 패널 추정을 위해 장기간의 노동소득분배율 통계를 얻기가 어렵고 자영업자 소득이나 혼합소득을 고려해 노동소득분배율을 신뢰성 있게 보정하는 데 어려움이 있는 한계가 있다.

한국과 같은 수출주도적 국가는 실질임금의 상승이 기업들의 이윤율을 감소시켜 순수출에 부의 효과를 가져온다는 점을 지적하고 R&D와 혁신을 통한 기업 경쟁력 강화를 위해 화폐공급에 의한 유동성 증가가 소비 부문보다 큰 이윤주도성장을 지지하는 연구가 있다. 단 경제성장이 둔화될수록 요소생산성의 제고가 중요하므로 기업의 이윤이 이를 위한 투자에 사용되어 선순환되어야 한다는 전제를 제시한다.[94] 반면 1997년 이후 외환위기 이후 노동소득분배율 하락이 투자와 수출은 증가시키지 못하고 민간 소비지출을 크게 위축시켰고 이러한 총수요와 실질임금 증가의 둔화가 노동생산성 증가에 부정적인 영향을 끼쳤다는 연구결과도 있다. 이 연구에서는 1997－2012년 동안 실질임금 증가율이 1% 증가하면 경제성장률이 0.68－1.09%, 노동생산성 증가율이 0.45－0.5% 승가하는 것으로 나타났다.[95]

G20국가의 1970－2007 사이의 시계열 자료로 이루어진 ILO의 포괄적 연구

---

**93** J. M. 케인즈 저, 조순 역, 〈고용, 이자 및 화폐의 일반이론〉, 비봉출판사, 2007.

**94** 표학길, "이윤주도성장과 소득주도 성장", 한국경제의 분석, 제22권 제2호, 2016, 103－129쪽.

**95** 홍장표, "한국의 기능적 소득 분배와 경제성장", 경제발전연구 제20권 제2호, 한국경제발전학회, 2014, 67－97쪽.

는 한국을 포함한 대부분의 선진국에서는 노동소득분배율의 하락이 총수요 감소를 가져오지만 투자 및 순수출에 미치는 영향이 미미한 것을 보였다. 노동소득분배율 1%가 하락할 때 소비 비율은 0.3−0.5%의 큰 규모로 하락하지만 투자효과와 순수출효과는 이 하락폭을 상쇄할 만큼 크지 않았다. 특히 노동비용이 투자 증가에 큰 장애요인이라는 통상의 주장과 달리 미국과 한국의 경우 투자는 노동소득분배율과 독립적인 것으로 추정되었다.[96]

소득주도성장론은 이전에는 중장기적으로 불변으로 간주되었던 노동소득분배율을 경제변수로 고려함으로써 신자유주의적 모델을 극복하려고 하는 것이다. 그러나 이와 관련된 쟁점은 첫째 총공급 효과를 명시적으로 고려하지 않아 노동소득분배율 상승과 노동공급과의 관계를 규명한 연구가 제한적이라는 것, 둘째 노동소득분배율이 정책이나 제도를 통해 변할 수 있다는 가정하에 이를 '정책변수'나 '제도변수'로 규명하는 것이 필요하다는 것, 셋째 소득의 개념에 가처분소득 개념의 소득 즉 조세나 이전소득과 같은 재분배 차원이 고려되지 않았다는 쟁점을 갖고 있다. 이에 대해 소득주도성장론의 주요 논자들이 대부분 거시경제학자인데 반해 소득분배의 정책도구는 노동시장과 사회보장제도와 같은 정책 틀 개발이 핵심적이어서 학제간 연구가 필요하다는 의견도 있다. 소득주도성장론의 핵심원리는 분배형평성이 경제적으로 효율적이라는 것, 분배형평성에 대해 기능별 소득분배뿐 아니라 개인별 소득분배와 재분배도 고려하는 다면적이고 포괄적인 정책개입이 필요하다는 것, 소득분배는 시장에 의해서만이 아니라 사회정치적인 요인이 매우 중요하다는 것이 강조된다. 즉 소득 불평등이 정치적 불평등을 낳게 되어 이를 기초로 한 지대추구행위를 강화함으로써 소득 불평등과 정치 불평등 간의 악순환 구조가 생기며 이러한 불평등을 시정함으로써 비효율적인 지대를 제거해야 시장의 효율성이 회복될 수 있음을 지적한다.[97]

위에서 살펴본 연구의 협상의제 도출과정에서의 출발은 저출산·고령화로 인한 인구구조의 큰 변화가 경제성장과 지속가능성의 문제와 연결이 되고 있다는 근본적 문제의식에서 출발한다. 해리 덴트(Harry Dent)는 2014년 〈The Demographic Cliff〉에서, 이처럼 생산가능인구가 급속하게 줄어드는 시기를 '인구절벽'라는 개념

---

96 이상헌, 위 논문, 81−82쪽; ILO, "Global Wage Report: Wages and Equitable Growth", 2013.
97 이상헌, 위 논문, 85−87쪽.

으로 이야기했고 인구절벽이 소비절벽으로 이어져 결국 경기의 장기침체가 시작된다는 이론적이고 실증적인 제시를 한다. 그는 한국의 경우 소비가 2010년부터 2018년까지 고원을 형성하다가 일본의 소비가 수십 년간 내림세를 지속한 것처럼 급격하게 위축될 것이라는 예측을 했다. 그는 경제의 가장 훌륭한 선행지표는 '인구 구조'이고 수십 년 후의 기본적인 경제 상황과 추이를 예상할 수 있게 하는 가장 강력한 단일지표는 '소비 흐름'이라고 한다. 그는 이러한 관점의 데이터와 분석으로 1989년 말 이후 일본의 장기 경기침체와 2008년 미국의 경제위기를 예측했다.[98]

통계청의 자료에 의하면, 우리나라의 생산가능인구는 2016년 이미 정점에 도달했고 2017년부터 감소세로 전환해 2065년에는 2016년 기준, 약 45.2%가 감소할 것으로 예상되고 있다. 2017년 1분기 민간소비 성장률은 0.4%로 2016 1분기 −0.1%를 기록한 이후 4분기 연속 0% 대의 성장을 이어가고 있고 2011년 4분기 이후 1% 대 이하의 낮은 수준에 고착되었다. 전국경제인연합의 보고서에 의하면 GDP 대비 민간소비 비중이 90년대 60% 수준에서 2010−13년 사이 50% 초반으로 하락하고 실질소비증가율이 5분기 연속 마이너스를 기록하고 있으며 이러한 추세는 국민소득과도 괴리되고 있다. 민간소비 증가율이 경제성장률을 하회하는 기간은 경제개발 이래 가장 길며, 과거 경제위기의 경우와 달리 지속적인 양상을 보인다. 2007년 4분기 이래 6년 동안 세 분기만을 제외하고 민간소비증가율이 경제성장률을 하회했고 이는 97년 외환위기 때의 상황과 달리 경기적 요인이 아닌 구조적 문제를 보여주는 것으로 분석된다. 보고서는 민간소비가 위축되면 경제성장률이 하락할 뿐만 아니라 장기적인 성장잠재력 약화를 야기할 수 있고, 수출의 존도가 높은 우리 경제의 상황에서 내수가 위축되면 국내경제가 해외 충격에 취약해져 거시경제변수의 변동성이 확대될 위험이 증가한다는 우려를 표한다.[99]

노동소득분배율의 급격한 하락은 이미 1980년대 이후 세계적인 추세이며 이것이 가계소득을 악화시키고 소비를 위축시키며 이러한 내수의 위축이 경제성장에 부정적인 영향을 끼친다는 것은 이론과 여러 실증연구에서도 제시된 사실이다. 이는 위의 전경련의 보고서와 같이 우리나라와 같이 수출의존도가 큰 국가에서의

---

**98** 헤리 덴트 저, 권성희 역, 〈2018년 인구절벽이 온다〉, 2014, 29−74쪽.
**99** 전국경제인연합회, "민간소비 부진의 원인 및 시사점", 2014.9.

대외 리스크 관리를 위해서도 부정적이다. 또한 분배의 정의와 사회통합의 차원에서도 이미 상당 기간 동안 성장의 몫이 자본과 노동 간 불공평하게 분배되어 왔던 측면에서 본 연구의 협상모델에서 통합적 가치로 개념화한 물적·인적 자원과 더불어 사회적 자본을 잠식시켜온 원인 중에 하나라고 볼 수 있다.

본 연구의 협상모델을 '청년실업과 노인빈곤문제'에 대한 이슈명확화 과정에 소득주도성장 이론을 적용해보겠다. 여기서는 임금의 개념으로서의 소득과 이전소득이 반영된 가처분소득으로서의 소득도 고려되어, 노령연금 가입자의 임금수준뿐 아니라 노령연금과 기초연금의 수급자의 소득 또한 경제성장에 양의 효과를 가져오는 것으로 보도록 하겠다. 위의 협상의제 도출과정의 도식을 다시 그려보면 〈그림 4-18〉과 같다.

〈그림 4-18〉 이슈 명확화 과정 2

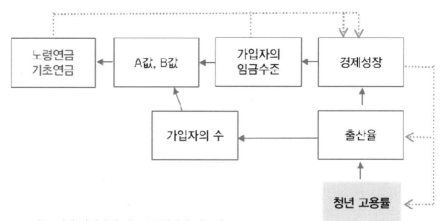

A = 연금 전체 가입자의 평균소득월액의 평균액
B = 가입자 개인의 가입기간 중 기준소득월액의 평균액

본 연구에서는 저출산·고령화로 인한 '인구절벽' 문제와 청년실업과 노인빈곤문제를 연결시켜 청년고용 증가가 출산율을 증가시켜 장기적으로 경제성장을 제고하고 이것이 가입자 수와 가입자 평균임금(A, B값)을 상승시켜 노인빈곤의 제도적 두 축인 노령연금과 기초연금의 재원이 되고, 역으로 임금 상승과 노인세대의 가처분소득 상승이 경제성장으로 이어지며 이것이 청년 고용을 늘리는 선순환 구

조를 이슈 명확화의 프레임으로 삼을 것이다. 중요한 것은 이것이 실업률이나 연금 재정과 같은 단기간의 수치 개선이 아니라 국가사회의 지속가능성을 중심에 둔 장기 협상모델이라는 점이다.

## 5. 이슈 도출

이제까지 '청년실업과 노인빈곤문제'에 대한 '이슈 명확화' 과정을 다루었다. 먼저 자본주의 시장시스템의 구조적 편향에서 야기된 양극화의 원인들 중 노동시장 양극화로 인해 새로운 취약계층으로 청년과 노인이 대두되었고 이는 양자 모두에게 점차 심화되는 추세로 가고 있음을 보았다. 정규직과 비정규직, 대기업과 중소기업의 격차가 청년층의 노동 공급과 기업의 노동 수요의 불균형을 초래해 심각한 청년실업의 야기하고 이와 동시에 비정규직으로 취업하는 청년층의 비율이 전체 취업자의 비정규직 비율보다 2013년을 기점으로 앞서가고 있으며, 은퇴 후 노인이 다시 비정규직으로 취업하는 비율이 60대 이상 75%에 이르고 비정규직의 낮은 소득 및 공적 연금 등의 구조적 문제와 관련된 취약한 사회안전망과 결부되어 노인빈곤문제가 OECD 최고 수준에 이름을 보았다. 결국 청년과 노인은 노동시장 양극화라는 구조적 문제가 전환되지 않는 한 이러한 문제에서 지속적으로 벗어나기 힘든 구조적 문제를 갖고 있다.

이러한 청년실업문제와 노인빈곤문제는 단지 그들만의 문제가 아니라, 저출산·고령화 문제와 맞물려 경제성장과 지속가능성 모두를 위협하는 문제라는 것을 '$\Delta G$(경제성장) = $\Delta P$(인구증가) · $\Delta p$(생산성 증가)'의 성장함수와 우리나라의 인구구조 변천과정을 기반으로 살펴보았다. 저출산·고령화로 인한 인구절벽의 문제가 소비절벽을 거쳐 성장의 늪이 되는 예는 세계적으로 나타나는 현상이지만 우리나라의 저출산·고령화의 추세는 그러한 세계적인 추세를 이미 압도하고 있고 앞으로도 심각성이 더욱 커질 것으로 예측되고 있음을 보았다. 또한 청년실업과 노인빈곤이 별개로 다루어지기 보다는 상호 연결된 문제임을 거시경제 모형과, 현재 노인빈곤문제 해결을 위한 가장 핵심적 두 축인 노령연금과 기초연금의 산식을 통해 도출하였다. 또한 소득 수준의 향상이 안정적인 가정을 갖고 출산을 할 수 있는 청년의 경제적 기반과 노인빈곤문제에 직접적인 필요일 뿐 아니라, 오늘날 성장을 지속적으로 악화시키는 주요 요인의 하나로 분석되고 있는 내수의 침체를 극복하고 경제성장으로 연결될 수 있는 새로운 성장의 패러다임이 될 수 있다는 것을 살펴보았다. 이와 같은 과정을 통해 〈그림 4-19〉와 같은 이슈를 도출할 수 있다.

청년과 노인이 노동시장의 새로운 취약계층으로 대두된 구조적 원인으로 파악된 노동시장의 양극화를 해소하기 위해 정규직과 비정규직, 대기업과 중소기업의 격차 해소가 필요하다. 양극화의 문제가 저출산·고령화라는 인구절벽의 문제와 결부될 때 이는 단지 '특정 계층의 문제'가 아닌 '국가사회 전체의 지속가능성'의 문제가 되며 이와 관련되어 현재와 미래의 심각성이 이미 상당한 수준에 이르고 예측되는 우리나라는 이를 포괄적인 관점에서 다룰 수 있는 제도화가 필요하다. 특히 본 연구의 관점인 협상 및 청년과 노인문제와 관련해서는 이들을 단지 취약계층이 아닌 지속가능성과 미래사회 발전의 핵심 문제로 파악해야 하며, 이것은 짧은 시간에 해결될 수 있는 문제가 아니기 때문에 이를 지속적이고 장기적으

〈그림 4-19〉 이슈 명확화 과정 3

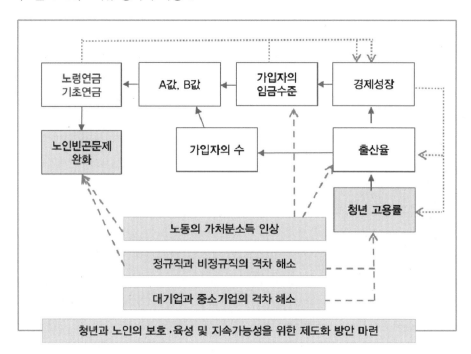

로 보호하고 육성하며 그 과정에 이들의 목소리가 실질적으로 협상의 장에 반영될 수 있는 제도가 필요하다. 또한 앞서 제시했듯이 노동의 가처분 소득의 제고는 청년과 노인과 같은 노동시장의 취약계층의 최소한의 생존기반 혹은 청년의 경우 결혼과 출산이라는 지속가능성의 기반을 위해서뿐 아니라 국가경제의 지속가능한 성장을 위해서도 필요하다. 이슈 명확화 과정에 다시 적용해서 〈표 4−6〉과 같이 제시해보겠다.

  앞서 수립한 협상모델의 협상이익은 '개인의 사회화된 이익'으로 협상이익을 재구조화 하고 물적·인적 자본과 사회적 자본의 통합적 가치를 협상이익의 개념

〈표 4−6〉 '사회 구조적 문제에 대한 이슈 명확화'를 위한 접근방법의 적용 예시

| 사회 구조적 문제 | 구조적 문제 분석 | 구조적 맥락에서의 문제의 원인 | 이슈 명확화 |
|---|---|---|---|
| 청년실업과 노인빈곤문제 | 문제 형성 과정의 체계성 (systemic problem) : 일정 집단(조직, 사회, 국가 등)에서 일정한 원리에 의한 양상을 보이며 나타나는 문제에 대한 근본 원인(root cause) | • 후기 자본주의 사회의 양극화: • 자본주의 발전과정에서 심화되어 온 양극화의 원인들 중 특히 노동시장의 양극화로 인한 격차 문제 → 노동시장의 취약계층으로 청년실업과 노인빈곤문제 대두: 청년과 노인이 비정규직과 저소득층의 큰 비중 차지 | 1. '노동시장의 격차' 해소 1.1 정규직과 비정규직의 격차 해소 1.2 대기업과 중소기업의 격차 해소 1.3 노동의 가처분소득 수준 제고 2. 청년과 노인의 보호·육성 및 '지속가능성'을 위한 제도화 방안 마련 |
| | 문제의 지속성 (continuous problem) : 단기간에 나타났다가 사라지는 문제가 아니라 지속적으로 발생하며 시간이 지남에 따라 심화되는 경향을 보일 수 있는 원인 | • 저출산 고령화: • 노동시장의 취약계층으로 대두된 청년들이 가정을 갖고 아이를 낳아 키우기 위한 최소한의 경제적 기반을 갖기 어려운 환경이 지속됨에 따라 저출산 현상이 지속적으로 심화 | 2.1 청년과 노인의 문제를 단지 취약계층의 문제가 아니라 인구절벽과 결부된 '지속가능성'과 '미래 사회 발전의 핵심 문제'로 파악하고 '지속적이고 장기적인 보호 및 육성을 제도화'할 필요 |
| | 집단적 문제 (collective problem) : 집단 구성원의 개별적인 노력이나 시도로 해결되기 어려운 원인 | • 노동시장의 취약계층으로 대두된 노인들의 비정규직 취업이 증가하고 공적보험의 기반이 취약함에 따라 노인빈곤 심화 | 2.2 청년과 노인이 핵심구성원으로 대두된 '노동시장의 취약계층' 목소리가 실질적으로 소통과 합의의 장에 반영될 수 있는 제도' 마련 필요 |

으로 제시했다. 보다 구체적으로 자신의 화폐적 효용에 다른 협상당사자의 화폐적 효용, 그리고 협상의 사회 환경적 이익을 협상당사자의 신뢰지표만큼 반영에 반영하는 협상이익이다. 여기서 인적·물적 자본은 화폐적 효용으로 환산될 수 있는 자본의 가치로 보았고, 지속적인 소통의 제도화를 통한 신뢰지표를 사회적 자본으로 보았다. 위에서 도출된 이슈 명확화 과정은 이를 반영한다. 핵심 이해당사자인 청년, 노인의 화폐적 효용으로 환산될 수 있는 이익은 위의 장기적·통합적 분석 결과, 상호 연결되어 있으며, 노동자 전체의 이익($u_1$, $u_2$ …)과도 연계되어 있다. 또한 이것은 경제의 선순환을 통한 지속가능한 성장과 격차 해소를 통한 사회통합을 통한 사회적 이익과도 연결된다($u_e$).

## Ⅱ. 협상의제 도출

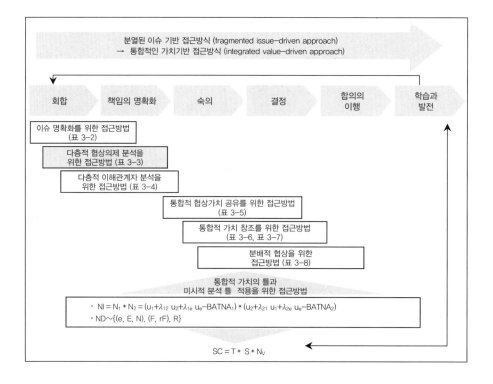

## 1. 다층적 협상의제 분석

앞서 제시한 바와 같이, '합의형성 접근방식(Consensus Building Approach)'에서 쟁점분석은 '중재인'의 역할을 하는 중립적인 제3자에 의해 수행되며, 갈등분석을 수행하기 위해서는 해당 이슈에 대한 전문적인 갈등분석가(conflict assessor)의 조력을 받는다.[100] 본 연구의 '사회 구조적 협상모델'은 사회 구조적인 이슈에 대한 접근이기 때문에, 갈등분석을 위한 이해관계자 인터뷰를 수행하기 이전에 해당 이슈에 대한 충분한 탐색이 필요하다. 즉 해당 이슈의 하위 이슈는 없는지, 각 세부 이슈와 관련되어 전개되어 온 사회적 환경은 어떠한지, 이제까지 관련 당사자들 사이에 어떤 논의가 진행되어 왔는지, 당사자들 간에 관련 협상이나 합의가 필요한 쟁점이 무엇인지, 학계와 전문가의 의견은 어떠한지 등에 대한 사전 분석을 충실히 할수록 인터뷰할 핵심 이해관계자들을 정확하게 선별할 수 있고 불필요한 시간과 자원의 낭비를 막을 수 있을 뿐 아니라, 이후에 합의가 진행될 때보다 효과적이고 원활한 과정을 설계할 수 있다. 본 연구는 이러한 협상의제 도출을 위한 분석과정의 접근방식을 제시하였고 여기에서는 위에서 도출한 이슈를 이러한 다층적 의제분석을 위한 접근방법에 〈표 4-7〉과 같이 적용해보도록 하겠다.

〈표 4-7〉 다층적 협상의제 분석을 위한 접근방법의 적용 예시

| 이슈 | 다층적 이슈 | 협상의 사회적 환경 | | | 1차적 이해관계자 (쟁점분석) | | | 협상 의제 |
|---|---|---|---|---|---|---|---|---|
| | | 시간 | 자원 | 구조 | 가계(1) | 기업(2) | 정부(3) | |
| 1. 노동시장의 격차 해소 | 1.1 정규직과 비정규직의 격차 해소 | PLT | MC/HC | SI | $I_{123}$ | | | |
| | | | | | | $I_{12}$ | | |
| | 1.2 대기업과 중소기업의 격차 해소 | PLT | MC/HC | SI | | $I_{23}$ | | |
| | 1.3 노동의 가처분소득 수준 제고 | PLT | MC/HC | SI | $I_{123}$ | | | |
| 2. 청년과 노인의 보호 | 2.1 청년과 노인의 문제를 단지 취약계층의 | FLT | LC | FI/SI | | | $I_3$ | |

| **100** Susskind, 1999, ibid., p. 21.

| | | | | | | |
|---|---|---|---|---|---|---|
| · 육성 및 '지속가능성'을 위한 제도화 방안 마련 | 문제가 아니라 인구절벽과 결부된 '지속가능성'과 '미래 사회 발전의 핵심 문제'로 파악하고 '지속적이고 장기적인 보호 및 육성을 제도화'할 필요 | | | | | |
| | 2.2 청년과 노인이 핵심 구성원으로 대두된 '노동시장의 취약계층'의 목소리가 실질적으로 소통과 합의의 장에 반영될 수 있는 제도' 마련 필요 | FLT | LC | FI/SI | | I₃ |

먼저 '1.1 정규직과 비정규직의 격차 해소' '1.2 대기업과 중소기업의 격차 해소', '1.3 노동의 가처분 소득 수준 제고' 이슈는 앞서 이슈 명확화 과정을 통해 살펴본 바와 같이 과거부터 오랜 시간 형성되어 온 이슈이고 자원은 감당가능한 수준의 비용(MC)일지, 그 이상의 높은 수준의 비용(HC)일지는 쟁점화 과정에서 예산 및 자원 조달관련 분석을 통해 점차 명확히 해 나가야 한다. 쟁점분석을 위한 1차적인 이해관계자는 본 연구의 거시경제주체 모델인 '가계-기업-정부'로 분석했을 때 이슈 1.1 '정규직과 비정규직 격차 해소'는 1차적으로 3자 모두의 합의의 장에서의 합의가 이루어진 후에 개별 산업 혹은 개별 기업별로 '가계-기업'사이의 자율적인 합의가 뒤따를 것으로 분석할 수 있다. 이슈 1.2 '대기업과 중소기업의 격차해소'는 '기업-정부' 사이의 전체적인 방향 및 실천 과제에 대한 합의가 필요한 이슈이며, 이슈 2. '지속가능성을 위한 제도화 방안 마련'은 두 가지 하위 이슈의 내용이 모두 포섭되는 제도화 방안에 대하여 1차적으로 정부측의 모색이 필요한 이슈로 분석될 수 있다. 이러한 과정을 거쳐 관련 이해관계자들과의 인터뷰를 수행하여 보다 쟁점을 명확히 하고 갈등분석을 수행하여 협상의제를 도출한다. 위의 내용을 바탕으로 가장 상층의 거시경제주체 수준의 이해관계자 관점으로 이슈를 정리하면 〈표 4-8〉과 같다.

이를 바탕으로 각 거시경제주체별 다층적 이해관계자 분석을 하고 인터뷰를

〈표 4-8〉 협상의제 도출을 위한 접근방법 적용 예시

| 관련 이해관계자 | | 관련 이슈 | 협상의제 |
|---|---|---|---|
| $I_{123}$ | 가계 | 1.1 정규직과 비정규직의 격차 해소<br>1.3 노동의 가처분소득 수준 인상 | |
| | 기업 | | |
| | 정부 | | |
| $I_{23}$ | 기업 | 1.2 대기업과 중소기업의 격차 해소 | |
| | 정부 | | |
| $I_3$ | 정부 | 2. 청년과 노인의 보호 육성 및 지속가능성을 위한 제도화 방안 마련<br>2.1 청년과 노인의 문제를 단지 취약계층의 문제가 아니라 인구절벽과 결부된 '지속가능성'과 '미래 사회 발전의 핵심 문제'로 파악하고 '지속적이고 장기적인 보호 및 육성을 제도화'할 필요<br>2.2 청년과 노인이 핵심 구성원으로 대두된 '노동시장의 취약계층'의 목소리가 실질적으로 소통과 합의의 장에 반영될 수 있는 제도' 마련 필요 | |

수행한 후 협상의제를 도출한다. 본 연구에서는 실제 인터뷰를 수행하지 않으나 각 이슈에 대해 논의될 수 있는 내용들을 바탕으로 의제도출을 수행해 보도록 하겠다.

### (1) 정규직과 비정규직의 격차 해소

1997년 외환위기 이후 국제통화기금(IMF)의 구제금융 조건으로 시작된 노동시장 유연화 이후 우리나라의 비정규직 규모가 급속히 증가하기 시작했고 2000년 이후 심각한 사회문제로 대두되었고 1998년 노사정위원회의 협의결과 도입된 '정리해고제'와 '파견제도'의 도입이 아직까지도 비정규직 문제의 핵심적인 논쟁이 되고 있다. 정리해고제도는 '사용자는 정당한 이유 없이 근로자를 해고해서는 안 된다'는 '근로기준법'상(제23조)의 해고제한 규정에 '경영상 이유에 관한 해고가 포함되느냐'가 당시에도 논쟁이 되었고, 1997년에는 '경영상의 이유에 의한 해고의 제한' 조항이 있었으나 1998년 개정을 통해 '긴박한 경영상의 필요' 및 '긴박한 경영

악화를 방지하기 위한 사업의 양도, 합병, 인수'의 경우 등과 같은 사용자측의 사유로 인한 해고가 허용되었다(근로기준법 제24조). 같은 해에 '파견근로자 보호 등에 관한 법률'이 노동유연화의 일환으로 제정되었고 기존 '근로기준법'이 금지하고 있던 파견근로자가 합법화되었다.

　　기업의 입장에서 비정규직에 대한 이해는 비용의 문제이다. 이른바 '쉬운 해고와 인건비 절감'으로 이야기되는데, 비정규직은 정규직과 같은 엄격한 고용규칙과 단체협약에 구속되지 않는 경우가 많고 임금은 정규직의 절반 수준이며, 앞서 살펴보았듯이 사회보험의 가입률이 정규직의 절반도 안 되는 현실을 반영한다. 즉 사회보험료 등 기타 인건비까지 고려하면, 기업은 수익과 직결되는 비용의 관점에서 비정규직을 선호하는 것이다. 그런데 여기서 비용의 문제를 '기업 경쟁력 문제'와 기업의 '존립 문제'로 구분하여 접근할 필요가 있다. 대기업이나 일정 규모 이상의 중소기업의 경우 인건비는 당장의 지불능력의 문제라기 보다는 향후 현재는 예상할 수 없는 경영여건의 변화에 따라 '인력 조정이 가능하냐'에 대한 문제이다. 이른바 '기업 경쟁력'의 문제이다. 하지만 열악한 경영여건의 중소기업과 같은 한계기업의 경우 인건비의 문제는 곧 '기업의 존립을 위협'할 수 있는 문제이다.

　　먼저 '기업 경쟁력'과 관련되어, IMF에서 외환위기 때 기업의 유연성을 차관의 조건으로 제시한 것은 인력 운영의 경직성이 기업의 효율화를 떨어뜨리고 이것이 경제위기 회복의 걸림돌이 될 수 있다는 이유에서였다. 이것은 비단 우리나라나 IMF와 같은 위기상황에서만의 문제는 아니다. 1980년대 이른바 신자유주의의 영향으로 영미권뿐 아니라 전통적으로 복지국가모델로 발전해왔던 유럽에서도 노동시장 유연화 요구가 증가했고 고용에 대한 규제가 완화되면서 단시간 노동자의 비율이 증가했다. 이와 동시에 이들에 대한 노동법 및 사회보장법의 보호 증대를 통한 고용의 안전성에 대한 필요가 커지게 되었고 결국 이중의 요구에 직면하게 되었다. 우리나라에서도 노동시장의 유연성과 안전성의 문제는 IMF때뿐 아니라 지속적으로 대두된 문제이다.

　　따라서 이 경우, 노동자 입장에서의 안전성과 기업 입장에서의 유연성의 문제는 협상에 있어서 핵심적인 키워드라고 할 수 있을 것이다. 이에 대해 '유연안전성(flexicurity)'의 개념을 참고할 만하다. 유연안전성이란 네덜란드와 덴마크의 노동시장모델에서 출발하여 2000년대 중반 이후 EU 노동시장 정책의 핵심으로 자리잡은

개념이다. 과거 대립적으로 이해되어 온 유연성(flexibility)과 안전성(security)의 개념
이 노동시장의 경쟁력과 근로자에 대한 보호를 동시에 확보하는 정책으로 확보될
수 있다는 개념이다.[101] 한국에서의 유연안전성 논의는 2000년대 중반 이후에 이
루어지기 시작했고 최근에는 정부의 정책방향으로 '정규직 노동시장의 유연성'과
'비정규직 노동시장의 안전성'이 제시되면서 논란이 된 바 있다. 그간 이러한 유연
안전성을 둘러싼 논란의 한계는 유연성에 대해 고용과 해고의 용이성을 의미하는
'외부-수량적 유연성'과, 안전성에 대해 동일 사용자에 대한 계속 고용을 의미하는
'직업 안정성'만을 주로 다루어 왔다는 것이다. 그러나 유연안전성은 그 외에도 노
동시간 조정 등 해고나 채용이 아닌 방법으로 노동의 양을 변화시키는 '내부-수량
적 유연성,' 작업조직의 재편이나 새로운 환경에 대한 노동자의 적응력을 제고시
키는 '기능적 유연성,' 그리고 경제 환경에 따라 임금을 변화시킬 수 있는 '소득 유
연성'으로 세분화될 수 있고, 안전성도 동일 사용자에 대한 계속 고용을 의미하는
'직업 안정성,' 동일 사용자가 아니더라도 고용을 유지할 수 있는 '고용 안정성,' 유
급 노동의 중단에도 소득을 유지할 수 있는 수준을 의미하는 '소득 안정성,' 그리고
임금노동과 다른 활동을 결합할 수 있는 '결합 안정성'이 있다(Wilthagen & Tros, 200
4).[102] 협상관점에서 이러한 유연안전성의 개념이 갖는 장점은 상황에 따라 이해당
사자들의 필요가 반영될 수 있는 여러 차원의 대안이 가능한 협상 프레임이라는 것
이다. 협상은 협상에 참여하는 이해당사자가 다차원의 대안들을 갖고 있을 때 통합
적인 과정을 거쳐 모두에게 이익이 커지는 협상결과를 도출할 가능성이 높아진다.

　　반면 인건비가 곧 기업의 존립을 위협할 수 있는 열악한 경영 여건 하에 있는
중소기업과 같은 경우는 이러한 다차원의 유연안전성의 개념을 도입할 수 있는 기
반이 아직 마련되어 있지 않다. 대기업의 하청기업 중 열악한 경영여건을 가진 영
세 중소기업이나 소상공인과 같은 한계기업, 중소 벤처기업과 같은 신생기업과 같
은 경우 기업경영이 안정된 궤도에 이를 때까지 또 다른 관점의 접근이 필요할 것
이다. 이들이 유연안전성의 다차원적 틀을 활용해서 기업과 노동자의 협상을 통한

---

**101** 남재욱·계민지·조한나, "한국에서의 유연안정성: 현황과 과제", 비판사회정책 제50호, 2016, 78쪽.

**102** 남재욱 외, 위 논문; T. Wilthagen & F. Tros, "The Concept of Flexicurity: A New Approach to Regulating Employment and Labour Markets", Transfer: European Review of Labor and Research 10(2), European Trade Union Institute, 2004, pp. 166－186.

다양한 노동조건을 만들 수 있는 기반에 이르기까지는 일정 노동조건에 대한 정부의 지원이 필요하다. 또한 그것 역시 각 기업의 성격과 상황에 따라 다른 접근이 필요할 것이다. 예를 들어, 대기업의 하청기업의 경우 원가 및 성과구조의 공정한 반영, 신생 벤처기업의 경우 정부의 산업정책 및 인력개발 정책과 연계된 적극적 노동시장 정책의 다양화를 통한 지원, 소상공인의 경우 사회보장제도에 대한 정부의 직간접적 지원과 육성정책에 기반한 지원 등의 다차원적 접근이 필요하다. 소상공인과 더불어 생각해야 하는 것은 '자영업자'이다. '자영업자'도 법적 정의에 의하면 '상시 종업원 수가 10인 미만이고 업종별 근로자 수 등이 대통령령의 기준에 해당'하면 소상공인이라고 할 수 있다.[103] 그러나 일반적으로는 소상공인 중에서도 작은 규모로 노동자를 고용하거나 고용하지 않고 혼자, 또는 가족 등을 포함한 1인 이상 파트너와 함께 사업하는 사람을 자영업자라고 하는 경우가 많다. 이 경우는 정규직이나 비정규직을 고용한 고용주인 기업으로서가 아닌 별도의 보호대상인 노동자로서 가계에 포함되는 경제주체로 생각해야 할 경우도 있다.

    이러한 내용을 바탕으로 '1.1 정규직과 비정규직의 격차 해소'에 대해 인터뷰를 수행하기 위해서는 관련 이슈에 대한 다층적 이해관계자 분석을 통해 1차적으로 인터뷰할 핵심 이해당사자와 그 외 국외자 등을 선별해야 한다. 그리고 이 과정을 통해 향후 협상에 참여할 대표자 선정도 이어지게 된다. '1.1 정규직과 비정규직의 격차해소' 관련한 쟁점 분석을 위해 앞서 이슈 분석과정의 내용을 바탕으로 '다층적 이해관계자 분석을 위한 접근방법'을 적용한 협상의제 도출과정을 보면 〈표 4-9〉와 같다.

    '1.1 정규직과 비정규직의 격차 해소'에 대한 각 주체의 '핵심 이해'를 파악하고 이해관계자 분석을 통해 관련 이해당사자를 대표할 수 있는 조직이나 대표자를 선정하고 협상의제를 도출하는 과정을 적용해 본 것이다. 본 연구에서 실제 인터뷰를 수행하지는 않았으나 분석과정을 통해 예상되는 협상의제는 먼저 '1.1-1 노

---

103 중소기업은 대통령령의 분류 기준에 따라 '중기업'과 '소기업'으로 분류(중소기업법 제2조 제2항)되는데 '소상공인'은 '소기업' 중, 상시 근로자 수가 10인 미만이고 업종별 근로자 수가 대통령령으로 정하는 기준에 해당하는 자를 의미한다(소상공인 보호 및 지원에 관한 법률 제 2조). 광업·제조업·건설업 및 운수업의 경우 10인 미만의 상시 근로자 수, 이외 업종은 5인 미만의 상시 근로자 수의 기준에 해당해야 한다(소기업 및 소상공인을 위한 특별조치법 제2조 및 동법 시행령 제2조).

〈표 4-9〉 '1.1 정규직과 비정규직의 격차해소'에 대한 협상의제 도출과정 예시

| 이슈 | 경제<br>주체 | 핵심 이해 (key interest) | 이해관계자 분석 | 대표 및 관련조직 | 협상의제 |
|---|---|---|---|---|---|
| 1.1<br>정규직과<br>비정규직<br>의<br>격차 해소 | 가계 | • 정규직 취업기회가 좁으며 한 번<br>비정규직이면 계속 비정규직으로<br>일하게 되는 비정규직의 함정(trap)<br>• 비정규직의 낮은 임금 수준과 차별적<br>노동조건: 사회보험 사각지대 및<br>안전, 직원 복지, 휴일 등의 차별<br>포함<br>• 비정규직이 조직화된 목소리로<br>대변되지 않음:<br>· 대기업이나 일정 규모 이상<br>중소기업의 비정규직<br>· 경영여건이 열악한 영세<br>중소기업이나 소상공인인에게<br>고용된 비정규직 등 | • 대기업이나<br>일정 규모 이상<br>중소기업의<br>비정규직<br>• 영세<br>중소기업이나<br>소상공인에게<br>고용된<br>비정규직 | • 한국노총과<br>민주노총 등<br>정규직 중심의<br>노동조합<br>• 노동조합 미가입<br>비정규직의<br>목소리를 대표할<br>조직 없음<br>• 기타 시민단체 및<br>전문가 그룹 | 1.1-1 노동자의<br>'고용 안전성'과<br>일정 규모 이상<br>기업의 '경쟁력<br>확보'를 위한<br>유연성의 통합적<br>해결 방안<br>1.1-2 노동자의<br>'고용안전성'과<br>'한계기업의<br>존립'을 위협하는<br>인건비 문제 해결<br>방안<br>1.1-3 이러한<br>논의를 지속해<br>나갈 수 있는<br>'제도적인 협상의<br>장' 발전과 협상의<br>장에서 균형있는<br>협상력을 가진<br>'비정규직의<br>목소리'<br>반영 |
| | 기업 | • 경영상의 필요에 의한 고용의 유연성<br>(주로 대규모의 인원 조정과 관련된<br>대기업이나 일정 규모 이상의<br>중소기업 이슈)<br>• 열악한 경영 여건의 중소기업과 같은<br>한계기업의 존립을 위협하는 인건비<br>문제: 비정규직을 정규직화 할 경우<br>임금, 사회보장비, 사원 복지 및 기타<br>비용 등 | • 대기업이나<br>일정 규모<br>이상의<br>중소기업<br>• 영세<br>중소기업&소상<br>공인<br>• 신생 벤처기업 | • 전국경제인 연합<br>• 대한상공회의소<br>• 중소기업중앙회<br>• 소상공인연합회<br>• 벤처기업협회<br>• 기타 이익집단과<br>전문가 그룹 | |
| | 정부 | • 비정규직의 규모 확대로 인한<br>고용시장 불안정성과 사회통합 및<br>지속가능성 문제<br>· 사회보험 사각지대로 인해<br>사회안전망에서 제외되는 국민의<br>증가<br>· 청년, 노인층 비정규직 비중<br>증가- 저출산 고령화로 인한<br>지속가능성의 문제<br>• 고용의 유연성과 관련된 기업의<br>경쟁력과 인건비 문제와 관련된<br>한계기업의 존립 문제<br>• 정체되어 있는 노사정 위원회의 가동<br>및 발전과 노사정 위원회에서 충분히<br>대변되지 않는 비정규직의 문제 | • 정부 관련조직<br>• 관련법령을<br>발의한<br>국회의원과<br>정당 | • 대통령 직속<br>노사정위원회<br>• 국무총리 직속<br>사회보장위원회<br>• 고용노동부<br>• 그외 관련 정부<br>조직<br>• 관련 입법을<br>발의한 정당 및<br>국회의원<br>• 기타 전문가 그룹 | |

동자의 고용 안전성과 일정 규모 이상 기업의 경쟁력 확보를 위한 유연성 문제'이고 이는 노동자 입장에서는 대기업이나 일정 규모 이상의 중소기업에 고용된 노동자, 기업 입장에서는 1차적으로 이익집단에서 대기업이나 일정 규모 이상의 중소기업을 대표할 수 있는 당사자와의 인터뷰가 필요할 것이다. '1.1－2 노동자의 고용안전성과 한계기업의 존립을 위협하는 인건비문제'는 영세중소기업이나 소상공인에게 고용된 노동자와 영세중소기업이나 소상공인, 벤처기업을 대표할 수 있는 당사자와의 인터뷰가 1차적으로 필요할 것이다. 위의 접근방법에서 '대표 및 관련조직'은 각 이해당사자 집단을 대표할 수 있는 기존 이익집단이나 관련 정부조직 등에 대해 1차적으로 제시해보았다. 그러나 기존에 있는 협상의 장에 핵심 이해당사자인 비정규직의 목소리가 반영될 수 있는 구조인지에 대한 검토가 필요하고 그렇지 못할 경우 이들의 목소리를 반영할 수 있는 방안을 마련해야 한다(1.1－3). 이에 대해서는 '협상 참여자 선정'에서 다시 다루도록 하겠다.

### (2) 노동의 가처분 소득 수준 인상

소득주도성장론의 주요 쟁점 중 하나는 '소득' 개념이 노동소득이라는 기능별 소득분배의 개념에 제한되어 있다는 것임을 다루었다. 즉 조세와 이전소득과 같은 소득재분배가 반영되어 있는 가처분소득의 개념으로 확장시킬 필요성에 제시되었다. 소득주도성장론의 또 하나의 중요 쟁점은 정책이나 제도적 변화를 통해 기존 경제성장 이론에서 장기적으로 일정하다고 다루어졌던 노동소득분배율이 변할 수 있다는 가정에 의한 것이기 때문에 노동소득분배율을 '정책변수' 혹은 '제도변수'로 규명하는 것이 중요하다는 것이었다.[104]

본 협상모델에서는 노동소득 인상과 더불어 청년과 노인 대상의 고용과 빈곤 문제를 지원하는 사회보험, 공공부조, 노동시장 정책 등의 사회보장제도가 경제성장에 긍정적으로 영향을 미치고 이것이 다시 고용증대를 가져오는 선순환 구조의 프레임을 제시했다. 이에 따라 소득의 최저선으로서의 최저임금제도, 최저임금 인상으로 인한 인건비 상승이 기업의 존립에 영향을 미치는 영세 중소기업이나 소상공인과 같은 한계기업의 최저선을 지속적으로 보장하는 문제, 전체적으로 노동소득과 생산성 간의 연계를 강화하기 위한 제도, 이를 위한 정책도구로서의 임금협

---

| 104 이상헌, 위 논문, 85－86쪽.

상이 주된 쟁점이 될 것이다. 이를 위에서 제시한 본 협상모델의 접근방법에 적용해 보면 〈표 4-10〉과 같다.

〈표 4-10〉 '1.3 노동의 가처분 소득 수준 인상'에 대한 협상의제 도출과정 예시

| 이슈 | 경제<br>주체 | 핵심 이해 (key interest) | 이해관계자 분석 | 대표 및 관련 조직 | 협상의제 |
|---|---|---|---|---|---|
| 1.3<br>노동의<br>가처분<br>소득<br>수준<br>인상 | 가계 | • 인간의 존엄성과 행복추구권,<br>인간다운 삶의 기반이 되는<br>수준의 임금<br>• 생산성에 기반한 공정한<br>보상구조에 기반한 소득 증가<br>• 취약계층의 최저임금을<br>지속적으로 인상할 수<br>있는협상의 장에 취약계층의<br>목소리가 반영 | • 최저임금인상에<br>직접적인<br>영향을 받는<br>노동자 | • 한국노총과<br>민주노총 등<br>정규직 중심의<br>노동조직<br>• 노동조합 미가입<br>정규직 노동자나<br>비정규직의<br>목소리를 대표할<br>조직 없음<br>• 기타 시민단체 및<br>전문가 그룹 | 1.3-1. 가계와<br>기업의 최저선을<br>지속적으로<br>확보하는 원칙과<br>제도 마련<br>1.3-2 생산성과<br>소득분배를<br>연계하는<br>보상구조와 협상의<br>제도화<br>1.3-3 비정규직,<br>청년, 노인과 같은<br>노동시장의<br>취약계층이<br>최저임금합의 및<br>단체협상과 같은<br>공적 소통기반에<br>참여할 수 있는<br>제도적 기반 마련 |
| | 기업 | • 열악한 경영 여건의 중소기업과<br>같은 한계기업의 존립을<br>위협하는 인건비 문제:<br>최저임금을 인상할 경우 함께<br>인상 되는 사회보장비 등의<br>부가 비용<br>• 기업의 지속가능한<br>성장:노동자의 생산성 제고와<br>소비 활성화로 인한 기업의<br>이익 창출 | • 대기업과 일정<br>규모 이상의<br>중소기업<br>• 영세 중소기업<br>& 소상공인<br>• 신생 벤처기업 | • 전국경제인연합회<br>• 대한상공회의소<br>• 중소기업중앙회<br>• 소상공인연합회<br>• 벤처기업협회<br>• 기타 이익집단과<br>전문가 그룹 | |
| | 정부 | • 지속적인 성장을 위한 경기<br>활성화; 한계소비성향이 큰<br>집단의 소득 증가로 인한 소비<br>창출<br>• 생산성과 소득분배를 연계하는<br>보상구조로 사회 전체의<br>지속적인 생선성 향상<br>• 사회적 형평에 기반한<br>소득분배로 사회통합과 국민<br>행복도 제고 | • 정부 관련조직<br>• 관련법령을<br>발의한<br>국회의원과<br>정당 | • 대통령 직속<br>노사정위원회<br>• 국무총리 직속<br>사회보장위원회<br>• 고용노동부<br>• 관련 입법을 발의한<br>정당 및 국회의원<br>• 기타 전문가 그룹 | |

### (3) 대기업과 중소기업의 격차 해소

2015 전경련의 발표와[105] 2016 중소기업중앙회에서 발표한 자료에 의하면 우리나라 노동시장의 99.9%가 중소기업이고 전체 고용의 87.9%를 차지하고 있다.[106] 청년실업문제와 관련해서 대기업과 중소기업은 사뭇 다른 상황에 처해 있다. 청년들의 중소기업 기피 현상은 매우 심해서 중소기업의 청년 취업자 수는 지난 2010-2015년 간 1만 2,000명 감소했다. 청년층이 선호하는 직장을 보면 국가기관이 24%로 가장 높고 공공기관과 대기업이 19%를 기록한 반면 중소기업은 6%에 그쳤다. 청년 구직자 가운데 중소기업을 '좋다'라고 인식하는 비율은 12%로 '좋지 않다'는 답변 39%의 절반에도 미치지 못한다.[107] 청년들은 실업난 속에서도 취업을 한두 해 유예하면서까지 대기업으로 몰리고, 중소기업은 사람이 없어서 못 뽑는다는 인력난에 시달리고 있다. 한국청소년정책연구원이 전국에 거주하는 만 15-39세 청년 2,500명을 대상으로 실시한 '2016 청년 사회, 경제 실태조사' 결과 청년의 31.1%가 중소기업에 취업할 의향이 없다고 했고 그 이유로는 고용불안전성이 28.8%, 낮은 급여 수준이 22.6%, 개인의 발전가능성이 없음이 15.8%, 사회적으로 낮은 인지도가 11.1%, 대기업보다 낮은 성취감이 10.1%였다. 이런 상황을 보면 우리나라는 청년 일자리의 수요와 공급의 미스매치라기 보다는 청년 일자리의 선호와 공급의 미스매치라고 보는 것이 더 정확할 것으로 보인다.

중소기업과 청년 구직자 미스매치의 원인은 크게 두 가지로 볼 수 있다. 첫 번째는 많은 연구결과와 현실인식이 보여주는 '임금격차'이다. 우리나라 청년들의 사회적·경제적 상황을 '88만원 세대'라는 말로 인식시키고 공감대를 확산시킨 〈88만원 세대〉에 의하면, 청년들이 원하는 직업의 함수는 '안정성'과 '소득'이며 이 두 가지를 묶으면 '평생소득'이라는 변수가 되는데 평생소득의 크기의 차이는 처음에 시작한 자리에서 절대적으로 극복되지 않는 상황이 오늘날 한국 청년들이 처한 게임의 룰이라는 것이다.[108] 이러한 '안정성'과 '소득'의 함수에서는 '임금'과 '근속기간'의 보장이 절대적으로 중요한 변수이며 높은 임금과 안정적 근속이 상대적으로

---

**105** 전국경제인연합, "우리나라 기업생태계 분석", 2015.
**106** 중소기업중앙회, "2016 중소기업 위상지표", 2016.
**107** 노민선, "중소기업 청년 취업 활성화를 위한 정책방향", 중소기업연구원, 2016.
**108** 우석훈·박권일 저, 〈88만원 세대〉, 레디앙, 2007, 96-97쪽.

더 보장되는 직장이 이러한 구조적 제약 하에서의 청년층의 '선호'가 된다. 구조적인 관점에서 대기업과 중소기업의 '임금 격차'는 중소기업의 성과구조와 관련되어 있다. 중소기업의 경우 대기업과 원청-하청 관계인 경우가 많은데 KDI의 연구결과에 의하면 원자재 가격 상승이 하청기업 물품의 단가 상승에 반영되지 않고, 원청과 하청관계에서 이루어진 대부분의 성과는 원청이 가져가게 되는 구조이다.[109] 이러한 비용부담 및 성과 보상구조는 당연히 임금격차를 가져올 수밖에 없다. 이것이 장기적인 합의의 장에서 논의되어야 한다.

한편 '소득'과 '안정성'이라는 두 가지 함수에 의한 청년들의 선호에는 이미 앞서 이야기한 구조적 제약이 반영되어 있다. 즉 '미래의 성장 잠재력에 대한 신뢰(trust)'의 격차이다. 정부의 일시적 임금 보조 형태의 지원 정책에 청년들의 저조한 반응은 신뢰의 격차로 설명될 수 있다. 이런 관점에서 중소기업 인력난의 경우 고용의 양이 아닌 취업의 질에 초점을 맞추어야 하는 것으로 보인다. 시장의 99%를 차지하는 중소기업과 미래세대인 청년의 미스매치의 문제는 양적 개념이 아닌 국가 경제의 지속적 발전을 위한 육성의 개념으로 전환할 필요가 있다.

이를 위해서는 최근 미래를 위한 발전적 화두가 되고 있는 4차 산업혁명을 위한 산업과 인력육성을 청년 육성과 연결시키는 것이 필요하다. 최근에 화두가 되고 있는 '4차 산업혁명'이라는 말은 사실 새로운 기회보다는 미래의 일자리를 걱정하게 만드는 두려움의 대상으로 인식되는 경우가 많다. 지금도 청년실업 등의 문제로 일자리 문제가 심각한데 4차산업혁명으로 기계가 더욱 발달해 사람을 대체하게 되는 것은 사람들을 더욱 위축되게 만드는 것이다. 그러나 '4차 산업혁명'은 두 가지 관점을 갖고 접근할 필요가 있는데, 첫째는 이제까지 1차－3차 혁명이 그러했듯이 4차 혁명이 새로운 일자리를 창출하는 경로를 만드는 것이고 둘째는 그럼에도 불구하고 멀건 가깝건 미래의 노동은 지금과는 다른 개념과 양상을 보일 가능성이 크다는 전제 하에 대비하는 것이다. 우리나라를 비롯한 개발도상국에서 이제까지의 발전과정이 탑다운 방식으로 추진해왔으나 미래의 번영을 위해서는 공공 부문과 민간 부문이 모두 혁신기업과 기업가를 내수 시장에서부터 지원해야

**109** 한국개발연구원(KDI), "하도급거래 공정성 제고를 위한 제도개선 과제", 2012, 1쪽; 정운찬, "한국경제, 동반성장, 그리고 자본주의 정신", 경제논집 제54권 제2호, 2011, 185－190쪽. 김세종, "대 중소기업의 동반성장을 위한 정책과제", 응용경제 제13권 제2호, 2011, 85－87쪽; 정남기, "대 중소기업간 동반성장과 독일의 경쟁정책", 경상논총 제34권 제3호, 2016, 2쪽.

한다는 것이 첫째 과제이다. 즉 대표선수로 육성하는 몇 개의 기업만으로 성장하는 '효율 혁신'의 시대를 고수해서는 시장과 인력의 성장의 잠재력 모두를 묶는 것일 수 있다.[110] 두 번째 과제는 이와는 본질적으로 다르지만 역시 제도적인 접근이 필요한 문제이다. 기술의 지속적인 혁신과 혁명은 새로운 창조를 가능하게 하지만 시기가 언제이든 이제까지의 일자리, 일의 목적, 일과 여가에 대한 생각과 관행을 근본적으로 바꿀 가능성이 높다는 것을 미리 인식하고 준비하는 것이다. 이것은 '혁명'이라고 불린 '1차-3차'의 변화에서도 마찬가지였다. 다만 우리가 이에 대해 앞선 예측을 하고 사회적 합의와 제도를 통해 준비할 수 있다면 '1차-3차 산업혁명'이 가져온 부작용, 예를 들면 양극화 문제를 오히려 극복할

〈표 4-11〉 '1.2 중소기업과 대기업의 격차 해소'에 대한 협상의제 도출과정 예시

| 이슈 | 경제주체 | 핵심 이해 (key interest) | 이해관계자 분석 | 대표 및 관련조직 | 협상의제 |
|---|---|---|---|---|---|
| 1.2 대기업과 중소기업의 격차 해소 | 기업 | • 중소기업의 노동조건 향상 및 성장 잠재력에 대한 신뢰 제고로 중소기업에 대한 청년의 취업선호 제고<br>• 원청기업과 하청기업의 비용 및 성과 분배구조 개선으로 양자 모두의 생산성 제고<br>• 혁신을 통한 미래 지향적 성장 잠재력 확보; 중소기업의 혁신성장 기회, 대기업의 혁신 및 투자기회 확보 | • 대기업<br>• 일정 규모 이상의 중소기업<br>• 영세 중소기업& 소상공인<br>• 신생 벤처기업 | • 전국경제인연합회<br>• 대한상공회의소<br>• 중소기업중앙회<br>• 소상공인연합회<br>• 벤처기업협회<br>• 기타 이익집단과 전문가 그룹 | 1.2-1. 원청기업과 하청기업의 비용, 성과에 대한 분배의 합의 구조 마련<br>1.2-2 중소기업을 정부와 대기업의 혁신 투자 대상으로 육성할 수 있는 기반 조성<br>1.2-3 협상력에 있어서 열악한 상황에 놓인 중소기업의 협상력을 강화할 수 있는 제도적 기반 조성 |
| | 정부 | • 중소기업과 대기업의 임금격차 완화로 청년 실업률을 감소<br>• 청년이 가정을 꾸릴 수 있는 안정적 경제기반 마련으로 저출산 문제 완화<br>• 4차산업혁명의 성장 기반 마련; 청년과 중소기업의 육성 및 대기업의 투자 확대 | • 정부 관련조직<br>• 관련법령을 발의한 국회의원과 정당 | • 대통령 직속 노사정위원회<br>• 국무총리 직속 사회보장위원회<br>• 중소벤처기업부<br>• 그외 관련 정부 조직<br>• 관련 법령 발의 국회의원과 정당<br>• 기타 전문가 그룹 | |

| 110 클라우스 슈밥 외 26인 저, 김진희 외 역, 〈4차산업혁명의 충격〉, 흐름출판, 2017, 288쪽.

수 있는 방향으로 설계해 나갈 수 있을 것이다. 이와 같은 내용을 바탕으로 본 협상모델에서 제시한 '협상의제 도출을 위한 접근방법'에 적용하면 〈표 4−11〉 과 같다.

### (4) 지속가능성을 위한 제도화 방안 마련

위의 세 가지 이슈에 대한 협상의제에 포함되어 있지 않은 '청년실업과 노인 빈곤문제'의 핵심 당사자가 있다. 바로 청년실업자와 생계를 위한 구직 필요가 있 으나 취업하지 못한 노인이다. 또한 이들 중 취업이 아닌 '소상공인'의 개념보다 더욱 영세한 자영업에 종사하는 경우이다. 일반적으로 '자영업자'는 아르바이트생 과 같은 단기 근무를 하는 노동자를 고용하거나 고용하지 않고 혼자, 또는 가족 등을 포함한 1인 이상 소규모의 파트너와 함께 사업하는 사람을 말한다. 법률 상 으로는 소상공인과 자영업자를 구분해서 정의하고 있지 않다. 즉 1인이 사업을 영 위하는 자영업자라고 할지라도 소상공인 정의에 부합하는 한 소상공인이라고 할 수 있다. 우리나라에서 종업원 10인 미만의 소상공인이 차지하는 비중은 전체 사 업자의 86.4%이며, 소상공인이 전체 고용에서 차지하는 비중은 37.9%이다(2014, 중 소기업청 통계조사시스템). 국세청에 의하면 지난 10년 간 연평균 99만명이 창업하고 81만명이 폐업했다.[111] 취업자 중 자영업자 비중은 26.7%에 달해 OECD 평균의 15.9%보다 높고 일본의 2.5배, 미국의 3.7배에 달한다. 2007−2013년 우리나라의 평균 창업률은 15.9%이고, 2006−2012년 평균 폐업률은 13.7%로 파악된다. 2인 이상 기업의 5년 이상 생존율은 42.4%인 반면, 1인 사업자의 5년 이상 생존율은 11.5%에 불과하다.[112] 연령으로는 50대 이상 자영업자 수가 2007년 289만명에서 2015년 323만명으로 증가했고 이는 전체 자영업자의 57.5%로 점점 중 고령 자영 업자들이 증가하고 있다(KOSIS, 2015). 이는 퇴직 후 노령노동 증가 때문으로 분석 된다.[113] 본 협상모델의 경제주체 당사자 관점에서는, 소상공인 중에서 타인을 고

---

[111] 정남기, "핀란드 소상공인 및 자영업자 지원정책 분석", 질서경제저널 제20권 1호, 2017, 27− 29쪽.

[112] 김수환·김형규, "소상공인의 사회안전망에 관한 연구", 전문경영인연구 제20권 제1호, 2017, 70−72쪽; 남윤형, "소상공인 지원정책과 사회적 비용연구", 중소기업연구원, 2015.

[113] 이수영·이태화·김수희, "중고령 자영업자들의 고혈압 발생에 미치는 영향요인 분석: 고령화연 구패널조사를 이용하여", 한국직업건강간호학회지 Vol. 26(4), 2017, 1쪽; M. H. Park, "Influential factors for life satisfaction of older self−employed workers", Global Social

용하지 않고 혼자 혹은 가족과 함께 생계를 위해 자영업을 영위하는 경우는 기업이 아닌 가계의 노동으로 파악하고 보호와 육성이 필요하다. 또한 청년실업과 노인빈곤문제 관련해서도 '고용되지 않았으나' 생계를 위해 구직 중이거나 자영업을 영위하는 청년, 노인에 대한 육성과 보호를 포함하는 내용의 지속가능성을 위한 제도화 방안의 마련이 필요하다.

　우리나라의 청년과 노인과 관련된 사회보장 관련 법제의 공통된 한계는 청년이나 노인의 범주를 통일적으로 정의하고 있는 법규는 없으며 개별 법률의 목적과 보장 취지에 따라 일정 연령을 기준으로 하고 있다는 것이다. 예를 들어 '노인복지법'에서는 노인복지를 위한 상담 대상이나 시설 입소 대상을 '65세 이상의 자'로 하고 있고 노인복지주택의 입소 대상은 '60세 이상의 자'로(노인복지법 제28조), '기초노령연금법'에서는 기초연금 수급자를 '65세 이상의 자'로 정의하고 있다(기초노령연금법 제3조). 또한 '청년고용촉진 특별법'에서는 청년을 '15세에서 29세의 자'로 정의하고 있다(청년고용촉진 특별법 시행령 제2조).

　'사회보장기본법'에서는 '노령'을 질병, 장애, 실업, 사망과 함께 위험의 하나로 간주하고 사회보험, 공공부조와 사회복지서비스 제도의 방식으로 구체적으로 보장할 것을 규정한다(사회보장기본법 제3조 제1호). 노인복지 관련법은 '노인복지법'을 기본법으로 하고 소득, 의료, 고용 등을 규정하는 체계를 갖추고 있으며, '기초연금법', '노인장기요양보험법', '치매관리법', '저출산고령화사회 기본법' 등이 있다. 이 중 '노인장기요양보험법'은 '국민연금법', '건강보험법' 등과 함께 '사회보험법'의 영역으로, '기초노령연금법'은 공공부조법의 영역으로 분류된다. 이러한 노인복지 관련 법제가 제정된 과정에서 개별 법률이 선언하는 법의 목적이 모호하거나 중복성을 갖고 산재되어 있으며 관련법 간의 역할 분담을 통한 연계성도 부족하고 구체적인 권리성이 확보되지 못하는 경우가 있는 문제가 지적되고 있다.[114]

　청년관련 법제의 경우 법률적인 근거가 뚜렷하지 않다. 청년을 법률 명에 명시한 것은 '청년고용촉진 특별법'이 유일한데 이 법률은 2018년 12월 31일까지의

Welfare Review, 3(2), 2013, pp. 47-63.
114 정현명, "한국 노인복지법제의 현황과 과제", 법학논총 제30집, 숭실대학교 법학연구소, 2013, 8-9쪽; 손미정, "노후소득보장수단으로서의 기초노령연금에 관한 연구", 법학연구 37집, 2010, 353쪽.

한시법이라는 한계를 갖고 있다. 또한 청년의 삶과 관련된 여러 정책적 내용을 담지 못하고 고용이라는 단일 주제를 다루고 있는 제한도 있다. 그 외 법률 명칭에 청년이 명시적으로 없으나 법안 내용에 제시한 법률로는 '중소기업인력지원 특별법'이 있다. 이 법률의 제12조에는 청년실업자에 대한 중소기업 취업지원 사항이 제시되어 있고 15세 이상 29세 이하 미취업 청년들을 고용하는 중소기업에 고용장려금을 지급할 수 있도록 하고 있으나 마찬가지로 청년정책 전반을 다루고 있지 않다. 앞서 살펴본 대로, 현재 우리 사회에 가장 뜨거운 문제로 부각되어 있는 청년문제에 대한 법적 기반이 없는 것이다. 이에 대한 이유는 청년 시기를 성인기의 일부로 보아 별도의 법률제정을 하지 않았다는 것, 대상 중심 정책은 주로 취약계층으로 분류되는 특정 대상에 한정되어 이루어지는 경우가 많은데 아동, 여성, 장애인과 관련해서는 사회적 보호나 지원이 필요한 대상으로 법제와 국가정책이 추진되어 왔으나 청년은 이제까지 그러한 대상으로 인식되지 않았다는 것, 그리고 1990년대부터 추진되어 온 청소년 정책과 법제에서 24세까지를 청소년으로 보면서 청년을 포괄하는 것으로 다루어져 왔다는 것 등을 들 수 있다. 그러나 '청소년보호법'은 주로 10대 중심의 보호법제로 청년관련 사업은 찾아보기 힘들다.[115]

　　따라서 필요에 따라 개별 법률의 제정과 시행 방식으로 이루어져 오고 대상의 범주와 포괄적인 목적을 명시한 법제가 마련되어 있지 않은 노인과 청년관련 법제를 마련할 필요에서 한 걸음 더 나아가 '청년과 노인의 육성과 보호 및 지속가능성을 위한 통합적 사회안전망'을 법제로 마련할 필요를 하나의 의제로 다룰수 있다. 즉 이슈 명확화 과정에서 다루었듯이 청년문제와 노인문제는 장기적으로 봤을 때 매우 중요한 관련성을 갖고 있으며, 청년계층의 경우 현재 취약계층이 아니어서 명확한 법적 보호대상으로도 인식되지 않으나 사실상 사회·경제적인 빈곤의 위험에 처해 있고 미래의 잠재력을 상실해 가고 있으며, 청년층을 단지 공공부조 개념의 보호가 필요한 대상이 아니라 국가사회의 미래를 위해 보다 발전적인 관점에서 지원해야 할 대상으로 보고 포섭하는 법제가 필요하다는 것이다. 위에서 살펴본 바 대로, 청년과 노인의 문제는 사회통합과 경제성장 및 국가사회의 지속

---

**115** 김기현, "청년정책의 현황 진단과 개선 방향", 보건복지포럼, 한국보건사회연구원, 2017.2, 55－56쪽.

가능성의 문제이기 때문이다. 이를 〈표 4-12〉와 같이 본 협상모델의 접근방법에 적용해 보겠다.

〈표 4-12〉 '2. 청년과 노인의 보호·육성 및 지속가능성을 위한 제도화 방안 마련'에 대한 협상의제 도출과정 예시

| 이슈 | 경제 주체 | 핵심 이해 (key interest) | 이해관계자 분석 | 대표 및 관련 조직 | 협상의제 |
|---|---|---|---|---|---|
| 2<br>청년과 노인의 보호 육성 및 지속가능성을 위한 제도화 방안 마련 | 정부 | • 청년과 노인에 대한 육성 및 보호가 국가사회의 지속가능성과 직접적으로 관련됨을 전제로 한 포괄적 입법체계<br>  · 청년과 노인에 대한 사회안전망을 위한 통합적, 구조적 접근<br>  · 현재 '취약계층'이 아니기 때문에 법적 보호대상이 아닌 청년들이 처한 현실적인 어려움 및 양극화 및 저출산과 관련된 구조적 문제를 인식하고 단지 보호대상이 아닌 국가사회의 미래 성장 잠재력으로 보호 육성하는 정책적 방향과 내용<br>  · 노인을 단지 '취약계층'만으로 인식하고 산발적인 관점으로 보호하는 기존 법제에서 노령화의 추세와 맞물려 지속적으로 인구구조에서 차지하는 비중이 높아질 집단으로 인식하며 퇴직 후 생계, 노동, 삶의 질을 위한 정책적 방향과 내용<br>  · '고용되지 않은 노동'의 보호; 청년의 경우 혁신형 창업을 지원하고 생계형 창업은 가능한 줄여나갈 수 있는 환경을 조성하여 실패율을 낮추되 재도전의 기회를 높이며, 전체의 25.9%에 달하는 자영업 비율에서 57% 이상이 50대 이상의 퇴직 후 노동 형태임을 감안하여 중고령 자영업자 보호 및 육성을 위한 제도화 방안 마련 | • 정부 관련조직<br>• 관련 상임위와 관련 의제를 발의할 수 있는 국회의원과 정당 | • 대통령 직속 노사정위원회<br>• 국무총리 직속 사회보장위원회<br>• 고용노동부<br>• 중소벤처기업부<br>• 그외 관련 정부 조직<br>• 관련 상임위, 국회의원, 정당<br>• 기타 전문가 그룹 | 2.1 청년과 노인의 보호와 육성이 국가사회의 지속가능성과 직접적으로 관련됨을 명시<br>2.2 청년은 양극화로 인한 구조적 문제에 대한 보호대상임과 동시에 국가사회의 미래 성장 잠재력으로 육성<br>2.3 인구구조에서 그 비중이 늘어가는 노인의 생계, 노동, 삶의 질에 대한 장기적이고 총체적인 개선 방안 마련<br>2.4 청년의 혁신형 창업과 퇴직 후 노인의 자영업 보호 방안 마련 |

## 2. 협상의제 도출

위에서 다룬 내용들을 바탕으로 쟁점분석한 결과 도출한 협상의제는 다음과 같다. 가계-기업-정부의 세 경제주체의 관련 이해당사자가 합의할 협상의제로, '1.1 정규직과 비정규직의 격차 해소'에 대해서는 1.1-1 노동자의 '고용안전성'과 일정 규모 이상 기업의 '경쟁력 확보'를 위한 유연성의 통합적 해결방안, 1.1-2 노동자의 '고용안전성'과 '한계기업의 존립'을 위협하는 인건비문제 해결방안, 1.1-3 이러한 논의를 지속해 나갈 수 있는 '제도적인 협상의 장' 발전과 협상의 장에서 균형 있는 협상력을 가진 '비정규직의 목소리' 반영의 세 가지 협상의제를, '1.3 노동의 가처분 소득 수준 인상'에 대해서는 1.3-1 '가계와 기업의 최저선'을 지속적으로 확보하는 원칙과 제도 마련, 1.3-2 '생산성과 소득분배를 연계'하는 보상구조와 협상의 제도화, 1.3-3 비정규직, 청년, 노인과 같은 '노동시장의 취약계층이 최저임금합의 및 단체협상과 같은 공적 소통기반에 참여'할 수 있는 제도적 기반 마련의 세 가지 협상의제를 도출하였다.

기업-정부가 먼저 합의하고 그 이후 산업별, 기업별로 노동자와 기업이 다시 합의할 이슈로 도출한 '1.2 대기업과 중소기업의 격차해소'에 대해서는 1.2-1 원청기업과 하청기업의 '비용, 성과에 대한 분배의 합의 구조' 마련, 1.2-2 중소기업을 정부와 대기업의 '혁신 투자 대상'으로 육성할 수 있는 기반 조성, 1.2-3 '중소기업의 협상력'을 강화할 수 있는 제도적 기반 조성의 세 가지 협상의제를 도출하였다.

마지막으로 정부관련 부처와 입법부의 협력 하에 마련할 '2. 지속가능성을 위한 제도화 방안 마련'에 대해서는 2-1 청년과 노인의 보호와 육성이 '국가사회의 지속가능성'과 직접적으로 관련됨을 명시, 2-2 청년은 양극화로 인한 '구조적 문제에 대한 보호대상임과 동시에 국가사회의 미래 성장 잠재력'으로 육성, 2-3 인구구조에서 그 비중이 늘어가는 '노인의 생계, 노동, 삶의 질'에 대한 장기적이고 총체적인 개선 방안 마련, 2-4 청년의 '혁신형 창업' 육성과 퇴직 후 노인의 '자영업' 보호 방안 마련을 도출하였다. 이를 〈표 4-13〉과 같이 제시해 보도록 하겠다.

〈표 4-13〉 이슈 분석을 통한 협상의제 도출 예시

| 관련 이해관계자 | | 관련 이슈 | 협상의제 |
|---|---|---|---|
| I₁₂₃ | 가계 | 1.1 정규직과 비정규직의 격차 해소 | 1.1－1 노동자의 '고용 안전성'과 일정 규모 이상 기업의 '경쟁력 확보'를 위한 유연성의 통합적 해결방안 |
| | | | 1.1－2 노동자의 '고용안전성'과 '한계기업의 존립'을 위협하는 인건비 문제 해결방안 |
| | 기업 | | 1.1－3 이러한 논의를 지속해 나갈 수 있는 '제도적인 협상의 장' 발전과 협상의 장에서 균형있는 협상력을 가진 '비정규직의 목소리' 반영 |
| | 정부 | 1.3 노동의 가처분소득 수준 인상 | 1.3－1. '가계와 기업의 최저선'을 지속적으로 확보하는 원칙과 제도 마련 |
| | | | 1.3－2 '생산성과 소득분배를 연계'하는 보상구조와 협상의 제도화 |
| | | | 1.3－3 비정규직, 청년, 노인과 같은 '노동시장의 취약계층'이 최저임금합의 및 단체협상과 같은 공적 소통기반에 참여'할 수 있는 제도적 기반 마련 |
| I₁₂ | 기업 | 1.2 대기업과 중소기업의 격차 해소 | 1.2－1. 원청기업과 하청기업의 '비용, 성과에 대한 분배의 합의 구조' 마련 |
| | | | 1.2－2 중소기업을 정부와 대기업의 '혁신 투자 대상'으로 육성할 수 있는 기반 조성 |
| | 정부 | | 1.2－3 '중소기업의 협상력'을 강화할 수 있는 제도적 기반 조성 |
| I₃ | 정부 | 2. 청년과 노인의 보호 육성 및 지속가능성을 위한 제도화 방안 마련<br>2.1 청년과 노인의 문제를 단지 취약계층의 문제가 아니라 인구절벽과 결부된 '지속가능성'과 '미래 사회 발전의 핵심 문제'로 파악하고 '지속적이고 장기적인 보호 및 | 2－1 청년과 노인의 보호와 육성이 '국가사회의 지속가능성'과 직접적으로 관련됨을 명시 |
| | | | 2－2 청년은 양극화로 인한 '구조적 문제에 대한 보호대상임과 동시에 국가사회의 미래 성장 잠재력'으로 육성 |
| | | | 2－3 인구구조에서 그 비중이 늘어가는 '노인의 생계, 노동, 삶의 질'에 대한 장기적이고 총체적인 개선 방안 마련 |

| | | 육성을 제도화'할 필요<br>2.2 청년과 노인이 핵심 구성원으로 대두된 '노동시장의 취약계층'의 목소리가 실질적으로 소통과 합의의 장에 반영될 수 있는 제도' 마련 필요 | 2-4 청년의 '혁신형 창업' 육성과 퇴직 후 노인의 '자영업' 보호 방안 마련 |
|---|---|---|---|

이렇게 도출한 협상의제들 중 서로 관련되어 합의할 수 있는 협상의제들에 대한 합의형성과정을 '통합적 가치사슬의 접근방법'을 적용하여 제시해보도록 하겠다.

위에서 제시한 협상의제 중 1.1-3 이러한 논의를 지속해 나갈 수 있는 '제도적인 협상의 장' 발전과 협상의 장에서 균형 있는 협상력을 가진 '비정규직의 목소리' 반영, 1.3-3 비정규직, 청년, 노인과 같은 '노동시장의 취약계층이 최저임금합의 및 단체협상과 같은 공적 소통기반에 참여'할 수 있는 제도적 기반 마련, 1.2-3 '중소기업의 협상력'을 강화할 수 있는 제도적 기반 조성은 '조직화 되어 있지 않은 취약계층의 목소리와 협상력의 균형을 보장하는 협상의 장 제도화'에 대한 의제그룹으로(의제그룹 1), 1.1-2 노동자의 '고용안전성'과 '한계기업의 존립'을 위협하는 인건비문제 해결방안 마련, 1.3-1 '가계와 기업의 최저선'을 지속적으로 확보하는 원칙과 제도 마련, 그리고 2.4 청년의 '혁신형 창업' 육성과 퇴직 후 노인의 '자영업' 보호 방안 마련'은 '사회적 존재 기반으로서 최저선이 보장될 필요가 있거나 위협받을 수 있는 당사자에 대한 보호 및 육성 방안 도출'에 대한 의제그룹(의제그룹 2)으로 함께 합의할 수 있다.

다음 단계에서는 의제그룹 1과 의제그룹 2에 대한 협상 참여자 선정을 다루어보도록 하겠다.

## Ⅲ. 협상 참여자 선정

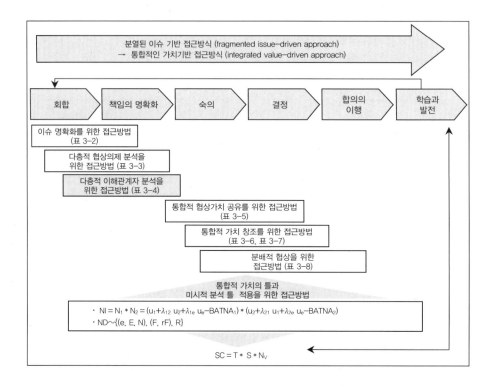

### 1. 이해당사자 분석에 기반한 대표성 분석

합의에 참여할 이해당사자 집단의 대표자를 선정할 때는 각 이슈와 관련된 이해와 관점을 모두 망라할 수 있는 대표자들이 참여하는 것이 중요하다. 특히 사회 구조적 문제에서 도출한 국민의 큰 규모의 집단이 이해당사자 혹은 보다 넓은 의미의 이해관계자가 될 수 있는 협상의제의 경우 대표성을 확보하기 위한 체계와 방법이 필요하다. 위에 제시한 협상의제들 중 '조직화되어 있지 않은 취약계층의 목소리와 중소기업 협상력의 균형을 보장하는 협상의 장 제도화와 시행'은 이러한 협상의 장 제도화 관련된다(의제그룹 1). 그러한 협상의 장이 마련된 후 '최저선이 보장될 필요가 있거나 위협받을 수 있는 당사자에 대한 보호 및 육성 방안 도출'을 위한 협상의제들이 다루어질 수 있을 것이다(의제그룹 2). 즉 의제그룹 1은 의제

그룹 2를 다루기 위한 협상 참여자 선정과 관련되어 있다. 이를 아래와 같은 접근 방법에 적용해 보겠다.

〈표 4-14〉 이해당사자 선정을 위한 접근방법 적용 예시

| 협상의제 | | 이해당사자 (interestholders) | | | | 정부 (이해당사자·중재자) |
|---|---|---|---|---|---|---|
| | | 가계 | | 기업 | | |
| 개별의제 | 의제그룹 | 구분 | 대표/관련 조직 | 구분 | 대표/관련 조직 | |
| 1.1-3 이러한 논의를 지속해 나갈 수 있는 '제도적인 협상의 장' 발전과 협상의 장에서 균형있는 협상력을 가진 '비정규직의 목소리' 반영<br><br>1.2-3 '중소기업의 협상력'을 강화할 수 있는 제도적 기반 조성<br><br>1.3-3 비정규직, 청년, 노인과 같은 '노동시장의 취약계층이 최저임금합의 및 단체협상과 같은 공적 소통기반에 참여'할 수 있는 제도적 기반 마련 | 조직화되어 있지않은 취약계층의 목소리와 협상력의 균형을 보장하는 협상의 장 제도화 (의제그룹1) | • 영세 중소기업과 소상공인에게 고용된 비정규직 | • 직접적으로 대표할 수 있는 조직 없음<br>• 한국노총, 민주노총, 미가맹노조 (정규직 중심)<br>• 비정규직노동조합 (일부 업종)<br>• 관련 시민단체 | 영세중소기업·소상공인 (법령에 정한 '소상공인'과 그 외 중소기업 중 경영여건 상 제도의 변화로 기업의 존립에 영향을 받는 한계기업) | • 중소기업중앙회<br>• 소상공인연합회<br>• 기타 이익집단 | • 대통령 직속 노사정위원회<br>• 국무총리 직속 사회보장위원회<br>• 고용노동부<br>• 중소기업벤처부<br>• 그외 관련 정부 조직<br>• 관련 입법을 발의하거나 할 가능성이 있는 정당 및 국회의원 |
| | | 혁신형 창업 청년 | • 벤처기업협회<br>• 각종 혁신형 창업 플랫폼 | 벤처기업 | 벤처기업협회 | |
| | | 자영업자 (타인을 고용하지 않고 혼자 혹은 가족과 사업을 영위하는 자로 정의) ／ 50대 이상 창업자 | • 소상공인연합회<br>• 소상공인협동조합<br>• 위에 가입되지 않은 경우 직접적으로 대표할 수 있는 조직 없음 | | | |
| 1.1-2 노동자의 '고용안전성'과 '한계기업의 존립'을 위협하는 인건비 문제 해결방안<br><br>1.3-1. '가계와 기업의 최저선'을 지속저으로 확보하는 원칙과 제도 마련<br><br>2.4 청년의 '혁신형 창업'육성과 퇴직 후 노인의 '자영업' 보호 방안 마련 | '사회적 존재기반'으로서의 최저선이 보장될 필요가 있거나 위협받을 수 있는 당사자에 대한 보호 및 육성 방안 도출 (의제그룹2) | 그 외 자영업자 | | | | |

## 2. 협상의 장 제도화

### (1) 조직화 되어 있지 않은 취약계층의 직접 참여

'1.1-3 관련 의제에 대해 논의를 지속해나갈 수 있는 협상의 장 마련과 협상의 장에서 균형 있는 협상력을 가진 비정규직의 목소리 반영', '1.3-3 비정규직, 청년, 노인과 같은 노동시장의 취약계층이 최저임금 합의 및 단체협상과 같은 공적 소통기반에 참여할 수 있는 제도적 기반 마련'은 모두 조직화되어 있지 않은 취약계층인 협상당사자를 협상의 장에 참여할 수 있도록 하는 것에 대한 의제이다.

비정규직의 조직화 문제는 1990년대 비정규직 문제가 대두된 이후 노동조합 및 노사정위원회의 역사에서 중요한 의제였다. 그 과정에 대한 해석 및 관점은 다양하지만, 현재 시점에서 중요한 것은, 정규직 중심의 한국노총과 민주노총 모두 비정규직 조직화 문제를 높은 우선순위에 놓고 있지만 비정규직을 직접 대표할 수 있는 조직은 없다는 것이다. 특히 비정규직 연대의 경우 2003년 '전국 비정규직 노조 대표자 연대회의'가 시작되고, 민주노총과의 연대를 도모하다가 민주노총 비정규직 대표자회의 수립을 결정한 2013년에 이르기까지, 업종별 비정규직 노조로 시작되고 전개되었다.[116] 비정규직의 정의상 사용자와의 고용관계가 불안정하고 언제든지 해고가 가능하기 때문에 직장별 활동이 어렵고 업종별 연대가 필요할 수 밖에 없었던 것이다. 이 시기는 사회 전체적으로 비정규직의 문제에 대한 심각성이 지금 만큼은 확산, 인식되지 않았고, 정부와 같은 제도권에 비정규직의 목소리가 직접 반영될 수 있는 소통기반 조성이 어려웠다. 하지만 지금은 전체 노동시장의 절반에 이르는 비정규직의 문제는 그 규모나 앞서 살펴본 구조적 문제의 심각성 등에 대한 인식이 사회적으로나 정치적으로나 훨씬 높아졌다. 정부정책의 우선순위뿐 아니라 대통령을 비롯한 노사정위원회의 모든 당사자들이 '비정규직의 조직화 문제'를 강조하고 있다.[117] 따라서 협상의

---

116 윤애림, "2000년대 비정규직 연대운동과 노동기본권 쟁취 투쟁", 산업노동연구 22권 제1호, 2016, 187-230쪽.

117 아시아투데이, "문재인 대통령, '양적성장에서 질적성장 패러다임 전환에 노사정 대화 꼭 필요", 2017.10.30, http://www.asiatoday.co.kr/view.php?key=20171030010012370; 매일노동뉴스, "한국노총 하반기 미조직·비정규직 조직화 집중", 2017.9.13; http://www.labortoday.co.kr/news/

장에 이들의 목소리가 직접 반영될 수 있는 방법을 마련하는 것이 필요한 것으로 보인다.

관련해서 협상의 관점에서 고려해야 할 부분은, 앞서 살펴보았듯이 정규직과 비정규직의 이해가 같을 수만은 없는 구조적 상황에서는 각자의 이해를 직접 대표할 수 있는 대표자가 협상의 장에 참여하는 방안을 마련하는 것이다. 예를 들면, 덴마크의 경우 노동인구의 90%가 노동조합에 가입되어 있고 식당 종업원, 보모, 파출부, 청소부, 기술직, 교사, 엔지니어, 의사, 간호사 등 각 분야에 따라 해당 노조에 가입하게 되어 있다. 일례로 전국의 식당 종업원들이 가입할 수 있는 '3F'라는 노동조합이 있고 2016년 기준 전체 노조원이 32만명에 이른다. 덴마크에서 40년 동안 식당 종업원으로 일했지만 직업적 자부심이 대단히 강한 한 근로자는 40년 동안 매달 일정한 노조비를 지불하고 차별이나 부당한 대우가 발생하면 중앙노조가 사장과 대화를 나누면서 문제를 해결한다고 한다. 40년 동안 일하면서 단한 번도 부당대우를 당한 적이 없으며 머리띠를 두르고 투쟁한 적도 없다고 한다. 실직하게 되면 노조와 정부가 연대해 매월 1만 9,000크로네(약 35 만원)을 주고 만약 노조에 가입되지 않았을 경우 그보다 적은 금액의 정부보조금을 2년 간 받게된다.[118] 장기적으로는 비정규직의 산별 노조를 활성화시키고 조합원이 일정 회비를 운영비로 지급하게 하며 비정규직의 이해가 협상의 핵심 의제로 다루어질 경우에는 관련 조합에서 대표성을 가진 참여자를 선출해서 협상의 장에 참여하도록 하는 방안을 모색하는 것이 바람직한 것으로 보인다.

자영업자의 경우 현재 소상공인연합회는 소상공인으로 구성된 협동조합연합회를 '정회원'으로 지원하고 협동조합에 가입하지 않은 소상공인은 '특별회원'으로 가입할 수 있다.[119] 법적으로 10인 미만의 상시 근로자를 갖는 업체의 경우 자영업자도 소상공인으로서 중소기업중앙회가 대표한다고도 볼 수 있지만 본 의제를 위해서는 자영업자를 '타인을 고용하지 않고 1인 혹은 가족과 소규모로 사업을 영위하는 자'로 정의했기 때문에 가계의 최저선 관점에서의 입장을 반영해야 한다.

---

articleView.html?idxno=146835, 매일노동뉴스, "민주노총 비정규직 중심 최대규모 사회적 총파업", 2017.7.3, http://www.labortoday.co.kr/news/articleView.html?idxno=145323

**118** 오연호, 〈우리도 행복할 수 있을까〉, 오마이북, 2014, 30쪽.

**119** 소상공인연합회 홈페이지, http://www.kfme.or.kr/main/page.html?pid=187, 방문일자: 2017.
10.25.

자영업자의 경우 현재 법적으로 보장되고 있는 '협동조합'을 활성화시키는 것을 생각해볼 수 있다. 2012년 UN의 협동조합 발전을 위한 법제도 정비 권장으로 '협동조합기본법'이 제정되었다. 5인 이상의 소상공인으로 구성된 동업종 또는 이업종의 소상공인이 협동조합을 구성할 수 있고 정부의 다양한 지원을 받을 수 있다. 정부는 2013–2017년 5년 간 2,000개 협동조합, 30,000개 소상공인 지원을 목표로 하고 있다. 협상의 관점에서 이러한 협동조합은 '조직화되지 않은 이해당사자'의 대표성을 논의할 수 있는 기반이 된다. 법적으로 보장된 협동조합의 유형은 소비자협동조합, 직원협동조합, 사업자협동조합, 다중이해관계자 협동조합 등 일반협동조합과 사회적협동조합이 있는데 일반협동조합의 한 형태인 '사업자협동조합'은 소규모 사업체 경영 조합원들이 개별적으로 운영이 힘든 부분을 공동위임하여 조합원들의 경영개선이나 안정을 이루기 위한 것이다. 앞서 다루었듯이 '타인을 고용하지 않은 자영업자'로서의 소상공인의 이해가 보호나 육성의 범위에서 배제되지 않는지에 대해 고려할 필요가 있고 만일 이들만의 이해가 대표될 필요가 있다면 비고용(1인, 소규모 가족경영) 영세 자영업자들 간의 협동조합을 구성하는 것도 방법이 될 것이다.[120]

혁신형 창업을 하고자 하는 청년의 경우 벤처기업협회나 다양한 혁신형 창업 플랫폼이 있다. 새 정부의 혁신기업에 대한 지원의지가 크고 예산지원에 대한 정책결정이 있었기 때문에[121] 기회가 확대되었지만 '청년의 혁신형 창업'을 지원하는 것을 별도의 의제로 설정해 청년 입장에서의 필요가 무엇인지에 대해 직접 듣고 장기적으로 육성하는 체계가 필요하다. 따라서 이러한 청년의 혁신형 창업 플랫폼과 기업(중소기업/대기업), 벤처기업협회, 중소기업벤처부 등 관련 이해당사자가 모여 구체적인 발전 방향과 계획 및 역할을 공유할 수 있는 컨퍼런스나, 포럼, 관심분야 당사자끼리의 발전적 소통 채널을 정기적으로 가질 수 있도록 하는 것이 바람직하다. 벤처창업 청년을 위해서는 이러한 대규모의 코커스가 기회의 장을 모두가 공유하는 데 실질적인 도움이 될 수 있고, 필요시 협상의 장에 나설 수 있는 대표를 선출할 수도 있을 것이며 이를 통해 지속적인 파트너십과 세부적인 지원체계

---

120 임욱빈·신용준·안상봉, "우리나라 사회적 경제 협동조합의 역사와 발전방안에 대한 연구 – 소상공인협동조합을 중심으로–", 경영사학 제31집 제4호, 2016, 119–139쪽.
121 이데일리, "'혁신모험 기업 지원 위한 10조원 펀드조성", 2018.1.17, http://www.edaily.co.kr/news/news_detail.asp?newsId=01925366619078704&mediaCodeNo=257

가 제도화될 것이다.

### (2) 중소기업 협상력의 균형 보장

위에서 제시한 사회보장위원회를 비롯하여 노사정위원회 등 사회적 협의 혹은 합의기구에는 이제까지 기업 대표로 대기업의 입장이 주로 반영되는 구조였다. 기업대표로 참여하는 한국경영자총협회와 대한상공회의소 등은 공식적으로 대기업과 중소기업을 모두 대표하는 기구이기는 하지만 조직구조나 협상력에 있어서 대기업의 입장이 주로 반영될 수 밖에 없는 구조이다. 따라서 대기업과 중소기업의 격차 해소나 중소기업을 새로운 성장 동력으로 육성하기 위한 의제를 위해서는 대기업과 중소기업의 서로 다른 이해가 협상의 자리에 반영될 수 있도록 협상 참여자가 구성되어야 한다.

예를 들어, 앞서 도출한 의제 중 '대기업과 중소기업의 격차 해소'에서 격차의 문제를 대기업과 중소기업의 격차를 '임금 격차'와 발전 잠재력에 대한 '신뢰의 격차'로 분석하였다. 이 중 '임금 격차'의 문제는 중소기업과 대기업의 비용부담 및 성과 분배 구조와 관련되어 있다. 한국개발연구원(KDI)의 연구에 의하면 중소기업청 조사자료를 통해 확인된 39개의 원청업체와 2,742개의 하청업체 가운데 2006년부터 2011년까지 6년 간 연도별 재무자료가 확보된 기업들을 대상으로 원사업자그룹과 수급사업자그룹의 경영성과를 비교한 결과 수익성, 안정성 지표에서 원청업체가 지속적으로 우월한 경영성과를 보인다. 관련해서 중소기업의 가장 큰 어려움으로 계속 대두되는 것이 납품단가 문제인데 원재료 가격상승이 대기업의 경우 가격인상의 압력이 되지만 중소기업의 경우 대기업으로부터의 원가인하 압력으로 작용하는 정반대의 결과를 초래한다. 2012년 중소기업중앙회에서 대기업에 납품하는 213개 업체를 대상으로 조사한 바에 따르면 2011년 대비 주요 원자재가격이 상승한 기업은 84.3%, 주요 원자재가격이 상승한 기업들을 대상으로 원자재 가격 상승분의 납품단가 반영 정도에 대해 질문한 결과 전혀 반영하지 못했다는 응답이 56.2%를 차지하였으며, 모두 반영하였다는 응답은 10.5%, 일부 반영했다는 응답은 33.3%로, 이들의 반영률은 평균 15.5%에 불과하였다. 자재가격 상승분을 모두 반영하지 못한 기업의 53.5%는 원사업자에 대해 납품단가 조정을 신청하지 않은 것으로 조사되었으며, 조정 신청을 하지 않은 이유로는 모기업과의 거래

단절 우려 등으로 나타났다.[122] 이와 같이 하청업체가 구조적으로 열악한 지위로 인해 원청업체에 납품단가 조정 요구 자체를 하지 못하고 있는 상황에서 중소기업 협동조합에 납품단가 조정 신청권(하도급법 제16조의2 제2항)이 부여되어 있으나 향후 조정 신청 및 협의과정에서도 협동조합이 더욱 적극적으로 역할을 하도록 제도개선을 해야 한다는 것 등이 제시된다.[123]

이외에도 중소기업의 혁신성장이 향후 경제성장의 동력으로 제시되는 시점에서는 중소기업과 대기업이 각자의 목소리를 낼 필요가 더욱 커질 것이다. '혁신'에 대한 정부의 지원 및 대기업과 중소기업이 협력할 부분, 또한 대기업이 이러한 과정에서 지속적인 성장과 발전, 그리고 가능한 사회적 기여를 할 수 있는 기회를 확보할 수 있는 기반으로서도 지속적인 소통과 협상의 장이 필요할 것이다.

### (3) 정부측 관련 위원회와 부처의 선제적인 제도화 노력 필요

이러한 협상의 장 제도화를 위해서는 이해당사자이자 중재자 역할을 하는 정부관련 부처와 입법기관의 협력이 필요하다. 위에서 도출한 협상의제관련 행정기관은 '사회보장위원회'를 생각할 수 있다. 사회보장위원회는 "사회보장제도와 정책을 개선하여 모든 국민이 행복할 수 있는 평생사회안전망을 구축"하기 위해 국무총리를 위원장으로 하고 기획재정부장관, 교육부장관, 보건복지부장관을 부위원장으로 하는 기구이다. '생애주기별 맞춤형 사회안전망 구축'과 '일을 통한 자립 지원', '지속가능한 사회보장 기반 구축'을 주요 사업으로 제시한다. 본 연구의 협상의제와 관련된 사업 내용으로는 '미래세대의 건강한 성장', '편안하고 활력 있는 노후', '청년의 조기노동시장 진입 지원', '중장년의 더 오래 일하기 및 퇴직 후 재취업 지원', '근로빈곤층 자립 및 생활안정 지원' 등이 있다.[124]

'사회보장'은 사회보험, 공공부조, 사회복지 및 사회보상을 포괄할 수 있는 개념이다.[125] 따라서 사회보장위원회에서 관련의제를 다루는 합의과정을 위해 선제

---

122 한국개발연구원(KDI), "하도급거래 공정성 제고를 위한 제도개선 과제", 2012, 48-50쪽; 한정화, 〈대한민국을 살리는 중소기업의 힘〉, 메디치, 2016, 64쪽.
123 KDI, 위 보고서, 54-60쪽.
124 사회보장위원회 홈페이지, http://www.ssc.go.kr/main.tiles, 방문일자: 2017.10.25.
125 전광석, 〈한국사회보장법론〉, 집현재, 2016, 79-80쪽.

적인 추진을 하고 사업 내용이 타부처와 연계될 경우 협력적인 소통이 가능할 것이다. 이것은 사회보장위원회의 조직구성을 보아도 알 수 있는데 위원장과 부위원장 하에 관련 11개의 정부부처가 정부위원으로 포함되어 있다.[126] 즉 사회보장위원회를 통해 좁은 의미의 사회보장제도가 아닌 포괄적이고 협력적인 합의, 정책 입안과 추진이 가능하다는 것을 보여준다. 여기에 청년 육성과 관련된 적극적 정책 입안과 관련해서 새로 신설된 중소기업벤처부가 정부위원에 포함되거나 관련 정책에 대한 협력부처가 될 수 있을 것이다.

민간위원은 학계 7인, 공익대표 3인, 정책수요자 대표 5인의 구성을 제시하고 있으며 전통적인 사회복지 분야 외에 교육, 고용, 경제, 경영, 재정 분야가 포함되어 있다. 협상의 관점에서는 제도와 정책의 직접적인 수혜자의 목소리가 보다 잘 반영될 수 있는 구조가 필요하다. 현재 한국노동자총연맹, 한국경영자총협회 등으로 구성되어 있는 정책 수혜자의 참여를 확대하고, 특히 구체적인 의제와 관련해서는 핵심 이해당사자 그룹이 참여할 수 있는 지속적인 소통의 장을 제도적으로 보장할 필요가 있다. 본 협상의제의 핵심 당사자인 '청년과 노인' 그리고 이들과 관련된 '비정규직'과 '자영업자'와 같은 당사자의 경우 위의 다층적 이해당사자 구조에서와 같이 조직화되어 있지 않은 집단이기 때문에 이들을 협상의 자리에 포함시킬 수 있는 법제도적 장치를 마련할 필요가 있다. 법제화를 위해서는 입법기관과의 협력이 필요한데 국회 보건복지위원회와 같은 상임위와의 지속적인 소통이 필요하다. 상임위원회는 구성 의원들의 소속정당의 정강과 표방하는 정책에 해당 의제가 연계될 수 있도록 해야 하는데 이 과정에서 지속적이고 발전적 논의가 필요할 것이다.

---

[126] 법무부, 행안부, 문화체육관광부, 농림축산식품부, 산업통상자원부, 환경부, 고용노동부, 여성가족부, 국토교통부 장관, 국무조정실장, 국가보훈처장.

# 제 2 절　숙의와 결정

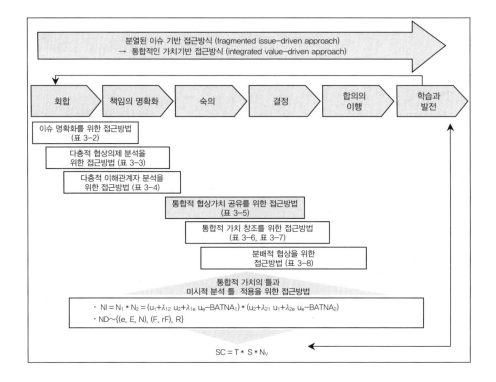

## I. 협상의 공통 원칙 공유

　　본격적인 숙의과정에 들어가기 앞서 각 당사자의 책임과 역할을 명확히 하고 기본규칙(ground rules of a negotiation)에 합의한다. 기술적인 부분에 대해서는 앞서 제3장 2절 Ⅲ에서 다루었고, 여기서는 본 협상모델은 협상의 기본규칙에 대한 공유에 앞서 협상의 공통원칙(common core of negotiation)으로서 '통합적 가치 축적'을 위한 협상의 규범과 원리를 협상 참여자 간 공유하면서 협상에 임하도록 하는 것을 제시하도록 하겠다. '통합적 가치 축적을 위한 협상모델'에서 제시하는 통합적 협상가치 공유를 위한 접근방법을 제시하였고 여기에 앞서 도출한 협상의제를 적용해 보면 다음과 같다.

〈표 4-15〉 도출된 의제에 대한 '통합적 협상가치의 공유를 위한 접근방법' 적용

| 협상의제 | 협상의 공통의 가치체계 | | 협상의 사회적 환경 |
|---|---|---|---|
| | | | 시장 유인체계: 정의의 법과 공감에 기반한 자기 이익 추구 |
| 1.1-2 노동자의 '고용안전성'과 '한계기업의 존립'을 위협하는 인건비 문제 해결방안 | 규범적 관점 | 헌법적 가치 (constituti-onal choice) | 1. 해당 의제와 관련된 헌법적 가치와 규칙은 무엇인가? |
| | | | 2. 해당 헌법 가치와 규칙에 기반한 법규(laws)나 규칙(rules)이 있는가? |
| | | | 3. 관련되어 현재 입법 예고 혹은 입법 추진 중인 법안이 있는가? |
| 1.3-1. '가계와 기업의 최저선'을 지속적으로 확보하는 원칙과 제도 마련<br><br>2.4 청년의 '혁신형 창업'육성과 퇴직 후 노인의 '자영업' 보호 방안 마련<br><br>1.1-3 이러한 논의를 지속해 나갈 수 있는 '제도적인 협상의 장' 발전과 협상의 장에서 균형있는 협상력을 가진 '비정규직의 목소리' 반영<br><br>1.2-3'중소기업의 협상력'을 강화할 수 있는 제도적 기반 조성<br><br>1.3-3비정규직, 청년, 노인과 같은 '노동시장의 취약계층이 최저임금합의 및 단체협상과 같은 공적 소통기반에 참여'할 수 있는 제도적 기반 마련 | 경제적 관점 | 전략적 협력 (strategic cooperation) | 1. 해당의 의제와 관련된 공약(commitment)이 존재하는가? |
| | | | 2. 존재한다면 어떠한 형태와 내용으로 존재하는가? - eg. 관련 이해 당사자의 대표들이 참여하는 합의기구의 공통 목표, 사회협약, 특정 사안에 대한 합의 내용등 |
| | | | 3. 존재하지 않는다면 당사자 간 '공약'을 할 수 있는 여건은 얼마나 조성되어 있는가?; 관련 합의 기구 구성, 지속적인 소통 채널, 간헐적인 합의 경험 등 |
| | | | 4. 협상에 참여하여 공약할 수 있는 이해당사자 집단에 대한 대표성 있는 협상 참여자는 구성되어 있는가? - 이익집단, 합의기구 참여자의 대표성, 대표 선정 방식 등 |
| | 심리적 관점 | 공감의 효용구조 (the utility of sympathy) | 1. 협상당사자가 서로의 이해(interest)에 대해 얼마나 이해(understanding)하고 있는가?; 그간의 소통과정의 쟁점 및 문제, 제도화된 소통창구의 존재여부 등 |
| | | | 2. 협상당사자가 서로의 이해에 대해 얼마나 공감(sympathize)하고 있는가?; 상호 관계의 성격및 유형, 소통과정에서 형성된 관계성, 상대의 이해가 자신의 이해와 결부되는 정도 등 |
| | | | 3. 협상당사자 외 사회 환경적 가치가 협상의제 및 당사자의 직·간접적 이해와 얼마나 결부되어 있는가?; 현재와 미래가치, 더 큰 집단의 이해, 사회경제적인 지속가능성(sustainability), 공동체의 규범(eg. 민주적 질서) 및 윤리적 가치 지향(eg. 인권) 등 |
| | | | 4. 협상의제에 대한 국외자나 청중 및 관찰자의 시각, 인식, 입장은 어떠한가? |

## Ⅱ. 거시경제주체 모델에서 당사자의 거시적인 이해(interest)의 틀

앞서 '합의형성 접근방식'에서 정부는 '이해당사자'임과 동시에 '중재자'라는 이중적 지위에 놓여있는 경우가 많음을 사례와 함께 다루었다. 여기서 다루는 협상의제들에서 정부는 자신의 개별적 이익을 대표하는 주체가 아니라는 점이 가계 및 기업과 다른 점이다. 정부는 거시적인 정책 방향을 수립하고 그 위에서 국가경제 운용의 두 기둥인 가계와 기업이 상호 간에 모두의 효용이 증진되어 국가사회 전체의 효용이 증진될 수 있도록 하기 위한 합의와 소통의 제도적 기반을 마련해야 한다. 즉 여기서 정부의 협상이익은 전체적인 협상이익 즉 협상창출가치(negotiated surplus/cooperative surplus)를 최대화하는 것이라고 볼 수 있다.

가계와 기업은 각 집단의 이익을 추구하지만 통합적 가치 축적을 위한 협상모델에서는 협상이익을 '개인의 사회화된 이익'으로 재구조화했다. 즉 '자신의 협상이익과 협상 상대방의 이익, 그리고 협상의 사회 환경적 이익'이 포함되는 개념의 협상이익이다. 상대방의 이익과 협상의 사회 환경적 이익에 대한 고려는 일정한 가중치를 갖고 하게 되는데 이것이 위에서 제시한 정부에 의해 조성된 지속적이고 공적인 소통기반에 의해 형성된 신뢰지표라고 할 수 있다. 또한 바트나에 의한 최저선의 개념은 '이해당사자의 사회적 존재기반'으로 재구조화했다. 즉 단지 협상당사자가 협상을 통해 얻고자 하는 이익의 최저치의 개념이 아니라 규범적 분석을 통해 각 당사자의 존재기반과 사회 전체적인 지속가능성의 관점에서 최저선을 설정한 것이다.

사회 구조적 협상의제를 '통합적 가치 축적을 위한 구조적 협상모델'에 적용하기 위해서는 먼저 정부가 가계와 기업이 이러한 의제를 놓고 협상할 수 있는 제도적 기반을 마련해야 한다. 앞서 밝힌 바 대로 본 연구의 협상모델은 단기적인 성과를 위한 협상모델이 아닌 장기적 관점의 협상모델이기 때문에 정부가 마련해야 할 소통의 제도적 기반 또한 개별 의제 중심, 혹은 일정 목표 달성 후 소멸하는 형태의 일시적·잠정적 기반이 아닌 국가사회의 지속가능성을 지속적인 의제로 놓고 국민 전체를 대표하는 경제주체를 협상의 참여자로 해서 단기 성과와 상관없이 지속적으로 소통할 수 있는 제도적 기반을 마련해야 한다.

가계는 사실상 모든 경제주체의 기본 단위이다. 정부도 기업도 가계와 가계를 이루는 개인으로 수렴됨은 앞서 논한 바 있다. 앞서 분석과정을 바탕으로 본 협상 과정에서의 가계의 효용은 '소득과 노동의 발전 잠재력'이다. 앞서 의제도출과정에 서 분석되었듯이 소득은 청년실업문제의 근본적 문제 중 하나였다. 이는 정규직과 비정규직, 대기업과 중소기업(원청과 하청 등)으로 노동시장이 구조적으로 양극화되 어 있는 문제와 관련된다. 그리고 단지 소득의 문제만이 청년들의 직업 선택의 문 제가 아니라는 것을 살펴보았다. 경제성장의 관점에서만 보더라도 청년들은 결혼 과 출산을 통해 미래의 인적 자원을 재생산할 주체이기도 하지만 동시에 미래의 성장을 이끌어가야 할 인적 자본이기도 하다. 따라서 청년들이 사회생활을 하면서 처음 갖게 되는 직장에서 중요한 것은 단지 생활기반에 되는 소득뿐 아니라 청년 자신과 국가사회의 미래를 담보할 수 있는 성장의 잠재력이다.

또한 '최소한의 경제적 안정기반'이 가계입장에서의 최저선이 될 것이다. 노동 자 본인뿐 아니라 그 가족의 생계를 부양할 수 있는 수준의 임금, 또는 노동자와 그 가족에게 인간적인 존엄에 합당한 생활을 보장하는 노동소득으로 단계적으로 나아가는 과정이 필요하다.[127] 이는 자본주의체제의 노동시장에서 최소한의 분배 적 정의에 대한 요구로서 저임금노동자 개인과 가족이 최소한의 인간다운 생활을 영위해나가고 공공부조로부터 벗어나기 위한 기본장치일 수 있다.[128] 앞서 살펴보 았듯이 최저임금, 비정규직과 정규직, 대기업과 중소기업의 소득격차 문제의 중심 에 청년과 노인이 있다는 사실은 이러한 최소한의 소득보장이 앞서 도출된 모든 협상의제의 최저선임을 알 수 있다.

기업의 입장에서의 모든 협상의제를 관통하는 효용 개념은 '이윤과 성장 잠 재력'으로 본다. 기업의 이윤은 기업이 지속적으로 발전할 수 있는 물리적인 기반 이다. 따라서 기업의 이윤은 기업이 기본적으로 추구하는 화폐로 환산될 수 있는 이익이다. 또한 기업 역시 지속적인 발전을 위해서는 화폐적 이윤의 축적만으로 는 부족하다. 특히 앞서 여러 연구에 의해 분석된 바 대로 성장률이 둔화되는 상 황에서는 점차 요소생산성의 비중이 높아지고 있다. 따라서 요소생산성을 제고할 수 있는 지속적인 연구와 투자, 이를 가능하게 하는 경제적 기반이 기업입장에서

---

**127** 황선자, "최저임금과 생활임금의 역할과 과제", 노동저널, 2015, 6쪽.
**128** 공정원, "사회복지정책에서 최저임금과 생활임금의 의의에 관한 탐색적 연구", 사회과학연구 제26권 제4호, 2015, 369쪽.

는 필요하다. 이는 앞서 다룬 바 대로 대기업과 중소기업 모두가 기본적으로 추구해야 할 효용 개념이다. 또한 기업입장에서의 최저선은 고용을 창출한 만큼의 비용의 충당, 즉 인건비 지불능력과 고용으로 인한 노동생산성 증가로 보았다. 앞서 제시한 가계의 효용 즉 '소득과 노동의 발전 잠재력'과 최저선 '최소한의 경제적인 안정기반 보장'은 기업입장에서는 비용임과 동시에 수요 창출의 기반이 된다.

위에서는 본 연구의 '통합적 가치 축적을 위한 구조적 협상모델'이 분석과정에서 도출한 협상의제를 적용하기 위한 기본적인 균형식에 협상주체인 가계, 기업, 정부의 효용(u)과, 상호 신뢰를 위한 소통의 제도적 기반(λ), 그리고 최저선(BATNA)을 각각 적용해 보았다. 본 연구가 초점을 맞춘 부분은 경제성장과 지속가능성 모두를 위협하는 양극화, 저출산·고령화 문제를 관통하는 청년실업과 노인 빈곤문제를 해결할 수 있는 제도적 기반뿐 아니라, 문제의 본질을 함께 논의할 수 있는 소통의 틀, 장기적인 관점의 지속적 문제 해결을 해 나갈 수 있는 합의의 장의 마련이다. 이런 관점에서 '통합적 가치 축적을 위한 구조적 협상모델'의 통합적 협상식을 장기적 관점의 사회적 합의의 틀로서 제시한다. 이를 아래와 같이 정리해 보겠다.

$$(u_1 + \lambda_{12}\ u_2 + \lambda_{1e}\ u_e - BATNA_1) * (u_2 + \lambda_{21}\ u_1 + \lambda_{2e}\ u_e - BATNA_2)$$

### 정부

λ: 법제마련과 제도 운영

### 가계

$u_1$: 소득(I:income)과 노동의 발전 잠재력(DP:development potential)

λ: 제도적 신뢰

$BATNA_1$: 최소한의 경제적 안정기반 마련

### 기업

$u_2$: 이윤(P:profit)과 성장 잠재력(GP: growth potential)

λ: 제도적 신뢰

BATNA$_2$: 최소한의 고용창출 가치: 인건비 지불능력과 노동생산성

이는 협상주체 관점의 협상모델로 아래와 같이 표현할 수 있을 것이다.

〈그림 4-20〉 거시경제주체의 이해관계 모델

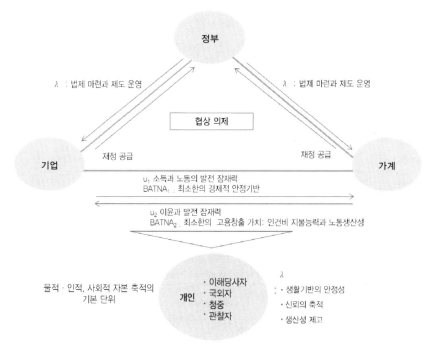

## Ⅲ. 통합적 가치 축적과정

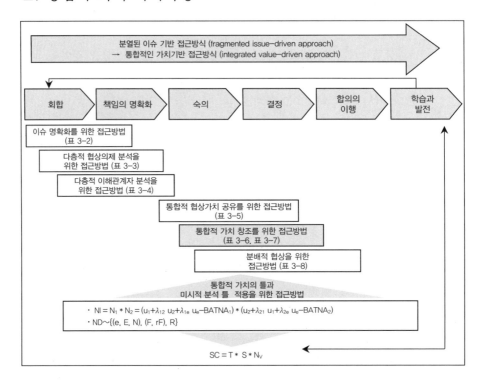

앞서 도출한 협상의제 중 1.1-2 노동자의 '고용안전성'과 '한계기업의 존립'을 위협하는 인건비문제 해결방안 마련, 1.3-1 '가계와 기업의 최저선'을 지속적으로 확보하는 원칙과 제도 마련, 그리고 2.4 청년의 '혁신형 창업' 육성과 퇴직 후 노인의 '자영업' 보호 방안 마련은 '사회적 존재 기반으로서 최저선이 보장될 필요가 있거나 위협받을 수 있는 당사자에 대한 보호 및 육성 방안 도출'에 대한 '의제그룹 2'로 위에서 제시한 협상 참여자들이 제도적으로 보장된 협상의 장에서 숙의를 하는 협상의제로 다루도록 하겠다.

'사회적 존재 기반으로서 최저선이 보장될 필요가 있거나 위협받을 수 있는 당사자에 대한 보호 및 육성 방안 도출'과 관련된 의제그룹 2의 의제들에 대해서는 앞서 제시한 다층적 이해관계자를 기반으로 한 협상 참여자를 전제로 표면적 이해관계와 이면의 이해관계, 필요에 대해 접근하는 과정이 필요하다. 앞서 제시

〈표 4-16〉 '의제그룹 2'에 '통합적 가치 축적과정'의 접근방법 적용 예시(가계)

| 협상의제 | 다층적 이해관계자 / 협상당사자 | | 이해관계 분석 | | | 가치지향의 프레이밍 |
|---|---|---|---|---|---|---|
| | | | 표면적인 이해관계 | 이면의 이해관계 | 필요 | 협상의 공통 가치체계(통합적 가치 축적) |
| 1.1-2 노동자의 '고용안전성'과 '한계기업의 존립'을 위협하는 인건비 문제 해결방안<br><br>1.3-1. '가계와 기업의 최저선'을 지속적으로 확보하는 원칙과 제도 마련<br><br>2.4 청년의 '혁신형 창업'육성과 퇴직 후 노인의 '자영업' 보호 방안 마련 | 가계 | 영세 중소기업과 소상공인에게 고용된 비정규직 | • 업종별 비정규직 조합 대표<br>• 민주노총 한국노총 산하 비정규직 조합원<br>• 관련 시민단체 | • 비정규직의 정규직화<br>• 비정규직의 노동조건 개선: 동일가치노동 동일 임금<br>• 최저임금 인상 | • 고용의 계속성<br>• 미래의 성장과 발전 잠재력<br>• 정규직과의 차별금지, 고용불안전성에 대한 보상 | • 인간의 존엄성, 행복추구권, 인간다운 삶을 실제적으로 보장하는 수준의 최저임금 체계<br>• 노동자가 지속적 고용 혹은 일시적 실업 후에도 일정한 소득을 확보하고 발전적인 직업훈련 과정을 거쳐 재취업할 수 있는 노동시장<br>• 기업과 노동자의 상황에 따라 고용조건을 조정할 수 있는 유연한 근무환경: 동일노동가치 동일임금 전제<br>• 사업의 실패가 인생의 실패로 이어지지 않을 수 있는 사회안전망 | • 헌법적 가치 (consititutional choice)<br>• 전략적 협력의 공약 (commitment)<br>• 공감 (sympathy)의 효용구조 |
| | | 혁신형 창업 청년 | • 청년 벤처창업인 대표<br>• 벤처기업협회 | • 혁신형 창업 자금<br>• 혁신형 창업의 성공률 제고<br>• 혁신형 창업의 실패에 대한 위험 부담 감소 | • 혁신형 창업 및 비즈니스 전 과정에 대한 필요한 체계적 노하우 습득<br>• 정부, 대학 및 중소기업, 대기업 등과의 파트너십 및 투자<br>• 실패에 대한 공동부담 및 재도전의 기회 부여 | | |
| | | 자영업자 (타인을 고용하지 않은 1인 혹은 소규모 가족 경영) | • 소상공인협동조합<br>• 소상공인 연합회 | • 영세성과 낮은 소득<br>• 높은 폐업률<br>• 비정규직보호나 최저임금 등 노동시장 관련 정책에 의해 보호받을 수 없는 상황 | • 임대료나 로열티 등 지대의 급등<br>• 자영업자에 대한 사회적안전망 취약: 사회보험 등<br>• 협상의 장에서 대표할 수 있는 이익집단이 취약함 | | |

했듯이 이 과정은 당사들이 다양한 소통과정을 통해 서로의 이해(interest)를 이해(understanding)하는 과정이다. 이 과정에서의 소통의 방식, 공유하는 사실(fact-finding), 신뢰의 형성에 따라 이해의 구조와 정도가 달라지고 그 결과 이 뒤에 있을 '통합적 협상'의 과정, 즉 파이의 크기와 질이 달라진다. '통합적 가치 축적을 위한 협상 모델(NMIV)'은 이 과정에서 지속적으로 '협상의 공통 가치체계'로서 헌법적 가치, 전략적 협력의 공약, 공감의 효용을 명시적·묵시적으로 공유하는 협상모델이다. 이를 앞서 제시한 접근방법에 적용하면 〈표 4－16〉과 같다.

먼저 가계의 경우, 영세 중소기업과 소상공인에게 고용된 비정규직의 표면적 이해관계는 비정규직의 정규직화나 비정규직의 노동조건 개선, 최저임금 인상이지만 그러한 이해의 아래 있는 더 본질적인 이해관계는 고용의 계속성, 미래의 성장과 발전 잠재력, 임금뿐 아니라 사내복지, 노동시간, 안전 등과 같은 노동조건에 있어서 정규직과의 차별금지, 더 나아가서는 비정규직이 안고 있는 고용 불안전성이 회사의 비용절감에 있어 이익이 되는 부분에 대해 일정한 보상을 받을 수 있는 구조로 나아가는 것일 수 있다. 혁신형 창업을 시도하는 청년의 경우 혁신형 창업자금이나 사업 성공률 등이 표면적 이해관계일 수 있지만 그 이면에는 창업 및 이후 사업의 전 과정에 대한 체계적 노하우 습득, 관련 기업이나 학교와의 파트너십과 투자, 재도전의 기회를 보장받을 수 있는 안전망 등이 될 수 있다. 또한 타인을 고용하지 않는 1인 혹은 소규모 가족경영으로 정의한 자영업자의 경우 표면의 이해관계는 사업규모의 영세성과 낮은 소득, 높은 폐업률, 회사에 고용되는 근로자를 중심으로 하는 노동시장정책을 통해 보호받을 수 없는 상황 등이 표면적 이해관계이지만 그 이면에는 지나치게 높은 임대료나 로열티 등의 감당하기 힘든 비용구조, 자영업자에 대한 사회보험 등의 안전망 취약, 그리고 앞서 살펴보았듯이 소규모 자영업자의 이해를 대표할 수 있는 이익집단이 취약하다는 것 등을 생각할수 있다. 그리고 이들 모두의 공통된 필요는 인간의 존엄성, 행복추구권, 인간다운 삶을 살 권리 등의 헌법상 보장된 가치의 실제적 확보, 노동자가 일시적 실업 상태에 있어도 생계를 유지할 수 있는 안전성과 발전적인 직업훈련과정을 통해 이직을 준비할 수 있는 노동환경, 노동자가 육아 등 개인적인 사유로 필요할 때 노동시간을 조정해서 근무할 수 있는 전제가 되는 동일노동가치 동일임금, 사업이 실패해도 재기할 수 있는 기회 등이다.

〈표 4-17〉 '의제그룹 2'에 '통합적 가치 축적과정'의 접근방법 적용 예시(기업·정부)

| 협상의제 | 다층적 이해관계자 / 협상 참여자 | | 이해관계 분석 | | | 가치지향의 프레이밍 |
|---|---|---|---|---|---|---|
| | | | 표면적인 이해관계 | 이면의 이해관계 | 필요 | 협상의 공통 가치체계 (통합적 가치 축적) |
| 1.1-2 노동자의 '고용안전성'과 '한계기업의 존립'을 위협하는 인건비 문제 해결방안<br><br>1.3-1. '가계와 기업의 최저선'을 지속적으로 확보하는 원칙과 제도 마련<br><br>2.4 청년의 '혁신형 창업'육성과 퇴직 후 노인의 '자영업' 보호 방안 마련 | 기업 | 영세중소 기업· 소상공인 | ·중소기업 중앙회<br>·소상공인 연합회<br>·기타 이익집단 | ·비정규직 정규직화나 최저임금 인상으로 인한 인건비 부담 | ·비용 및 성과구조 개선;<br>·임대료 등 다른 비용에 대한 급등<br>·자본규모가 큰 기업과의 경쟁<br>·지속적인 성장 및 발전 기회 창출 | ·인건비 상승이 생산성 상승과 소비 진작으로 이어지는 구조<br>·다른 비용 및 성과 구조의 개선으로 이익 창출 | ·헌법적 가치 (constitutional choice)<br>·전략적 협력의 공약 (commitment)<br>·공감 (sympathy)의 효용구조 |
| | 정부 | ·정부관련 조직<br>·관련 입법을 발의하거나 할 가능성이 있는 정당 및 국회의원 | ·대통령 직속 노사정위 원회<br>·국무총리 직속 사회보장 위원회<br>·고용노동 부<br>·중소기업 벤처부<br>·그외 관련 정부 조직<br>·최근 관련입법 을 발의한 정당 및 국회의원 | ·비정규직, 청년, 자영업자, 영세 중소기업· 소상공인 등 취약계층의 보호 및 육성으로 노동시장 안전성 확보<br>·청년과 노인의 안정된 직장 및 미래성장과 연계된 취업기반 확대<br>·한계소비성향 이 높은 계층의 임금수준 향상으로 경기활성화 및 경제성장 | ·노동시장 안전성 확보로 사회통합 제고<br>·이해당사자들 의 지속적이고 건설적인 협상의 장 제도화로 신뢰지표 및 사회적 자본 제고<br>·정당 정책방향과 국민과 지역구의 필요에 부합되는 입법 추진 | ·국가사회의 지속가능성<br>·국민들의 삶의 질 향상으로 인한 지지기반 확대 | |

〈표 4-17〉에서 제시한 기업의 경우, 영세중소기업이나 소상공인의 표면적 이해관계는 비정규직의 정규직화로 인한 인건비 부담일 수 있지만 그 이면에는 임대료 급등 및 카드수수료 등을 포함하는 전반적인 비용 및 성과구조에 대한 이해가 있다. 또한 대기업과 같은 자본규모가 큰 기업의 골목상권 침해나 성장의 정체를 극복할 수 있는 역량을 확보할 수 있는 기회를 찾기 어려운 것도 생각할 수 있다. 이것을 필요의 관점에서 보면 기본적으로 인건비 상승이 생산성 상승과 소비진작으로 이어질 수 있는 구조와 인건비가 올라도 다른 제도나 기회를 통한 성과구조의 개선으로 이익을 창출할 수 있는 기반이다.

정부의 경우, 비정규직, 청년, 자영업자나 영세 중소기업 및 소상공인과 같은 노동시장 취약계층을 보호하고 육성함으로써 노동시장의 안전성을 확보하고 새로운 취약계층이자 국가사회의 지속가능한 발전과 관련된 청년, 노인층의 안정된 직장과 미래성장 기반 확보, 한계소비성향이 높은 저소득층의 소득 증대로 경기활성화를 통한 경제성장이 표면적 이해관계일 수 있으며, 그 이면의 이해는 노동시장 안정성 확보를 통한 사회통합, 당사자들 사이의 지속적인 소통과 협상의 제도화로 신뢰지표를 통한 사회적 자본 제고, 국회의 경우 정당 정책방향 및 해당 지역구의 필요에 부합되는 입법 추진 등이 될 수 있다. 또한 필요의 관점에서는 궁극적으로 국가사회의 지속가능성과 국민의 삶의 질 향상으로 인한 지지기반 확대를 생각할 수 있다.

이러한 이해관계 분석과정에서 협상당사자가 '통합적 가치'로서의 헌법적 가치와 전략적 협력의 공약, 그리고 공감의 효용구조를 지속적으로 공유하고 협상에 임한다는 전제가 본 협상모델의 가치체계이자 실무적 접근과정이다. 이는 협상당사자가 논의과정에서 상호 간에 헌법적 가치, 그에 기반한 규범이나 법규, 협력적 공약에 대한 환기, 그리고 그 모든 과정에서 공감의 효용구조를 견지하고 확인해 가는 것을 의미한다.

## Ⅳ. 통합적 협상식 적용

협상의제에 대한 당사자들의 상호작용 과정에서 서로의 표면적·이면적 이해와 필요 등을 파악하고 이해하며 통합적 가치기반을 공유하면 그것을 바탕으로 서로의 이해와 필요를 조정해서 협상 패키지를 도출하게 된다.

위의 협상의제 중, 1.1－2 노동자의 '고용안전성'과 '한계기업의 존립'을 위협하는 인건비문제 해결방안 마련, 1.3－1 '가계와 기업의 최저선'을 지속적으로 확보하는 원칙과 제도 마련, 두 가지 의제에 대해 가계입장에서는 '영세 중소상인·소상공인에게 고용된 노동자'를 대표하는 당사자와 기업입장에서 '영세 중소상인·소상공인'을 대표하는 당사자 그리고 정부와 국회의 관련 당사자들이 다양한 형태의 상호작용을 거쳐 위에서 공통의 가치기반에 근거하여 위에서 파악한 서로의 이해에 대해 필요 및 우선순위, 위험, 시간 등에 의해 조정을 하여 협상 패키지를 도출하는 과정을 예시해보도록 하겠다.

먼저 가계입장에서, '필요 및 우선순위'가 '1. 최저임금 인상, 2. 비정규직의 정규직화, 3. 비정규직의 고용조건 개선을 위한 동일노동가치 동일임금, 4. 고용의 안전성, 5. 직업 능력의 발전' 등이고 '위험'은 해고 및 노동시간 감축뿐 아니라 명목상 정규직으로 전환된 후에도 차별적인 노동조건에 처하는 경우 등이며 이를 '시간'에 따라 배분해서 1. 매년 일정 수준 이상의 임금 인상, 2. 정규직의 단계적 실행방안 등을 제시할 수 있다. 영세 중소기업 및 소상공인인 기업입장에서, '필요 및 우선순위'는 1. 비용 및 성과구조 개선, 2. 자본 규모가 큰 기업과의 경쟁 제한, 3. 인건비 상승폭 제한, 4. 지속적인 성장과 발전 기회 창출 등이고, '위험'요인은 인건비 상승으로 인한 수익성 악화이며, 이를 '시간'에 따라 배분하여 1. 비용구조의 단계적 개선, 2. 인건비 매년 일정 수준 이하로 인상, 3. 정규직화의 단계적 실행 등을 제시할 수 있다.

이 경우 상호 간의 필요 및 우선순위, 위험, 시간을 고려한 조정과정을 거쳐 관련된 협상 옵션들을 패키지화한 협상안을 도출할 수 있다. 예를 들면, 가계의 '1. 최저임금 인상'과 기업의 '1. 비용 및 성과구조 개선'을 위한 협상 옵션들을 패키지화하여, 최저임금을 기업이 상한으로 제시한 것보다 많이 인상하되, 영세 중소기업이나 소상공인의 비용 및 성과구조 개선을 위해 카드 수수료를 인하하고 지나친 임대료 급등을 규제하며 소상공인 육성 및 사회안전망 확대, 그리고 골목상권 보호를 위한 방안을 정부에 함께 요구하는 것을 하나의 협상안으로 도출할 수 있다. 정부의 '우선순위'는 제도화된 협상의 장에서 당사자의 합의를 중재하는 것이고, '위험'요인은 인건비상승으로 해고노동자나 비자발적인 노동시간 감축이 증가하거나 한계기업의 경영이 악화되는 것이고, 이에 대한 '시간'적 배분으로 1. 현재 있

〈표 4-18〉 '협상의제 1.1-2, 1.3-1'에 '통합적 가치 축적과정'의 접근방법 적용 예시

| 협상의제 | 다층적 이해 관계자 | 통합적 (가치창조) 협상 | | | | |
|---|---|---|---|---|---|---|
| | | 상호작용 | 차이의 조정 | | | 협상 패키지 |
| | | | 필요및 우선순위 | 위험 | 시간 | |
| 1.1－2 노동자의 '고용안전성'과 '한계기업의 존립'을 위협하는 인건비 문제 해결방안<br><br>1.3－1. '가계와 기업의 최저선'을 지속적으로 확보하는 원칙과 제도 마련 | 가계: <br>•영세 중소기업·소상공인에게 고용된 노동자 <br>•업종별 비정규직 조합 대표 <br>•민주노총 한국노총 산하 비정규직 조합원 <br>•관련 시민단체 | •공동토론 <br>•개별면담 및 협상 <br>•공청회, 포럼, 컨퍼런스 등 | 1. 최저임금 인상 <br>2. 비정규직 정규직화 <br>3. 비정규직 고용조건 개선: 동일노동가치 동일임금 <br>4. 고용의 안전성 <br>5. 직업능력의 발전 | •해고 및 노동시간 감축 <br>•정규직 전환 후에도 차별적 노동조건 | 1. 매년 #% 이상 인상 <br>2. 정규직화의 단계적 실행 방안 | •최저임금 인상과 영세 중소기업 &소상공인 보호방안에 대한 패키지; 인상폭 / 카드수수료나 지나친 임대료 급등 규제와 같은 다른 비용 부담에 대한 정책적인 고려 / 소상공인 육성 방안 / 사회보험료와 같은 사회 안전망 확대지원 방안 / 골목상권 보호를 위한 방안 등 <br>•비정규직의 단계적 정규직화와 비정규직의 노동조건 개선에 대한 시점 및 내용의 조정: 기업의 상황을 고려한 정규직화의단계적 시행계획 / 동일가치노동 동일임금에 대한 원칙 수립 및 적용 범위의 단계적 확대 계획 등 <br>•정부의 적극적, 소극적 노동시장 정책 확대로 해고된 노동자들에 대한 소득안정성 및 직업능력 개발, 취업기회 알선 제공 <br>•노동시간 감축 또는 유연화가 회사와 노동자의 필요가 부합되는 수준에서부터 단계적 시행; 회사의 비용절감과 육아 및 개인사정 등을 이유로 하는 노동자의 필요가 부합하는 경우부터 시행해서 문화적 수용성 높임 |
| | 기업: <br>•영세 중소기업과·소상공인 <br>•중소기업중앙회 <br>•소상공인연합회 <br>•기타 이익집단 | | 1. 비용 및 성과구조 개선 <br>2. 자본규모가 큰 기업과의 경쟁 제한 <br>3. 인건비 상승폭 제한 <br>4. 지속적인 성장과 발전 기회 창출 | 인건비 상승으로 인한 수익성 악화 | 1. 비용구조의 단계적 개선 <br>2. 인건비 매년 #% 이하 인상 <br>3. 정규직화 단계적 실행 방안 | |
| | 정부 <br>•대통령 직속 노사정위원회 <br>•국무총리 직속 사회보장위원회 <br>•고용노동부 <br>•그외 관련 정부 조직 <br>•최근 관련입법을 발의한 정당 및 국회의원 | | 1. 제도화된 협상의 장에서 당사자의 합의를 중재 <br>2. 정부 정책방향에 따른 우선순위에 따른 시행 <br>3.후속대책에서 당사자의 필요와 선호를 고려한 정책 시행 | •인건비 상승이나 비정규직 정규직화로 해고노동자나 비자발적 노동시간 감축 사례 증가 <br>•인건비 상승으로 인한 한계기업경 영악화 증대 | 1. 현재 있는 법제도에 대한 엄격 적용 <br>2. 새로운 정책이나 입법으로 시행 가능한 보호정책 | |

는 법제도의 엄격 적용, 2. 새로운 정책이나 입법을 통한 보호정책을 생각할 수 있
는데 위에서 가계와 기업이 도출한 '협상 패키지'는 정부에 의해 지지될 수 있다.

이러한 과정을 통해 도출한 협상 패키지에 대해 본 협상모델에서 제시한 통
합적 협상식을 적용하여 협상이익의 재구조화하고 전체 협상이익을 최대화한다.
'통합적 가치 축적을 위한 협상모델'은 물적·인적 자본과 사회적 자본을 협상이익
으로 개념화하였고, 이를 자신의 화폐적 효용, 협상 상대방의 화폐적 효용과 협상
의 사회환경적 이익을 신뢰지표만큼 고려하는 협상식으로 구조화하였다. 이는 개
념적인 틀로 시작하지만 개별 협상으로 들어가면 의제에 대한 세부 이슈의 성격과
필요에 따라 정성적·정량적인 개념으로 개별 당사자가, 혹은 당사자 상호 간에 구
체화할 수 있다.

여기서는 위에서 도출한 협상 패키지 중 '최저임금 인상과 영세 중소기업·소
상공인 보호방안에 대한 패키지; 최저임금 인상폭/카드수수료나 지나친 임대료
급등 규제와 같은 다른 비용 부담에 대한 정책적인 고려/소상공인 육성 방안/사
회보험료와 같은 사회안전망 확대지원 방안/골목상권 보호를 위한 방안 등'에 대
해 다루어 보겠다. 여기서 당사자 1(노동자)의 화폐적 이익은 '최저임금 인상', '삶
의 질 개선', '개인의 지속적 발전을 위한 기반 조성' 등으로 제시할 수 있는데 '삶
의 질 개선'은 '생계 및 인간다운 삶을 위한 소비의 질의 변화'라는 정성적 개념으
로 제시할 수도 있지만 이를 '가계 소비에서 부채상환, 생필품, 문화생활이 차지하
는 비중의 변화'라는 정량화된 개념으로 도출할 수도 있다. 또한 당사자 2(영세 중소
기업·소상공인)의 화폐적 효용을 '최저임금을 상쇄할 수 있는 비용절감이나 수익성
개선', '지속적인 사업 성장 기회의 확보'라는 정성적 개념으로 제시할 수도 있지만
이를 '카드 수수료나 임대료 급등 억제로 인하로 인한 비용 감소', '소상공인 지원
에 대한 지원 및 투자금액', '소상공인의 두루누리 사업 지원의 범위와 기간' 등과
같은 정량적 개념으로 제시할 수 있다. 협상의 사회적 이익은 주로 정부 측에서
선제적으로 제시하고 관리해야 하는데, '최저임금 인상으로 소비활성화'나 '사회통
합 및 지속가능성 제고'라는 정성적 개념을 소비지표 개선, 일반신뢰 제도신뢰 평
가지표, 청년의 결혼 및 출산율, 노인의 삶의 질 개선 지표 등으로 정량화할 수도
있다. 이와 같이 통합적 협상식을 적용하는 과정을 앞서 제시한 접근방법을 통해
제시해 보면 〈표 4-19〉와 같다.

〈표 4-19〉 '협상의제 1.1-2, 1.3-1'에 '통합적 협상식' 도출을 위한 접근방법 예시

| 협상패키지 1 | 통합적 협상식 (NI) | 당사자 1의 협상이익($N_1$) | 당사자 2의 협상이익($N_2$) |
|---|---|---|---|
| | | 물적 인적 자본에 기반한 화폐적 효용 | |
| •최저임금 인상과 영세 중소기업 &소상공인 보호방안에 대한 패키지; 인상폭 / 카드수수료나 지나친 임대료 급등 규제와 같은 다른 비용 부담에 대한 정책적인 고려 / 소상공인 육성 방안 / 사회보험료와 같은 사회 안전망 확대지원 방안 / 골목상권 보호를 위한 방안 등 | $u_1$ 당사자1(노동자) 의 화폐적 이익 | • 최저임금 인상<br><br>• 삶의 질 개선: 생계 및 인간다운 삶을 위한 소비의 질의 변화 (단기/중기/장기 효과)<br>  ‣ eg.소비에서 부채상환, 생필품, 문화생활이 이 차지하는 비중의 변화 등<br><br>• 개인의 지속적인 발전을 할 수 있는 기반의 조성<br>  ‣ eg. 청년의 교육 및 직업능력 개발에 대한 개인적 지출여력, 정부 지원에 의한 투자 및 기회 확대<br>  ‣ 결혼 및 출산의 기반 마련: 저축률의 변화 등 | • 최저임금 인상을 상쇄활 수 있는 다른 비용 절감이나 수익성의 개선 (단기/중기/장기 효과)<br>  ‣ 카드수수료 인하로 인한 비용 감소 (단기/중기)<br>  ‣ 임대료 인하 혹은 급등억제에 의한 비용 감소(단기/중기/장기)<br><br>• 지속적인 사업 성장 기회 확보<br>  ‣ 골목상권 보호 관련 법안(생계형 적합업종 지정 등)으로 인한 수익성 개선(장기)<br>  ‣ 소상공인 사업역량 개발에 대한 지원 및 투자<br><br>• 소상공인이나 자영업자의 사회 안전망 확충<br>  ‣ 소상공인의 두루누리사업 지원의 범위 및 기간 확대 |
| | $u_2$ 당사자2(영세 중소기업&소상 공인)의 화폐적 이익 | | |
| | $u_e$ 협상의 사회 환경적 이익 | 관련 의제에 따라 사회 환경적 이익에 대한 평가 방법이 달라질 수 있음; 화폐적 효용으로 환산할 수 있는 경우 / 화폐적 효용으로 환산 어려운 무형의 가치인 경우 협상 당사자들이 협상 과정에서 평가 방법을 함께 마련할 수 있음.<br><br>모든 효용지표에 대해 단기−중기−장기적 예측, 목표, 확인 및 평가<br>• 소비지표 개선 − 경기 활성화 → 경제성장<br><br>• 사회통합 개선<br>  ‣ 국내외적 일반신뢰 제도신뢰(기관신뢰 등)에 대항 평가<br>  ‣ 국민행복도 등에 대한 조사(지표 개발 및 정기적 평가)<br><br>• 지속가능성 지표 개선<br>  ‣ 청년 고용률 / 실업률 변화<br>  ‣ 노인의 고용 및 삶의 질에 개선에 대한 지속적 평가<br>  ‣ 저출산 고령화 문제 개선; 이른바 '삼포'의 분위기 변화 → 중장기 적인 결혼률, 출산률 변화 추이 | |
| | $\lambda$ 규범적·협력적 소통기반에 의한 신뢰지표 | 사회적 자본에 기반한 신뢰 수준: 지속적이고 제도화된 소통기반에 의해 변화되는 수치 | • 협상당사자의 제도된 소통의 장의 참여율, 지속성<br><br>• 당사자간의 소통의 방식의 원활성, 신뢰도의 제고<br><br>• 협상의 장에서 합의된 바에 대한 이행성과 평가, |

| | | | 학습 및 발전의 정도 |
| --- | --- | --- | --- |
| | | | • 협상의 장에서 당사자들이 상대방과 사회환경적 이익에 대한 고려의 정도의 변화 |
| BATNA 협상의 최저선 | 헌법적 선택에 기반한 협상 당사자의 최소한의 사회적 존재기반 | | • 노동자의 인간의 존엄성, 행복추구권, 인간다운 삶의 기반이 될 수 있는 수준의 최저 임금: 사회의 발전에서 소외되지 않는 수준의 지속적인 증가 |
| | | | • 영세 중소기업이나 소상공인이 기업의 존립을 위협받지 않으며 성장할 수 있는 기반: 비용과 성과 구조의 지속적 개선, 경영 능력과 발전적 기회의 보호 및 확대 |

위에서 제시한 바와 같이 협상 패키지에 대한 통합적 이익을 최대화 할 수 있는 하위 옵션들과 정성적·정량적 평가방법을 당사자 간의 상호작용을 통해 도출하고 당사자들은 각 옵션들에 대한 통합적 협상식을 적용할 수 있다. 여기서는 위에서 제시한 저임금 노동자의 최저임금 인상 및 영세 중소기업·소상공인의 비용 및 성과구조 개선을 위한 옵션 관련해서 통합적 협상식을 적용하는 예를 제시해 보도록 하겠다.

이는 협상 패키지에서 노동자측의 '최저임금 인상'과 기업측의 영세 자영업자·소상공인측의 '최저임금을 상쇄할 수 있는 다른 비용 절감이나 수익성 개선' 이라는 한 가지 옵션에 대한 분배적 협상식을 적용해 본 것이다. 앞서 제시한 통합적 협상과정에서 '가치 창조적인' 협상 패키지와 협상 옵션들을 도출했다면, 저임금 노동자의 입장에서 처음에 바트나로 설정한 임금 기대인상폭이 X%일 때, 협상과정에서 a, b만큼을 양보하면서 취할 수 있는 옵션들이 있을 것이다. 위의 예시에서는 a에 대해 복지 및 생필품 구매를 위한 상품권 지급, 교육기회 제공에 대한 투자액 등을 선택할 수 있을 것이고, b에 대해서는 청년의 결혼 및 출산에 대한 장려금, 청년에 대한 두루누리 사업 신설 및 확대를 선택할 수 있다. 소상공인 입장에서는 처음에 최저임금 인상폭 Y% 이하라는 바트나를 갖고 협상과정을 시작했다고 하면 이에 대해 g, h만큼 양보하면서 취할 수 있는 옵션들이 있을 것이다. 위에서 든 예들은, g에 대한 정부의 카드 수수료 인하, 임대료 급등에 대한 억제정책을, h에 대해서는 골목상권 보호정책이나 사업역량 지원에 대한 투자 및 소상공인의 사회안전망 확대를 생각할 수 있다.

본 협상모델은 이에 더해 협상 상대방과 사회환경적 이익을 포함해서 협상이

〈표 4-20〉 '협상의제 1.1-2, 1.3-1'에 '통합적 협상식' 적용 예시

| 통합적 협상식(NI) | 당사자 1의 협상이익(N₁) | 당사자 2의 협상이익(N₂) |
|---|---|---|
| u₁<br>당사자1(노동자)의<br>화폐적 이익 | 최저임금 인상 이익(u₁)<br>• 최저임금 기대인상 폭 X% 이상<br>　· 최저임금 기대인상 폭 X−a%; a에 대한<br>　복지 및 생필품 확보를 상품권, 교육<br>　기회 제공에 대한 투자액 확보(a−1)<br>　· 최저임금 기대인상폭 X−b%, b에 대한<br>　청년의 결혼 및 출산 장려금 확보(b−1)<br>　및 청년에 대한 두루누리 사업 신설 및<br>　확대(b−2) | 최저임금 인상을 상쇄할 수 있는 다른 비용<br>절감이나 수익성 개선(u₂ )<br>• 최저임금 인상 폭 Y% 이하<br>　· 최저임금 인상 폭 Y+g%; g에 대한<br>　정부의 카드 수수료 인하 및 임대료<br>　급등에 대한 억제정책(g−1)<br>　· 최저임금 인상 폭 Y+h%; h에 대한<br>　정부의 골목상권 보호 정책 및 사업역량<br>　지원 투자, 소상공인 사회안전망 확대<br>　(h−1) |
| u₂<br>당사자2(영세<br>중소기업&소상공인)<br>의 화폐적 이익 | 영세 중소기업 & 소상공인의 이익(u₂)<br>• 사용자의 존립기반 확보에 대한 고려 c<br>(λ₁₂=p%)<br>　· 카드 수수료 인하 (c−1)<br>　· 사용자 사업역량 개발에 대한 정부<br>　지원(c−2) | 저임금 노동자의 최저임금 인상(u₁)<br>• 노동자의 사회적 존립기반 확보에 대한 고려<br>i (λ₂₁=r%)<br>　· 청년의 결혼 및 출산 장려금 확보(i−1)<br>　· 청년 및 저임금 노동자에 대한 두루누리<br>　사업 지원 (i−2) |
| uₑ<br>협상의 사회 환경적<br>이익 | • 최저임금 인상으로 인한 사환경적 이익(uₑ)<br>　고려 ((λ₁ₑ=q%)<br>　· 최저임금 인상으로 인한 국민 행복도<br>　개선에 대한 정부의 예측치(d)<br>　· 최저임금 인상으로 인한 결혼 및<br>　출산률 제고에 대한 정부의 예측치(e)<br>　· 최저임금 인상으로 인한 청년 및<br>　노인의 삶의 질 제고에 대한 정부의<br>　예측치(f) | • 최저임금 인상으로 인한 사환경적 이익(uₑ)<br>　고려 (λ₂ₑ=s%)<br>　· 최저임금 인성으로 인한 소비지표<br>　개선에 대한 정부의 예측치(j)<br>　· 최저임금 인상으로 인한 사회통합<br>　개선에 대한 정부의 예측치(k)<br>　· 최저임금 인상으로 인한 청년과 노인의<br>　삶의 질 제고에 대한 정부의 예측치(f) |
| λ<br>규범적 · 협력적<br>소통기반에 의한<br>신뢰지표 | 지속적이고 제도화된 소통기반에 의해 변화되는 수치<br><br>λ₁₂=p%, λ₁ₑ=q% | λ₂₁=r%, λ₂ₑ=s% |
| BATNA<br>협상의 최저선 | 헌법적 선택에 기반한 협상 당사자의 최소한의 사회적 존재기반<br>•X: 저임금 노동자가 인간의 존엄성, 행복추구권, 인간다운 삶을 살기 위한 경제적 기반<br>•Y: 한계기업이 지속가능한 성장을 할 수 있는 존립기반 | |

익을 재구조화하였다. 따라서 노동자 입장에서는 자신의 직장이기도 한 영세 중소
기업이나 소상공인의 존립기반을 확보를 위한 옵션 중에 카드 수수료 인하, 사용
자 사업역량에 대한 정부 지원을, 기업 입장에서는 자신의 직원이기도 한 노동자
에 대해 청년의 결혼이나 출산 장려금 지급, 두루누리 사업 확대 지원을 옵션으로
선택할 수 있다. 또한 노동자는 정부가 제시하는 사회환경적 이익 중에서 앞서 제

시한 옵션들 중 최저임금 인상으로 인한 국민 행복도 제고, 결혼 및 출산율 제고, 청년 및 노인의 삶의 질 제고에 대해 정부측이 제시하는 지표에 의한 정성적·정량적 예측치, 영세 중소기업이나 소상공인 입장에서는 최저임금 인상으로 인한 소비지표 개선, 사회통합 지표 개선, 청년과 노인의 삶의 질 제고에 대한 예측치를 선택할 수 있다. 각 당사자가 상대방의 이익이나 사회경제적 이익을 고려하는 신뢰지표 계수인 $\lambda$는 앞서 제시했듯이 지속적이고 제도화된 소통기반에 의해 변화될 수 있는 수치이다. 그리고 협상의 최저선인 바트나 (X, Y)의 설정도 헌법적 가치에 기반한 사회적 존재기반임을 서로가 인정하는 것으로 본 협상모델은 제시하였다.

## V. 분배적 협상식 적용

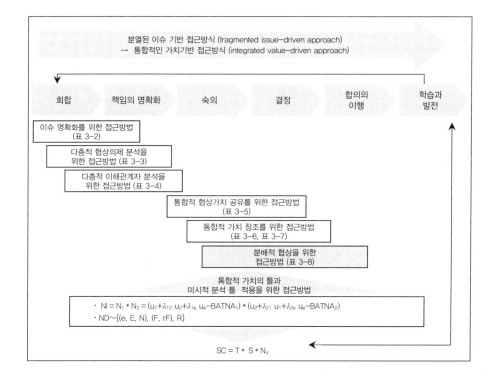

분열된 이슈 기반 접근방식 (fragmented issue-driven approach) → 통합적인 가치기반 접근방식 (integrated value-driven approach)

회합 | 책임의 명확화 | 숙의 | 결정 | 합의의 이행 | 학습과 발전

이슈 명확화를 위한 접근방법 (표 3-2)

다층적 협상의제 분석을 위한 접근방법 (표 3-3)

다층적 이해관계자 분석을 위한 접근방법 (표 3-4)

통합적 협상가치 공유를 위한 접근방법 (표 3-5)

통합적 가치 창조를 위한 접근방법 (표 3-6, 표 3-7)

분배적 협상을 위한 접근방법 (표 3-8)

통합적 가치의 틀과 미시적 분석 틀 적용을 위한 접근방법

- $NI = N_1 * N_2 = (u_1 + \lambda_{12}\ u_2 + \lambda_{1e}\ u_e - BATNA_1) * (u_2 + \lambda_{21}\ u_1 + \lambda_{2e}\ u_e - BATNA_2)$
- $ND \sim \{(e, E, N), (F, rF), R\}$

$SC = T * S * N_V$

통합적 협상을 통해 자신과 협상 상대방과 사회경제적 이익을 모두 고려해서 최대한의 가치를 창출할 수 있는 협상 패키지를 개발한 후에는 협상 패키지를 구성하는 하위 옵션들에 대해 각자가 주고 받을 수 있는 부분에 대해 분석하고 판단하고 상호 간에 제시하여 최종 합의하는 분배적 협상과정을 갖게 된다. 이 과정에서 본 협상모델에서 제시한 분배 기준인 '공평, 형평, 필요의 메타규범', '구조화 / 재구조화', '상호성의 규범'을 적용할 수 있다. 예를 들면, 위에서 제시한 '최저임금 인상과 영세 중소기업·소상공인 보호방안'에 대해 통합적 협상과정을 거쳐 도출한 협상 패키지 중에서 양측의 바트나가 너무 큰 차이로 시작을 할 경우 '공평'의 기준에 의해 동일한 정도로 바트나를 조정한 후 협상에 임할 수 있다. 또한 '통합적 가치 축적을 위한 협상모델'의 접근방법을 통해 협상과정에 임하기로 합의한 당사자들은 본 협상모델의 λ값, 즉 상대의 효용과 협상의 사회 경제적 이익을 어느 정도로 고려할 것인지에 대한 신뢰지표에 대해 양자가 동일한 수준으로 고려할 것임도 합의할 수 있다. 물론 각자의 평가와 판단에 맡기기로 할 수도 있다.

그리고 보다 근본적으로 접근해야 할 부분은, 노동과 자본, 즉 노동자의 임금과 회사의 수익에 대한 성과분배의 기준을 마련하는 것이다. 앞서 살펴본 바와 같이 본 연구의 대상인 사회 구조적인 문제는 '양극화'라는 원인에서 출발하였고, 양극화는 시장에 근간한 자본주의 시스템의 필연적 결과가 아닌 오히려 시장 인센티브가 왜곡된 결과였다. 그리고 그러한 구조에서 청년이나 노인계층의 비중이 점차 높아지고 있는 노동시장의 취약계층인 저임금계층의 문제를 해결하기 위한 것이 여기서 다루고 있는 협상의제인 1.1-2 노동자의 '고용 안전성'과 '한계기업의 존립'을 위협하는 인건비문제 해결방안이나 1.3-1 '가계와 기업의 최저선'을 지속적으로 확보하는 원칙과 제도 마련이다. 따라서 근본적으로는 성과분배 기준을 마련해야 하는데 이를 위해서는 '숫자'부터 시작하는 타협이 아니라 '숫자에 대한 근거'를 기반으로 하는 '원칙'을 마련하는 것으로부터 시작해야 한다(근거 기반의 협상, evidence based negotiation). 그러한 원칙이 마련된 후 '구조화 및 재구조화', '상호성의 규범'에 기반한 협상의 옵션들이 교환되면서 합의가 타결되면 이것이 향후 지속하게 될 협상의 근거가 된다. 이와 같은 내용들을 앞서 제시한 '분배적 협상식 적용'에 대한 접근방법에 적용해서 예시하면 〈표 4-21〉과 같다.

〈표 4-21〉 '협상의제 1.1-2, 1.3-1'에 '분배적 협상식' 적용 예시

| 분배적협상식(ND) | | 당사자가 분배적 기준에 합의하는 과정에 대한 예시 |
|---|---|---|
| (e, E, N) | e: 공평 | • 예를 들어, 당사자 1(노동자)가 선택한 a와 당사자 2(기업)이 선택한 g 의 수치를 동일하게 함<br>  ‣ eg. 당사자 1이 생각한 처음의 바트나가 10% 였고 당사자 2가 생각한 바트나가 3%였다면 각각 당사자 1은 8%로 당사자 2는 5%로 바트나를 조정함<br>• 협상 상대의 효용, 사회환경적 효용이나 서로의 바트나에 대해 동일한 수준으로 고려할 것에 합의함 (eg. p=r, q=s) |
| | E:형평 | • 사업 성과에 대한 당사자 1과 당사자 2의 기여에 비례한 화폐적 효용 분배<br>• 당사자의 합의 하에 각각의 기여를 판단하는 기준의 설정<br>  ‣ eg.<br>    • 지난 #년간 동종산업이나 업종, 혹은 규모를 기준으로 하는 동종 기업군의 성장률/기업의 이익 증가율/노동자의 임금 상승률 비교해서 향후 #년간 불공정한 분배를 받았던 측에 어떻게 반영할지 논의하고 이를 최저임금 인상률에 반영함.<br>    • 향후 성과에 대해서 노동자와 기업의 성과 분배 기준에 대하여 합의함: 중앙-산별-기업별 |
| | N: 필요 | • 최저임금 선정 기준의 재조정: '미혼단신 생계비 기준'을 점차 2인, 3인, 4인 생계비 기준으로 단계적으로 인상함 (2016 미혼단신 근로자 생계비의 81.1%, 최저임금위원회) |
| (F, rF) | F:구조화 | • 최저임금제가 '시장 최저수준'이 아닌 '인간의 존엄성을 보장하는 최소한'의 의미라는 인식의 구조화 (헌법적 가치) |
| | rF:재구조화 | • 자본과 노동의 성과분배에 대한 기준을 마련해가는 과정에 대한 재구조화; 단지 숫자에 대한 것이 아니라 숫자의 기반이 되는 원칙에 대한 합의<br>• 고용자와 노동자가 최저임금 및 기업의 지속가능성에 대해, 각자의 이익만을 고려하는 것이 아니라 상호 간의 사회적 존립 기반을 고려하는 인식의 재구조화: 서로의 존립이 각자의 사회적 존립기반이라는 사실에 대한 인식<br>• 협상 방식에 대한 인식의 재구조화; 각자의 입장과 이익을 반영한 옵션을 주장 한 후, '분배적 협상'을 바로 하는 방식(반복적인 결렬, 시간과 자원의 낭비, 마지막 순간에 최종적인 타협) → 자신과 상대와 사회경제적 이익에 대한 옵션을 고려한 협상패키지를 구체적으로 함께 개발하는 통합적 협상과정을 통해 최대한의 통합적 이익을 창출할 수 있는 |

| | | |
|---|---|---|
| | | 협상패키지를 준비한 후, 패키지의 하위 협상 옵션들에 대해 주고 받을 내용과 상대를 설득할 수 있는 근거를 미리 준비하는 '근거기반의 협상 방식'; 이러한 자료와 근거가 지속적으로 있을 향후 협상의 기반이 됨 |
| R:상호성의 규범 | | • 통합적 협상에서 도출한 협상 패키지의 하위 옵션들에 대한 고려 및 교환에서 상호성의 규범을 갖고 임함<br>   ‣ eg. 기업이 자신의 최저임금의 상한(Y%)을 주장하는 협상이익에 노동자의 두루누리사업 확대 적용을 추가 ↔ 노동자는 최저임금의 인상률(X%)을 주장하는 자신의 협상이익에 기업의 카드 수수료 인하를 추가 |

사회 구조적인 이슈와 같이 사회가 존재하는 한 지속될 장기적인 협상의제들은 한 번의 협상으로 모든 것을 끝내려고 해서도 안되고 그럴 수도 없다. 또한 계속 반복될 협상이 매번 같은 자리에서 시작하는 것은 협상의제에 대한 합의, 사회 구조적 문제의 해결에도 도움이 안될 뿐 아니라 사회통합과 발전, 지속가능성을 침해한다. 결국 원점에서 다시 시작하는 것이 아니라 부의 가치로 누적될 수 있다.

협상이 결렬되거나 더 큰 협상가치를 창출하지 못하고 무엇보다 사회 구조적인 의제와 같이 계속 반복되는 협상과정이 매번 새로운 갈등의 자리로 경험되는 원인 중에 하나는 당사자들이 '지속적으로 함께 공유할 수 있는 틀'이 없기 때문이다. 즉 앞서 제시한 '월스트리트 게임'에서 '공동체 게임'으로의 인식의 전환이 필요하다. 본 연구는 '공동체 게임의 룰'을 만들 수 있는 가치기반과 접근방법을 제시하고자 하는 하나의 시도로서 '통합적 가치 축적을 위한 협상모델(NMIV)'을 수립하고 적용하는 과정을 제시했고, 이제까지 이러한 관점에서 도출한 NMIV의 접근 방법들을 '청년실업 및 노인빈곤'이라는 사회 구조적 문제에 대해 적용하는 과정을 다루어보았다.

다음에는 NMIV에서 제시한 거시경제주체 당사자 모델이 가장 큰 틀에서 이루어지는 사회적 합의모델인 '코포라티즘'의 사례를 알아보고 관련되어 우리나라의 현재 상황에 어떠한 시사점을 제공하는지, 그리고 우리나라의 노사정위원회에 대하여 본 협상모델의 관점에서 제시할 수 있는 바에 대해 알아보도록 하겠다.

## 제 3 절  사회적 합의를 위한 구조적 협상모델의 사례연구 및 시사점

### Ⅰ. 코포라티즘 모델

'합의형성 접근방식'에서 '숙의 및 결정'의 다음 단계는 '이행의 구체적 보장', '장기적 관계 지향', '학습과 발전'이다. 여기서는 사회 경제적 의제에 대한 이행공약을 사회협약(Social Pact) 형태로 담보하는 코포라티즘 모델의 사례에 대해 제시해 보겠다.

본 연구의 '통합적 가치 축적을 위한 협상모델'은 앞서 제시한 바와 같이, 다층적인 사회 구조적 문제에 대한 다층적 이해당사자의 가장 상층의 당사자로서, 각 경제주체의 이익을 포괄적으로 대변할 수 있는 협상의 대표성 있는 집단으로 가계-기업-정부를 설정하였다. 대부분의 공공 이슈들은 사회 경제적인 의제를 포함하고 있고 결국 거시경제의 주체인 가계-기업-정부의 당사자 틀을 가져가게 되는 경우가 많다는 점에도 본 협상모델은 부합한다. 여기서는 이와 같은 관점에서 긴 역사와 세계적 사례를 갖고 있는 거시경제주체의 사회적 합의모델을 살펴보도록 하겠다.

스칸디나비아 국가들의 복지제도를 위한 합의모델의 전형으로 일컬어지는 코포라티즘은 일반적으로 노동과 자본, 정부가 국가적인 차원의 사회경제정책을 대상으로 조직적인 이익을 조정하는 타협의 제도화를 의미한다.[129] '코포라티즘(corporatism)'은 이익집단이 다양한 수준으로 정책형성에 참여하는 과정인데 단순한 협의의 개념보다 포괄적인 개념으로서 이익집단의 규모가 크고 작은 숫자일 것, 국가적인 차원에서 조정될 것, 특히 전통적으로 노동과 자본의 조직적 대표들이 정부 대표와 함께 규칙적으로 대화할 것, 세 파트너를 묶는 포괄적 동의, 즉 3자 협약을 조건으로 하는 개념이다.[130] 이에 필요한 요소는 제한된 수의 참여주체,

129 심상용, "비교사례 접근을 통한 새로운 사회협약(Social Pact) 성립의 제도 및 행위자 요인에 대한 연구", 노동정책연구 제7권 제3호, 2007, 172쪽; Philippe C. Schmitter, "Still the Century of Corporatism?, 〈Trend Toward Corporatist Intermediation〉, Schmitter Philippe C., & G. Lehmbruch (ed.), Sage, 1979, 21 – 22쪽.

조정 대상별 참여주체의 단일성, 강제적 참여, 비경쟁성, 질서화된 위계, 차별화된 기능, 국가에 의한 인정, 대표성, 지도자 선출, 통제된 이익표출이다.[131]

코포라티즘은 사회설계(social design)의 지향으로 마련된 '사회적 합의'의 개념이라고 할 수 있다. 만인에 대한 만인의 투쟁을 극복하기 위한 대안으로서의 사회계약을 이야기한 홉스, 재산권의 개념 도출을 핵심으로 하는 로크, 자연상태로의 회귀를 주장한 루소, 앞서 헌법경제학에서 다루었던 정의의 원칙에 기반한 사회계약을 이야기한 롤스 등의 사회계약설은 이러한 사회설계의 이론적 기반이라고 할 수 있다.[132] 사회적 합의는 사회의 계층 간 갈등을 전제로 하는 개념이기 때문에 노동, 기업, 정부라는 거시적 경제주체 간의 국가 단위의 합의를 의미한다. 사회적 합의에는 사회적 대화, 사회적 협의, 사회합의주의 등 여러 개념들이 포함된다. 서구적인 개념으로 Social Dialogue, Social Concertation, Social Corporatism 등에 대응한다. 사회적 대화(Social Dialogue)는 기업 수준에서 국가 수준에 이르는 대표성 있는 이해당사자들의 공식, 비공식 접촉이며 사회적 협의(Social Concertation)는 공공정책 결정과정에 대한 노사의 참여로, 사회합의주의(Social Corporatism)은 노사정 간 정치적 타협으로서 이른바 '사회적 대타협'을 의미한다. 코포라티즘에 대한 정의와 시각은 다양하지만 공통적 요소는 이익집단들 사이의 상호작용과 사회협약(Social Pact)을 필수조건으로 하는 거시적 국가정책모델을 상정하고 있다는 것이다.[133]

집합적 이익을 정치적으로 거래하는 속성을 가진 코포라티즘은 노동-자본에게는 이익 교환에 필요한 구비조건으로 이익대표 체제를 확립할 것을 요구한다. 이는 그러한 체제가 갖추어지지 않은 상태에서의 개별적인 노동자와 기업이 각자 시장교환에 의한 단기적인 이익을 추구하는 상황에서는 임금조정, 복지제도의 확충, 거시경제정책에 대한 이해의 표출과 같은 포괄적인 이익조정을 하기에는 과다한 거래비용이 들기 때문이다. 즉 본 연구에서 제시한 이해당사자의 이해가 반영될 수 없는 협상의 구조적 한계를 극복할 수 없는 편향의 발생 원인이기도 하다.

---

130 심상용, 위 논문, 2007, 170쪽.
131 심상용, 위 논문, 172쪽.
132 김태수, "사회적 합의기구로서의 노사정위원회 위상에 관한 관점별 검토", 한국행정학보, 제40권 제4호, 2006, 207-208쪽.
133 이장원, "노사정위원회 사회적 대화의 발전방안: 한국형 모델의 탐색", 월간노동리뷰, 2013.3, 한국노동연구원, 49쪽.

즉 이미 형성되어 있는 구조 위에서 개별 당사자의 협상은 구조적 모순을 해결하기 보다는 강화하는 것이다. 이것이 앞서 말한 상호 소통이 가능하지 않은 상태에서의 '죄수의 딜레마'의 상황이다. 이에 반해 대표성을 지닌 이익집단 간의 소통은 부정적 외부효과를 내부화하는 합리적인 주체의 성립을 의미하며 개별 구성원들의 무임승차와 단기이익 추구의 경향을 억제하고 외부 환경의 잠재적 위협을 극복하기 위해 장기 이익을 추구하는 경향으로 변화하게 된다. 즉 개별적인 시장거래가 보다 포괄적인 이슈에 대한 거래(package deal)를 가능하게 하고 이러한 정치적 교환이 공공영역에서 주된 경향으로 자리잡게 되는 것이다.[134]

코포라티즘 모델은 각 나라의 상황에 따라 다른 모습으로 발전하였다. 스웨덴과 같이 코포라티즘의 전통을 갖고 있는 나라에서도 정치·경제적 상황에 따라 변화된 모습으로 달라졌고, 영국과 아일랜드는 코포라티즘의 기반이 취약한 나라에서 사회협약을 시도하는 과정에서 실패와 성공의 사례를 보여준다. 다음에는 이 세 나라에 코포라티즘 모델이 형성되고 적용된 과정을 살펴보도록 하겠다.

## 1. 스웨덴의 코포라티즘과 새로운 합의모델

스웨덴의 연금, 사회보장 전문가 팔머(Edward Palmer)는 스웨덴을 "합의의 나라(a country of consensus)"라고 한다.[135] 합의는 상반된 견해를 가진 주체들이 윈·윈하는 타협이고 결과가 아닌 결과에 이르는 과정과 절차에 대한 합의인데 이를 가능하게 하는 제도와 문화가 필요하다. 스웨덴의 코포라티즘 모델은 사회민주주의 체제에서 형성된 오랜 역사를 갖고 있는 제도이고 문화이다. 그 이면에는 노동조합의 강한 제도적 기반이 존재했다. 또한 사민당이 의회에서 다수를 차지함으로써 행정부가 이익단체들을 정책적으로 통제할 수 있었다. 스웨덴 합의의 정치적 기원은 1938년 '살쯔요바덴(Saltzjöbaden) 협약'으로 거슬러 올라가는데, 이때 형성된 스웨덴 코포라티즘의 핵심은 노동조합총연맹(LO)과 사용자단체(SN)가 자율적으로 노사문제를 해결하며 중앙 수준에서 임금협상을 하기로 한 것이다.[136] 노조는 노동에 대한 고용, 해고, 배치가 사용자의 고유 권한임을 인정하는 대신 사측은 노조를

---

**134** 심상용, 위 논문, 179−180쪽.
**135** 우명숙·양종민, "1990년대 이후 스웨덴 사회정책 변화와 합의의 재구축", 국제·지역연구 제23권 제3호, 2014, 30쪽.
**136** 우명숙·양종민, 위 논문, 49−50쪽.

동등한 파트너로 인정했다. 1950년대 경제학자들이 제안한 '렌-마이드너(Rehn-Meidner) 모델'은 노사자율주의가 성장과 분배의 양립을 현실화하는데 결정적으로 기여했다. 이 경제모델은 기업의 인플레이션 우려를 해소하고 임금의 균등화를 통한 노동자 연대를 가능하게 하는 연대임금제, 경쟁력에 따른 기업도산과 실업자들의 이동을 돕는 적극적 노동정책 등을 통해 생산성을 높이는 성장주의 모델을 지향했다. 기업은 연대임금제를 통해 축적된 이윤을 다시 투자를 위해 사용함으로써 지속적인 생산성 향상을 도모하고 이를 통해 완전고용이 가능했다.[137]

여기서 국가의 역할이 매우 중요했는데 정부는 자율적 임금협약에서는 빠져 있었지만 노사의 높은 수준의 신뢰관계가 유지될 수 있도록 법적, 제도적 지원을 하였다. 즉 노사자율주의는 노사가 서로 장기적으로 신뢰할 수 있는 제3자, 국가의 역할을 필요조건으로 한 것이다. 또한 경제적 부의 창출이 사회에 고르게 재분배될 수 있도록 복지국가 건설에 집중했는데 스웨덴의 노동시장 행위자들은 생산시장에서 협력관계에 놓여져 있고 포괄적으로 국가정책결정시스템에 통합되어 있었다. 즉 코포라티즘적인 방식으로 사회적 파트너들이 정부정책의 결정 집행에 상시적으로 참여한 것이다.[138]

1970년대부터 노사자율주의에 궤도수정이 시작되었는데 스웨덴 수출산업의 급격한 성장이 해당 산업 노동자들로 하여금 연대임금으로 인한 임금인상 자제에 불만을 품게 하면서 공식협약 수준보다 더 높은 임금을 지불하게 되는 상황이 발생했다. 이에 사용자단체의 반발이 초래되고 이 과정에서 실질적인 노사의 중앙임금교섭이 해체되면서 임금인상과 인플레이션은 더욱 통제하기 어려워졌다. 그 후 사용자단체는 우파정당에 대한 정치적 지지를 하게 되고 1991–1993년의 짧은 기간 동안 집권한 우파 정부 하에서 스웨덴 모델은 큰 전환점을 맞게 된다. 이후 스웨덴은 달라진 사회경제 상황에 따라 코포라티즘과 사회적 합의의 방식에 변화를 겪게 된다. 이는 앞선 노사갈등뿐 아니라 복지국가의 재정위기, 집단주의와 정치로부터 개인주의와 시장이 강조되기 시작한 것도 이유이다. 또한 세계화의 진행으로 국가가 금융자본을 통제하기 어려워진 것도 그 배경이 되었다. 이때 등장한 새로운 방식의 합의를 '사회 중심적 거버넌스(society centric governance)'라고 한다. 거

---

**137** 안재흥, "정책과 정치의 동학, 그리고 제도의 변화", 한국정치학회보 제44권 제4호, 2010, 248쪽.
**138** 우명숙·양종민, 위 논문 39–49쪽.

버넌스는 사회와 경제를 조정하고 집합적 목표를 추구하는 방향을 제시하는 것으로 정의되는데 이는 공적 이해를 위해 사회를 조정한다는 의미이다. 이를 정부가 통치를 위해 활용하는 도구, 전략, 관계라고 하기도 한다. 이런 의미에서 서구복지국가의 거버넌스를 '자유화를 관리하는 방식'이라고 하기도 한다. 이는 시장관계를 확대하는 탈규제를 전면에 내세워 노사합의 제도를 퇴출시키는 신자유주의적 자유화가 아닌 시스템 내·외부자들을 보호하면서 보호받는 시스템, 즉 노동시장에 들어오지 못하는 외부자들에 대한 보호를 확대하는 방식을 취했다. 이것이 앞서 살펴본 유연안전성 모델의 기반이기도 하다.[139]

스웨덴의 코포라티즘을 강력하게 리드했던 사민당이 의회에서 다수 의석을 잃게 되면서 '계약의회주의', 즉 집권 소수 정부가 내각에 참여하지 않는 정당과 문서화된 계약을 맺어 다수 정부처럼 통치할 수 있는 방식을 통해 행정부의 통치 능력을 안정화시켰다는 것은 주목할 만하다. 이것 역시 스웨덴의 중요한 합의모델의 예가 될 수 있다. 또한 정당 간 연합뿐 아니라 정책의 성과에 따른 정당의 평가가 점차 중요해짐에 따라 전문관료들의 역할들이 커지고 좋은 성과를 낼 수 있는 과정과 절차가 강조되고 있다. 이러한 변화들은 전통적인 사민주의 체제에서 '지속 가능한 모델'을 만들려는 노력의 결과로 볼 수 있다. 소득정책, 노동시장정책, 복지정책은 지속가능한 모델의 핵심 정책들로서 낮은 인플레이션, 실질임금 인상, 복지재정 건전성과 지속가능성, 높은 고용률 유지와 노동보호 등을 동시에 추구하는 것이 갈등조정 거버넌스의 핵심이다. 협상의제를 두 가지 유형으로 구분할 때, 첫째 포괄적인 성격의 사회정책에서는 정부기구의 중재와 전문관료들의 역할이 중요하고 합의적인 방식으로 거버넌스가 운영된다. 둘째, 노사 양자의 직접적인 정책관여가 높은 노동시장 정책에서 거버넌스는 상대적으로 갈등적이며 갈등조정이 중요해진다.[140]

스웨덴 노동조합은 2011년 현재 전체 노동자의 67% 정도를 조직화하고 있고 2000년까지 80.6%였던 데 비해 떨어지기 했으나 여전히 높은 수준이고 노동자의 90%가 단체협약의 적용을 받는다. 1990년대 이후 중앙의 노사 간 사회협약은 이루어지지 않지만 산업 부문별 임금협상을 넘어 '산업협약'의 형태로 여러 산업의

**139** 우명숙·양종민, 위 논문, 31−34쪽.
**140** 우명숙·양종민, 위 논문, 36쪽.

노동조합 연맹과 사용자 연합이 단체협약을 체결하고 이 협약에 체결하지 않은 산업과 공공 부문에도 비공식적 규범으로 작용함으로써 부문 간 임금격차와 임금의 무분별한 상승을 통제하는 역할을 할 수 있다. 또한 1997년 산업협약 이후 스웨덴에서는 정부예산을 받아 운영되는 독립기구인 중재위원회의 역할이 강화되어 2000년부터 국립중재위원회에서 산업 전반의 임금협상을 중재한다.[141]

중재위의 역할은 중요하고도 흥미로운데, 정부는 예산을 주고 보고는 받지만 중재위 일에 개입하지는 않고 중재위는 중재를 넘어서 임금형성과정에 적극적으로 개입한다. 즉 단순히 노사를 비롯한 사회적 파트너들이 모일 자리를 마련하는 것이 아니라 공식적 협상 테이블에 앉기 전에 객관적 근거, 서로의 상황과 입장을 토론하는 자리를 갖게 하고 협상과정의 타임 테이블을 논의하며 거시적 경제상황에 대해 공유하고 부문별 상황을 점검하는데 이를 '임금 컨퍼런스'라고 한다. 여기에 국립경제연구소에서 와서 보고서를 발표하고 200–250명의 사회적 파트너들이 참석한다. 보고 후에는 양쪽에서 비판과 제안을 하고 중립적인 경제학자들도 함께 토론을 한다. 이 자리에서 양측이 모두 만족하지는 않더라도 최소한의 합의에 이르게 된다. 또한 비공식적인 협상 자리에서 서로 다른 입장을 가진 관계자들이 서로 만나 좋은 관계를 유지해가며 일상적 네트워크를 유지한다. 중재인을 임명할 때도 노사 단체들과의 일상적인 네트워크를 동원해 평판이 좋은 사람들을 임명하고 정부는 전혀 관여하지 않는다. 이러한 과정을 통해 스웨덴은 1990년대 이후 명목임금과 인플레이션 상승률을 통제할 수 있었고 실질임금은 상승할 수 있었다.[142]

노동시장은 갈등적 요소가 강하지만 노동조합이 강한 제도적 영향력을 행사할 수 있기 때문에 기본적인 원칙 위에서 움직인다. 그것은 보편적 복지, 동일노동 동일임금, 높은 노동조직률과 단체협약 적용률, 적극적 노동시장정책과 공보육정책이다. 청년실업률이 상대적으로 높아지면서 '노동우선원칙'이 노동시장정책에 강조되어 예전보다 고용활성화 정책이 중요해지고 있다.[143]

스웨덴이 오랜 역사를 갖고 있는 노사자율합의의 코포라티즘은 노동조합이 사용자측과 동등한 협상력을 기반으로 운영된 합의모델이다. 이것이 성립하는 과

---

141 우명숙·양종민, 위 논문, 46–47쪽.
142 우명숙·양종민, 위 논문, 48쪽.
143 우명숙·양종민, 위 논문, 55쪽.

정에서 노조는 사용자측에 연대임금이라는 인플레이션을 억제할 수 있는 중요한 제도 도입에 동의해주었다. 그러나 임금연대제가 기반한 렌-마이드너 모델은 사용자측이 아닌 노조측의 경제학자들이 제안한 모델이었고, 따라서 사용자측이 그 모델의 본질적 취지에 맞게 연대임금제를 통해 축적된 이익을 투자를 위해 사용했고 이것이 지속적 생산성 향상과 완전고용을 가능하게 했다는 점이 중요하다. 즉 코포라티즘의 시작과 전개에는 노사 양측의 신뢰의 축적과정이 있었던 것이다. 그 이후 여러 갈등으로 코포라티즘이 새로운 거버넌스 모델로 발전하는 과정에서도 이러한 신뢰기반이 제도의 '후퇴'가 아닌 경제 사회적 상황에 '적응'할 수 있도록 하는 중요한 역할을 했던 것이다.

## 2. 영국·아일랜드의 사회협약(Social Pact)

앞선 스웨덴의 사례는 오랜 시간 형성된 코포라티즘의 전통을 갖고 있는 나라로서 정치, 경제, 사회적 변화에 의해 '사회적 거버넌스'로 표현될 수 있는 새로운 사회적 합의모델 만들어 온 과정을 보여주었다. 여기서 살펴볼 영국과 아일랜드는 코포라티즘 전통이 취약한 나라에서 사회협약을 만들어가는 시도와 실패, 성공의 사례를 보여준다.

영국은 노동당 윌슨 정부가 1964년 국가경제발전위원회(National Economic Development Council: NEDC)를 통해 3자 간의 파트너십을 실험하고자 했다.[144] NEDC는 노사정 합의체로서 국가의 가격정책과 소득정책에 협의하는 역할을 했는데 '국가발전의 포괄적 계획'이라는 5개년 경제성장계획에 노동조합회의(TUC)와 영국산업연합(CBI)이 참여한 '생산성, 물가, 소득에 대한 공동성명'을 포함시키려고 했다. 그러나 정부의 관심사와 노조와의 포괄적 정책협의 사이에 대립이 생기면서 1년 만에 좌초된다.

1970년부터 집권한 보수당 정부는 반노동정책으로 노동자와 대립했고 1974년 재집권한 윌슨의 노동당 정부는 노조와 협력해 '사회계약(Social Contract)'을 체결하고 국가경제발전위원회를 재가동했다. 그러나 스태그플레이션이 닥치면서 주요

---

[144] C. Williams, "Britain in the 1990s: The Absence of Policy Concertation to the Destruction of the Social Contract", in ⟨Policy Concertation and Social Partnership in Western Europe: Lessons for the 21st Century⟩, S. Berger, & H. Compston(ed.), Berghan Books, 2002, pp. 57–59.

의제에 대한 노사 합의에 실패하고 1978년 사회계약은 파기된다. 그 후 1979－97 집권한 보수당 정부는 신자유주의의 흐름 속에 사회적 파트너쉽에 의한 협상의지를 갖지 않았고 국가정책 결정에 노사 양측을 철저히 배제했다. 노조의 임금억제를 대가로 사회적 임금을 확충하는 것에 대해 거부하고 국가 통치능력 회복에 중점을 두면서 1992년에 국가경제발전위원회를 폐지한다. 그 후 공정임금법과 최저임금제도를 폐지하고 노조의 경영관여를 제한한다. 그 후 1994년 노동당이 다시 집권했지만 토니 블레어(Tony Blair)는 노조에 우호적인 대우를 하지 않았고 1997년 재집권 후에도 거시적인 정책협의는 일체 하지 않고 부처차원에 자문에 국한시켰다. 대신 경영자의 주도권 존중, 사업장 수준의 전통적 파트너쉽, 정부의 자본가 대표들과의 파트너쉽을 추진했다.[145]

영국에서 코포라티즘의 실패는 권력의 승자독식제도와 비토 포인트(veto point), 즉 반대자의 입장을 배제하는 정치제도가 중요한 요인으로 지적되는데 최다득표제, 단순다수제, 1당내각, 정부우위의 정부-의회관계가 그러한 제도들이다. 즉 지역구 유권자들의 지지에만 의존하는 제도적 특징이 보수 정부뿐 아니라 노동당 정부도 기존 정책경로에서 이탈 및 지지 세력에 대한 이탈에서 자유로울 수 있게 한다는 것이다. 이러한 영국의 다수제 모델은 정치인들이 사회적 파트너쉽에 근거한 제도에 대해 부정적 인식을 갖고 탈정치적인 자유방임 가치를 내면화하게 했다고 분석된다. 영국은 중앙노조 없이 파편화된 노조 구조로 인해 단위노조에 의한 협상만이 가능했기 때문에 단기 이익의 확보에 몰두할 수밖에 없었다. 따라서 노사 관계는 지엽적이고 전투적이며 가시적이고 단기주의 이익을 추구하는 경향이 지배적이다. 이는 저신뢰-저생산성-저임금 연계구조를 의미한다.[146]

아일랜드는 1970년대의 페일(Fianna Fáil) 정부의 국가임금합의(National Wage Agreement)가 본격적인 코포라티즘의 정책실험이었다.[147] 그러나 합의의 대상이 임금정책으로 제한되어 있었고 노사정 합의체가 아니라 국가가 사용자로서 참여한 2자 간 협상이라는 한계가 있었다. 이에 페일 정부는 임금인상 자제와 공공정책을 대상으로 하는 '사회 경제적 발전을 위한 국가 양해협의(National Understanding for

145 심상용, 위 논문, 183－187쪽.
146 심상용, 위 논문, 같은 쪽.
147 심상용, 위 논문, 188쪽; 심지연·강명세, 〈세계화 시대 노사정의 공존전략: 서유럽 강소국과 한국〉, 한국정치학회 편, 백산서당, 2005, 217－241쪽.

Social and Economic Development: NUSED)'를 노사정 합의체에서 체결해 포괄적 정책협의로 발전시키려 하였으나 1981년 경제위기 앞에 협의는 파기되었다. 이후 다시 자율적인 단체협약의 시대로 돌아가고 1981－87년의 기간 동안 실질소득 7% 감소, 17%의 실업률, 평균 12%의 인플레이션, GDP의 8%가 넘는 공공적자, GDP 125%에 달하는 국가부채, 조세부담의 급등 등 최악의 경제위기를 맞게 된다. 페일 정부는 다시 국가회복 프로그램을 통해 거시경제 전반의 조정을 시도했고 핵심 기조는 인플레이션 압력을 유발하지 않으면서 고용창출과 사회복지 지출 수준을 유지하려는 것이었다.

　　이후 1991년 페일 정권은 진보민주당과의 연정 하에 '경제사회진보프로그램', 1994년 노동당과의 연정 하에 '경쟁력과 취업 프로그램', 1997년 가엘(Fine Gael) 정권과 노동당, 민주좌파당 연정 아래 '파트너십 2000', 2000년 페일 정권과 진보민주당과의 연정 하에 '번영과 공정 프로그램', 2003년 '지속적 진보'의 사회협약들이 수립된다. 이 모든 협약들은 거시경제, 구조조정, 소득분배에 초점을 둔 것으로 지속적이고 공고한 합의에 기초한 전략적 틀을 견지하고 임금협상, 거시경제 안정, 낮은 인플레이션, 조세, 교육, 건강, 사회복지 등 재정적 보상, 시간제 근로자를 포함한 비정규직 보호, 고용평등, 부당해고 금지 등의 결합을 기조로 했다. 경제적으로 침체되어 있던 시기의 협약들은 경제정책과 일자리를 창출하려는 것이었고 경제가 성장하던 시기의 협약은 사회적 인프라 부족, 주택비용 상승, 일부 부문의 과도한 임금인상, 보육수요 증가 등을 배경으로 했다.[148] 〈표 4－22〉는 아일랜드의 사회협약들을 보여준다. 이후의 합의들은 생산성 연합에서 분배연합으로 중심이 옮겨졌고 불평등과 사회적 배제 척결, 교육, 건강, 시간제 근로자의 사회보호 확대, 부당해고 금지, 노동조건 개선, 노동행정개혁, 급진적 조세개혁, 포괄적 형평성 등을 강조하고 있다.[149]

---

**148** 심상용, 위 논문, 189쪽.
**149** 심상용, 위 논문, 같은 쪽.

〈표 4-22〉 아일랜드의 사회협약[150]

| 시기 | 정책협의 프로그램 | 협약의 목표 | 주요 내용 |
|---|---|---|---|
| 1987–1990 | 국가회복 프로그램(NPR) | | • 임금완화와 재정적 보상<br>• 저소득 노동자 보호<br>• 경제사회 발전을 위한 통합 전략<br>• 안정된 거시경제 관리(저금리, 저인플레이션, 환율안정)<br>• 사회복지이전지출 유지<br>• 공공지출 통제 |
| 1991–1994 | 경제사회진보 프로그램 (PESP) | | • 임금인상 완화(3%)와 재정적 보상<br>• 저임금 노동자 보호<br>• 국가채무 목표 설정<br>• 사회경제적 박탈을 다루기 위한 기구 설립 |
| 1994–1996 | 경쟁력과 취업 프로그램 (PCW) | | • 임금인상 완화와 재정적 보상<br>• 적극적 노동시장정책<br>• 국가채무 목표 설정 |
| 1997–2000 | 파트너십 2000 | • 지속가능한 고용, 경제성장, 사회적 포용을 위한 경제적 역량의 확보 | • 임금인상 완화와 조세개혁의 균형<br>• 지역 및 기업 수준의 교섭 확대<br>• 사회적 배제 척결의 전략적 목표 채택<br>• 기업수준의 파트너십 확대<br>• 국가채무 목표 설정 |
| 2000–2003 | 번영과 공정 프로그램(PPF) | • 재정수지<br>• 삶의 질과 노동환경 개선<br>• 장기 번영의 사회 경제적 토대 확립 | • 임금 적정성 확보<br>• 노동환경 개선<br>• 노동시장 개선<br>• 사회적 포용 및 평등<br>• 연금 급여 및 제수당 확대 |
| 2003–2005 | 지속적 진보(SP) | • 일관된 정책 프레임 강화 및 PPF 프로그램의 정책결과의 산출 및 개선 | • 임금인상 억제(18개월 동안 7%)<br>• 주택·사회보험·장기실업·교육·보육·아동빈곤에 우선순위 부여<br>• 반인플레이션<br>• 공정과세<br>• 사회적 인프라 개선<br>• 변화하는 사회에 대한 적응<br>• 공정하고 포용적인 사회 |

| **150** 심상용, 위 논문, 190쪽, 재구성.

아일랜드에서의 코포라티즘의 성공은 정치제도 안에 '공유된 상'이 등장한 것으로 설명된다. 즉 아일랜드는 식민지의 유산으로 영국식 정치모델로 출발한 자유의회민주주의 국가였음에도 공존의 정치패턴을 지향하는 특성이 있다. 이는 단기이양식 투표, 즉 정당이 아닌 후보에 대한 전국단위의 선호투표를 통해 다수를 구성함으로써 사표를 최소화하는 비례대표제를 실시하는 것에서도 드러난다. 이러한 아일랜드 모델의 합의제적 특성은 1980년대 관행화된 연합내각의 구성, 선출직 대통령과 의회에서 선출하는 수상이 균형을 이루는 준대통령제 하에서의 정부-의회 균형관계, 다당제 협조적 정당관계 등을 특징으로 한다. 연정에 의한 정당정치는 협상을 일상화시키는 안정적 형태로 제도화되었다. 코포라티즘에 비판적이었던 야당도 1990년대 연합내각에 참여하면서 생각을 바꾸었으며 이제는 어느 정도의 정치적 불이익을 낳는 협약이라도 중단을 시도하지 못할 정도의 코포라티즘에 대한 강한 동의가 정치인들 사이에 형성되어 있다. 또한 제도권 밖의 비토 포인트를 포용하는 코포라티즘에 대한 안정과 공감대가 또한 확립되어 있다.[151]

노조의 합병활동이 활발해지면서 강력한 리더십을 갖고 있는 아일랜드 노총은 협상당사자로서 정치적 교환관계를 수립했고, 아일랜드 노동운동은 협조적 자세를 통해 지속적으로 코포라티즘을 지지하고 주요 이슈에 대해 집합적인 장기이익을 추구한다. 여기에는 직업적 소득 범위를 망라하는 폭넓은 단결, 실업자 및 주변화된 노동자들에 대한 단결 등도 포함된다. 노조는 임금인상을 자제했음에도 이를 재정적 보상, 저인플레이션, 금리인하와 연계해 실질가처분소득이 증가했다. 아일랜드 노총의 영향력이 크게 증대할 수 있었던 것은 국가정치영역의 활동에서 집합적 노동세력으로서 정치적 발언권을 행사함으로써 도덕적 권위를 부여받았기 때문으로 분석된다. 자본가들도 일련의 통합을 통해 '아일랜드 기업 사용자 연맹'을 강화했는데 자본가들 또한 이를 통해 장기적·전략적 관점의 의제를 형성함으로써 자본의 능력을 증대시켰다. 회원확대 과정에서 79%의 기업들을 협약에 포괄했고 임금인상, 저금리-저인플레이션, 거시경제 안정성을 지지하고 있다. 이 과정에서 정부는 소수 1당 내각과 연이은 연합 내각들을 통해 분파 정치의 속성을 탈피하고 합리적이고 열린 자세로 안팎의 비토 포인트를 포용하는 코포라티즘 협의

---

| **151** 심상용, 위 논문, 188－194쪽.

〈표 4-23〉 아일랜드 사회협약 당사자(2000)[152]

| 유형 | 조직 |
|---|---|
| 정부 | • 무지개연합(중도좌파): Fine Gael, 노동당, 민주좌파 |
| 영농조직 | • IFA: 노동연합 외 2개 단체 |
| 노동조합 | • ICTU: 아일랜드 노총 |
| 사용자단체 | • IBEC: 기업·사용자연맹 외 5개 단체 |
| 시민단체:<br>공동체 및 자발적 결사조직 | • ISOU: 전국실업자조직<br>• NWCI: 전국여성위원회<br>• NYCI: 전국청년위원회<br>• CORI: 종교지도자위원회<br>• Centres for the Unemployment: 실업자센터<br>• Society of St. Vincent de Paul: 성빈센트협회<br>• Protestant Aid: 신교지원단체<br>• Community Platform: 공동체지원단체 |

를 주도했다. 정책협의의 구조화, 정부의 책임성 강화, 상호 간의 해석의 차이를 좁히는 신뢰성 보장, 정책협의에 대한 대표 조직체의 권한강화 등이 정부의 노력으로 이루어졌다.[153]

아일랜드의 코포라티즘은 모든 참여자들에게 이익을 제공해 수확을 체증시키는 것을 지속적으로 학습시키고 있고 노동-자본 간의 이해, 일체감, 선호가 재형성되는 기능적 상호 의존성에 대한 확신이 공고화되고 있다. 최근의 협약은 협약의 안정성을 확보하기 위해 노력하고 있으며 산업정책, 고용정책, 사회정책을 통합적으로 다루고 장기실업, 배제와 같은 사회적 균열 통제를 위해 노사 외 사회적 주체까지 포함하고 있다. 〈표 4-23〉은 다양한 아일랜드의 사회협약 참가자들을 보여준다.[154]

---

152 심상용, 위 논문, 194쪽 재구성.
153 심상용, 위 논문, 192-193쪽.
154 심상용, 위 논문, 193쪽.

## Ⅱ. 우리나라의 노사정위원회

### 1. 노사정위원회의 현황

우리나라의 거시경제주체 협상모델은 20여 년의 법제도적인 기반을 갖고 있는 '노사정위원회'에 반영되어 있다. 1997년 경제위기 상황에서 본격적으로 시작된 노사정위원회는 1999년 8월 6일 대통령령에 의해 '노사정위원회의 설치 및 운영 등에 관한 법률'을 제정 공포함으로써 공식적이고 제도적인 대통령자문기구가 되었다. 그 후 1기(1998.1-6), 2기(1998.6-1999.8), 3기(1999.9-2007.5), 4기(2007.5-)를 거치고 있고, 2006년 4월부터는 '경제사회발전노사정위원회(이하 노사정위원회)'로 이름을 바꾸었다. 노사정위원회는 대화와 타협을 통한 양질의 일자리 창출, 노동이 존중받는 사회, 포용적 성장을 위해 주요 경제주체들의 참여로 '한국형 사회적 대화기구'로 자리잡을 것과 고용, 복지, 사회통합을 함께 이루어낼 것을 목표로 한다. 또한 정부의 적극적인 지원 하에 노사가 해법을 모색하는 주체가 될 것과, 기존에 노사정 대화에서 충분히 대변하지 못했던 청년, 비정규직, 중소기업, 소상공인 등 다양한 계층의 목소리를 적극 담아낼 것을 제시한다.[155]

2012년 11월 노사정위원회는 논의의제 범위 확장, 참여주체 확대, 사회적 대타협 논의 수용, 산업이나 지역별 대화 체제 강화를 주장했다. 특히 비정규직, 농민, 소상공인, 청년 등의 참여주체 확대과정에서 이들을 산업적, 전국적으로 대표할 수 있는 조직이 부재한 경우가 많고 조직력이 취약하므로 이들을 포함하는 별도의 운영위원회를 둘 것을 제안했다.[156] 문재인 정부에서는 '질적 성장'으로 경제 패러다임을 전환하기 위해 노사정이 참여하는 사회적 대화가 꼭 필요함과 경제정책과 노동정책에 대한 사회적 합의를 이루어내는 것은 시대적 사명임을 강조한다. 또한 전체 노동자의 90%에 이르는 비조직 노동자들을 사회적 대화에 참여시킬 방안을 강구할 것을 제시했다.[157]

노사정위원회의 역할은 '협의기구'인지, '사회적 합의기구'인지에 대한 논란이

---

155 경제사회발전노사정위원회 홈페이지; http://www.esdc.go.kr/ibuilder.do?per_menu_idx=1959 &menu_idx=1960, 방문일자: 2017.10.22.
156 이장원, 위 논문, 47쪽.
157 비즈니스포스트, "문재인 '노사정 대화 통해 질적 경제성장 이뤄나가야'", 2017.10.30, http://www.businesspost.co.kr/BP?command=article_view&num=62517

있어 왔다. 사회적 합의는 이해당사자들이 협상과정을 통해 도출한 결과물에 대한 이행이 담보되며 이것을 위한 공약이 사회협약(Social Pact)이라고 할 수 있다. 따라서 구체적인 법제도 마련과 이행방안이 뒤따르게 된다. 반면 협의는 상호 신뢰 기반 위에 제도개선의 방향을 세우는 수준에서의 논의를 이야기한다. 즉 사회적 합의는 약속의 이행에 방점을, 협의는 대화의 주체들이 국민과 사회에 나아갈 방향을 천명하는 역할에 방점을 둔다.[158]

위의 논의과정을 살펴볼 때 우리나라의 노사정위원회가 궁극적으로 '사회적 합의기구'를 지향하고 있다는 것을 알 수 있다. 즉 단순한 논의와 방향제시의 수준이 아닌 구체적인 이행을 담보하고 확인하는 실체적인 합의기구이며 대통령자문기구로서 이미 20여 년의 시간 동안 제도화된 지속적인 합의조직이다. 그러나 그간의 정치·사회적 상황은 노사정위원회가 국민의 대표성을 가진 합의기구로서의 역할보다는 이익집단의 제로섬(zero-sum) 게임의 장으로 비추어진 경향이 있었다. 따라서 노사정위원회를 통해 국가와 사회 전체의 발전적 방향이 모색되고 구체적인 정책의 이행으로 이어져 각 개인의 삶에 긍정적인 변화를 줄 수 있을 것이라는 신뢰기반이 형성되어 있지는 않았다고 볼 수 있다. 이는 제도는 있으나 제도적 소통에 기반한 신뢰지표($\lambda$)는 낮았다는 것을 의미한다. 그러나 최근 우리나라가 맞이한 정치·사회적인 큰 변화의 모멘텀에 위에서 다룬 코포라티즘의 사례와 본 연구의 '통합적 가치 축적을 위한 협상모델'이 제시할 수 있는 시사점은 다음과 같다.

## 2. 코포라티즘 사례연구의 시사점

앞서 살펴본 영국과 아일랜드는 사회협약의 성취과정과 결과는 매우 다르지만 두 나라 모두 우리나라에 주는 시사점이 크다. 먼저 영국은 코포라티즘 실패를 가져온 요인으로 분석되는 정치제도의 특성이 우리나라와 유사한 부분이 많다. 우리나라의 정치제도는 영국과 같은 의회주의가 아니지만 내용상으로는 매우 유사한 승자독식구조이다. 최다득표제, 단순다수제, 오랫동안의 강력한 양당 구조, 제도적으로 보장된 강력한 대통령제 등은 영국과 마찬가지로 제도 내·외부의 비토 포인트를 배재하거나 거부하는 정치문화를 형성했다. 이러한 정치문화는 사회문화

---

| **158** 이장원, 위 논문, 48-49쪽.

에도 영향을 끼쳐 정치·사회 전반적으로 '합의의 문화'보다는 '위계의 문화'나 권력관계에 익숙한 분위기를 형성해왔다. 따라서 정책적 사안들에 대해 관련된 이해당사자들 간에 지속적인 소통의 틀을 통해 장기적 관점의 이해를 교환하고 합의할 수 있는 제도는 마련되어 있지 않다. 이러한 배경이 어떤 정권을 막론하고 사회분열문제가 대두되는 이유이기도 할 것이다. 즉 개인적인 이해를 집합적으로 치환하고 서로 다른 이해의 집합체가 소통을 통해 조정하고 합의를 이루어 가는 방식자체가 아직 생소한 것이다. 영국이 초기의 '사회협약' 노력에 실패하고 오랜 시간 지속적으로 불신을 축적해 나간 사례는 우리에게 시사해 주는 바가 많다.

영국이 우리나라와 정치제도적 요인에 공통점이 많다면 아일랜드는 현재 우리나라가 처한 특수한 상황과 변화의 모멘텀에 있어서 시사해 주는 바가 크다. 정치제도권 밖의 비토 포인트는 물론이고 제도권 안의 주체들과도 소통, 합의, 조정의 메커니즘을 거부했던 극단적인 정치행태를 보여주었던 정권이 헌정사 초유의 대통령 탄핵으로 막을 내리고 새로운 변화에 대한 국민적 열망 가운데 들어선 새정권은 '소통과 합의'의 정치문화를 표방하고 있다. 그러나 이것이 '제도화된 소통과 합의의 틀'로 도입되고 모든 이해당사자들이 협상의 대등한 당사자가 될 수 있을 정도의 집합적 조직체로 성장해서 이들 사이에 신뢰가 형성되고 축적되는 과정은 아직 시작되지 않았다. 이러한 상황에서 아일랜드의 사회협약의 역사가 주는 중요한 시사점은 아일랜드 역시 초기 정부의 사회적 합의의 실험이 순조롭지 않았다는 것이다. 최초의 합의기구를 설치하자마자 광범위한 분규가 발생했고 그 이후에도 몇 차례의 협약 파기와 잇따른 경제위기를 경험하게 된다. 그러나 영국과의 차이는 영국은 실패 후 바로 분열의 문화에 포섭되어 그 이후 오랜 시간에 걸친 제도화된 불신의 문화를 축적해 갔다면 아일랜드는 끈질기게 사회적 합의를 추진해 나갔다는 점이다. 이것은 분명 지난한 과정이었을 것이다. 그러나 그 시간을 거쳐 소통과 합의, 협약과 준수의 문화가 '공유된 상'으로 자리잡게 되고 모든 주체들이 신뢰의 수확체증을 학습하게 되어, 일정 수준의 불이익을 감수하더라도 제도화된 협의의 장을 적극적으로 지지하게 된 모습은 고통스러운 과정을 거치고 오랜 시간이 걸리더라도 우리가 장기적으로 추구해야 할 모습이 어느 정도 실현된 사례라고 할 수 있을 것이다.

## 3. '통합적 가치 축적을 위한 협상모델'의 시사점

우리나라 노사정위원회는 노동측 대표로 한국노총과 민주노총 위원장, 사용자측 대표로 경영자총협회 회장과 대한상공회의소 회장, 정부측 대표로 경제부총리 겸 기획재정부 장관과 고용노동부 장관이 노동-경영-정부 대표로 참여하는 2:2:2의 구조로 되어 있었다.[159] 그런데 노동측의 양대 대표인 민주노총은 1999년 김대중 정부 때, 한국노총은 2016년 박근혜 정부 때 노사정위원회를 탈퇴하였고, 문재인 정부 들어서 양대 노총과 기업측, 그리고 정부가 노사정위원회 복원을 통한 사회적 대화 재개에 기본적으로 뜻을 같이 하고 있다.[160]

한국노총은 박근혜 정부 당시, '쉬운 해고'와 '취업규칙 불이익 변경요건 완화'에 반발하면서 노사정위원회를 탈퇴했다.[161] 민주노총이 노사정위원회를 탈퇴한 시기는 훨씬 전인데, IMF 이후 노동시장 유연화 정책이 추진되는 시점에 이루어진 노사정위원회에서, 정부와 기업이 사실상 이해를 같이 하고 노조를 대화의 자리에 포섭시킨다는 명목으로 당시 투쟁적인 노동운동을 약화시킨다는 민주노총 내부의 문제의식이 있었기 때문이다.[162] 이는 아직까지도 민주노총 내부에 자리잡고 있는 문제의식이며 민주노총이 사회적 대화 복원의 필요성을 인정하면서도 노사정위원회 복귀를 쉽게 결정하지 못하는 이유이기도 하다. 현재 노동계를 대표하는 두 노총의 노사정위원회 탈퇴과정은, 대화의 장이 법제도적 기반 마련만으로 이루어지는 것이 아니라는 것을 보여준다. 그보다 더 핵심적인 것은 본 협상모델이 제시하는 중요한 협상가치인 '신뢰의 구축'이다.

---

159 경제사회노사정위원회 홈페이지; http://www.esdc.go.kr/organization/conference.do?menu_idx = 1977, 방문일자: 2017.10.22.

160 연합뉴스, "한국노총, 사실상 노사정위원회 복귀 선언", 2017.10.24, http://www.yonhapnews. co.kr/bulletin/2017/10/24/0200000000AKR20171024200900004.HTML; 매일노동뉴스, 민주노총 김명환 위원장, "사회적 대화 진정한 의지 있다", 2018.1.19, http://www.labortoday.co.kr/news /articleView.html?idxno = 149258; 뉴스1, "경제계, 노사정위 대표자회의 제안 적극 공감한다", 2018.1.11, http://news1.kr/articles/?3204667; 이데일리, "문대통령, 노사정 대화 복원 가속화… 양대 노총 지도부와 면담", 2018.1.19, http://www.edaily.co.kr/news/news_detail.asp?newsId=0173 1846619079360&mediaCodeNo = 257&OutLnkChk = Y

161 노컷뉴스, "한국노총 노사정위 탈퇴, 정부도 마이웨이", 2016.1.20, http://www.nocutnews.co. kr/news/4535372

162 김영수, "노사정위원회 참여를 둘러싼 민주노총의 전략적 대응: 정파 간 내부정치를 중심으로", 사회과학연구 51(1), 2012, 81 – 107쪽.

노사정위원회가 사회적 대화기구로서 제도적 기반을 갖게 된 20여년 동안의 과정에서 노동조합이 이러한 인식을 갖게 될만한 이유들을 협상의 관점에서 보면 '노동조합의 위상'과 그로 인한 '협상력의 균형' 문제를 생각할 수 있다. 먼저 노동조합의 위상과 관련해서 '물리적인 기반'이 협상의 관점에서 충분하지 않음을 보여주는 중요한 척도는 노동조합의 낮은 조직률이다. 고용노동부가 발표한 2015년 기준 우리나라의 근로자의 노조조직률(전체 임금 근로자 중 노동조합에 가입한 노동자의 비중)은 전체 10.2%였다. 이는 OECD 평균인 27.8%의 절반도 못 미치는 수준으로, 29개 회원국 가운데 네 번째로 낮고 60%를 웃도는 북유럽 국가들에 비하면 한참 낮은 수준이다. 2008년 기준으로도 우리나라의 노조조직률은 10.3%로 OECD 국가 최 하위 수준이었다. 우리나라 다음으로 낮은 수준은 미국은11.3%, 일본 18.2%, 독일은 19.1%로 조사되었고 최고수준은 아이슬란드 79.4%, 스웨덴 68.3% 였다.[163] 상대적 노동조합조직률뿐 아니라 추세도 오히려 떨어지고 있다. 2001년 12%였던 노조 조직률은 2015년 10.2%로 떨어졌다.[164] 이 중 미가맹노조를 제외한 양대 노총만의 조직률은 8%이다.[165]

또한 노동조합의 위상 관련된 '무형의 기반' 관련되어서는 우리나라에서 노동조합이 갖는 불편하거나 부정적인 이미지를 생각할 수 있다. 이에 대한 중요한 원인 중 하나는 대기업 중심의 성장과정에서 노동조합의 활동에 입혀진 '성장 발목잡기'의 프레임이었다. 이 과정에서 기업은 노동조합의 조직과 활동을 여러 수단을 통해 방해했으며, 노동 측은 협상의 장에서 나가 투쟁을 노동운동의 방식으로 선택했고, 정부는 이른바 보수·진보 정권을 막론하고, 노사정위원회를 매개로 노동조합이 갖고 있는 투쟁적 운동성을 약화하고 신자유주의 정책의 정당성을 강화하고자 하였다는 평가를 받기도 한다.[166] 이러한 상황에서는 노사정위원회에서 각 경제주체를 대표하는 협상당사자가 상호 신뢰하는 가운데, 대등하고 균형 있는 협

---

**163** 오마이뉴스, "한국노조조직률 9.7%, 이것도 OECD 꼴지권", 2012.5.8, http://www.ohmynews. com/NWS_Web/View/at_pg.aspx?CNTN_CD=A0001729758

**164** 고용노동부 '전국노동조합 조직현황', 조직률 산정방식: 조합원수/조직대상근로자, 매년 12월 31일 기준.

**165** 박지은, "노동조합 조직률 국제 비교", 월간노동리뷰, 2013.3, 82−83쪽; 데일리대한민국 "한국노총과 민주노총 어떤 조직인가", 바른사회시민회의, 2016.1.20, http://www.dailykorea.kr/sub_read.html?uid=8872

**166** 김영수, 위의 논문, 81쪽.

상력을 갖고 대화와 소통을 통해 합의에 이르는 데는 한계가 있었고, 결국 갈등, 투쟁, 불신의 축적이 반복되며 강화되는 구조였다고 볼 수 있다.

본 연구의 통합적 가치 축적을 위한 협상의 관점에서는, 현재 노사정위원회가 당면한 상황은 '사회적 합의기구로서의 노사정위원회의 재개 및 제도화', '다층적 당사자의 참여', '노사정위원회에서 풀어야 할 과제에 대한 다층적 의제화를 통한 단계적 합의 도출 및 이행'으로 생각해 볼 수 있다.

## (1) 사회적 합의기구로서의 노사정위원회의 재개 및 제도화

노사정위원회가 대통령자문기구로서 법제도적 기반을 갖추게 된 지 20여 년이 지났지만 아직 안정적인 합의기구로 제도화되었다고 볼 수 없는 상황에서, 국민을 대표하는 합의기구로서 재개되는 것이 그 시작이 될 것이다. 노사정위원회는 특정 이슈나 의제에 대해 합의를 도출하기 위한 임시적인 합의기구가 아닌 대통령자문기구로 그 법제도적인 기반이 이미 확보되어 있는 지속적인 합의조직이다. 또한 그 의제도 짧은 시간에 도출할 수 있는 합의가 아닌 임금협상과 같은 반복적인 협상의제를 비롯해서 고용, 복지, 성장과 같은 국가사회의 중장기적 정책과 같은 사실상 국가사회가 지속하는 한 계속될 수밖에 없는 장기적인 의제를 다루는 합의조직이다. '사회적 합의'를 위한 협상의 장은 본질적으로 '사회 구조적 문제'를 해결하기 위해 협상 참여자들이 특정 집단의 이해를 대표하지만 궁극적으로는 국민 전체의 이익을 위해 마련된 지속적인 합의조직이다. 따라서 사회적 합의의 장에서 협상당사자들은 1차적으로 그러한 합의의 장이 지속적으로 유지되어 협상이익을 확대해 나가도록 해야 하는 국민에 대한 책무가 있다. 이는 개별 협상에서 각 집단의 이익을 어떻게 대표할지에 앞서, 그러한 '합의의 장이 제도화'되어 신뢰가 축적되고 그것을 기반으로 국민 전체를 대상으로 하는 협상이익을 지속적으로 확대해 나가겠다'는 공약(commitment)이다. 협상의 장 없는 협상은 가능하지 않기 때문이다.

이를 위해서 1차적으로 필요한 것은 안정적인 '협상가능영역(ZOPA)'을 구조화하는 것이다. 앞서 제시했듯이 협상가능영역은 바트나에 의해서 결정된다. 즉 이해당사자 간에 협상 최저선이 겹치는 영역이 없으면 협상 자체가 성립이 안되는 것이다. 이 경우 개인적인 협상이라면 다른 협상 상대를 찾으면 된다. 그러나 노사정위원회는 기본적으로 협상의 장이 이루어지지 않으면 다른 상대를 찾을 수 없는 협상이고, 협상의 주체(constituency)로서의 국민이 동의할 수 없는 이유로 협상의 장을 결렬시킨다면 어느 쪽이든 국민 전체에 대해 책임이 있다는 인식의 전환이 필요하다. 따라서 협상의 장을 성립시키느냐 결렬시키느냐의 기준이 되는 협상의 최저선에 대해서 국민의 합의인 헌법적 기준에 의한 '사회 존재적 기반'을 객관적인 기준으로 제시해야 한다. 즉 당시의 사회경제적 환경에 비추어 헌법상 보장된 당사자 집단(가계-기업-정부)의 최저선이 어느 수준인지에 대한 객관화된 기준과 이에 기반한 협상당사자의 바트나 제시로 '협상가능영역(ZOPA)'이 설정되고 또한 이러한 원칙이 유지될 수 있도록 해야 한다. 협상의 장이 존재하지 않는다면 여러 의제에 대한 논의자체가 무의미하다. 또한 언제든지 협상이 결렬될 수 있다는 생각을 갖고 있는 당사자들 사이에 신뢰의 구축이 시작되기도 어렵다. 따라서 최소한 협상의 장을 제도화하기 위해 헌법에 기반한 사회적 존재기반을 바트나로 제시하고 인정하겠으며 이에 대한 합의가 이루어지지 않을 경우 합의의 장 자체를 거부하는 것이 아니라 그에 대해 함께 원칙을 세우고 협상가능영역을 찾겠다는 협상대표자들의 공약(commitment)이 1차적으로 필요하다.

### (2) 다층적 당사자의 참여

앞서 살펴본 바대로 우리나라 전체 노조조직률도 10% 정도이지만, 이 중 비정규직의 노조가입률은 1 - 2%에 불과하다. 노조가 있는 사업체 중 노조가입이 가능한 정규직 노동자의 비중은 2005년 79.2%에서 2016년 81.1%로 증가했지만 같은 기간 노조가입 가능한 비정규직 비율은 47%에서 28.8%로 줄어들었다. 이 중 실제 노조에 가입한 비율도 67.2%에서 55.8%로 감소했다.[167] 비정규직에는 본 연구의 연구대상이었던 청년, 노인이 구조적으로 다수 포함되어 있으며, 청년실업자, 생계기반이 마련되지 않는 퇴직 후 노인, 최저임금 수준 혹은 그 정도에도 못 미치는 수익을 얻는 자영업자 등은 비정규직에도 포함되지 않는 취약계층이다. 앞서 제시했듯이 이들이 우리나라 전체 노동시장에서 차지하는 비중은 매우 높으며 경제성장, 사회통합, 국가사회 지속가능성의 관점에서 이들의 중요성 또한 점차 높

---

[167] 한국일보, "힘 빠지는 노조, 가입률 8년 새 5% 줄어", 2017.5.5, http://www.hankookilbo.com/v/21ada83d6ba44beead9ac56e9bedc5a2

아지고 있다.

　이제까지 노사정위원회는 이러한 이해당사자들이 공식적으로 포함되어 있지 않았다. 사용자측 2인, 정부측 2인, 그리고 노조측 2인으로서 정규직 노조가 중심인 한국노총과 민주노총이 이들의 이해를 충분히 대변할 수 있을 것이라고 협상의 관점에서 이러한 구도로는 생각하기 어렵다. 또한 사용자 대표도 '대기업과 중소기업의 격차 해소'가 갖는 이슈의 중요성에 비해 중소기업의 이해를 대표할 수 있는 협상당사자가 위 구조에 반영되어 있다고 보기 어렵다. 이는 현재 노사정위원회에서 중점적으로 연구하고 있는 '임금연구, 청년고용, 고용차별 개선, 외주화 연구, 4차산업과 고용미래포럼, 직업능력개발활성화'와 같은 주요 의제와도 거리가 있다.[168] 협상의 관점에서는 우선순위와 중요성이 높은 의제에 대한 직접적인 이해당사자가 대표로 참여하는 협상의 장에서 협상이익이 커질 수 있다. 기본적으로 모든 협상 참여자는 본인이 1차적으로 대표하는 집단의 이해를 가장 높은 우선순위로 다루게 되기 때문이다. 특히 주요 의제에 대한 이해를 직접 대표하는 당사자가 참여하지 않은 채 그 의제가 논의되는 것은 협상의 사회경제적 이익 관점에서도 손실이 될 수 있다. 이에 대해 위의 이슈분석과정에서 제시하였다.

　현재 노사정위원회의 모든 당사자들이 사회적 대화의 재건과 더불어 조직화되지 않은 노동자의 조직화와 그들의 이해가 합의의 장에 반영되는 것을 높은 우선순위의 필요로 제시하고 있다. 또한 새로운 사회적 대화기구가 필요하다는 것도 제시되고 있다.[169] 비정규직, 청년, 노인, 자영업자, 중소기업이 현재 노사정위원회뿐 아니라 지금의 사회경제적 발전 관점에서 우선순위가 높은 이슈와 관련된 직접적인 이해당사자들이라면 이들을 합의의 장에 포함시킬 수 있는 방법과 체계를 마련하는 것이 필요하다. 이를 위해서 기존의 틀에만 국한된 것이 아닌 통합적 가치 창출을 위한 아이디어들이 제시되고 모색되는 과정이 있으면 좋을 것이다. 먼저 이론적으로는 '합의형성 접근방식'에 대한 연구에서 제시했듯이 특정 이해관계자들을 대표할 수 있는 대표가 불분명할 경우 이를 선정할 수 있는 과정을 마련해야 한다. 이러한 방법에는 관련된 이해당사자들을 일정한 기준으로 소집한 코커스

168 경제사회발전노사정위원회 홈페이지; http://www.esdc.go.kr/ibuilder.do?per_menu_idx=1959 &menu_idx=1960, 방문일자: 2017.10.24.
169 아시아경제, "노사정위, '새로운 사회적 대화기구 전폭 수용'", 2018.1.11, http://www.asiae.co. kr/news/view.htm?idxno=2018011110325762777

(caucus)를 개최해서 다시 대표를 선정하는 방법이 있을 수 있고 이러한 과정을 통해서도 대표자 선정이 어려운 이해관계자 집단(hard-to-represent category of stake-holders)의 경우 이들을 대표할 수 있는 대리인(proxy)를 마련해야 하는데 이를 위해 입법적 조치를 취하기도 한다.

이 과정에서 정부의 '중재자'로서의 역할이 중요하다. 앞서 제시했듯이 합의의 장을 조직화하기 위해서는 협상의 가치사슬을 먼저 설계·준비하고 당사자들을 선정·소집하며 이 과정에서 논의되는 바를 분석하여 통합적 관점에서 공유하고 협상안으로 발전시키는 과정에서 중심 축으로서의 역할이 필요한데 그것이 중재자이고 본 협상모델에서는 정부이다. 기존의 노사정위원회가 국민 전체의 대표성이나 현재 우선순위가 높은 이슈에 대한 직접적 이해당사자들을 포함하고 있지 못하다면 그 틀을 벗어난 논의의 장을 선제적으로 시작하는 것도 중재자의 역할이 될 수 있다. 여러 방법들에 대한 고민과 논의가 있을 수 있지만, 예를 들면 위에서 제시한 스웨덴의 '중재위원회'의 사례가 참고할 만하다. 정부의 예산은 받지만 독립적으로 운영되는 스웨덴의 국립중재위원회는 산업 전반의 임금협상을 중재하는데 이 과정에서 노사를 비롯하여 모든 사회적 파트너들이 모여 서로의 상황과 입장을 토론하는 자리를 갖게 하고 협상과정의 타임 테이블을 논의하며 거시적 경제상황에 대해 공유하고 부문별 상황을 점검하는 '임금 컨퍼런스'를 주최한다. 여기에 200－250명의 사회적 파트너들이 참석하고, 국립경제연구소에서 보고서를 발표하며, 보고 후에는 양쪽에서 비판과 제안을 하고 경제학자들도 함께 토론을 한다. 이 자리에서 모든 당사자가 만족하지는 않더라도 최소한의 합의에 이르게 된다. 또한 그 외 비공식적인 협상 자리에서 서로 다른 입장을 가진 관계자들이 서로 만나 좋은 관계를 유지해 가며 일상적 네트워크를 유지하도록 하는 중심적 역할도 한다. 중재인을 임명할 때도 노사 단체들과의 일상적인 네트워크를 동원해 평판이 좋은 사람들을 임명하고 정부는 전혀 관여하지 않는다.[170] 현재 우리나라와 노사정위원회가 직면한 여러 이슈들이 현재 노사정위원회의 구성만으로 충분히 대표될 수 없는 보다 큰 규모의 당사자들에 대한 이슈라면 이와 같이 정부조직에 의한 지속적인 중재 가운데 모든 협상당사자와 전문가들이 '사회적 파트너'로서 논의할 수 있

---

| 170 우명숙·양종민, 위 논문, 48쪽.

는 지속적이고 공식적인 장을 만들고 이것이 구체적인 협상 아젠다에 대한 합의와 연결될 수 있는 구조를 만드는 것을 생각해볼 수 있다.

국가사회 발전을 위해 우선순위 높은 의제의 직접적인 이해당사자인 국민집단에 대한 대표자가 현재 합의의 장에 없다면, 그러한 이해집단의 대표자가 노사정위원회 안에서든 노사정위원회를 포함한 보다 큰 틀에서든 실질적으로 의견을 제시하고 합의에 참여할 수 있는 방법이 제도적으로 마련되는 것이 바람직하다.

### (3) 다층적 의제화를 통한 단계적 합의 도출 및 이행

'합의의 장이 제도화'되고 주요 의제에 대한 '다층적 이해당사자'가 참여할 수 있는 기반이 마련되었다면 의제에 대한 다층적 분석을 통해 협상의제로 세분화하고 협상안으로 발전시키는 과정이 필요하다.

〈표 4-24〉 우리나라 노사정위원회의 전개과정과 주요 의제[171]

| 활동시기 | | 설치 근거 | 참여 주체 | 주요 의제 |
|---|---|---|---|---|
| 1기 | 1998.1.15 – 2.9 | • 없음 (법적 근거 없는 정치적 합의 기구) | • 노·사·정·정당 | • 노동시장 유연성<br>• 노동기본권<br>• 사회복지정책<br>• 재벌개혁 |
| 2기 | 1998.6.3 – 1999.8.31 | • 대통령령 (노사정위원회 설치령) | • 노·사·정·정당·공익 | • 구조조정<br>• 사회복지정책<br>• 노동기본권 |
| 3기 | 1999.9.1 – 2007.4.26 | • 특별법 (노사정위원회의 설치 및 운영에 관한 법률) | • 노·사·정·공익 | • 구조조정<br>• 사회복지정책<br>• 근로시간 단축<br>• 노사관계 제도 개선 |
| 4기 | 2007.4.27 – 현재 | • 특별법 (노사정위원회의설치 및 운영에 관한 법률 | • 노·사·정·공익 | • 노동기본권<br>• 사회안전망 확충<br>• 사회통합적 노동시장<br>• 고용친화적 노사관계 |

| 171 김강식, "사회적 대화의 주요 이슈", 질서경제저널 제15권 1호, 2012, 45쪽, 재구성.

〈표 4-24〉는 그간 노사정위원회의 전개과정에서 다루어진 주요 의제들을 보여준다. 이에 대해 다층적 의제분석을 통해 이슈 명확화, 갈등분석, 세부적인 협상의제 도출, 세부 의제에 대한 협상 참여자 선정, 협상의 통합적 가치체계 공유, 당사자의 다층적 이해 분석을 통한 협상 패키지 개발, 통합적 협상식과 분배적 협상식의 적용과정을 갖는 것이 필요하다. 합의의 전 과정에서 경제주체를 대표하는 협상당사자가 자신이 대표하는 집단과 상대의 화폐적 효용과 사회경제적 효용을 모두 고려한 협상이익을 구체화함으로써 국민 전체의 이익을 지속적으로 확대해 나가는 과정이 제도화 되도록 해야 한다.

중요한 것은 이 과정이 장기적이고 단계적으로 이루어지는 과정임을 인식하는 것이다. 노사정위원회에서 다루는 사회 구조적 의제는 그 성격상 짧은 시간 동안 몇 번의 합의를 통해 도출되고 끝날 수 있는 내용이 아니다. 오히려 그런 생각으로 접근하게 되면 지속적으로 축적되어야 하는 협상이익이 매번 원점으로 돌아가 사실상 사회경제적인 손실로 돌아오게 된다. 따라서 노사정위원회에 임하는 모든 당사자들은 이 과정은 국가사회가 지속되는 한 '계속적이며 반복적으로' 이루어질 합의와 협상의 장이며, 자신들은 특정 집단을 대표하지만 국민 전체의 이익을 위해 그 자리를 지속해야 함을 인식해야 한다. 또한 다층적 의제에 대해 모든 당사자들이 통합적·협력적 관점으로 서로의 이해에 깊이 접근하여 가치 창출을 할 수 있는 협상 옵션과 패키지를 개발하는 과정은 상당히 실무적이고 분석적이어야 한다. 앞서 제시했듯이 직관적 참조점에 의한 바트나의 주장은 협상이익을 축소시키거나 결렬시키기 때문이다.

마지막으로 국민은 노사정위원회가 그들만의 게임의 자리가 아니라 자신들의 이익을 구체적이고 장기적으로 대표하는 자리라는 것을 인식하며 관심을 갖고, 가능한 채널을 통해 의견을 제시하고 감시해야 한다. 이러한 재구조화를 통해 노동조합에 대한 국민의 이미지 또한 달라지고 노조조직률이 높아질 것이다. 무엇보다 노사정위원회는 국민 전체의 이익을 위한 합의의 자리인 만큼 '국민의 지지'를 받을 수 있어야 한다.

이제까지 '사회적 합의기구로서의 노사정위원회의 재개 및 제도화', '다층적 당사자의 참여', '다층적 의제화를 통한 단계적 합의 도출 및 이행'에 대해 논한 바를 〈그림 4-21〉과 같이 제시해보도록 하겠다.

〈그림 4-21〉 노사정위원회에 대한 '통합적 가치 축적을 위한 협상모델'의 시사점

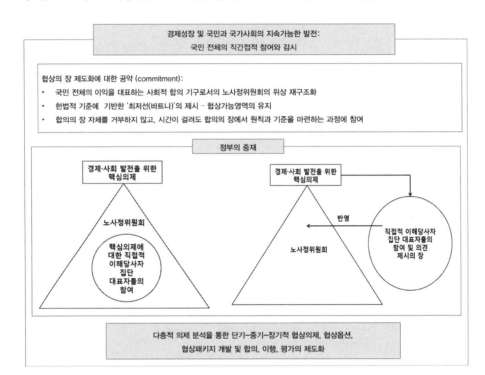

# 제5장

# 결론 및 향후 연구과제

본 연구는 협상을 시장에서 거래하는 사람들의 상호작용의 동학으로 파악하고, 시장의 구조적 문제에 접근할 수 있는 협상모델을 수립하고 그 방법론에 따른 적용과정을 제시하였다.

먼저 시장에서 이루어지는 협상의 강력한 프레이밍(framing)으로 기능하고 있는 '이기심에 기반한 자기 이익의 극대화가 사회 전체 이익을 극대화시키는 자동적 기제'라는 의미로서의 스미스의 '보이지 않는 손'에 대해 탐구하였다. 즉 '보이지 않는 손'은 사람들이 "이기심에 기반한 나의 이익을 극대화하는 것은 시장의 당연한 전제이며 이렇게 하는 것이 결국 전체의 이익을 극대화하는 것이므로 나는 나의 이기심을 존중하고 나의 이익만을 생각하면 된다"라는 생각을 갖고 협상과정에 임하게 하는 기능을 해왔다. 이는 협상의 관점에서 '제로섬(zero-sum) 이익'에 기반한 분배적 협상에 초점을 맞추게 하고 '통합적 이익(integrative values)'을 저해하는 구조적 편향(structural bias)이 된다. 스미스는 위와 같은 의미의 '보이지 않는 손'을 제시한 바 없다. 스미스가 이야기한 시장은 '공감(sympathy)과 정의의 법(law of jus-tice) 아래서 이루어지는 유인체계'이다. 이는 학제간 연구로 수행한 헌법경제학, 협조게임이론, 마음이론에 의해 뒷받침된다. 태어나는 순간부터 타인을 자신에게 반영(mirroring)하는 사회적 존재인 개인(Theory of Mind)은 자기 이익을 추구하는 과정에서 헌법이라는 규범적 소통의 틀에 합의(Constitutional Choice)하고 협력이라는 최선의 전략을 공약(Cooperative Game)한다.

'통합적 가치 축적을 위한 협상모델(Negotiation Model for Integrative Value Accumulation: NMIV)'은 이러한 학제적 기반 위에 협상이론의 체계적·구조적 이론에 접근하여 도출한 사회 구조적 협상모델이다. 협상의 사회적 환경, 다층적 당사자, 다층적 의제에 대한 상호작용 과정(negotiation value chain)에서 '정의의 법과 공감에 기반한 시장의 유인체계'와 이를 뒷받침하는 '규범적·경제적·심리적 관점'에서의 통합적 가치 축적체계(integrative value accumulation scheme)를 소통의 틀(common core of negotiation)로 제시했다. 이를 기반으로 도출한 통합적 협상식(NI)은 자신의 이익·협상 상대방의 이익·협상의 사회 환경적 이익을 고려하는 '사회화된 개인의 이익(socialized personal interest)'으로 협상이익 재구조화(reframing), 공적 소통을 보장하는 제도적 기제에 기반한 신뢰지표(λ), 헌법적 가치와 공약에 기반한 당사자의 사회적 존재기반(social presence base)으로서의 협상 최저선(BATNA)을 요소로 한다. 분배적 협상식(ND)은 분배적 정의의 메타규범인 공평, 형평 필요의 규범(e, E, N), 협상환경을 이루는 프레임에 대한 구조화와 재구조화(F/rF), 상호성의 규범(R)을 당사자가 합의할 수 있는 분배의 기준으로 제시하였다. 그리고 이러한 협상과정을 통해 창출되는 협상가치가 물적·인적 자본에 더해진 '신뢰·규범·네트워크'의 사회적 자본(SC)으로 축적되는 것을 개념적으로 모형화하였다(SC=T * S * Nv). 이러한 협상모델을 실무적으로 적용할 수 있는 프레임워크로 '통합적 가치 축적을 위한 접근방법들'을 서스킨드의 '합의형성과정'의 각 단계에 적용할 수 있는 방법론으로 제시하였다.

통합적 가치 축적을 위한 단계별 접근방법들을 '청년실업과 노인빈곤문제'에 적용하였다. 이슈 명확화를 위한 접근방법(체계성·지속성·집단성)을 통해 사회 구조적 문제를 이슈화하고 이를 다시 협상의제로 도출하는 과정을 제시하였다. 자본주의 전개과정에서 심화되어 온 양극화 문제의 핵심에 있는 청년실업과 노인빈곤문제가 저출산·고령화와 연결되어 현재의 사회통합과 미래의 지속가능성을 위협한다는 것과, 이를 해결하기 위한 통합적 접근방법으로 거시경제모형과 노령연금 및 기초연금 산식에 기반해 구조화된 이슈를 도출하였다.

그 결과 '1. 정규직과 비정규직의 격차 해소', '2. 노동의 가처분소득 인상' '3. 대기업과 중소기업의 격차 해소', '4. 청년과 노인의 보호·육성 및 지속가능성을 위한 통합적 사회안전망 제도화'라는 네 가지 구조적 이슈와 이에 대한 열세 개의 협상의제를 도출하였다. 그 중 세 가지 의제가 포함된 '조직화 되어 있지 않은 취약계층의 목소리와 협상력의 균형을 보장하는 협상의 장 제도화'에 대한 의제그룹 (의제그룹 1), 세 가지 의제가 포함된 '사회적 존재기반으로서 최저선이 보장될 필요가 있거나 위협받을 수 있는 당사자에 대한 보호 및 육성 방안 도출'에 대한 의제그룹(의제그룹 2)에 대해 다층적 의제분석을 위한 접근방법, 다층적 이해관계자 분석을 위한 접근방법, 통합적 협상가치 공유를 위한 접근방법, 통합적 협상식·분배적 협상식에 기반한 접근방법을 적용하는 과정을 예시하였다.

노사정이라는 거시경제주체의 대표가 경제적·사회적 합의를 도출하고 이를 사회협약(Social Pact)를 통해 공약하여 이행을 담보하는 코포라티즘 모델은 본 협상모델의 구조와 가치지향에 있어서 유사하며 스웨덴, 영국, 아일랜드의 사례에서 살펴본 바 대로, 각 나라의 상황에 따라 서로 다른 발전과정에서 시사점을 찾을 수 있다. 우리나라에서도 경제위기 상황에서 출범한 '노사정위원회'는 공식적이고 제도적인 대통령자문기구로서 대화와 타협을 통해 포용적 경제성장을 지향하고 주요 경제주체들이 참여하는 '한국형 사회적 합의기구'로 자리잡을 것과 고용, 복지, 사회통합을 이루어 갈 것을 목표로 하고 있다. 최근 새 정부에서는 노사정위원회를 통한 경제정책과 노동정책에 대한 사회적 합의를 이루어내는 것이 시대적 사명임과 전체 노동자의 90%에 이르는 비조직 노동자들을 이 대화의 장에 참여시킬 방안을 강구해야 함을 제시했다.

이에 대한 '통합적 가치 축적을 위한 협상모델'의 시사점은 먼저, '사회적 합의기구로서의 노사정위원회의 재개 및 제도화'를 위해 '노사정위원회'가 국민의 일부 집단이 아닌 전체 국민의 이익과 국가사회의 지속가능성을 위한 사회적 합의기구로 재구조화되어야 한다는 것을 제시하였다. 이를 위해, '협상가능영역(Zone of Possible Agreement)'을 결정짓는 각 당사자의 최저선(BATNA)을 헌법적 기준에 의해 설정하고 유지할 것, 이런 원칙과 기준의 수립과정에서 협상의 장을 거부하는 것이 아닌 아닌 지난한 과정을 거치더라도 국민 전체의 이익과 국가사회의 지속가능성을 대표하는 법적 기반 위에 있는 합의조직으로서 합의의 장에 참여할 것을 공약(commitment)할 것을 제시했다. 그리고 현재 노사정위원회에서 직접적으로 대표되지 않는 비정규직, 청년, 노인, 자영업자와 같은 취약계층은 국민의 큰 집단을 구성할 뿐만 아니라 현재 노사정위원회의 핵심 의제와도 관련된, 사회통합과 지속가능한 성장과 발전을 위한 핵심 당사자인 만큼 이들이 직접적인 이해당사자로 참여할 수 있는 '다층적 당사자의 참여' 기반을 노사정위원회 안에서든 밖에서든 만들 필요가 있다는 것을 제시했다. 마지막으로 이러한 과정을 통해 다층적 당사자가 참여하는 합의의 장이 제도화 된 이후에는 노사정위원회에서 다룰 과제에 대한 다층적 의제분석이 필요한데, '통합적 협상의 가치체계'를 협상의 기본원칙(common core of negotiation)으로 공유하고 이슈 및 의제도출, 이해관계 분석, 통합적 가치를 지향하는 단계적 협상 옵션 및 패키지 도출, 합의, 이행 및 평가의 가치사슬에서, 본 협상모델에서 제시한 프레임워크와 같은 '동일문서 공유방식(single-text procedure)' 등을 통해 참여자가 지속적으로 실제적 내용을 공유할 수 있는 통합적 합의과정(integrative consensus building process)을 체계화하는 것이 필요함을 제시했다. 가장 중요한 것은 이제 국민이 노사정위원회가 자신과는 상관없는 국민의 일부 집단을 위한 자리가 아니라 개별 국민의 삶, 국민 전체와 국가사회의 현재와 미래에 실제적인 영향을 미치는 결정을 하는 합의의 자리라는 인식 하에 노사정위원회를 감시하고, 비판하며 지지하는 자리로 가는 것이다.

　　본 연구를 통해 다음과 같은 결론을 도출한다. 첫째, '이기심에 기반한 자기이익의 극대화가 사회 전체 이익을 극대화'시키는 것이 시장을 움직이는 스미스의 '보이지 않는 손'이라는 것은 자본주의 전개과정에서 형성된 '구조적 편향'이며 협상이익을 저해하고 결과적으로 시장시스템의 구조적 왜곡과 시장이익의 감소를 초래한다. 시장의 구조적 문제에 접근하는 통합적 협상모델은 스미스가 제시한 '공감과 정의의 법에 기반한 유인체계' 하에서 모든 협상당사자가 이미 공공선택한 헌법적 합의에 의한 규범적 소통의 틀과 협력이라는 최선의 경제적 전략, 공감의 효용구조를 통해 물적·인적·사회적 자본으로서의 협상이익을 확대하는 과정에서, 나의 이익과 상대방의 이익, 사회 환경적 이익을 고려하고 공정 규범에 의해 확대된 협상이익을 분배하며 이행을 공약하는 상호작용의 과정이다. 본 연구는 이에 기반한 '통합적 협상과정의 거시적 소통의 틀과 미시적 분석틀, 통합적 가치사슬의 접근방법'을 제시했다.

　　둘째, 사회 구조적 문제의 근간에는 오랜 시간을 두고 전개되어 온 양극화의 문제가 있고 청년실업과 노인빈곤은 양극화의 중심에 있으며 인구절벽의 문제와 결부되어 국가사회의 지속가능성을 위협한다 이 문제에 대해 '통합적 협상과정의 접근방법'을 적용해 다층적 당사자 분석에 기반한 이슈와 협상의제를 도출하고 협상당사자가 규범과 공감에 기반하여 협력적으로 도출할 수 있는 통합적 협상안에 이르는 합의형성과정을 제시해보았다. 청년과 노인이 다수 포함된 노동시장의 '취약계층을 직접 대표할 수 있는 이해당사자가 참여할 수 있는 합의의 장을 제도화'하고 헌법적 가치와 협력적 공약, 공감의 효용구조에 기반한 상호작용을 통해 '당사자 상호 간의 사회적 존재기반으로서의 최저선을 보장하기 위한 단기·중기·장기적 협상안을 도출'하며 이를 지속적으로 이행하고 발전시키기 위한 제도화된 과정이 필요하다.

셋째, '노사정위원회'가 국가사회의 지속가능한 발전을 위한 사회적 합의기구로 새롭게 시작되기 위해서는 특정 집단의 이익이 아닌 국민 전체의 이익을 대표하는 합의기구로서의 위상을 재정립하고 합의의 장을 실제적으로 제도화하여 신뢰를 구축하기 위한 당사자 간의 협력적 공약(commitment to institutionalized consensus building)이 필요하고, 노동시장의 취약계층과 같은 직접적 이해당사자 집단의 대표자가 협상과정에 당사자로서 참여할 수 있는 다층적 당사자의 참여 기반의 장기적 조성, 의제에 대한 다층적 분석 및 통합적인 협상안 도출과정을 통해 단계적인 합의와 이행과정을 제도화하는 것이 필요하며, 국민은 노사정위원회가 자신의 이해와 직접 결부된 결정을 하는 합의기구라는 인식의 재구조화를 통해 합의과정을 감시하고 직·간접적으로 본인의 목소리를 반영할 수 있도록 해야 한다.

향후 연구 과제는 본 연구에서 제시되었던 통합적 가치 축적을 위한 협상모델의 접근방법을 구체적 의제와 관련된 이해당사자 간 쟁점분석과 통합적 가치사슬에 기반한 합의형성과정에 적용해 보는 것이다. 이를 위해서는 특정 사회 구조적 문제에 대한 다층적 이해관계자의 실제 인터뷰를 통한 갈등 분석, 도출된 주요 이슈의 당사자 집단을 대표할 수 있는 협상 참여자 선정 및 협상의제 도출, 통합적·분배적 합의과정을 수행해 보아야 한다. 이 과정에서 각자의 이해($u_1$, BATNA$_1$)만 갖고 협상의 자리에 나와 합의과정을 거치는 것과 본 협상모델에서 제시하는 규범과 공감에 기반한 경제적 상호작용으로서의 통합적 협상가치의 틀($u_1$, $u_2$, $u_e$, $\lambda$, BATNA → C)을 처음부터 공유하고 합의의 과정을 거치는 것이 협상과정과 결과, 협상이익에 있어 어떠한 차이를 보이는지를 분석할 필요가 있다. 또한 이것이 장기적인 협력의 공약(c)에 의해 담보될 때 시간의 흐름에 따라 협상이익이 어떻게 변화하는지도 연구대상이 될 수 있을 것이다.

# 참고문헌

## I. 국내문헌

### 1. 단행본

국민대통합위원회·한국사회갈등해소센터, 〈소통과 갈등관리〉, 교보문고, 2015.

국민연금관리공단, 〈알기 쉬운 국민연금 사업장 실무 안내〉, 2014.

권영성, 〈헌법학원론〉, 법문사, 2010.

권혜자, 〈연령세대별 일자리 변화와 고용서비스 정책 과제〉, 한국고용정보원, 2010.

김근배, 〈애덤 스미스의 따뜻한 손〉, 중앙books, 2016.

김준영, 〈노동력 고령화와 청년층 고용: 사업체패널자료를 이용한 분석〉, 2011. 경제학
　　　공동학술대회 자료집, 노동경제학회, 2011.

김영천·이현철 저, 〈질적 연구: 열다섯 가지 접근〉, 아카데미 프레스, 2017.

김철수, 〈헌법학개론〉, 박영사, 2007.

대런 애쓰모글루, 제임스 A. 로빈슨 저, 최완규 역, 〈국가는 왜 실패하는가〉, 시공사,
　　　2012.

로저 피셔 외, 박영환 역, 〈예스를 이끌어내는 협상법〉, 장락, 2013.

리쳐드 세일러·캐스 선스틴 저, 안진환 역, 〈넛지 Nudge〉, 리더스북, 2008.

매케인 A. 로저 저, 이규억 역, 〈게임이론〉, 시그마프레스, 2011.

미크, R.L. 외 저, 서진수 역, 〈애덤 스미스의 법학강의〉, 자유기업원, 2002.

성낙인, 〈헌법학〉, 법문사, 2013.

심지연·강명세 외 저, 〈세계화 시대 노사정의 공존전략: 서유럽 강소국과 한국〉, 백산서당.
　　　2005.

아마티아 센 저, 김원기 역, 〈자유로서의 발전〉, 갈라파고스, 2013.

안주엽, 〈세대간 고용 대체 가능성 연구〉, 한국노동연구원, 2011.

애덤 스미스 저, 김수행 역, 〈국부론〉, 비봉출판사, 2007.

애덤 스미스 저, 박세일·민경국 역, 〈도덕감정론〉, 비봉출판사, 2009.

에릭 바인하커, 안현실 외 역, 〈부의 기원〉, 랜덤하우스코리아, 2007.

에스핑 앤더슨 저, 박시종 역, 〈복지자본주의의 세 가지 세계〉, 성균관대학교 출판부, 2014.

오연호, 〈우리도 행복할 수 있을까〉, 오마이북, 2014.

우석훈·박권일 저, 〈88만원 세대〉, 레디앙, 2007.

장하성, 〈왜 분노해야 하는가〉, 헤이북스, 2016.

장하성, 〈한국자본주의〉, 헤이북스, 2014.

쟈코모 리쫄라띠·코라도 시니갈이아 지음, 이성동·윤송아 옮김, 〈공감하는 뇌, 거울뉴런과 철학〉, UUP(울산대학교 출판부), 2016.

전광석, 〈한국사회보장법론〉, 집현재, 2016.

제러미 리프킨 저, 이창희 역, 〈엔트로피〉, 세종연구원, 2006.

제임스 M. 뷰캐넌 저 (1991), 공병호·조창훈 역, 〈헌법적 질서의 경제학과 윤리학〉, 자유기업센터, 1996.

제프리 삭스·존 헬리웰·리처드 레이워드 편저, 우성대 역, 〈세계행복지도〉, 2016.

콘라드 헤세 저, 계희열 역, 〈통일 독일헌법원론〉, 박영사, 2001.

클라우스 슈밥 외 26인 저, 김진희 외 역, 〈4차산업혁명의 충격〉, 흐름출판, 2017.

토마 피케티 저, 장경덕 외 옮김, 〈21세기 자본〉, 글항아리, 2013.

피터 다우어티, 〈세상을 구한 경제학자들〉, 2005.

한정화, 〈대한민국을 살리는 중소기업의 힘〉, 메디치, 2016.

허영, 〈한국헌법론〉, 박영사, 2012.

헤리 덴트 저, 권성희 역, 〈2018년 인구절벽이 온다〉, 청림출판, 2014.

J.M. 케인즈 저·조순 역, 〈고용, 이자 및 화폐의 일반이론〉, 비봉출판사, 2007.


## 2. 논문

강은숙·김종석, "신제도주의 경제학과 공공정책", 한국행정논집 Vol. 23(3), 2011.

고용노동부, "2010년도 고용형태별 근로실태조사", 2011.

고학수, "협상을 통한 분쟁해결-행태주의 법경제학의 관점-", 법과사회, Vol. 31, 2006.

공정원, "사회복지정책에서 최저임금과 생활임금의 의의에 관한 탐색적 연구", 사회과학연구 Vol. 26(4), 2015.

국회입법조사처·국회금융정책연구회, "고령화 시대의 퇴직연금 역할과 정책방안", 2011.

금재호, "중·장년층의 고용불안과 정년연장", 노동리뷰, 2011.

김강식, "사회적 대화의 주요 이슈", 질서경제저널 Vol. 15(1), 2012.

김기현, "청년정책의 현황 진단과 개선 방향", 보건복지포럼, 2017.

김낙년, "역사적 관점에서 본 한국 자본주의", 경제논집 Vol. 54(1), 2015.

김낙년·김종일, "한국소득분배 지표의 재검토", 한국경제의 분석 Vol. 19(2), 2013.

김대일, "고령화와 노동시장 변화", 〈고령화시대의 노동시장과 고용정책 Ⅰ〉, 한국노동
　　　연구원, 2003.

김복순, "노인(65세 이상 인구)의 빈곤과 연금의 소득대체율 국제비교", 노동리뷰, 2015.

김복순, "청년층 노동력과 일자리 변화", 노동리뷰, 2015.

김세종, "대·중소기업의 동반성장을 위한 정책과제", 응용경제 Vol. 13(2), 2011.

김수환·김형규, "소상공인의 사회안전망에 관한 연구", 전문경영인연구 Vol. 20(1),
　　　2017.

김원섭·이용하, "박근혜 정부 기초연금제도의 도입과 평가", 한국사회 Vol. 15, 2014.

김원식, "고령화 시대와 연금: 미래를 위한 디자인", 연금연구 Vol. 1(1), 한국연금학회,
　　　2011.

김유빈, "우리나라 노후소득 실태와 정책시사점", 노동리뷰, 2016.

김태수, "사회적 합의기구로서의 노사정위원회 위상에 관한 관점 별 검토", 한국행정학
　　　보 Vol. 40(4), 2006.

김태일, "국민연금 세대 내 세대 간 형평성 분석과 개혁 방향", 한국재정학회 학술대회
　　　논문집, 2015.

김태완·최준영, "청년의 빈곤실태: 청년, 누가 가난한가", 보건복지 포럼, 2015.

남윤형, "소상공인 지원정책과 사회적 비용연구", 중소기업연구원, 2015.

남재량, "체감 청년실업률, 몇%나 될까?", 노동리뷰, 2011.

남재욱·계민지·조한나, "한국에서의 유연안정성: 현황과 과제", 비판사회정책 Vol. 50,
　　　2016.

노민선, "중소기업 청년 취업 활성화를 위한 정책방향", 중소기업연구원, 2016.

박영숙, "우리나라 노동시장 현황과 노동복지의 방향", 인권복지연구 Vol. 5, 2009.

박지은, "노동조합 조직률 국제 비교", 월간노동리뷰, 2013.

백인립, "유럽 노령연금제도 변화의 차이점과 공통점에 관한 연구 -영국, 스웨덴, 독일의
　　　개혁을 중심으로", 사회보장연구 26권 3호, 한국사회보장학회, 2010.

백혜연, "국민연금 장기 재정 안정화를 위한 보험료율 상한 제안", 보건복지 이슈& 포커
　　　스 Vol. 262, 2014.

석재은, "기초연금 도입과 세대 간 이전의 공평성", 보건사회연구 Vol. 35(2), 2015.

성낙인, "헌법상 경제질서와 경제민주화", 고시계, 2012.

손미정, "노후소득보장수단으로서의 기초노령연금에 관한 연구", 법학연구 Vol. 37, 2010.

송석윤, "경제민주화와 헌법질서", 서울대학교 법학 Vol. 58(1), 2017.

심상용, "비교사례 접근을 통한 새로운 사회협약 (Social Pact) 성립의 제도 및 행위자 요인에 대한 연구", 노동정책연구 Vol. 7(3), 2007.

심현주, "제임스 뷰캐넌의 '헌법경제학'에 대한 카톨릭 사회윤리의 성찰: 경제민주주의 기본가치 확립 및 방향성 정립을 위한 연구", 신학과 철학 Vol. 24, 2014.

안재홍, "정책과 정치의 동학, 그리고 제도의 변화", 한국정치학회보 Vol. 44(4), 2010.

양재진·민효상, "공적 연금의 구조적 개혁의 필요성과 유형화에 관한 연구", 사회과학논집 Vol. 39(2), 2008.

우명숙·양종민, "1990년대 이후 스웨덴 사회정책 변화와 합의의 재 구축". 국제·지역연구 Vol. 23(3), 2014.

우해봉, "국민연금의 노후소득보장 효과 전망과 정책과제", 보건복지포럼, 2015.

윤석명, "노인빈곤 및 소득분포 실태와 소득지원 방향", 보건복지포럼, 2013.

윤애림, "2000년대 비정규직 연대운동과 노동기본권 쟁취 투쟁", 산업노동연구 Vol. 22(1), 2016.

이달곤, "협상의 체제론적 접근", 행정논총, Vol. 31(2), 1993.

이병기, "사회적 자본의 축적과 경제상장을 위한 정책과제", 한국경제연구소, 2009.

이병희·홍민기 외, "경제적 불평등과 노동시장 연구", 한국노동연구원 연구보고서, 2013.

이삼식, "인구 및 출산 동향과 대응방안", 보건복지포럼, 2017.

이상헌, "소득주도성장: 이론적 가능성과 정책적 함의", 사회경제평론 Vol. 43, 2014.

이수영·이태화·김수희, "중 고령 자영업자들의 고혈압 발생에 미치는 영향요인 분석: 고령화 연구 패널조사를 이용하여", 한국직업건강간호학회지 Vol. 26(4), 2017.

이장원, "노사정위원회 사회적 대화의 발전방안: 한국형 모델의 탐색", 월간노동리뷰, 2013.

이장희, "경제에 대한 국가의 법적 기본질서로서의 헌법", 공법학연구 Vol. 14(2), 2013.

임욱빈·신용준·안상봉, "우리나라 사회적 경제 협동조합의 역사와 발전방안에 대한 연구: 소상공인협동조합을 중심으로" 경영사학 Vol. 31(4), 2016.

윤애림, "2000년대 비정규직 연대운동과 노동기본권 쟁취 투쟁", 산업노동연구 Vol. 22(1), 2016.

장신철, "비정규직 범위와 규모에 대한 새로운 고찰", 산업관계연구 Vol. 22(1), 2012.

장진나, "정년제와 국민연금 연계 방안", 사회법연구 Vol. 25, 2015.

정남기, "핀란드 소상공인 및 자영업자 지원정책 분석", 질서경제저널 Vol. 20(1), 2017.

정성호, "신뢰, 거버넌스와 성장", 한국행정학회 학술대회 발표논문집, 한국행정학회, 2010.

정현명, "한국 노인복지법제의 현황과 과제", 법학논총 Vol. 30, 2013.

조주은, "규범과 공감에 기반한 경제적 상호작용으로서의 통합적 협상모델 수립" – 청년 실업과 노인빈곤 문제에 대한 구조적 접근을 중심으로", 법학박사 학위논문, 서울대학교, 2018.

조주은, "다차원적 협상모델링과 합의형성 과정", 법과사회 Vol. 58, 2018.

최정규, "공공정책에서의 내생적 선호와 제도적 구축효과 가능성에 대한 연구", 경제발전연구, Vol. 12(2), 2006.

표명환, "헌법 제10조 제2문의 불가침의 기본적 인권을 확인하고 보장할 국가의 의무", 토지공법연구 Vol. 53, 2011.

표학길, "이윤주도성장과 소득주도 성장", 한국경제의 분석, Vol. 22(2), 2016.

표학길, "한국의 통계자료를 이용한 피케티 가설의 검증", 한국경제포럼 Vol. 8(1), 2015.

하민철·한석태, "도시지역의 사회적 자본 수준과 정책수용성 연구", 한국자치행정학보 Vol. 27, 2013.

한국개발연구원(KDI), "하도급거래 공정성 제고를 위한 제도개선 과제", 2012.

한국보건사회연구원, "2014년도 노인 실태조사", 2014.

한국보건사회연구원, "인구구조 변화와 사회보장 재정의 사회경제적 파급효과 연구", 2015.

한국보건사회연구원 연구보고서, "사회통합실태진단 및 대응방안 연구 –사회통합과 국민행복을 중심으로", 2014.

한일조, "거울뉴런(Mirror Neuron)의 공감과 도덕교육", 교육철학 Vol. 41, 2010.

허창수, "비판적 브리콜라주와 박물관 교육", 김명희 편저, 〈박물관 교육과 질적 연구〉, 아카데미 프레스, 2015.

홍명수, "헌법상 경제질서와 사회적 시장 경제론의 재고", 서울대학교 법학, Vol. 54(1),

2013.

홍석철·전한경, "인구고령화와 소득불평등의 심화", 한국경제의 분석 제19권 Vol. 1, 2013.

홍장표, "한국의 기능적 소득 분배와 경제성장", 경제발전연구 Vol. 20(2), 한국경제발전학회, 2014.

황선자, "최저임금과 생활임금의 역할과 과제", 노동저널, Vol. 2015(6), 2015.

현대경제연구원, "임금피크제 도입 관련 현안분석과 정책적 지원과제", 〈글로벌산업구조 재편과 우리의 대응전략〉, 2010.

### 3. 관련 국내 자료

국회 토론회, 『줬다 뺏는 기초연금 해법 모색 토론회』, 국회의원 양승조·윤손하 의원실, 국회 저출산 연구포럼, 빈곤노인기초연금보장연대, 2016.7.13.

금현섭, "신고리 5·6호기 공론조사 수행과정 및 시사점에 대한 토론문II", 행정대학원 『정책·지식 포럼』, 2017.12.6.

김석호, "신고리 5·6호기 공론조사 수행과정 및 시사점에 대한 토론문I", 행정대학원 『정책·지식 포럼』, 2017.12.6.

김영원, "신고리 5·6호기 공론조사 수행과정 및 시사점 포럼 발표자료", 서울대학교 행정대학원 『정책·지식 포럼』, 2017.12.6.

김지형, "'신고리 5·6호기 공론화 위원회의 성과와 교훈' 발표자료", 서울대학교 사회발전연구소·사회과학연구원, 『국가정책포럼』, 2017.12.11.

대한민국정부, "2016~2020 제3차 저출산·고령사회 기본계획(브릿지플랜 2020)", 2015.

신고리 5·6호기 공론화 위원회, "신고리 5·6호기 공론화 『시민참여형조사』 보고서", 2017.

전국경제인연합회, "민간소비 부진의 원인 및 시사점", 2014.9.

전국경제인연합회, "우리나라 기업생태계 분석", 2015.

중소기업중앙회, "2016 중소기업 위상지표", 2016.

헌법재판소 1991.6.3. 선고 89헌마204 전원재판부 결정.

헌법재판소 1998.4.25. 선고 92헌바47 전원재판부 결정.

헌법재판소 2001.6.28. 선고 2001헌마132 전원재판부 결정.

허성욱, "다원주의 vs. 공화주의", 한국일보 칼럼 『아침을 열며』, 2017.10.29, http://www.hankookilbo.com/v_print.aspx?id=24d595630d3f4d989da2704903605748

## II. 해외문헌

### 1.단행본

Arrow, Kenneth J. & Hahn, Frank H., ⟨General Competitive Analysis⟩, Holden Day, 1971.

Buchanan, James, ⟨Liberty, Market and State: Political Economy in the 1980s⟩, New York University Press, 1986.

Blumer, H., ⟨Symbolic Interactionism: Perspective and Method⟩, Englewood Cliffs: Prentice Hall, 1969.

Camerer, Colin F., ⟨Behavioral Game Theory: Experiments in Strategic Interaction⟩, Princeton University Press, 2003.

Clarke, John & Newman, Janet E. & Smith, Nick, ⟨Creating Citizen-Consumers⟩, Sage, 2007.

Fisher, Roger & Ury, William & Patton, Bruce, ⟨Getting to Yes⟩, Penguin Books, 1991.

Frank, Robert H., ⟨Passions within Reason: the Strategic Role of the Emotions⟩, Norton, 1988.

Fukuyama, Francis, ⟨Trust: The Social Virtues and the Creation of Personality⟩, Free Press, 1995.

Glaser, B. & Strauss, A., ⟨The Discovery of Grounded Theory⟩, Aldine, 1967.

Gopnik, Alison & Meltzoff, N Andrew, ⟨Words, Thoughts, and Theories⟩, MIT Press, 1998.

Korobkin, Russell, ⟨Negotiation Theory and Strategy⟩, Wolters Kluwer Law & Business, 2009.

Lax, David A. & Sebenius, James K., ⟨The Manager as Negotiator: Bargaining for Cooperation and Competitive gain⟩, Free Press, 1986.

Mead, G. H., ⟨Mind, Self and Society⟩, Chicago Press, 1934.

North, Douglass, ⟨Institution, Institutional Change and Economic Performance⟩, Cambridge University Press, 1990.

Olson, M., ⟨The Rise and Decline of Nations⟩, Yale University Press, 1982.

Ostrom, Elinor ⟨Understanding Institutional Diversity⟩, Princeton University Press,

2005.

Samuelson, P. A. ⟨Economics: An Introductory Analysis⟩, McGraw-Hill, 1955.

Polanyi, Karl, ⟨The Great Transformation⟩, Beacon Press, 1964.

Putnam, R., ⟨Bowling Alone: The Collapse and Revival of American Community⟩, Simon & Schuster, 2000.

Raiffa, Howard, ⟨The Art and Science of Negotiation⟩, Harvard University Press, 1982.

Rawls, John, ⟨A Theory of Justice⟩, Harvard University Press, 1971.

Selekman, Syliva K. & Selekman, B.M., ⟨Power and Morality in a Business Society⟩, McGraw-Hill, 1956.

Smith, Adam, ⟨Essays on Philosophical Subjects⟩ (ed. in 1795), Oxford University Press, 1980.

⟨The Theory of Moral Sentiments⟩, (1759), Prometheus Books, 2000.

⟨The Wealth of Nations Books I-III⟩ (1776), Penguin Classics, 1999.

⟨The Wealth of Nations Books IV-V⟩ (1776), Penguin Classics, 1999.

Stiglitz, J., ⟨The Price of Inequality: How today's Divided Society Endangers our Future⟩, W.W. Norton & Company, 2012.

Susskind, Lawrence & Mckearnan,Sarah & Thoms-Larmer, Jennifer, ⟨The Consensus Building Handbook⟩, Sage, 1999.

Wellman, Henry M., ⟨The Child's Theory of Mind⟩, MIT Press, 1990.

Williamson, O. E., ⟨Markets and Hierarchies: Some Elementary Considerations⟩, American Economic Review 63(2), 1973.


## 2. 논문

Barnes, Allison & Thagard, Paul, "Empathy and Analogy", Dialogue: Canadian Philosophical Review Vol. 36(4), 1997.

Benton, Alan A: Druckman, Danie, "Constituent's Bargaining Orientation and Intergroup Negotiations", Journal of Applied Social Psychology Vol. 4(2), 1974.

Bellman, Howard  Podziba, Susan, "Public Policy Mediation: Best Practices for a Sustainable World", Dispute Resolution Magazine Vol. 20(3), 2014.

Bloom, David E. Williamson, Jeffrey G., "Demographic Transitions and Economic

Miracles in Emerging Asia", NBER Working Paper 6268, 1997.

Campbell, Maria Caton & Docherty, Jayne Seminare, "What's in a Frame?", Marquette Law Review Vol. 87, 2004.

Coleman, John, "Social Capital in the Creation of Human Capital", American Journal of Sociology 94 No. 1, 1988.

Crawford, Vincent P., "New Directions for Modeling Strategic Behavior: Game-Theoretic Models of Communication, Coordination, and Cooperation in Economic Relationships", Journal of Economic Perspectives Vol. 30 No. 4, 2016.

Dinstein, I. & Gardner, Justin L. & Jazayeri, Mehrdad & Heeger, David J, "Executed and Observed Movements Have Different Distributed Representations in Human IPS", Journal of Neuroscience Vol. 28(44), 2008.

Docherty, Jayne Seminare & Campbell, Marcia Caton, "Teaching Negotiations to Analyze Conflict Structure and Anticipate the Consequences of Principle-Agent Relationships", Marquette Law Review Vol. 87, 2004.

Fehr, Ernst & Gintis, Herbert, "Human Motivation and Social Cooperation: Experimental and Analytical Foundation", Annual Review of Sociology 34, 2007.

Gallease, V., "The Manifold Nature of Interpersonal Relations: the Quest of a Common Mechanism", Philosophical Transactions of the Royal Society: Biological Sciences Vol. 358(1431), 2003.

Goldman, A., "In Defense of the Simulation Theory". Mind and Language Vol. 7, 1992.

Freitag, Markus, "Beyond Tocqeville: The origins of social capital in Switzerland", European Socilological Review Vol. 19, 2003.

Hayek, Friedrich A., "Economic Policy and the Rule of Law", in 〈Standard Texts on the Social Market Economy〉, Rutter, Derek (ed.), Fischer, 1982.

Honeyman, Christopher & Schneider, Andrea Kupfer "Catching up with the Major General: The Need for a 'Canon of Negotiation'", Marquette Law Review Vol. 87, 2004.

ILO, "Global Wage Report: Wages and Equitable Growth", 2013.

Kennedy, Galvin, "Adam Smith and the Role of Metaphor of an Invisible Hand",

Economic Affairs Vol. 31(1), 2011.

_____"Adam Smith and the Invisible Hand: From Metaphor to Myth", Economic Journal Watch Vol. 6(2), 2009.

Kincheloe, J., "On to the Next level: Continuing the Conceptualization of the Bricolage", Qualitative Inquiry, 11(3), 2005.

_____"Describing the Bricolage: Conceptualizing New Rigor in Qualitative Research", Qualitative Inquiry 7(6), 2001.

Knack, Stephan, "Social Capital and the Quality of Government: Evidence from the States", American Journal of Political Science Vol. 46 No. 4, 2002.

Knack, Stephen & Keefer, Philip, "Does Social Capital Have an Economic Payoff? A Cross-Country Investigation", the Quarterly Journal of Economics, 1 November Vol. 112(4), 1997.

La Porta, Rafael & Lopez-De-Silanes, Florencio & Shleifer, Andrei & Vishny, Robert W, "Trust in Large Organizations", American Economic Review 87 No. 2, 1997.

Loury, Glenn C., "Who Cares about Racial Inequality?", Journal of Sociology and Social Welfare Vol. 36 No. 1, 1997.

Mckersie, Robert B & Walton, Richard E., "Reflection on Negotiation Theory, Practice, and Education: A Robust Record and New Opportunities", Negotiation Journal, 2015.

Melzoff, Andrew N. & Moore, M. Keith, "Newborn Infants Imitate Adult Facial Gesture", 54 Child Developmen Vol. 54(3), 1983.

Nadiri, M. I., "International Studies of Factor Input and Total Factor Productivity: A Brief Survey", Review of Income and Wealth Vol. 18(2), 1972.

Ochs, Jack & Roth, Alvin E., "An Experimental Study of Sequential Bargaining", the American Economic Review Vol. 79(3), 1989.

OECD, "2013 Pension at a Glance", 2013.

OECD, "Income Inequality, the Gap between Rich and Poor", 2015.

Putnam, R., "The Prosperous Community: Social Capital and Public Life", American Prospect Vol. 4 No. 13, 1993.

Rice, Tom, "Social Capital and Government Performance in Iowa Communities", Journal of Urban Affairs 23(3-4), 2001.

Rizzolatti, G. et al., "Premotor Cortex and the Recognition of Motor Action", Cognitive Brain Research Vol. 3 No. 2, 1996.

Rothchild, Emma, "Adam Smith and the Invisible Hand", American Economic Review 84(2), 1994.

Sally, David F. & Jones, Gregory Todd, "Game Theory Behaves", in 〈The Negotiator's Fieldbook〉, Scheneider A. K. & Honeyman, Cristopher(ed.), 2006.

Sally, David F., "Game Theory Behaves", Marquette Law Review Vol. 87, 2004.

_____"Social Maneuvers and Theory of Mind", Marquette Law Review Vol. 87, 2004.

Schmitter, Philippe C., "Still the Century of Corporatism?", The Review of Politics Vol. 36(1), 1974.

Susskind, Lawrence, "Deliberative Democracy and Dispute Resolution", Ohio State Journal on Dispute Resolution Vol. 24 No. 3, 2009.

Susskind, Lawrence, & Mnookin, Robert & Rozdeiczer, Lukasz & Fuller, Boyd, "What We Have Learned About Teaching Multiparty Negotiation", Negotiation Journal Vol. 21(3), 2005.

Richard H. Thaler, "Anomalies: The Ultimate Game", 2 Journal of Economic Perspectives Vol. 2 No. (4), 1988.

Uzzi, Brian, "The Sources and Consequences of Embeddedness for the Economic Performance of Organizations", American Sociological Review 61, 1996.

Whiteley, P. F., "Economic Growth and Social Capital", Political Studies 48 No. 3, 2000.

Williams, C. "Britain in the 1990s: The Absence of Policy Concertation to the Destruction of the Social Contract." in 〈Policy Concertation and Social Partnership in Western Europe: Lessons for the 21st Century〉 Berger, S. & Compston, H.(ed.), Berghan Books, 2002.

Wilthagen, T. & Tros, F., "The Concept of Flexicurity: A New Approach to Regulating Employment and Labour Markets", Transfer: European Review of Labor and Research 10(2), 2004.

## 3. 관련 국제 자료

Blair, T., "Where the Third Way goes from here", Policy Network, Progressive Governance Conference, 2003.

Putnam, Robert D., "Bowling Alone: America's Declining Social Capital", an Interview with Journal of Democracy, Johns Hopkins University Press, 1995.

Ramachandran, S., "Mirror Neuron and Imitation Learning as the Driving Force Behind 'the Great Leap Forward in Human Revolution", Edge 69, 2000, https://www.edge.org/conversation/mirror-neurons-and-imitation-learning-as-the-driving-force-behind-the-great-leap-forward-in-human-evolution

# 찾아보기

## 저자 약력

조주은

- 연세대학교 법과대학 졸업
- 고려대학교 국제대학원 경영학석사(전자통상학 전공)
- LG CNS Entrue Consulting, Accenture 등에서 공공·민간 부문 경영컨설팅
- 스위스 제약회사 Novartis, Public Affairs 팀장
- 서울대학교 법과대학 법학박사(협상론 전공)
- 2018년 한국협상학회 최우수박사논문상 수상

다차원적·통합적 협상모델
– '사회적 합의 방법론과 적용'을 중심으로

초판 발행      2019년 1월 10일

지은이         조주은
펴낸이         안종만

편  집         이승현 · 우석진
기획/마케팅     이승현
표지디자인      조아라
제  작         우인도 · 고철민

펴낸곳         (주) **박영사**
               서울특별시 종로구 새문안로3길 36, 1601
               등록  1959. 3. 11. 제300-1959-1호(倫)
전  화         02)733-6771
f a x         02)736-4818
e-mail         pys@pybook.co.kr
homepage       www.pybook.co.kr
ISBN          979-11-303-3317-5   93360

* 잘못된 책은 바꿔드립니다. 본서의 무단복제행위를 금합니다.
* 저자와 협의하여 인지첩부를 생략합니다.

정  가    29,000원